D. PEDRO I

PAULO REZZUTTI

D. PEDRO I

A HISTÓRIA NÃO CONTADA

Edição revista e atualizada

1ª edição

EDITORA RECORD
RIO DE JANEIRO • SÃO PAULO
2024

CIP-BRASIL. CATALOGAÇÃO NA PUBLICAÇÃO
SINDICATO NACIONAL DOS EDITORES DE LIVROS, RJ

R359d Rezzutti, Paulo
D. Pedro I / Paulo Rezzutti. - 1. ed. - Rio de Janeiro : Record, 2024.
(A história não contada ; 1)

ISBN 978-85-01-92241-0

1. Pedro I, Imperador do Brasil, 1798-1834. 2. Brasil - História - Independência, 1822. I. Título. II. Série.

24-92778 CDD: 981.04
CDU: 94(81).043

Gabriela Faray Ferreira Lopes - Bibliotecária - CRB-7/6643

Todos os esforços foram feitos para localizar os fotógrafos das imagens neste livro. A editora compromete-se a dar os devidos créditos em uma próxima edição, caso os autores as reconheçam e possam provar sua autoria.

Texto revisado segundo o Acordo Ortográfico da Língua Portuguesa de 1990.

Direitos exclusivos desta edição reservados pela
EDITORA RECORD LTDA.
Rua Argentina, 171 – Rio de Janeiro, RJ – 20921-380 – Tel.: (21) 2585-2000.

Impresso no Brasil

ISBN 978-85-01-92241-0

Atendimento e venda direta ao leitor:
sac@record.com.br

Para Neusa

O mundo inteiro é um palco, e todos os homens e mulheres, apenas atores. Eles saem de cena e entram em cena, e cada homem a seu tempo representa muitos papéis.

William Shakespeare, *Como gostais.*

A história não se compõe somente de fatos registrados e reconhecidos, mas também de fatos prováveis, mas ignorados.

Paul Gaffarel, em *História e verdade*, de Adam Schaff.

Foi ele, de nós três, o único que amou.

Júlio Dantas, *A ceia dos cardeais.*

SUMÁRIO

PREFÁCIO À NOVA EDIÇÃO

D. Pedro I do Brasil e IV de Portugal

A 24 de setembro de 1834, falecia, na Real Quinta de Queluz (hoje Palácio Nacional de Queluz), d. Pedro de Alcântara. O antigo rei de Portugal d. Pedro IV e antigo imperador do Brasil d. Pedro I morria na mesma Sala D. Quixote que o tinha visto nascer, despojado de ambos os títulos de que abdicara havia alguns anos. Com d. Pedro de Alcântara terminava também o regime absolutista em Portugal, que ele tinha combatido nos dois anos imediatamente anteriores à sua morte. A Independência do Brasil já fora por ele concretizada doze anos antes, em 1822. Apesar de morrer com apenas 35 anos de idade, os seus préstimos a ambas as nações de que tinha sido monarca foram inestimáveis. D. Pedro de Alcântara conseguiu soltar as amarras do passado que prendiam Brasil e Portugal, abrindo a possibilidade de que estas se desenvolvessem em direção a um futuro de modernidade. Por motivos diferentes (ou talvez não tão diferentes...), d. Pedro de Alcântara continua a exercer atualmente um grande fascínio em portugueses e brasileiros. É nesse contexto que se saúda a biografia desse personagem ímpar, redigida pelo investigador e escritor Paulo Rezzutti.

Com a Independência do Brasil, d. Pedro de Alcântara não só garantiu que este país permanecesse unido (ao contrário das ex-colônias espanholas na Améria Central e do Sul, que se fragmentaram em inúmeros países), como também que a sua coroa imperial permanecesse na família de Bragança. A Independência do Brasil, mais do que uma afronta ao pai d. João VI, significou a continuidade de sua descendência em terras sul-americanas. Para o Brasil, a Independência permitiu não a fundação de uma nacionalidade — porque essa, acreditamos, já se formara havia muito —, mas que essa mesma nação brasileira passasse a decidir de forma autônoma o seu próprio destino. Em Portugal, d. Pedro de Alcântara combateu um regime envelhecido, ultrapassado havia muito pelas revoluções liberais na Europa. Se durante o período do Absolutismo o monarca tinha direito de vida e de morte sobre os seus súditos, esse poder absoluto e muitas vezes arbitrário extinguia-se agora e o reino passava a ser governado por um sistema parlamentar, com representantes eleitos em sufrágio direto. A Igreja perdia privilégios para um Estado que se tornava bastante mais laico. A conventos e mosteiros sucediam-se equipamentos de carácter público, para a formação e fruição dos cidadãos. Fundaram-se bibliotecas, academias, sociedades e museus nacionais. E, apesar de ainda se estar longe das democracias atuais nessa longínqua segunda metade da década de 1830, certo é que se desbravava caminho nessa direção.

D. Pedro de Alcântara morria em Queluz enquanto patriarca dos dois ramos da dinastia de Bragança, que reinavam em dois continentes separados (ou unidos) pelo oceano Atlântico, o mesmo oceano que tinha sido a via da expansão portuguesa, iniciada quatro séculos antes. No trono do Brasil, d. Pedro de Alcântara deixava o seu filho, o imperador d. Pedro II, e, no trono de Portugal, a sua primogênita, d. Maria II — conhecida como d. Maria da Glória em terras brasileiras, onde aliás nascera, tal como o seu irmão imperador. Ambos foram monarcas de exceção.

D. Pedro II foi um imperador culto e informado como poucos, que conseguiu manter a unidade do país e conduzi-lo nos primeiros passos de uma nação independente e num contexto parlamentarista, algo inédito até então. Contra a maioria dos seus súditos, teve a coragem de abrir caminho para a abolição da escravatura. Por seu lado, d. Maria II foi a primeira monarca em Portugal num contexto liberal e igualmente parlamentarista. A rainha, juntamente com o seu marido, o rei consorte d. Fernando II, teve de construir o seu papel numa monarquia radicalmente diferente da de seus pais, num ambiente ainda muito instável após a guerra civil de 1832–1834. Quando morreu, ainda jovem, com apenas 34 anos e no leito do seu 11º parto, Portugal finalmente havia alcançado alguma estabilidade com a Regeneração, dois anos antes, em 1851. D. Pedro II e d. Maria II não foram certamente heróis sem mácula. Ambos foram humanos, com as imperfeições inerentes à sua condição. Contudo, souberam receber e estar à altura do legado do pai e, tal como este, assegurar a sua continuidade para além da própria vida.

D. Pedro de Alcântara escolheu morrer no mesmo local onde tinha nascido, na Sala D. Quixote, em Queluz. Essa sala não era um quarto de dormir, mas antes fazia parte dos aposentos (ou dependências) de seu pai, o príncipe regente d. João, futuro d. João VI, na Ala Robillion. Era a ala mais importante da Real Quinta de Queluz, assim chamada devido ao arquiteto que a desenhou, o francês Jean-Baptiste Robillion. A Sala D. Quixote situa-se no topo da Ala Robillion, com vista privilegiada para os jardins, e era utilizada nessa época como Sala do Conselho de Estado. Para os nascimentos dos filhos da então princesa regente d. Carlota Joaquina, em Queluz, armava-se um leito de aparato na Sala D. Quixote, onde se juntavam dignatários da corte para assistir ao nascimento dos infantes. É que durante o Regime Absolutista os infantes não nasciam no recato do quarto de dormir da progenitora. Esses nascimentos, que asseguravam a continuidade da dinastia, tinham lugar com todo um cerimonial de corte e em salas de aparato, tal como acontecia em todas as casas reais europeias. Apenas uma cortina corrida no dossel do leito garantia alguma privacidade à parturiente. Com exceção da filha mais velha de d. João e de d. Carlota Joaquina, a infanta d. Maria Teresa de Bragança, todos os restantes filhos do casal, incluindo d. Pedro de Alcântara, nasceram na Sala D. Quixote.

Já no fim de vida e a sofrer de tuberculose, d. Pedro de Alcântara decidiu então terminar os seus dias na mesma sala em que tinha nascido, quase 36 anos antes. Com ele extinguia-se uma era na história de

Portugal e iniciava-se uma outra, a do Liberalismo e do Romantismo. Com ele terminavam também os dias de esplendor da antiga Real Quinta de Queluz, agora Palácio Real de Queluz. Nas décadas seguintes, outros lugares de lazer atraíram a alta sociedade para as suas épocas de veraneio. Queluz caiu num quase esquecimento até o século XX.

Hoje, o Palácio Nacional de Queluz mantém a Sala D. Quixote como um local de memória de d. Pedro de Alcântara. Tal não é novidade recente. A sala permaneceu como um quase santuário, inalterada após a morte do monarca. Pese embora o fato de o Palácio de Queluz pouco ter sido usado após este ano de 1834, os monarcas posteriores que passaram por Queluz mantiveram a Sala D. Quixote intocada. Mesmo após a implantação da República em Portugal, em 1910, a sala não sofreu alterações. Mas em 1934 — exatamente um século após a morte de d. Pedro de Alcântara — um incêndio destruiu parte do palácio, incluindo a Ala Robillion. Seguiu-se um intenso restauro, que devolveu a esses aposentos o seu antigo esplendor, que hoje podemos apreciar.

O Palácio Nacional de Queluz é hoje um palácio-museu visitado por milhares de pessoas anualmente e com funções de representação ao serviço da Presidência da República. Grande parte dos visitantes é de nacionalidade brasileira, que aproveitam uma estada na região da Grande Lisboa para se deslocarem ao local em que nasceu e morreu o seu imperador. Mas não é apenas a passagem de d. Pedro de Alcântara por Queluz que liga esse monumento ao Brasil. Toda a história do palácio durante o primeiro terço do século XIX está intimamente relacionada com esse país sul-americano, nomeadamente pelo fato de ter sido de Queluz que a corte saiu para o Brasil em 1807 e por ser também em Queluz que a corte se instalou após o seu regresso a um Portugal completamente diferente em 1821. Entre essas duas datas deu-se um fenômeno único na história europeia em que a capital de um reino do velho continente se desloca da metrópole para uma colônia no continente americano, onde aí morre um monarca e outro sobe ao trono, onde se evoluiu de uma situação de metrópole-colônia para a do Reino Unido de Portugal, Brasil e Algarves, que culminaria na Independência do Brasil e na coexistência de dois países autônomos e independentes, com sistemas parlamentares de representação popular. Se Queluz como edificação é exemplo patrimonial de uma quinta de recreio nos arredores de Lisboa, com o seu palácio construído em torno de jardins de lazer com ribeiros, fontes, esculturas, uma cascata, estufas e bosquetes, rodeados de um muro protetor, o palácio é também o monumento no qual, em território português, se tem de comemorar (no sentido de evocar a memória) todos esses acontecimentos.

Como os monumentos, também os livros nos podem fazer reviver os momentos em que a história mudou de curso em direção ao nosso presente, e em particular reencontrar os seus agentes, protagonistas dessas mudanças. É o caso desta biografia de Paulo Rezzutti, que nos conduz até d. Pedro de Alcântara, o último monarca a usar a coroa das duas nações, Portugal e Brasil. Tal como os monumentos, os livros têm o poder de nos fazer refletir sobre o legado patrimonial desses antepassados e nos levarem a, como eles, decidir o presente em direção ao futuro. O Palácio Nacional de Queluz e o livro de Paulo Rezzutti deixam-nos, entre outras coisas, um desafio: que relação queremos nós, portugueses e brasileiros, para as nossas duas nações? Essa resposta já não encontraremos em livros ou monumentos, mas apenas em nós próprios.

António Nunes Pereira
Diretor do Palácio Nacional de Queluz
Parques de Sintra — Monte da Lua, S.A.

PRÓLOGO

Um morto e quatro funerais

"O Pedrão é nosso!", exclamou certo funcionário da Cripta Imperial, localizada abaixo do Monumento à Independência, no bairro paulistano do Ipiranga, ao ter certeza de que o sarcófago de granito verde que protegera por anos não estava vazio. Havia realmente algo lá dentro, ao contrário da descrença externada por um taxista que conduzira um fotógrafo até lá: "Você vai fazer o que lá embaixo? Não tem nada lá, não!".

Não apenas o "Pedrão" estava lá, mas também os demais defuntos imperiais: d. Leopoldina e d. Amélia.

Muito além de encontrar as medalhas de d. Pedro, o trabalho de exumação, estudo e preservação dos restos mortais dos primeiros imperadores do Brasil, capitaneado pela arqueóloga Valdirene do Carmo Ambiel, ajudou a lembrar que os personagens de nossa história foram, algum dia, de carne e osso. A identificação pelo funcionário da cripta daquilo que ela efetivamente guardava deixou-o mais perto do que jamais estivera do heroico personagem retratado no quadro *Independência ou morte*, do pintor Pedro Américo.

O mito, o "herói" da Independência, transformou-se no "Pedrão", um homem cujos restos mortais, posteriormente exibidos nos jornais do Brasil e do mundo, lembram-nos de que todos retornaremos ao pó.

São raros os biógrafos que podem se dar ao luxo de dizer que conheceram pessoalmente seu biografado morto há mais de cem anos sem ir parar em um hospício. Como membro da equipe de Valdirene Ambiel, tive a oportunidade de ver d. Pedro em algumas ocasiões. Assim como na exumação de d. Leopoldina, em fevereiro de 2012, também fui convidado para estar presente na Cripta Imperial quando da abertura do sarcófago do primeiro imperador, em 4 de abril de 2012 — três dias antes de se completarem 181 anos de sua abdicação ao trono brasileiro.

Pela experiência obtida com a abertura da urna da imperatriz — com padres, membros da família imperial, gente subindo e descendo de um tablado periclitante para ver os restos mortais —, preferi não sair na foto oficial e ter um momento de maior intimidade com meu biografado. Afinal, para mim ele já era o "Pedrão" muito antes de encontrá-lo face a face. Eu havia trabalhado com as cartas inéditas enviadas por ele à sua amante, a marquesa de Santos, por mim localizadas em um museu nova-iorquino em 2010. Conheço sua letra e, baseado na história factual, sei quando mente ou fala a verdade nas cartas. Até aprendi a distinguir, pela forma da escrita e pela passionalidade, quando atingia algum pico abortado de epilepsia. Aquele imperador de espada erguida, cortando os laços entre Brasil e Portugal, já era para mim o "Demonão",[1] quase um membro falecido da família, cujas histórias são tantas, que é como se tivéssemos acabado de vê-lo em carne e osso, dobrando a esquina.

Apesar dos diversos alertas de Valdirene ao telefone, informando que o corpo estava todo revirado no caixão, nada havia me preparado para aquela manhã. O ataúde fora retirado do sarcófago e colocado sobre o antigo altar da capela. O fundo estava praticamente se desfazendo, o corpo encontrava-se todo desconjuntado, o crânio olhava para dentro do caixão. Em meio a uma massa de terra compacta,[2] podíamos ver partes de ossos e medalhas. Tinha-se a impressão de que, em alguma das exumações anteriores, simplesmente haviam jogado de qualquer maneira o conteúdo de um caixão ao outro, como se fosse entulho.

"Ele está todo sujo e quebrado", pensei, "igual a quando estava vivo."

D. Pedro sempre foi muito ativo, adorava se exercitar, nadava nu nas praias de Botafogo e Flamengo sem se importar nem um pouco com a opinião dos moradores locais. Diferentemente dos dias de hoje, os banhos de mar eram em geral recomendados como terapia, mas d. Pedro praticava a natação como exercício para o corpo. Pesquisas revelaram que sua altura seria de 1,66 a 1,73 metro,[3] pouco maior que a média dos homens da época. Ele tinha tórax e ombros largos, braços fortes e mãos grandes.

Sua paixão por velocidade levava-o a conduzir, ele próprio, os cavalos de seu veículo e a cavalgar a toda carga pelos arredores do Rio de Janeiro. Isso causou diversos acidentes, como o de 1823, que o prendeu ao leito todo quebrado e sujo, semelhante ao estado em que se mostrava a meus olhos naquela manhã de abril. Quanto a ser aventureiro — então, esse é um capítulo à parte. D. Pedro não pensou duas vezes antes de se declarar brasileiro e lutar contra Portugal, terra natal da qual era herdeiro, pela Independência do Brasil. Também não temeu largar tudo neste último país para reunir, após penhorar joias e prataria, um exército que invadisse Portugal e destronasse o irmão em favor da filha.

Se é na morte, como dizem, que encontramos a paz e o descanso que a vida nos tirou, d. Pedro não teve essa sorte. Aquela era a quarta vez que o tinham sepultado. A anterior havia ocorrido em meados de 1987, em virtude das obras no monumento e de uma das inúmeras inundações ocorridas na cripta. Os sarcófagos por pouco não acabaram submersos. Seus imperiais ocupantes viram-se, como diversos outros brasileiros, com a casa inundada e tiveram que se abrigar em um vizinho ou parente — no caso, o Museu Paulista, mais conhecido como Museu do Ipiranga.

Os caixões de d. Pedro e de d. Leopoldina ficaram expostos ao grande público no Salão Nobre do Museu, aos pés do quadro *Independência ou morte*, de Pedro Américo — provocando arrepio em alguns professores que conduziam excursões escolares e sussurros de rápidas "ave-marias" entre funcionários. Voltaram à cripta no final dos anos 1980, em cima de um veículo militar escoltado por oficiais de diversas armas, em mais uma comemoração de 7 de Setembro.

A cripta sob o monumento foi construída no início da década de 1950, com as paredes revestidas em granito verde e o teto, não mais existente, em mármore amarelo. O controverso Monumento à Independência, que fica acima, apelidado de "bolo de noiva", é de 1922. Inicialmente, a cripta seria um cenotáfio, espécie de memorial fúnebre em homenagem a d. Pedro e d. Leopoldina, representados pelos sarcófagos vazios. O corpo da imperatriz permaneceu de 1826 a 1911 no convento da Ajuda. Devido às obras de remodelação da área central do Rio de Janeiro, o convento foi demolido e os sarcófagos de membros da família imperial, transportados para o convento de Santo Antônio. O corpo de d. Pedro esteve em Portugal desde o falecimento, em setembro de 1834.

O cenário mudou em 1954, durante a preparação para os festejos do quarto centenário da cidade de São Paulo. O instituto histórico local resolveu coroar a festa levando o corpo de d. Leopoldina do Rio de Janeiro para a capital paulista, a fim de depositá-lo na cripta. Uma longa queda de braço[4] entre a Ordem Franciscana, responsável pela guarda do corpo da imperatriz, e a comissão dos festejos teve início, com o presidente Getúlio Vargas e o ministro da Educação e Cultura de um lado, querendo fazer a vontade dos paulistas, e os franciscanos, protegidos pelo arcebispo do Rio de Janeiro, d. Jaime Câmara, do outro.

No final, São Paulo ganhou a disputa e ficou com o corpo da imperatriz. Dessa forma, d. Leopoldina — que escrevera certa vez à irmã Maria Luísa que "nesta corte é necessário um espírito de sacrifício, sob todos os pontos de vista" — acabou indo parar em São Paulo, cidade em que nunca estivera em vida, na famosa "colina do Grito", 126 anos depois de morta.

A vinda do corpo de d. Leopoldina abria um precedente. A cripta passava de cenotáfio a um local consagrado pela religião católica, condição imposta pelos trinetos de d. Leopoldina, d. Pedro Henrique e d. Pedro Gastão, para que concordassem com o traslado do corpo desde o convento no Rio de Janeiro até a colina do Ipiranga. Era criada, assim, a oportunidade de preencher o outro sarcófago vazio, dedicado a d. Pedro I.

A possibilidade de trazer o corpo do imperador surgiu dezoito anos após a chegada de d. Leopoldina à cripta. Em 1964, foi instaurado no Brasil, a partir de um golpe, o regime militar. O nacionalismo, a exaltação dos símbolos pátrios e das festas cívicas, nas quais se buscava um "simulacro de participação política no Estado Nacional", constituíram o cenário perfeito para a apoteótica festa em homenagem aos 150 anos da Independência, em 1972.[5] Desse modo, um comitê foi instituído pelo presidente Médici, visando à preparação das festividades e às tratativas com outra ditadura — a salazarista, de Portugal — para a vinda do corpo de d. Pedro para o Brasil.

Assim, nosso inquieto imperador atravessaria pela terceira vez o oceano Atlântico, agora para protagonizar um espetáculo repleto de símbolos históricos e religiosos. Transformado pela ditadura brasileira em uma verdadeira relíquia sagrada, é de se considerar a opinião que d. Pedro, paladino liberal e constitucional sem muita paciência para solenidades, teria a respeito de ser usado por um sistema de governo contra o qual provavelmente, se vivo, lutaria.

Opositores e defensores não faltavam à época no Brasil, inclusive entre descendentes de pessoas ligadas intimamente à vida de d. Pedro, como José Bonifácio de Andrada e Silva e o marquês de Barbacena. Por um lado, dois frutos da linhagem do Patriarca da Independência, o deputado federal Zezinho Bonifácio e o general Antônio Carlos de Andrada Serpa, estavam a favor do regime militar — nada, aliás, muito diferente da índole do famoso antepassado, reputado como homem autoritário. Por outro, Vinícius Caldeira Brant, sociólogo e ex-presidente da União Nacional dos Estudantes (UNE), bem como descendente do marquês de Barbacena, era torturado nos porões da ditadura durante as festividades do Sesquicentenário da Independência.

Portugal preparou-se para o traslado do ex-monarca. Localizaram o corpo no Panteão dos Bragança, no mosteiro lisboeta de São Vicente de Fora, e providenciaram três novos caixões: um de madeira, estofado e forrado internamente com tecido, onde o corpo foi acomodado, envolvido por outro de chumbo, e mais um, de pau-santo, ornado com símbolos portugueses e brasileiros. O peso total era de 250 kg.

O cerimonial em Portugal teve início em 10 de abril de 1972, com uma cerimônia religiosa no Panteão dos Bragança. Posteriormente, o esquife foi conduzido por soldados portugueses até o exterior do templo, onde uma força do 5º Batalhão de Caçadores, do qual d. Pedro fora comandante, prestou ao monarca as devidas honras militares. O caixão foi colocado em um veículo do exército e transportado por Lisboa, sob escolta de um esquadrão de cavalaria da Guarda Nacional Republicana, até o cais de Santa Apolônia, onde veio a ser embarcado no navio *Funchal* por fuzileiros navais de ambas as nacionalidades. Nesse momento, dois navios de guerra, um brasileiro e um português, deram uma salva de 21 tiros. O caixão ficou em uma câmara ardente no *Funchal*, e a esse navio juntaram-se tanto os vasos de guerra brasileiros *Pernambuco*, *Santa Catarina* e *Paraná* quanto os portugueses *Gago Coutinho*, *Sacadura Cabral* e *João Belo*. A esquadra binacional foi saudada por aviões da Força Aérea Brasileira tão logo entrou nas águas territoriais do país. Obedecendo ao cerimonial, o *Funchal* aportou no Rio de Janeiro em 22 de abril, para que coincidisse com a data em que Cabral chegou ao Brasil em 1500. Esqueceram-se de que a mesma data também marcava o aniversário de 151 anos do decreto de d. João VI que estabelecera o filho como príncipe regente. No monumento aos combatentes brasileiros mortos na Segunda Guerra Mundial, o presidente português Américo Tomás entregou oficialmente d. Pedro à pátria adotiva.

A propaganda política da ditadura já havia se utilizado de símbolos populares, como alguns jogadores de futebol e a própria seleção brasileira, beneficiando-se muito do prestígio obtido pelo suor e pela garra da equipe que ganhara a Copa do Mundo de 1970. Dois anos depois, Médici colocaria um morto e alguns vivos para correr o Brasil inteiro em favor de sua imagem. No próprio dia 22 de abril, enquanto, sob o clamor de mais de 5 mil pessoas, o corpo de d. Pedro seguia para seu antigo palácio, na Quinta da Boa Vista, corredores partiam dos pontos extremos do território brasileiro — do norte, do sul, do leste e do oeste — portando uma tocha representativa do fogo simbólico da pátria. Ambos, corredores e d. Pedro, deveriam chegar sincronizados à colina do Ipiranga, no Monumento à Independência, em 7 de setembro, exatos 150 anos depois do histórico dia.

Morto, viajou pelo Brasil mais do que quando nele viveu. Seu corpo subiu e desceu de trens, caminhões do Corpo de Bombeiros e blindados militares e passou por diversas capitais brasileiras, sendo seu caixão velado em várias catedrais pelo país. Somente uma cidade, sem ser capital, recebeu o seu corpo para pernoite, Pindamonhangaba. Ali, em agosto de 1822, cerca de dezesseis homens da região ingressaram na guarda de honra do príncipe para acompanhá-lo à sua viagem a São Paulo. Os corpos desses homens foram sepultados na igreja de São José, onde os despojos de d. Pedro passaram a noite de 2 para 3 de setembro de 1972, em companhia de seus companheiros da viagem da Independência.

Sacolejado por todo o Brasil, o ex-monarca ainda achou quem o incomodasse. Dentro do caixão, aberto em 2012, havia diversos cartões de visita. Alguns remontavam ao início do século XX; outros pertenciam a embaixadores e militares que haviam participado das comemorações do Sesquicentenário.

Naquele 7 de setembro de 1972, jatos sobrevoaram o monumento. Tiros de canhões, e até sons de buzinas, ensurdeceram o ar. Era como se o Brasil tivesse vencido mais uma partida de futebol.

Acontece, porém, que os portugueses não se haviam preocupado com o tamanho interno do local em que o caixão seria depositado. Se a ex-miss Brasil Marta Rocha perdera o concurso de Miss Universo de 1954 por conta de duas polegadas a mais nos quadris, d. Pedro ficaria quatro anos do lado de fora do sarcófago porque o caixão tinha oito centímetros a mais que o espaço destinado a ele.

Esse espetáculo nacional patrocinado pela ditadura entrava em flagrante contraste com a primeira cerimônia de sepultamento, que em 1834 pretensamente levara d. Pedro a seu descanso final no Panteão dos Bragança, junto a seus ancestrais.

D. Pedro experimentou, nesse segundo funeral, tudo (e um pouco mais) o que não quisera experimentar no primeiro. Em seu testamento, afinal, havia esclarecido que queria ser inumado como simples general. Ao contrário do ocorrido em 1972, em 1834 o seu corpo foi levado ao jazigo durante a noite, o que parecia representar, à época, um processo de integração do morto a seu novo mundo.[6]

O ex-imperador foi conduzido até a carruagem fúnebre por generais, que o acompanharam até o jazigo final. A imperatriz d. Amélia, sua viúva, e a rainha d. Maria II, sua filha, seguiram o protocolo da época e permaneceram no palácio. Porém, o rei-soldado, que se pusera ao lado da filha para combater o irmão d. Miguel, um absolutista convicto, não partiria sem comoção popular. Por toda a Lisboa, os comerciantes interromperam suas transações e fecharam as lojas, espontaneamente. Na movimentada rua Augusta, casas cobriram-se de luto. Longos pedaços de pano preto esvoaçavam de janelas e sacadas até a rua. Uma multidão enlutada se reuniu e enviou uma delegação à rainha, solicitando permissão para acompanhar o féretro de d. Pedro. Assim, a população da cidade participou em massa do cortejo fúnebre, muitos carregando tochas e velas acesas — nem tanto, porém, para clarear o caminho, mas antes para iluminar a passagem da alma do morto à vida eterna e lembrar a existência que ali se apagara.[7]

Além da população, seguiam os restos mortais do príncipe todos os generais, oficiais superiores e demais militares que se achavam na capital portuguesa. A guarnição de Lisboa formou alas para sua passagem e depois fechou a retaguarda do cortejo. O cardeal-patriarca Patrício, à frente do cabido da antiga Sé Patriarcal de Lisboa, fez as últimas orações quando o corpo foi depositado no Panteão dos Bragança, e d. Pedro reuniu-se aos ancestrais sob a eclosão de salvas das artilharias de terra e mar, que avisavam a todos que a cerimônia terminara.

O sepultamento ocorreu em 27 de setembro de 1834, três dias depois do último suspiro de d. Pedro, dado às 2 horas da tarde no mesmo quarto do Palácio de Queluz em que nascera 36 anos antes.

Paulo Rezzutti

PARTE I

PORTUGAL (1798–1808)

QUELUZ

“Luz? Que luz? Que luz?”, indagava aos berros um nobre ao guarda-caça. Ambos haviam caçado coelhos o dia todo. A diversão fora tamanha, que acabaram não se dando conta do avançado da hora, e a noite surpreendeu-os na mata fechada. Além do tempo, perderam também a direção e vagaram a esmo por um bom período.

O guarda, em certo momento, começou a dizer que via uma luz e pôs-se a caminhar em sua direção. Ao que parece, porém, somente ele a enxergava, o que começou a exasperar o nobre. Por fim, ambos chegaram a uma ermida iluminada, onde jejuava um velho frade. O ancião acolheu-os e indicou-lhes o caminho para Lisboa: bastava seguir o rio Jamor que atingiriam o Tejo. Diz a lenda que, ao chegar de volta são e salvo, o nobre decidira fazer de Queluz seu retiro campestre.

Essa é uma das diversas histórias que cercam a origem do nome Queluz. Segundo alguns pesquisadores, o nome poderia derivar das palavras árabes “câ” (“vale”) e “Llûs” (“amendoeira”), ou seja, vale das amendoeiras ou da amendoeira. Há ainda outras hipóteses, como a que ligaria a região à adoração do sol pelos povos antigos.

A região, vizinha da capital portuguesa, sempre foi um local de grande beleza e de clima ameno, o que contribuiu para que diversos nobres instalassem ali, ao longo dos séculos, suas casas de campo, também chamadas de quintas.

Uma dessas quintas, construída em meados do século XVII, pertencia aos marqueses de Castelo Rodrigo. O título fora criado em 1600 por Filipe II, rei da Espanha e de Portugal, e conferido a d. Cristóvão de Moura e sua descendência durante a chamada União Ibérica.

Antes da união dos dois reinos sob a coroa espanhola, a dinastia dos Avis governara Portugal por quase duzentos anos, entre os séculos XIV e XVI. Durante esse reinado, os lusitanos singraram os mares e estabeleceram domínios na América, na África e na Ásia. O epílogo da história dessa família foi a grande aventura do rei d. Sebastião, a quem a cidade de São Sebastião do Rio de Janeiro deve o nome. Aos 24 anos, em 1578, ele liderou um exército formado por portugueses e mercenários para combater, ao lado de Abu Abdallah Mohammed II Saadi, o emir do Marrocos. A batalha, ocorrida próximo à cidade de Alcácer-Quibir, acabou recebendo diversos nomes: em Portugal, foi batizada com o nome da cidade; na África, ficou conhecida como a Batalha dos Três Reis, na qual os soberanos envolvidos perderam a vida.

A morte de d. Sebastião teve diversas consequências, uma das quais o nascimento do sebastianismo. Assim como os britânicos com Artur, o rei que não morreu, mas foi embora, os portugueses envolveram seu rei, desaparecido na batalha, em lendas, transformando-o em um mito. Afinal, o rei não morrera em seu país, e o povo nunca teve oportunidade de ver o seu corpo.

Surgiu assim a narrativa do retorno do rei (apelidado de O Desejado), que voltaria do mar quando seu povo e sua terra sofressem. O mito foi tão forte, que chegou às terras portuguesas do outro lado do Atlântico, influenciando, no Brasil, diversos movimentos populares. Um dos últimos, o mais famoso, foi o liderado pelo beato Antônio Conselheiro no povoado de Canudos, na Bahia. Antônio pregava o retorno de d. Sebastião e, com ele, a volta da monarquia brasileira no final do século XIX, mais de trezentos anos após o desaparecimento do rei português.

Outra consequência da batalha na África foi o enfraquecimento do Estado português. O rei deixou o país quase sem dinheiro e exército. Junto com d. Sebastião, grande parte do tesouro nacional perdeu-se ao ser usado nessa aventura bélica desastrada. Não apenas o governo e as finanças, mas a própria aristocracia portuguesa ficou abalada. A flor da nobreza lusitana foi parcialmente ceifada em Alcácer-Quibir, enquanto os sobreviventes acabaram resgatados às custas do empobrecimento de suas famílias e do já combalido tesouro nacional.

Além do reino debilitado, a aventura de d. Sebastião pôs fim à presença da dinastia dos Avis no trono português. Como o rei morrera sem deixar herdeiro direto, o poder foi assumido por seu tio, o cardeal d. Henrique. Ele era o quinto filho homem do rei d. Manuel I, avô de d. Sebastião, e o único Avis, neto, filho e irmão de rei, apto a assumir o trono. Como nunca se aventara a hipótese de que o futuro da dinastia e do trono fosse depositado em si, d. Manuel destinara-o à vida religiosa. Na época, essa era também uma forma de se fazer política, pois ter um filho "príncipe da Igreja" era útil no tabuleiro político mundial. O reinado de d. Henrique foi triste e curto. Faleceu em 1580, sem reconhecer a legitimidade de um sobrinho bastardo, d. Antônio, o Prior do Crato, que poderia tê-lo sucedido como rei de Portugal. Assim, o trono foi assumido pelo outro tio de d. Sebastião, o rei Filipe II, da Espanha.

Durante sessenta anos, Portugal e suas colônias se uniriam à Espanha sob um mesmo governo. Enquanto as riquezas coloniais portuguesas eram sugadas pelas guerras em que a Espanha se envolvia, a fronteira do Brasil se expandia. Uma vez que ambos os países estavam unidos pela mesma coroa, não havia motivo para continuar seguindo o Tratado de Tordesilhas, que definia o limite entre as possessões espanholas e portuguesas na América. Assim, as "entradas" e as "bandeiras" ampliavam os territórios brasileiros.

O terceiro e último Filipe espanhol a governar Portugal tentou fazer do país uma mera província de seu vasto império. Sobretaxou os comerciantes lusitanos e preteriu a nobreza do país, passando quase todos os postos governamentais às mãos dos espanhóis. Os nobres portugueses, aproveitando-se de que uma parte das tropas espanholas estava na Catalunha combatendo uma rebelião, e outra, envolvida na Guerra dos Trinta Anos, ergueram-se contra o domínio da Espanha. Em 1º de dezembro de 1640, invadiram o palácio da praça do Comércio e jogaram pela janela o secretário de Estado Miguel de Vasconcelos, prendendo a seguir a prima do rei Filipe, a duquesa de Mântua, que atuava como vice-rainha. Quinze dias depois, d. João IV, duque de Bragança, era aclamado rei de Portugal, inaugurando uma nova dinastia.

A dinastia de Bragança

O primeiro imperador do Brasil, d. Pedro I, é chamado em Portugal de d. Pedro IV. Diferentemente da piada que atribui ao fuso horário a mudança do numeral, a razão é que existiram três reis lusitanos com o nome de d. Pedro antes dele. O primeiro foi um monarca da Idade Média, nascido em Coimbra, em 8 de abril de 1320, e falecido em Estremoz, em 18 de janeiro de 1367. Esse rei pertenceu à chamada Primeira Dinastia, ou Dinastia de Borgonha, ou ainda Dinastia Afonsina, que reinou em Portugal de 1139 a 1387.

Esse primeiro Pedro é bastante lembrado pelo seu famoso romance com uma dama que veio da Galícia chamada Inês de Castro. Inês foi para Portugal junto com a corte da princesa d. Constança quando esta se tornou esposa do então príncipe português. Eles tiveram quatro filhos, um dos quais, d. Fernando, tornou-se o nono rei de Portugal.

Após a morte da esposa, d. Pedro casou-se secretamente com a sua amante, Inês de Castro, com quem teve descendência. Quando Inês foi assassinada a mando do pai do príncipe, o rei d. Afonso IV, eclodiu uma revolta do filho contra ele que levou a uma guerra civil. Posteriormente, ao ascender ao poder, d. Pedro teria exumado o cadáver de Inês e o colocado no trono, obrigando a corte a participar de um macabro beija-mão àquela que foi rainha depois de morta. D. Pedro também teve um relacionamento com uma outra jovem, chamada Teresa Lourenço, com quem teve um filho, chamado João, nascido em Lisboa, em 11 de abril de 1357. Aos 6 anos, João foi feito por seu pai mestre da ordem militar e religiosa de Avis.

Após a morte de d. Pedro I, subiu ao trono d. Fernando I, que faleceu em 1383, deixando apenas uma filha viva, d. Beatriz. O problema é que ela era casada com o rei de Castela. Tanto ela quanto o marido reivindicaram o trono português e foram apoiados pela mãe de d. Beatriz, a viúva de d. Fernando, d. Leonor, que também era castelhana. Quem não gostou nada da ideia foram os portugueses, que não estavam dispostos a perder a sua independência com uma provável anexação de Portugal por parte de Castela.

Uma opção contra a reivindicação dos reis era o trono de Portugal passar para outro herdeiro de d. Pedro I, como d. João, filho mais velho de Inês de Castro. Porém, ele foi aprisionado por Castela. Mas havia outro descendente de d. Pedro livre em Portugal, d. João, o mestre de Avis. Tecnicamente, ele não podia herdar, pois sua mãe era plebeia e, ao contrário de Inês, não se tornara rainha nem depois de morta. No entanto, nada disso impediu que grande parte da nobreza e do povo o alçassem a símbolo da independência de Portugal, e a guerra contra os opositores, principalmente os castelhanos, teve início. No meio dos embates, surgiu um importante líder militar, d. Nuno Álvares Pereira, um dos melhores estrategistas do seu tempo. D. Nuno foi o principal responsável pela derrota castelhana na batalha de Aljubarrota e, com isso, pela manutenção da independência lusitana.

D. João ascendeu ao trono em 1385 ao ser declarado rei pelas Cortes de Coimbra, dando origem à Dinastia de Avis, ou Segunda Dinastia, que reinou de 1385 a 1580. D. Nuno foi um dos aliados mais recompensados pelo novo monarca, recebendo o título de condestável de Portugal, ou seja, chefe dos exércitos lusitanos, abaixo apenas do rei. Também foi feito conde de Ourém, Arraiolos e Barcelos.

Dos filhos que d. Nuno teve com sua esposa, d. Leonor de Alvim, a única a chegar à idade adulta foi d. Beatriz, ou d. Birtes Pereira de Alvim. Ela tornou-se não só a herdeira mais rica de Portugal como uma das mais ricas da Europa. Chegou-se a cogitar sua união com um dos filhos legítimos de d. João I, mas d. Nuno não gostou da ideia. Caso ela se casasse com um príncipe de sangue real, a linhagem do condestável se diluiria dentro da casa real portuguesa. Em vez disso, foi acertado o casamento de d. Beatriz com d. Afonso, filho ilegítimo de d. João com

Inês Perez, filha de um sapateiro, que algumas fontes afirmam ter ascendência judaica.

Quando d. Afonso e d. Beatriz se casaram, em 1401, foram feitos condes de Barcelos. Tiveram três filhos. D. Beatriz faleceu em 1415. Em 1442, d. Afonso recebeu o título de duque de Bragança para si e sua descendência, cuja riqueza seria aumentada pela herança que d. Nuno Álvares Pereira deixaria para seus netos. O condestável havia entrado para a vida religiosa ao enviuvar, tornando-se carmelita em 1389 sob o nome de Nuno de Santa Maria, e criou em Lisboa o convento do Carmo, cujas ruínas, remanescentes do terremoto de Lisboa de 1755, ainda hoje podem ser visitadas.

D. Nuno dividiu suas posses entre os três netos, de maneira que todos pudessem tecer boas alianças matrimoniais, fortalecendo assim a futura Dinastia de Bragança. Ele faleceu no domingo de Páscoa, 1º de abril de 1431, aos 71 anos, e logo se tornou um santo popular, que os portugueses chamam de "Santo Condestável". Em 1918, d. Nuno foi feito beato, e sua canonização ocorreu em 2009.

A dinastia dos duques de Bragança estabeleceu-se inicialmente em Braga, mas fincou raízes em Vila Viçosa, no Alentejo, próximo da fronteira com a Espanha, onde mantinham um castelo para guardar a região, hoje transformado em museu. Posteriormente, com a pacificação da fronteira, a cidade espalhou-se para fora dos limites das muralhas, e teve início ali, em 1501, a construção do palácio dos Duques de Bragança. Quem ordenou a edificação foi o duque d. Jaime I de Bragança, que chegou a ocupar o posto de herdeiro presuntivo do trono de Portugal. Devido à posição da família, como a primeira em importância após a família real, ele cunhou como mote a frase "Depois de vós, nós", ou seja, logo abaixo da dinastia de Avis, vinha a de Bragança.

Com o término da União Ibérica e o consequente fim do reinado da Terceira Dinastia, a dos Filipes da Espanha, o mote de d. Jaime tornou-se realidade com a subida dos Bragança ao poder. D. João II, duque de Bragança, tornou-se, em 1640, o primeiro rei da Quarta Dinastia, assumindo o trono português como d. João IV. Não era só d. João que tinha ligação com a extinta dinastia de Avis, mas também sua esposa, d. Luísa Gusmão, bisneta de d. Afonso e tataraneta de d. João I. Segundo a história, deve-se mais a ela do que ao marido a ascensão dos Bragança ao trono. D. João IV levou cerca de três meses para concordar em participar da rebelião contra o rei da Espanha, enquanto d. Luísa o incitava: "Antes morrer reinando do que acabar servindo".

A separação não foi pacífica. Portugal e Espanha enfrentaram-se diversas vezes nos campos de batalha até a consolidação da coroa e o reconhecimento da independência de Portugal, que demorou algumas décadas. No processo, nobres lusitanos receberam recompensas como honrarias, títulos e propriedades. Da mesma maneira, outros, por permanecerem ao lado dos espanhóis, foram punidos. Esse foi o caso, por exemplo, de Manuel de Moura Corte Real, segundo marquês de Castelo Rodrigo, cujas propriedades em Portugal foram confiscadas pela coroa em 1652, entre elas Queluz, transferida à dinastia de Bragança.

O Palácio de Queluz

Ao subir ao trono de Portugal em 1640, a dinastia de Bragança passou de uma das casas ducais mais ricas a uma das dinastias reais mais pobres da Europa. A fim de garantir dotação material e patrimonial aos infantes — filhos e irmãos do rei que não herdavam o trono —, d. João IV criou uma instituição senhorial chamada Casa do Infantado. Sob esse nome, foram reunidas diversas propriedades que geravam renda para o sustento desses príncipes.

A propriedade de Queluz foi incorporada ao infantado por d. João IV. Dessa maneira, séculos depois, chegou às mãos do filho mais novo de d. João V, d. Pedro, que entraria para a história como d. Pedro III, tio e marido de d. Maria I, avós de d. Pedro I do Brasil e IV de Portugal. D. Pedro III construiria lá o Palácio Real de Queluz, onde nasceria, em 12 de outubro de 1798, o primeiro imperador brasileiro.

Em 1747, o avô de d. Pedro contratou o arquiteto Mateus Vicente de Oliveira para transformar o antigo pavilhão de caça dos marqueses de Castelo Rodrigo em um palácio rococó. A construção e a decoração de Queluz demoraram vários anos e passaram pelas mãos de diversos profissionais, entre eles o francês Jean-Baptiste Robillion, responsável pela Ala Robillion. O projeto de seus jardins formais — sua estatuaria, suas balaustradas, seus bosques de plantas cítricas, suas cascatas e fontes — remete ao estilo do Palácio de Versalhes. Apesar da grandiosidade da escala, o edifício é de tal modo compartimentado e espalhado que acaba por sugerir uma intimidade e uma privacidade diferentes das encontradas no famoso palácio francês. Também Queluz possui seu salão dos espelhos: são mais numerosos e mais delicados que os de Versalhes.

D. Pedro nasceu na chamada Sala D. Quixote. Inicialmente projetada para ser uma sala de café, acabou convertida em aposento de dormir de d. Pedro III e, depois, de d. Carlota Joaquina, d. João VI e d. Pedro IV. Apesar de a planta do aposento ser quadrada, o desenho do teto e do parquê cria a ilusão de um espaço circular. Os painéis com molduras em talha dourada, responsáveis por decorar o espaço acima das portas e o vão entre a moldura do teto e seu painel central, ilustram episódios da vida de d. Quixote. Quem visita o Palácio Nacional de Queluz fica admirado diante desse quarto, mas o que lá se vê hoje é, na realidade, uma recriação do original. Um imenso incêndio destruiu o interior do palácio em 4 de outubro de 1934, dez dias depois do centenário de morte de d. Pedro, ocorrida naquele local, e às vésperas da comemoração dos 24 anos da instalação do regime republicano português.

Queluz recebeu, durante o reinado de d. Maria, diversas festas luxuosas, muitas somente para os membros da família real e sua comitiva. Ficaram famosas as de 24 e 29 de junho, datas dedicadas a São João e São Pedro. Serviam-se, em tais ocasiões, ceias suntuosas nos jardins, que junto com a fachada do palácio eram iluminados por milhares de velas. O ápice dos festejos eram os fogos de artifício que coloriam a noite. Durante o dia, além das cerimônias religiosas, havia corridas de cavalo e touradas.

Na distante colônia brasileira essas festas, que se tornaram conhecidas como juninas e comemoravam São João, Santo Antônio e São Pedro, também eram celebradas. "Todo homem que tinha um Pedro ligado a seu nome sentia-se na obrigação de acender uma imensa fogueira diante de sua porta e soltar uma porção de foguetes, além de descarregar inúmeras pistolas, mosquetes e morteiros." O barulho e o brilho no céu eram tamanhos, que se poderia acreditar que se estava perto de "alguma cidade sitiada, durante um violento bombardeio".[1]

São Pedro, discípulo de Jesus, santo chaveiro e primeiro papa, aparece nas histórias populares como personagem astuto, finório — uma espécie de Pedro Malasartes mítico, figura tradicional dos contos populares da península Ibérica, mais digno, porém igualmente esperto. Simples, de boa-fé e crédulo, como representado no Novo Testamento, o povo transformou-o em um sujeito que consegue sair das situações difíceis com enorme sangue-frio ou por meio de processos pouco ortodoxos, chegando até mesmo a aparecer em contos populares da Andaluzia como uma versão do simplório Sancho Pança. Nosso d. Pedro iria, em diversos momentos de sua vida, encarnar ou ser identificado com algumas das características que o povo acabou por dar ao santo. Também seria comparado a Pedro Malasartes por José Bonifácio e — por que não? — ao próprio d. Quixote, uma vez que se bateu pela causa da filha tendo menor número de seguidores do que o grande exército de seu irmão.

A maldição

Tanto d. Pedro quanto o pai, d. João, assim como seus antecessores e sucessores, deveriam ter assumido não o trono português, mas as propriedades e as riquezas da Casa do Infantado, entre elas o Palácio de Queluz. No entanto, o mesmo ancestral que levara os Bragança ao poder se tornaria responsável direto pela maldição que viria a acometer seus descendentes.

Antes de sua aclamação como rei de Portugal, quando era somente o oitavo duque de Bragança, d. João IV teria se irritado com um irmão leigo franciscano que fora lhe pedir esmolas. Sem paciência, mandou o religioso retirar-se e aplicou-lhe um pontapé na canela, onde se criou um machucado em forma de escama de peixe. Ressentido pela forma gratuita como fora maltratado, o franciscano rogou-lhe a seguinte praga: "A sua descendência nunca passará pelo primogênito, e os que lhe sucederem, Deus permita, tenham o mesmo sinal na perna que o senhor me produziu".

Ao subir ao trono, d. João IV, temendo a praga do religioso, criou a tradição de apresentar os membros recém-nascidos da família de Bragança aos altares da ordem mendicante de S. Francisco, bem como de sempre assistir às festas do santo.

D. João VI e d. Pedro I ainda acrescentariam uma esmola de 600 réis para a comemoração, à qual assistiam antes de irem jantar no refeitório comum dos frades da ordem, com a clássica colher de pau comum a todos os comensais. Nada disso, porém, faria a maldição lançada contra a família arrefecer: raros foram os primogênitos que subiram ao trono e reinaram por tempo suficiente para deixar herdeiros.

FILHO E NETO DE REIS

Diversos documentos do Arquivo Nacional, localizado na Torre do Tombo, em Lisboa, mostram alguns dos preparativos para o nascimento, em 1798, de um novo filho dos príncipes do Brasil, d. João e d. Carlota Joaquina.

Datada de julho daquele ano, uma das notas[1] faz menção à compra de renda para guarnecer as toalhas para o batismo do futuro bebê e é bastante curiosa: "Por vinte e duas varas e meia de renda fina para se guarnecerem quatro toalhas que hão de servir no Baptismo da Pessoa Real que há de nascer, a preço de 3$550 a vara de que não passou recibo a pessoa que a vendeu por ser contrabandista".[2]

O berço para a "pessoa real que há de nascer" foi confeccionado pelo mestre marceneiro Antônio Silvério em madeira de mogno. Em agosto, encomendavam-se as roupas de cama para as amas de leite do esperado bebê; no mesmo mês, d. Carlota ordenou ao patriarca de Lisboa que se realizassem preces em todas as igrejas, do dia 21 de agosto até a data do nascimento da criança.[3]

Em 16 de outubro de 1798, a Gazeta de Lisboa, na edição de terça-feira, anunciava:

> A Princesa N. S. tendo completado o termo da gravidação, deu felizmente à luz a 12 deste mês pelas 6 horas e meia da manhã um formoso infante. Este grato sucesso se anunciou logo com

> repiques de sinos de todas as Igrejas desta Capital, e salvas de artilharia das Fortalezas, e dos Navios de S. M. surtos neste porto, que aparecerem logo todos empavesados.

Pedro de Alcântara Francisco Antônio João Carlos Xavier de Paula Miguel Rafael Joaquim José Gonzaga Pascoal Cipriano Serafim de Bragança e Bourbon, d. Pedro IV, 28º rei de Portugal, 24º do Algarve, primeiro imperador do Brasil, nasceu, como já mencionado, no Palácio de Queluz, mais especificamente na Sala D. Quixote, a 12 de outubro de 1798, após um trabalho de parto de quase quatro dias. O nome completo do príncipe, como usual na família Bragança, consistia na união de nomes de pessoas da família, do santo protetor, de arcanjos e anjos.

António Teles da Silva Caminha e Meneses, marquês de Resende, lembraria, anos depois da ocasião:

> Quando a princesa, depois rainha d. Carlota, acabava de dar à luz o seu segundo filho varão, o som das salvas da chalupa inglesa Moreno que trouxera aqui a nova da chegada de Bonaparte ao Egito, onde ele se ensaiava para as lutas que, à sombra da soberania do povo, havia de ter a fim de realizar a tão sonhada monarquia universal regida pelo despotismo, confundia-se com o zunido das girândolas que de um monte propínquo ao Tejo anunciavam o começo da vida de um renovo Bragantino.[4]

Na tarde de 19 de outubro, na Capela do Real Palácio de Queluz, o cardeal-patriarca de Lisboa batizou o recém-nascido d. Pedro. Foram padrinhos o infante da Espanha, d. Antônio, representado por seu sobrinho, d. Pedro Carlos, e a infanta Maria Ana, tia-avó do bebê, irmã da rainha d. Maria.

Nesse dia, o futuro marquês de Resende, próximo de completar oito anos de idade, compareceu pela primeira vez a uma função pública na corte, o batizado do príncipe a quem no futuro uniria a sua sorte, daria sua fidelidade e defenderia até a morte.

> Quando eu, já depois de anoitecer, saía do paço, fez-me o padre Theodoro de Almeida, meu mestre [...], observar, entre outros belos e variados espetáculos astronômicos, que o céu, semeado de estrelas, naquela noite serena oferecia aos nossos olhos Mercúrio, Júpiter e Vênus, a que Plínio, o Velho, chamou de grande astro, formando, como diz Homero, com os seus satélites uma brilhante coroa.[5]

Essa teria sido a primeira de uma série de coroas que d. Pedro receberia, a única a que não teria como renunciar.

Uma família peculiar

D. Pedro foi o segundo varão a nascer. Seu irmão, d. Antônio, então com 3 anos, era o príncipe da Beira, herdeiro do trono. Os filhos de d. João com d. Carlota só começaram a nascer após a morte por varíola do irmão mais velho do príncipe, d. José, aos 27 anos, em 11 de setembro de 1788.

Não que a morte do irmão de d. João tenha mudado muito a linha de sucessão. Afinal, não se esperava mais que o príncipe tivesse filhos, pois sua esposa e tia, d. Maria Benedita, era quinze anos mais velha. De qualquer forma, fez-se pressão em cima de d. João e de d. Carlota, pois, à época da morte do irmão, quando já contavam com três anos de casados, os dois ainda não haviam tido sua noite de núpcias. Não se tratava de falta de vontade dele, mas sim da pouca idade dela.

Quando d. Carlota Joaquina chegou a Portugal em 1785, causou uma péssima impressão, não apenas na corte, mas também entre a população portuguesa. Houve um arranjo de núpcias duplo: enquanto a irmã de d. José e d. João, d. Mariana, partia para a Espanha a fim de se casar com d. Gabriel de Bourbon, filho do rei Carlos III, a neta deste, a infanta

Carlota, filha do futuro rei Carlos IV, chegava a Portugal para tomar por esposo d. João.

Não fora esse, a princípio, o arranjo esperado pela rainha de Portugal. D. Maria, em carta a seu tio Carlos III, em 13 de outubro de 1783, imaginava casar d. João ou com d. Maria Teresa, de 11 anos, princesa da Sicília e neta do rei da Espanha, ou com a princesa Carolina Maria, de 13 anos, filha do duque de Parma e sobrinha do monarca. Este, contudo, em carta de 2 de novembro, expôs à sobrinha as desvantagens de ambos os casamentos e propôs que d. João se casasse com d. Carlota, filha dos príncipes das Astúrias, futuros reis espanhóis. A rainha d. Maria concordou com a proposta do tio e afirmou que "seria muito útil se fizesse o casamento do infante meu filho com a infanta Carlota, amada neta de V. M.". Mais adiante, afirmou: "porém o que impediu intentá-lo foram os poucos anos da referida infanta".[6]

A infanta portuguesa d. Mariana, única filha viva de d. Maria I, tinha 16 anos quando partiu; a infanta espanhola que chegava tinha 10, ou seja, na época das tratativas do casamento, a futura noiva tinha 8. D. Carlota era pequena para a idade, mesmo se considerarmos os padrões da época: era desgraciosa, pouco atraente e de ar deselegante. Quando das comemorações das bodas dos príncipes, em 8 de junho de 1785, o povo não se mostrou muito alegre ao longo dos três dias de festas que marcaram a ocasião. Comentavam que, na troca das princesas, Portugal fora lesado: enviaram à Espanha um peixão e receberam em troca uma sardinha.

A verdade é que os Bragança haviam sido ludibriados pelo próprio embaixador português na corte dos Bourbon, que em 1783 oficiara a respeito da infanta: "É magra, muito bem feita de corpo, todas as feições são perfeitas, dentes muito brancos, e cõmo não há muito tempo teve bexigas, ainda não se desvaneceram de todo as covas delas; é branca, corada, muito viva".[7]

Quando d. Carlota chegou, viram que o embaixador errara em todos os pontos, menos no que dizia respeito à sua vivacidade: no meio da cerimônia de seu casamento na capela da Real Barraca,[8] ela viraria o rosto e morderia a orelha do noivo que estava ao seu lado.[9]

Com o tempo, d. Carlota revelou-se uma criança impossível, que só respeitava duas pessoas: a sogra, d. Maria I, e, parcialmente, seu preceptor e confessor, padre Filipe Scio de São Miguel. Segundo as cartas de d. Ana Miquelina, aia espanhola que chegara com a princesa, à mãe da infanta, Maria Luiza de Parma, Carlota tinha um péssimo gênio, era birrenta e sofria do que Miquelina chamava de "comportamentos impertinentes".

D. Maria, aos 51 anos, praticamente adotou a nora. Detestava dar sermões à infanta e tinha grande dificuldade para manter a cara séria quando a repreendia. Era doce com a menina e comportava-se como se fosse incapaz de se aborrecer com ela. A rainha era a única que a fazia escutar as lições, alegando que havia se esforçado para fazer todas as suas vontades e que a jovem não fazia nada do que lhe pediam. Às vezes tinha que apelar para ameaças, como a de proibir as diversões prediletas de d. Carlota: andar de burro e conduzir uma carroça puxada por um pônei.

Foi d. Maria quem teria ensinado à nora, quando de seus passeios por campos e mosteiros, expressões e palavras portuguesas — ao menos quando a menina conseguia acordar cedo: por vezes, ela não queria sair da cama; quando saía, demorava muito para se aprontar, para a irritação da sogra, a quem devia acompanhar todo dia na missa das 10 horas da manhã. Em dado momento, foi ordenado que d. Carlota estivesse desperta às 9 horas para honrar seus compromissos. Isso foi um tormento para as criadas, que eram obrigadas a aguentar as birras, os xingamentos e as tentativas da menina de morder as mãos que a buscavam vestir.

Quanto a seu preceptor, o padre Filipe, este se recusava a confessá-la quando ela estava com seu gênio alterado, o que acabava por deixar a menina preocupada de ficar sem absolvição. Logo a jovem prometia se comportar, mas apenas para, algum tempo depois, ficar três horas sem falar com o professor.

No entanto, por baixo do gênio difícil dessa irrequieta figura, escondia-se uma jovem bastante inteligente. Carlota era a neta preferida do rei Carlos III e conviveu intimamente, até os 10 anos, com o rei espanhol, responsável por designar-lhe o padre Filipe Scio como tutor. Padre Filipe era um dos grandes intelectuais de sua geração: responsável por uma tradução completa da Bíblia para o espanhol, falava grego, latim, hebraico, italiano e francês. Quando, antes de partir para Portugal, d. Carlota teve que enfrentar os exames públicos perante toda a corte espanhola, incluindo os embaixadores estrangeiros, respondeu questões relativas sobre religião, geografia, história, gramática, línguas portuguesa, francesa e espanhola. Também demonstrou suas habilidades em dança, canto, etiqueta, equitação e pintura. Foi elogiada por sua memória prodigiosa, por sua compreensão e seu desembaraço, admirando a todos por ter acumulado tanto conhecimento com tão pouca idade.

De todo modo, aquele pequeno gênio era uma criança arteira cujo comportamento parecia piorar quando havia mais pessoas por perto. Certa vez, durante uma visita do arcebispo, confessor da rainha, e de padre Filipe, d. Carlota promoveu um espetáculo aos presentes, levantando a saia de d. Rosa, a anã negra escravizada de d. Maria I. O próprio marido, d. João, foi alvo de seus ataques e brincadeiras. Noutra ocasião, durante uma refeição, pegou um bocado de comida com as mãos e arremessou no rosto do esposo. Vendo que d. João não achara graça nenhuma daquilo, pediu desculpas, dizendo que o acertou sem querer e que, na verdade, o alvo era um dos serviçais que estavam atrás dele.

Nem sempre a relação do casal foi o pesadelo que se tornaria anos depois. No mesmo ano em que se casaram, 1785, d. João escrevia à irmã que partira para a Espanha a respeito da praga que acometera a pequena Carlota. A menina encontrava-se infestada de piolhos; tão úmido estava seu couro cabeludo em virtude do pus das feridas, que resolveram raspar-lhe os cabelos grossos e rebeldes. Como a esposa-menina tinha de permanecer em seus aposentos até que sua cabeça ferida se curasse, d. João visitava-a duas vezes por dia, jogando burro com ela, um jogo de cartas, para a distrair.

Em dezembro de 1786, d. João, após o nascimento de seu primeiro sobrinho, escreveu à irmã lamentando: "Faltam muitos anos até que eu possa estar com ela [d. Carlota], o que é uma tortura. Por enquanto, não podemos ter prazer, por ela ser tão nova e o seu corpo tão pequeno, mas virá o tempo em que brincaremos. Então serei feliz".

Era a segunda vez, em menos de um ano, que ele se lamentava da vida conjugal inexistente. Antes disso, no segundo semestre de 1785, havia escrito à irmã:

> É bom o que dizes na tua carta acerca do teu marido, que ele gosta muito de ti, que tu sentes o mesmo em relação a ele e que tens dormido pouco. Eu também gostaria de tomar posse da minha mulher. Ela é muito pequena, mas chegará o dia em que lhe possa fazer o que teu marido te faz a ti.[10]

Enquanto o príncipe aguardava o dia em que poderia consumar seu casamento, a corte e os embaixadores estrangeiros não acreditavam muito nessa união. O marquês de Bombelles, embaixador da França em Portugal que não poupou apelidos a d. Carlota — "embrião", "princesa enfezada" e "pequeno macaco-aranha", por exemplo —, achava que o crescimento limitado da princesa (ela nunca passou de 1,47 metro) devia-se às diversas anormalidades encontradas em sua família e que a infanta não passava de "mais sangue ruim lançado em veias estreitas".[11] O embaixador britânico, Robert Walpole, sobrinho do primeiro-ministro de seu país, oficiava ao seu governo a possibilidade de a princesa não vir a gerar herdeiros e a especulação acerca de Portugal pedir a anulação do casamento e enviar a menina de volta aos pais, na Espanha. Ambos os embaixadores eram unânimes em afirmar que d. João não gostara nem um pouco da noiva.

Os dois enganaram-se em suas previsões. D. Carlota menstruou pela primeira vez em 1790, às vésperas de completar 15 anos. D. Maria I queria aguardar até 25 de abril, aniversário da infanta, para que o casamento fosse finalmente consumado, mas d. João não aguentava mais a espera e tudo se realizou em 5 de abril. A rainha escreveu à mãe da jovem para informar-lhe: "A nossa querida Carlota atingiu o estado de mulher [...]. Mesmo antes disto, tinha a intenção de os deixar estar juntos, mesmo que por muito pouco tempo, já que ela estava muito bem informada sobre tudo e João tinha tanto desejo de relações conjugais".[12]

D. Carlota foi levada para a cama pela rainha e suas irmãs. Foi despida e acomodada no leito nupcial, onde esperou pelo marido. Quando este chegou, d. Maria, antes de deixar o quarto com seu séquito, ajoelhou-se rogando a Deus pelo sucesso da união do jovem casal. Na manhã seguinte, a monarca enviaria outra carta a d. Maria Luísa, comunicando que os dois haviam finalmente se juntado e passado a noite juntos, mostrando-se muito felizes.

D. Carlota honraria sua parte no casamento e daria regularmente filhos à coroa portuguesa. Foram, no total, nove: d. Maria Teresa (1793–1874), d. Francisco Antônio (1795–1801), d. Maria Isabel (1797–1818), d. Pedro de Alcântara (1798–1834), d. Maria Francisca (1800–1834), d. Isabel Maria (1801–1876), d. Miguel (1802–1866), d. Maria da Assunção (1805–1834) e d. Ana de Jesus Maria (1806–1857).

Completamente oposto ao temperamento da esposa era o de d. João, um sujeito bonachão que, assim como a esposa, não tinha um aspecto exterior muito agradável. Era bastante encorpado, de estatura mediana, com o lábio inferior grosso e caído.[13] O inglês William Beckford notou-lhe o ar pasmado, que, segundo afirmava, seria próprio da ociosidade em que vivia.

D. João, nascido a 13 de maio de 1767, era o quarto filho varão da união entre a rainha Maria I de Portugal e d. Pedro III. D. Maria foi a primeira mulher a governar o país, apesar da tentativa do primeiro-ministro de seu pai, o marquês de Pombal, de evitar que ela subisse ao trono: em seu lugar deveria governar o primeiro filho do casal, d. José. Uma trama palaciana encabeçada pela mãe da jovem princesa, a rainha d. Mariana Vitória de Bourbon, infanta espanhola, pôs fim aos planos do marquês.

Pombal fora o virtual ditador de Portugal no reinado de d. José I, pai de d. Maria e avô do futuro d. João VI. D. José, segundo o embaixador britânico na corte portuguesa, era indeciso, extremamente inseguro de si e ciente de que sua educação fora bastante negligenciada. Tal insegurança seria herdada por seu neto, d. João VI; a consciência da educação falha, pelo bisneto, d. Pedro.

Enquanto Pombal governava Portugal, d. José, como rei absolutista que era, gozava a vida ao lado de sua família nas várias propriedades da coroa. Em 1º de novembro de 1755, Dia de Todos os Santos, ocorreu o grande terremoto de Lisboa, seguido de um maremoto e do incêndio da cidade. A catástrofe fez milhares de vítimas, muitas morreram presas nos escombros das igrejas lotadas durante as missas, nas ruas e em suas próprias casas. Tudo isso causou profunda impressão na jovem princesa d. Maria. Também lhe causou aflição a perseguição de Pombal aos jesuítas e à alta nobreza. A perseguição culminou tanto na expulsão da Companhia de Jesus de todos os recantos do vasto império lusitano quanto no julgamento, e consequente execução, dos Távora, num processo forjado que deveria servir de exemplo a outras famílias poderosas.

Muitas das ações de Pombal visavam diminuir o poder e a influência dos religiosos na administração do Estado português e na corte. Ao afastar os religiosos da administração, inclusive das escolas, o marquês buscou levar Portugal em direção ao Iluminismo e combater o fanatismo religioso. Em seus 27 anos à frente dos negócios portugueses, Pombal transferiu a capital do Brasil de Salvador para o Rio de Janeiro, pela proximidade com as regiões mineradoras e a fronteira sul da colônia, onde constantemente havia problemas com as colônias espanholas.

Com a morte de d. José I, em 1777, d. Maria I subiu ao trono junto com seu marido e tio, que passou a ser conhecido como d. Pedro III. Profundamente religiosa, logo afastou Pombal do poder. Com a implementação de uma política que seria conhecida como A Viradeira, o clero e a alta nobreza tornaram a exercer forte influência na vida da corte e na administração pública. Enquanto isso, na Universidade de Coimbra, muitos professores acabaram sendo expulsos, acusados de heresia. Ou seja, as ciências modernas, quando conflitantes com os ensinamentos da Igreja, perdiam.

Entretanto, não foram apenas retrocessos o que se viu no governo de d. Maria. Nele foram fundadas diversas instituições, como a Academia Real de Ciências de Lisboa e a Real Biblioteca Pública da Corte — esta última munida, obviamente, apenas dos livros que passassem pela mesa censória, isto é, que não constassem nas listas de títulos, assuntos e autores proibidos pela coroa e pela Igreja.

Uma rainha enlouquecida

Oito anos após subir ao trono, uma sucessão de mortes na família real portuguesa começou a abalar a rainha. Seu marido foi o primeiro a falecer, em 25 de maio de 1786.

D. Maria havia passado dias à beira da cama dele e, quando achou que havia melhorado, foi deitar-se no quarto ao lado. Quando, pela manhã, foi acordada pelo filho, d. João, dando-lhe os pêsames, ficou transtornada por não ter estado ao lado de d. Pedro nos seus últimos instantes. Logo em seguida, começou a sentir os efeitos da menopausa, sendo levada a tratar-se com banhos termais em Caldas da Rainha.

Em novembro de 1786, a filha, d. Mariana, anunciou da Espanha o nascimento de seu segundo filho, uma menina, a quem deu o nome da mãe. Lisboa pôs-se a comemorar a notícia, houve festa, missas e foguetório. Três dias depois, uma nova carta chegou com a tarja de luto, anunciando a morte da menina. Portugal comemorara o nascimento da infanta quando ela já estava no caixão.

No entanto, o golpe mais doloroso foi a morte de seu primogênito, o príncipe do Brasil, d. José, em setembro de 1788. Em 1783, d. João havia sofrido um ataque moderado de varíola. Tendo sobrevivido, estava imunizado. D. José, contudo, pegou a doença em 1788 e d. Maria achou que, a exemplo do que acontecera ao filho mais novo, também o herdeiro do trono se recuperaria logo, o que acabou não ocorrendo.

Desde 1720, já havia uma "vacina" para a doença: por meio de um corte na pele do braço, inseria-se uma pequena quantidade de um líquido tirado de pústulas da varíola. O paciente acabava contraindo uma forma menos perigosa da doença e ficava imunizado a vida toda. Assim como Catarina, a Grande, que pediu para ser vacinada com seu herdeiro, diversas casas reais imunizaram seus príncipes. A rainha d. Maria foi aconselhada a fazer o mesmo, mas se recusou porque, segundo seus princípios religiosos, a vacinação seria contrária aos desígnios de Deus.

Com a morte do filho pela doença, enlouquecida pela perda, passou a se culpar por não o ter vacinado, considerando-se responsável pela tragédia. Enquanto isso, o povo, à boca miúda — como aconteceria com d. João VI e d. Pedro —, procuraria culpados entre os médicos e os cortesãos e desenvolveria tramas de envenenamento e até de descaso deliberado visando à morte do enfermo.

Ao que tudo indicava, o príncipe daria prosseguimento aos planos de Pombal assim que chegasse ao trono, no intuito de modernizar Portugal. D. José teve como preceptor o frei Manuel do Cenáculo Vilas-Boas Anes de Carvalho, que lhe transmitira os princípios iluministas tão caros ao marquês. Por influência do religioso, o príncipe do Brasil seria favorável a leis mais sóbrias e benéficas ao povo, contrariando a altamente dispendiosa, vã e pomposa manutenção do patriarcado de Lisboa.

Segundo o embaixador britânico Robert Walpole:

> Suspeita-se que sua Alteza Real foi tratado de forma inábil. A nobreza é cautelosa e prudente e, em silêncio, lamenta o melancólico acontecimento, mas as imprudentes classes baixas não se têm refreado de refletir sobre a ignorância e a inabilidade do médico principal. Tendo isto chegado aos ouvidos de Sua Majestade, pode ter contribuído para a sua resolução de se retirar para Queluz.

Em novembro, d. Mariana informava da Espanha ter tido mais um filho, mas logo novas cartas cruzariam a fronteira e inaugurariam nova fonte de dor na já abalada rainha. O bebê nascera com varíola, e logo mãe e filho estavam mortos, seguidos pelo esposo de d. Mariana, pai do bebê. Assim, em menos de três meses, d. Maria perdia para a varíola dois dos três filhos ainda vivos, um neto e um genro.

Com a morte de seu confessor, um novo lhe foi indicado: José Maria de Melo, bispo do Algarve. O anterior apaziguava os temores da rainha, dizendo-lhe que não se preocupasse com a participação do pai no esquema que levara à execução de membros da alta nobreza lusitana e que ele mesmo, o confessor, sofreria por ela. Por sua vez, José Maria não só lutava pela reabilitação das famílias implicadas na tentativa de assassinato de d. José I — ação que levou ao julgamento dos Távora —, mas também afirmava que tanto o pai de d. Maria quanto Pombal estariam ardendo no inferno. Aliás, o tema "inferno", do qual a rainha morria de medo, era o favorito nas preleções do bispo do Algarve, que a ameaçava dizendo que o inferno estava à sua espera.

Cercada pela morte de todos os lados, consumida em culpa pelo falecimento do príncipe herdeiro, no auge da menopausa e com um confessor fazendo contagem regressiva para o encontro da rainha com o capeta, não é de se estranhar que ela enlouquecesse aos 57 anos, levando o inexpressivo e despreparado príncipe d. João a assumir a regência em nome da mãe.

O príncipe regente

D. João, com a morte do irmão, passou a ser o novo príncipe do Brasil, título dado ao herdeiro da coroa. Após quatro anos assim, ele tomou as rédeas do poder, a 10 de fevereiro de 1792. Oito dias antes, d. Maria I enlouquecera definitivamente durante a execução de uma peça teatral no palácio real de Salvaterra, puxando seus cabelos e roupas enquanto os serviçais tentavam acalmá-la, sem, porém, tocarem em sua pessoa, a fim de não cometerem afronta contra Sua Majestade.

O ofício informal de d. João, comandar os negócios do Estado português, durou sete anos. Depois de muito relutar, ele enfim aceitou o encargo, que já lhe vinha sendo solicitado pelos principais ministros, de assumir como príncipe regente em nome de sua mãe. D. Maria I foi declarada oficialmente louca ao fim desse período, durante o qual passou por terríveis tratamentos aplicados pelo dr. Francis Willis, médico do rei da Inglaterra, Jorge III. Entre os procedimentos estavam purgativos, vomitórios, o uso de camisas de força, imersão em banhos congelantes e a aplicação, nas pernas, de pomadas que provocaram úlceras. Por fim, e uma vez que a rainha não queria mais se alimentar, criaram um instrumento com o qual lhe enfiavam a comida garganta abaixo.

Com a chegada oficial de d. João à regência, sua relação com d. Carlota Joaquina deteriorou-se. Ressentida por querer compartilhar o governo com o marido e notar que isso jamais ocorreria, aquela mulher sem muitos atrativos, baixa e que passara a mancar após uma queda de cavalo — mas extremamente inteligente e ávida pelo poder — acabou desenvolvendo sua própria rede de informações e intrigas. O casamento, com isso, foi desmoronando. Tudo se convertia em motivo de desavença — por exemplo, se d. João concordava com o casamento de uma dama de d. Carlota com certo fidalgo do paço, esta se punha contra o arranjo e ao lado da dama que desejava se casar por amor.

D. João, assim como a mãe d. Maria, era dado a crises de depressão e deixava-se ficar cada vez mais em Mafra. Entre 1805 e meados de 1806, teve diversos incômodos, tonturas e indisposições, isso tudo aliado à melancolia. De Mafra, acabou partindo para Vila Viçosa, e começaram os rumores de que estava com os mesmos sintomas da primeira fase da doença mental que atingira d. Maria.

Em 1806, d. Carlota escreveria aos pais, os reis da Espanha, para relatar-lhes que "o príncipe está com a cabeça quase totalmente perdida".[14] Ao pai, foi mais longe e pediu que pressionasse d. João a fazê-la membro do Conselho de Estado.

A princesa, em parceria tanto com os marqueses de Alorna e de Ponte Lima quanto com os condes de Sarzedas e de Sabugal, procurou tomar a regência. Vazada a conspiração, que ficaria conhecida como a "Conspiração dos Fidalgos" ou "de Mafra", o príncipe regente, em um raro assomo de energia, retornou a Lisboa para dar fim à trama, desterrando diversos nobres e demitindo servidores da corte.

D. João e d. Carlota passariam a viver em cortes separadas. Enquanto ela permanecia a maior parte do tempo na sua Quinta do Ramalhão, ele ficava no palácio-convento de Mafra, habitação rica e monumental construída por seus antepassados com a fortuna proveniente das colônias; lá gostava de assistir às liturgias e acompanhar peças de música sacra. Quem mais se prejudicou com a separação foi o pequeno príncipe da Beira, d. Pedro de Alcântara, que acabou por morar no Palácio de Queluz em companhia da avó louca.

RUMO À PRIMEIRA GRANDE AVENTURA

D. Maria parecia enlouquecer junto com o mundo que conhecera até então. Em 1789, teve início a Revolução Francesa, que destruiria todos os resquícios do feudalismo francês e derrubaria os privilégios da aristocracia e da Igreja. A monarquia absolutista dos Bourbon, na França, cairia, e em 1793, para tentar sepultá-la completamente, foram julgados e decapitados diante da sanguinária turba parisiense o rei Luís XVI e a rainha Maria Antonieta. Esse período da Revolução ficou conhecido como Terror; nessa fase, vários nobres, aristocratas e prelados franceses fugiram para salvar a própria vida, sendo recebidos em diversas cortes, entre as quais a portuguesa. Muitos seguiriam futuramente para o distante Brasil. Com a quebra das estruturas do Antigo Regime e, consequentemente, também das velhas alianças familiares, a Espanha e a França acabaram por se alinhar diplomaticamente, em 1795, contra a Inglaterra. Isso deixou Portugal em uma posição delicada, ainda mais porque enviara tropas para ajudar os espanhóis e os britânicos contra a França revolucionária na Campanha do Rossilhão, na região dos Pirineus. A Espanha, sem comunicar a seus aliados, assinou o Tratado da Basileia e, juntando-se ao antigo inimigo, pôs fim ao conflito. Portugal viu-se traído pelos espanhóis e pressionado, por ambos os países, a se aliar a eles contra os ingleses. A Inglaterra era seu principal parceiro econômico e, consequentemente, também militar.

D. João tergiversou, tentando manter a neutralidade do frágil Portugal, que por anos estivera sofrendo com o descaso de d. Maria e depois do príncipe regente, incapazes de modernizar, treinar e equipar adequadamente seu exército. Enquanto o príncipe tentava ganhar tempo em negociações que lhe garantissem a paz, o impaciente e poderoso ministro espanhol Manuel de Godoy, amante da rainha Maria Luísa, mãe de d. Carlota, pressionou a França para uma ação conjunta contra o vizinho. Os portugueses podiam não dispor de um exército significativo, mas tinham diplomatas e espiões (se é que havia diferença entre ambos na época) nas principais cortes europeias. Assim, foram descobertos os planos da Espanha. D. João solicitou ajuda à Inglaterra, que desembarcou uma força expedicionária de seis mil homens. Tal força seria desmobilizada futuramente, já que, além da guerra diplomática, nenhuma invasão ocorreu.

Em meio a todas essas tensões, d. Carlota pegou a pena em 20 de julho de 1798 para pressionar o pai, o rei Carlos IV da Espanha:

> Sendo assim, sinto vivamente as ameaças de V. M. contra seus próprios descendentes, e não posso concordar com que não haja meios de compor tudo de maneira que o mundo não seja testemunha de um proceder da parte de V. M. contrário à natureza. Ah, querido Papai, e que glória dará a memória de V. M. ser um pai tão sanguinolento com a destruição da sua Casa, dos bens e da vida de seus filhos? E isso para que se queria? Para agradar a um governo coberto do sangue da nossa família.[1] [...] O governo francês, em seu plano de revolução universal, e já se me afigura, juntamente com nossa destruição, a de V. M.,[2] uma vez que consintas que entrem armados em seus estados aqueles malditos instigadores e pregadores da rebelião.[3]

Com o golpe de 18 de Brumário, em 9 de novembro de 1799, e a ascensão de Napoleão Bonaparte, uma política externa ainda mais agressiva surgiu por parte da França. Em 29 de janeiro de 1801, os franceses assinaram um acordo com a Espanha estipulando a invasão de Portugal caso os portugueses não concordassem em:

- Romper diplomaticamente com a Inglaterra e fechar os portos portugueses aos navios britânicos, permitindo no lugar o comércio com os espanhóis e os franceses.
- Ceder parte de seu território para compensar a perda, pela França e pela Espanha, das ilhas de Minorca e Malta, tomadas pelos ingleses.
- Indenizar a Espanha e a França por prejuízos causados pela sua posição favorável à Inglaterra.
- Rever todas as fronteiras.

Sem acordo, tanto o embaixador francês quanto o espanhol deixaram Lisboa. Ignorando que o pai assinara a declaração de guerra a Portugal no final de fevereiro, d. Carlota escreveu-lhe em 22 de março de 1801:

> Senhor,
>
> Papai do meu coração, da minha vida e da minha alma: como soube que o Príncipe[4] escrevia a V. M., quis aproveitar-me da ocasião para pôr-me aos pés de V. M. e assegurar-lhe quanto me afligiu com essas dissenções que há entre estas duas Cortes, Deus queira apaziguá-las segundo os desejos do príncipe, e meus; agora peço a V. M. que me dê sua benção, e aos pequenos, e que, lembrando-se de que tem aqui esta filha, e cinco netos, às vésperas de seis, há de ajudar para que nos [...] em sossego, como todos desejamos.[5]

Um mês após a carta da infanta, teve início o que ficou conhecido como a Guerra das Laranjas, um confronto que durou menos de um mês e no qual tanto Espanha quanto Portugal ganharam e perderam.

Enquanto a região portuguesa de Olivença, na fronteira com a Espanha, foi tomada pelos espanhóis, Portugal conquistou terras espanholas no Brasil. O Rio Grande do Sul aumentou o seu território em um terço; no Mato Grosso do Sul, a tomada e consequente destruição do forte São Jorge, à margem meridional do rio Apa, permitiu que a fronteira brasileira se consolidasse definitivamente ali. A mãe de d. Carlota, rainha Maria Luísa, teria recebido de seu amante, o ministro Manuel Godoy, um ramo de laranjeira supostamente colhido nos campos de Elvas, informando-lhe assim que tomara Olivença — daí o nome pelo qual a rápida guerra ficou conhecida.

Em 1801, além da perda de parte do território português, o suplemento da *Gazeta de Lisboa* nº 24, de 19 de julho, anunciava:

> Havendo enfermado de bexigas a 30 de Maio o Sereníssimo Senhor D. António, Príncipe da Beira, dentro de poucos dias ofereceu o mal sintomas terríveis. [...]. Como pois, apesar de todos os socorros da Arte, se tornassem mais temerosos os sintomas, determinou logo o Príncipe Regente N. S., por efeito da sua grande piedade religiosa, unida ao seu singular desvelo paternal, que se implorasse o auxílio do Céu; e em consequência se fizeram Preces públicas em todas as Igrejas desta Capital. Não foi porém do agrado da Providência ouvir estas rogativas, [...] passou S. A. R. a melhor vida a 11 do corrente pelas 8 e meia da noite, em idade de 6 anos, 2 meses e 20 dias. Esta grande perda deixou a seus Augustos Pais penetrados da maior mágoa, não só pelo carinho e ternura com que amavam o defunto Príncipe, senão também por conhecerem de mais perto as raras qualidades que possuía em grão muito superior às peculiares de tais anos; porém em meio de tão viva dor deram novas provas da sua constante piedade, sofrendo com uma verdadeira resignação Cristã o expressado golpe, que igualmente afetou as demais Pessoas Reais, e a toda a Corte.

Assim, com a perda do irmão mais velho por varíola, d. Pedro, então com três anos incompletos, recebeu o título de príncipe da Beira, dado ao filho mais velho do herdeiro da coroa. A este era reservado o título de príncipe do Brasil, tal como na Inglaterra o herdeiro tem o título de príncipe de Gales.

Enquanto a sucessão ao trono português era remodelada pela morte de mais um Bragança, a Europa tinha suas fronteiras redesenhadas por Napoleão. A França crescia territorial e espiritualmente. Os ideais propagados pela Revolução Francesa, o exército napoleônico e o gênio militar do corso apavoravam as monarquias europeias ainda de pé. Portugal, visando manter a neutralidade, pagava, e bastante caro, por isso. Em maio de 1803, d. João concordou em fazer um acordo com a França em que lhe daria um milhão de libras, dividido em prestações de 40 mil por mês. O conselheiro Rodrigo de Sousa Coutinho protestou. Segundo ele, o dinheiro seria mais bem empregado na defesa de Portugal do que em "sujeitar-se a um sistema de escravidão perpétuo, e que constituirá V. A. R. a feudatário do governo francês".[6]

A educação do príncipe

A dinastia dos duques de Bragança, conforme a dra. Maria de Jesus Monge,[7] procurou se afirmar e se consolidar pela cultura. Os Bragança distinguiram-se pelo mecenato a artistas e eruditos, acolhendo mestres e discípulos na sede de seu poder, em Vila Viçosa, no Alentejo. Ali foi construída uma importante biblioteca, os duques formaram diversas coleções, e chegou-se a imaginar a criação de uma universidade. O duque Teodósio I de Bragança, no início do século XVI, criou o Colégio dos Reis, no qual eram administrados cursos básicos em letras e sobretudo em música, integrados ao serviço da Capela dos Duques de Bragança. Desse centro de formação partiam jovens para escolas superiores em Évora, Coimbra e Lisboa.

A preocupação dos duques de Bragança com a formação dos que os cercavam era um reflexo da educação exigida dos membros da família ducal. D. Jaime I, por exemplo, discutiu, por meio de cálculos matemáticos e astronomia, os direitos dos portugueses sobre as ilhas Molucas; d. Teodósio II, no século XVII, solicitou a seus emissários na Europa que lhe enviassem o que havia de mais atualizado em literatura humanística; d. João II foi músico, compositor e dono de uma das mais importantes bibliotecas musicais do século XVII.

A formação intelectual e artística dos membros da casa ducal era importante para tecer alianças matrimoniais e políticas. Por exemplo, a filha do primeiro duque de Bragança a se tornar rei de Portugal, d. Catarina, casou-se com o rei da Inglaterra, Carlos II.

Com a subida dos Bragança ao trono português e o deslocamento do poder da família do Alentejo para Lisboa, transferiu-se a biblioteca dos duques — e a formação de seus filhos — para a capital do reino. A educação esmerada da dinastia continuou pelos séculos seguintes.

Em 1804, d. João lançou seu olhar ao filho, que até então vinha sofrendo com diversas doenças típicas de crianças, como sarampo e lombrigas. O principezinho continuava morando com a avó louca em Queluz, cercado de amas de leite que se revezavam em disponibilizar ao príncipe seis seios que o sustentavam.[8] Contava também o pequeno Pedro com uma aia, a marquesa de São Miguel, d. Mariana Xavier Botelho, e um aio, d. Vasco Manuel de Figueiredo da Câmara Cabral.

Estava na hora de começar a educar o príncipe da Beira. Um de seus primeiros tutores foi o vice-reitor da Universidade de Coimbra, José Monteiro da Rocha, matemático e astrônomo que se tornou conhecido como o grande reformulador dos ensinos matemáticos da instituição. Ele partira de Portugal para o Brasil ainda menino e fora criado por jesuítas em Salvador, na Bahia. Após a expulsão dos religiosos por Pombal, Monteiro da Rocha deixou a ordem e retornou à pátria aos 32 anos, no intuito de concluir os estudos. Quando de sua nomeação como tutor do príncipe, em 23 de maio de 1804, contava com 68 anos. O jovem pupilo tinha cinco. Monteiro da Rocha foi indicado ao cargo de tutor de d. Pedro por Domingos Agostinho Vandelli. Médico e conselheiro do príncipe d. João, o italiano Vandelli fazia parte da comissão científica europeia importada por Pombal para reformar a educação portuguesa. Professor do Colégio dos Nobres e da Universidade de Coimbra, ministrou aulas de química e de história natural. Seu principal discípulo foi o brasileiro José Bonifácio de Andrada e Silva, cuja filha, Carlota Emília, viria a se casar com o filho de Vandelli, Alexandre Antônio, que, no Brasil, seria professor de botânica e ciências naturais de d. Pedro II.

Vandelli, em carta ao príncipe regente, apresentou o seguinte parecer quanto à escolha de um tutor para d. Pedro:

> É tempo para nomear-se mestre para o Príncipe da Beira. A idade de S. A. R. é a mais própria para um mestre para o ir educando, e dispondo-o a pouco e pouco a proporção dos anos, e do temperamento a formar-se um grande virtuoso Príncipe. Por este emprego é necessária pessoa, que além dos conhecimentos científicos, seja dotada de honra, prudência, desinteresse, religião das histórias, e principalmente do conhecimento dos homens. Eu não conheço outro igual ao Dr. Monteiro da Rocha, do mesmo parecer foi sempre o Príncipe.[9]

Quanto à idade avançada, não se tratava de empecilho. O italiano diz: "Vivendo o mestre 12 ou 15 anos tem tempo suficiente para educar e ensinar o discípulo, que chegando a governar não precisa mais que hábeis ministros".[10] Ou seja, um professor já idoso morreria provavelmente antes que seu aluno subisse ao trono, evitando se transformar em alguém influente junto ao novo rei. José Monteiro, ao falecer em 1819, deixou toda a sua biblioteca para d. Pedro.[11] Além dele, também foi professor do príncipe o frei Antônio de Nossa Senhora da Salete, que lhe dava aulas de latim e literatura.

Das publicações pedagógicas então editadas em Portugal — como *Apontamentos para a educação de um menino nobre* (1734), escrito por

Martinho de Mendonça Pina e de Proença, e *Breve desenho da educação de um menino nobre* (1781), de frei José Caetano Brandão, entre outros — podemos inferir que à educação clássica de um nobre (ler, escrever, aprender línguas etc.) era mesclada a educação moral e religiosa.

Uma curiosidade é que as atividades físicas que d. Pedro cultivaria (como natação, escalada e exercícios físicos em geral) e que, mais tarde, tentaria impor aos filhos, principalmente à futura rainha de Portugal, d. Maria II, podem ter resultado do método empregado pelo tutor. Martinho de Mendonça, em sua obra *Apontamentos*..., dividiu o método de ensino em três tópicos, sendo o primeiro a educação física da criança, em que pregava:

> [...] Ainda que o principal fim da boa educação deva ser adornar de virtudes a alma, também deve atender a quanto pode adquirir para o corpo, disposição perfeita, robusta, e capaz, não só do estudo, mas de todos os laboriosos exercícios da vida ativa, e militar, e não somente a saúde, e vigor do corpo, é meio para os adiantamentos no estudo das ciências [...] e assim devem os pais desde que nascem seus filhos aplicar todo o cuidado para lhe aumentar o vigor e conservar a saúde.[12]

Contudo, Martinho de Mendonça acreditava que a instrução seria a parte menos importante da educação. A formação de um moço nobre deveria ter como fim viver prudente e virtuosamente, saber governar a casa e a família, além de servir à pátria.[13]

Além da educação formal, havia também a formação musical, que sempre foi valorizada na vida da corte bragantina, desde antes da chegada ao trono português. Como ocorria em outras cortes europeias, a música era parte dos códigos de representação do poder do rei. A corte portuguesa chegou a manter uma robusta estrutura musical, com Orquestra da Real Câmara, Corpo de Baile, diretor dos Reais Teatros, poeta e dramaturgo real, organistas da Real Capela, compositores e instrumentistas solistas, como violoncelistas e pianistas da Real Câmara. Havia também encenadores, afinadores, copistas de música, encadernadores, impressores e fogueteiros, além de mestres de música e professores dos infantes.[14]

Os mestres de música de Suas Altezas, além de compor e reger músicas para as cerimônias da corte, davam aulas para os membros da Casa Real e supervisionavam o ensino dos príncipes, indicando professores para os diversos segmentos, como canto, piano, violino, composição etc.

Toda essa estrutura fez parte da vida do jovem príncipe da Beira, d. Pedro. Ele cresceu ouvindo música, quer seja a sacra, na capela de Queluz ou em Mafra; quer seja a profana, nos teatros; quer sejam as modinhas, nos serões íntimos da própria corte. O estilo havia chegado do Brasil e era muito apreciado desde a época de d. José I e d. Maria I. Nos primeiros anos do século XIX, ainda estava na moda, fazendo a diversão de várias camadas da população lusitana.

O pai de d. Pedro, o príncipe regente d. João, era, como gerações e gerações dos Bragança, um grande apreciador de música, sobretudo a sacra, chegando a participar com os monges do coro da Real Basílica de Mafra.[15]

Quando d. Pedro nasceu, o mestre de música de Suas Altezas era João de Sousa Carvalho (1745–1799). Com o seu falecimento, o posto foi assumido em 1800 por seu aluno de composição, o *castrato* italiano Giuseppe di Foiano Totti (1751–1832), soprano da Capela Real da Ajuda.[16] O primeiro professor de música de d. Pedro no Palácio de Queluz foi o compositor Diogo Garcia, seguido por Giuseppe Totti e pela harpista da Real Capela, Luísa Pio.[17] Posteriormente, entraria na vida do jovem príncipe o maestro e compositor Marcos Antônio da Fonseca Portugal (1762–1830), mais conhecido como Marcos Portugal. Em 1800, ao retornar a Lisboa, depois de uma temporada coroada de sucessos na Itália, ele foi nomeado mestre de solfa do Seminário da Sé Patriarcal de Lisboa e mestre de música do Real Teatro São Carlos, o principal do país. Em 1807, o príncipe regente d. João nomeou-o mestre e compositor de Sua Real Câmara, e foi-lhe permitido usar a farda de mestre de música de Suas Altezas Reais, de quem, futuramente, seria professor no Rio de Janeiro.

Entre as aulas de música, dança, latim, etiqueta e tantas outras, o primeiro tutor de d. Pedro, Monteiro da Rocha, poderia ter-lhe narrado sua vida na distante colônia, imprimindo na alma do jovem aluno a sede de aventuras que lhe marcaria a existência. O certo é que, diferentemente do pai, d. Pedro I não acabou "embalsamado", termo com que o britânico Beckford ironicamente se referiria à vida dos príncipes portugueses na corte antes do advento napoleônico:

> A mais rigorosa etiqueta prende os infantes de Portugal dentro dos seus palácios, e por isso poucas vezes consta que eles se confundam, ainda mesmo incógnitos, com a multidão; deste modo os seus lisonjeiros sorrisos ou confidenciais bocejos não são prodigalizados ao vulgo dos observadores.
>
> Esta forma de embalsamar príncipes vivos não é, no fim de tudo, má política: conserva-os sagrados, concentra-lhes a sua real essência, tão fácil de se evaporar pela exposição![18]

A tempestade

Essa modorra da corte portuguesa, cuja vida tinha como ponto mais alto assistir a fogos de artifícios, merendar em quintas vizinhas a Queluz e seguir todas as procissões e missas possíveis, estava próxima de ser abalada.

Enquanto as nuvens no horizonte pareciam cada vez mais escuras, a corte se reuniu no Palácio de Queluz, em abril de 1805, para a entrega das credenciais do novo embaixador francês em Portugal. Jean-Andoche Junot também era conhecido como "Junot La Tempête",[19] dado o vigor de seu temperamento, a obsessão pelos objetivos impostos e a ânsia de avançar sempre. Conforme relatou o escritor português Raul Brandão: "Junot apresenta-se em Queluz com o brilhante uniforme de coronel general dos hussardos, branco e azul. Esbelto, louro, com cinco cicatrizes no rosto, uma das quais ainda perfeitamente visível".[20]

A esposa de Junot, Laura, deixou registrada em suas memórias a impressão do marido ao se apresentar a d. João: "Junot se saiu bem em seu papel diplomático e foi recebido com especial distinção, inspirado, creio eu, pelo medo que poderia causar um ministro de paz como Junot, que estava disposto para dizer-lhes como Romain: eu carrego a paz ou a guerra nas dobras do meu casaco [...]".

Quanto à impressão causada nele pelo príncipe regente e os demais membros da família real portuguesa, Junot teria confidenciado à esposa:

> Meu Deus, como ele é feio! — ele me disse —; meu Deus, como a princesa é feia; meu Deus, todos eles são feios! Há apenas um rosto bonito lá: o do príncipe herdeiro, o Príncipe da Beira, o Infante D. Pedro. Ele é encantador; parece uma pomba em meio a corujas. Mas eu não posso adivinhar — acrescentou Junot — por que o príncipe do Brasil me olhava com tanta atenção. Ele não tirou os olhos de mim um instante.
>
> Logo soubemos o que tinha causado essa curiosidade singular. Dois dias depois da apresentação, o primeiro criado de câmara do Príncipe Regente se apresentou e perguntou se o Embaixador da França estava disposto a emprestar seu uniforme dos hussardos para o alfaiate de Sua Alteza Real fazer um uniforme adulto e um outro infantil, para Dom Pedro.[21]

Junot não chegou a ver os príncipes vestidos com as réplicas dos uniformes dos hussardos, mas a esposa sim. Laura recordaria que, enquanto d. Pedro, uma criança encantadora, ficara bem em seu pequeno uniforme, a imagem de d. João era cômica: "É uma dessas lembranças que guardamos para aqueles dias sombrios, quando é preciso sorrir da vida".[22]

Após a derrota naval franco-espanhola para os ingleses em 1805, próximo ao cabo Trafalgar, na costa da Espanha, Napoleão decidiu que, se era impossível invadir a Inglaterra, ele a asfixiaria financeiramente. Ciente da Revolução Industrial que os ingleses vivenciavam e sabendo que sem matéria-prima não conseguiriam preservar a saúde econômica do império, Napoleão acabou por instituir, em 1806, o Bloqueio Continental. Nenhum produto da Inglaterra — nem mesmo seus cidadãos — poderia entrar nos territórios governados pela França. Posteriormente, o bloqueio passou também a considerar "sem bandeira" qualquer navio estrangeiro proveniente de porto inglês, que estaria então suscetível a ter sua carga confiscada pela França.

Enquanto Portugal era ameaçado externamente, internamente d. João lidava tanto com uma depressão profunda quanto com as tramas de d. Carlota e diversos nobres que, na tentativa de salvar a si próprios e a Portugal, voltaram-se contra ele por intermédio da Espanha. Na tentativa de impor sua presença no governo, d. Carlota pressionava o pai, o rei espanhol, para apoiá-la. Em 13 de agosto de 1806, escreveu-lhe:

> Vou aos pés de V. M. na maior consternação para dizer a V. M. que o Príncipe está cada dia pior da cabeça, e que em consequência está tudo perdido, porque aquelas figuras estão cada dia mais absolutas, e que é chegada a ocasião de V. M. acudir-me a mim, e a seus netos, como V. M. verá pela carta anexa do Marquês de Ponte Lima, porque a pressa e o segredo não dão possibilidade de mandar um papel assinado por toda ou quase toda a Corte, que eles me ofereceram, para que o mandasse a V. M.; isto se remedia mandando V. M. uma intimação de que quer que eu entre no despacho, e que não lhe aceita réplica, porque, se a der a resposta será com armas na mão, para vingar as afrontas que F. M. sabe que ele me está continuamente fazendo, e para amparar a seus netos, já que não têm um pai capaz de cuidar deles. V. M. perdoe a intimidade que me dou, mas é este o modo de evitar que corra muito sangue neste reino, porque a Corte quer já sacar a espada em meu favor, e também o povo, porque se vê por fatos imensos que está com a cabeça perdida; assim, peço a V. M. faça o dito verdadeiro, há de fazê-lo logo, e eu farei então com que ele mesmo emende

> muitas coisas, porque lhe meto medo ameaçando-o com o que hei de dizer a V. M. para que me ajude, já que ele não me quer fazer o que é de razão, e bem do reino [...].[23]

A tentativa desesperada acabou se revelando infrutífera: sua família na Espanha calou-se a respeito do assunto. Além disso, quando a trama foi descoberta, a tensão em seu casamento tornou-se tamanha, que Carlota só voltaria a se encontrar com o príncipe em ocasiões formais na corte.

Em agosto de 1807, a pressão da França e da Espanha sobre Portugal intensificou-se. A França intimava Portugal a ingressar no Bloqueio Continental, abandonando por completo sua neutralidade e fechando seus portos ao comércio com a Inglaterra. Além disso, exigia a expulsão do embaixador da Inglaterra, a declaração de guerra aos ingleses e a prisão de todos os súditos britânicos em seu território, que deveriam ter suas propriedades confiscadas. Como se tudo isso não bastasse, Portugal teria de entregar a frota de navios à França e à Espanha, além de fornecer fundos a ambos os países em sua guerra contra os ingleses. Se não fossem obedecidas as exigências até 1º de setembro, ambas as potências declarariam guerra ao país.

Desde 1801, d. João vinha buscando um meio-termo para Portugal no intricado jogo político europeu. De um lado, caso o príncipe se aliasse aos espanhóis e franceses, a poderosa armada inglesa que dominava o Atlântico daria fim ao domínio português em sua rica colônia americana. Do outro, a crescente pressão da Espanha e da França sobre o território português punha em dúvida a continuidade de uma metrópole capaz de se refestelar na bonança econômica e mercantil vinda, principalmente, do Brasil.

Brasil como sede do poder: uma ideia antiga

Diversos outros soberanos, intelectuais e políticos já haviam pensado seriamente em transferir o centro do poder de Portugal para o Brasil:

em 1580, durante a luta para manter Portugal independente da Espanha, a ideia foi cogitada; d. João IV, Pombal, o padre Vieira, entre outros, também já haviam considerado o mesmo. Em 1801, d. Pedro, marquês de Alorna, escreveu a d. João, durante a Guerra das Laranjas:

> V. A. R. tem um grande império no Brasil, e o mesmo inimigo que ataca agora com vantagem, tal vantagem, talvez que trema, e mude de projeto, se V. A. R. o ameaçar de que dispõe a ir ser imperador naquele vasto território adonde pode facilmente conquistar as colônias espanholas e aterrar em pouco tempo as de todas as potências da Europa. Portanto é preciso que V. A. R. mande armar com toda a pressa todos os seus navios de guerra, e todos os transportes que se acharem na praça de Lisboa.[24]

Em 1803, d. Rodrigo de Souza Coutinho disse em carta ao príncipe regente:

> Portugal [...] não é mais essencial parte da monarquia; [...] ainda resta ao seu soberano, e aos seus povos, o irem criar um poderoso império no Brasil, donde se volte a conquistar o que se possa ter perdido na Europa [...] e donde se continua uma guerra eterna contra o fero inimigo, que recusa reconhecer a neutralidade de uma potência, que mostra desejar conservá-la. Quaisquer que sejam os perigos, que acompanham tão nobre, e resoluta determinação, os mesmos são sempre muito inferiores aos que certamente hão de seguir-se da entrada dos franceses nos portos do reino, e que ou hão de trazer a abdicação de V. A. R. à sua real coroa, a abolição da monarquia, ou uma opressão fatal.[25]

Dessa vez, Portugal tomaria medidas mais efetivas do que a mera política de procrastinação adotada, até ali, pelo governo de d. João. Em reunião do Conselho de Estado em 19 de agosto de 1807, diante do ultimato da França e da Espanha, ficou decidido que o país não aceitaria a reivindicação por completo: fecharia os portos à Inglaterra, com prévia concordância dos britânicos, mas não declararia guerra a eles, não expulsaria seu embaixador, nem tomaria qualquer atitude contra os súditos ingleses. Outra medida importante foi a solicitação do regresso a Lisboa da frota portuguesa que patrulhava o Mediterrâneo em busca de piratas.

Enquanto o prazo do ultimato de Napoleão se esgotava e os embaixadores de França e Espanha pressionavam o governo de Lisboa por uma resposta imediata, o Conselho reuniu-se novamente em 26 de agosto para decidir que o príncipe da Beira, d. Pedro de Alcântara, então com oito anos, seria enviado ao Brasil em companhia da infanta d. Maria Benedita, viúva de d. José, cunhada e tia do príncipe regente, bem como duas vezes tia (tia-avó e de primeiro grau) do menino — o esquema de casamento de algumas casas reais criava anomalias assim.

D. Pedro deveria embarcar no navio *Afonso de Albuquerque*, que vinha sendo preparado para ele. O visconde de Anadia, secretário de Estado para os Negócios da Marinha, ia diariamente à embarcação para assegurar-se de que as ordens estavam sendo executadas, e d. João chegou a fazer uma visita à nau para se certificar pessoalmente das acomodações. Foram nomeados camareira-mor e aio principal do jovem d. Pedro os condes de Belmonte, e o local onde o príncipe deveria se instalar acabou modificado: em vez de seguir para a cidade de São Paulo, iria para o Rio de Janeiro.[26] D. João teria tentado, segundo diversos historiadores, informar a rainha d. Maria da situação. De acordo com o cronista Melo Morais, a monarca, num momento de lucidez, haveria respondido ao filho: "E tuas tias, que ficam aqui fazendo? Ou vamos todos, ou não vá ninguém".[27]

"Vamos todos"

O suposto projeto de viagem serviu como pretexto para a preparação de uma frota que deixaria Portugal em direção à América. Enquanto os embaixadores franco-espanhóis continuavam pressionando, o governo de d. João tergiversava, conseguindo uma dilatação do ultimato até outubro.

Em 30 de setembro, d. Carlota já sabia dos planos de ir para o Brasil. Segundo ela, d. João manifestara o desejo de que três de seus filhos fossem para a colônia, a fim de dar garantia aos ingleses. Também haveria dito que, se preciso fosse, iriam todos,[28] para terror da princesa, que solicitava encarecidamente aos pais que obrigassem o príncipe a deixá-la ir com as filhas e a sua corte para a Espanha. Em 9 de outubro, implorou novamente à mãe:

> As crianças vão para a América para satisfação dos ingleses; e o príncipe também mandou por tudo pronto para si; mas às escondidas de mim, minha mãe. [...] Perdoe VV. MM. tanta impertinência, porém a necessidade do pronto socorro de VV. MM. nesta ocasião me faz ser importuna, porém, VV. MM. são tão bons que há de se compadecerem de mim e de 4 netas, e livrá-las das garras dos leões [...].[29]

Ordens foram expedidas ao Brasil para que se suspendesse a partida de navios carregados para a Europa. Com a falta de uma posição clara por parte de Portugal, os embaixadores franco-espanhóis acabaram por solicitar seus passaportes e partiram para seus respectivos países. Ainda tentando ganhar tempo, o governo português expulsou o embaixador britânico e ofereceu prazo e transporte aos súditos ingleses para que abandonassem Portugal. Desesperado, d. João ainda tentou negociar o casamento do príncipe d. Pedro com uma sobrinha de Napoleão. Mas já era tarde: as medidas, além de não apaziguarem o imperador francês nem os espanhóis, deixaram os britânicos em alerta. Uma frota partiu da Inglaterra em direção a Lisboa com instruções claras: caso Portugal caísse, os navios portugueses no Tejo deveriam ser apreendidos ou destruídos para não serem tomados pelos franceses. Além disso, ordens foram dadas (e posteriormente revogadas) para que as possessões portuguesas na Ásia, como Goa e Macau, fossem tomadas pelas forças inglesas na região.

Em meados de outubro, teve início a marcha do exército francês sob a liderança de Junot, que atravessou a Espanha para chegar à fronteira portuguesa. Nesse ínterim, a França e a Espanha assinaram, em 27 de outubro, o Tratado de Fontainebleau, que dividia Portugal entre os dois países. Além disso, ameaças constantes à família Bragança vinham de Napoleão. Em 15 de outubro, ele declarou: "Se Portugal não fizer o que eu quero, a Casa de Bragança não reinará mais dentro de dois meses".[30] O jornal francês *Le Moniteur*, de 11 de novembro, afirmou que a Inglaterra via com indiferença o que se passava com os portugueses, insinuando que, quando Portugal fosse tomado, os ingleses se apossariam do Brasil. E continuou: "A queda da Casa de Bragança constituirá mais uma prova de que é inevitável a derrota de todos quantos se unirem aos ingleses".

Na noite de 24 de novembro, o príncipe regente convocou o último Conselho de Estado. As tropas francesas já se encontravam em território português, e o governo acabara de receber o ultimato de Sir Sidney Smith, comandante da frota inglesa que iniciara o bloqueio ao porto de Lisboa dois dias antes. Sir Sidney alertou que, caso as disposições portuguesas não fossem amigáveis, apertaria ainda mais o cerco, chegando ao ponto de estendê-lo a outros portos da nação, apreenderia os vasos de guerra de Portugal e sequestraria os navios mercantes que partiam para o Brasil. Naquela noite, decidiu-se pelo embarque de d. João VI e de toda a família para a colônia americana e pela reabertura de todos os portos aos navios ingleses, tanto de guerra quanto mercantes.

No dia 25, à meia-noite, o visconde do Rio Seco foi intimado a comparecer perante o príncipe regente no Real Palácio da Ajuda, em Lisboa. Lá, segundo relato do próprio visconde, d. João deu-lhe ordens relativas aos arranjos necessários para que toda a família real embarcasse para o Brasil no dia 27. Dotado de uma urgência e um desembaraço raramente vistos até então, o príncipe passou a emitir ordens a outros funcionários e secretários de Estado, solicitando-lhes que não só seus bens fossem embarcados, como também o tesouro e os pertences da Igreja Patriarcal de Lisboa. Ordenou-lhes ainda que repartissem pelas embarcações ancoradas os membros da corte que acompanhariam a família real ao Brasil.[31]

Rio Seco ainda foi testemunha, no dia 27, do mau humor do povo de Lisboa, que assistia taciturno ao embarque da corte enquanto seu futuro era incerto. No entanto, também incerta era a travessia de uma corte para o outro lado do oceano Atlântico, rumo a um país completamente diferente daquele com que estavam acostumados, tanto no que diz respeito ao clima quanto aos hábitos, costumes e educação. Ao contrário das colônias espanholas na América, aquela para a qual rumavam não tinha nem sistema de ensino, nem indústrias. Tratava-se de uma tela praticamente em branco, onde um novo Estado administrativo teria de ser implantado para governar as demais colônias e estabelecer comércio com as nações, principalmente a Inglaterra, uma vez que os portos brasileiros de então eram abertos unicamente em direção à metrópole: Portugal.

Os primeiros membros da família real a chegar ao porto foram d. João e seu sobrinho, o infante espanhol d. Pedro Carlos, filho de sua falecida irmã d. Mariana. Em vez de retornar à Espanha, d. Pedro Carlos optara por acompanhar os Bragança rumo ao Brasil. O príncipe ia em uma carruagem sem nenhuma pompa, tendo o cocheiro vestido com simplicidade, sem a luxuosa libré da corte — afinal, a multidão já apedrejara alguns carros e seus ocupantes em fuga; não convinha, portanto, grandes solenidades para a ocasião. Posteriormente, d. Carlota chegou com os filhos d. Pedro e d. Miguel, as cinco filhas mais velhas e a caçula, d. Ana de Jesus Maria, futura marquesa de Loulé, então com onze meses. De Queluz vinha a rainha de 73 anos, d. Maria, que teria exclamado aos cocheiros que partiam a toda brida para logo chegar ao porto: "Não conduzam tão depressa! Vão julgar que estamos a fugir".[32]

Uma testemunha ocular, Euzébio Gomes, anotou em seu diário a respeito da partida da corte para o Brasil:

> Embarcou a família Real no cais de Belém [...] entre lágrimas e suspiros gerais. Que grande confusão houve no cais de Belém!!!! Todos querendo embarcar, o cais amontoado de caixas, caixotes, baús, malas e trinta mil coisas, que muitas ficaram no cais tendo seus donos embarcado, outras foram para bordo e seus donos não puderam ir. Que desordem e confusão![33]

D. Maria enfrentou, na ocasião, sua própria Guerra das Laranjas, ou melhor, "do" Laranja: "A rainha sem querer embarcar por forma alguma, o príncipe aflito por esse motivo!!! Foi o Laranja que fez com que a rainha embarcasse".

Segundo o relato de Euzébio Gomes, Francisco Laranja, capitão de fragata e patrão-mor das galeotas reais, teria abandonado completamente a etiqueta palaciana e retirado ele mesmo a rainha do veículo, transportando-a como uma mercadoria qualquer até pô-la no barco. Também embarcaram naquele dia suas irmãs, d. Maria Benedita e d. Mariana.

Na nau *Príncipe Real* foram embarcados, com mais de mil pessoas, d. Maria, d. João, d. Pedro e d. Miguel; este último, segundo o próprio príncipe regente teria afirmado, não seria seu filho. Em 1802, o *London Observer*, assim como outros jornais ingleses, chegou a relatar que d. João afirmara a vários membros do corpo diplomático que não se considerava pai do então recém-nascido d. Miguel, porque havia dois anos não tinha relações sexuais com d. Carlota.[34] Legítimo ou não, caso acontecesse algo com o navio, todos os herdeiros imediatos da casa de Bragança pereceriam.

Enquanto os membros da família real estavam razoavelmente albergados, o mesmo não se podia dizer de uma série de membros da corte. Muitos contavam apenas com a própria roupa do corpo e tiveram que disputar espaço no tombadilho. Além disso, os mantimentos e a água para toda essa gente eram escassos.

Foi esse o caos encontrado por Sir Sidney Smith, comandante da esquadra que até então bloqueava Lisboa, ao subir a bordo do *Príncipe Real* para conversar com d. João e acertar a escolta que a Inglaterra ofereceria ao príncipe em sua viagem ao Brasil.

O que devia achar o pequeno príncipe da Beira, d. Pedro de Alcântara, dessa aventura toda? Até então, ele vivera entre algumas propriedades da família, visitando o pai em Mafra, às vezes a mãe na Quinta do Ramalhão, indo para Caxias e Lisboa e morando basicamente em Queluz. Agora, porém, atravessaria aquele grande oceano para chegar à América!

Eugène Garay de Monglave nos legou uma cena viva do menino a bordo do navio. Durante a viagem, o príncipe não demonstrou nem medo, nem qualquer tipo de preocupação. Passava os dias misturado aos oficiais e guardas-marinhas, participando das manobras de bordo e dos cálculos de longitude. Quando não estava imerso nas experiências náuticas, podia ser encontrado sentado ao pé do mastro principal lendo a *Eneida* de Virgílio no original latino, o que acabou por se transformar em uma paixão: não se passava um dia sem que fosse visto com o livro em mãos.[35]

Podemos inferir que aquele volume não chegara ao acaso às mãos de d. Pedro: tratava-se de leitura escolhida por algum de seus professores a bordo, provavelmente pelo ex-bibliotecário real de Mafra, frei Antônio de Arrábida, responsável por ministrar ao príncipe, durante a viagem, tanto sua educação acadêmica quanto espiritual, uma vez que o dr. José Monteiro da Rocha havia permanecido em Portugal junto com os outros professores. Aquele franciscano alto e esguio de 36 anos, que apreciava tanto a vida mundana quanto a intelectual, era profundo estudioso de botânica e de teoria política. A convivência a bordo entre o príncipe e o frei se consolidaria numa relação duradoura. Frei Arrábida, além de confessor do príncipe real, seria também seu mentor político.

Cercado pelo oceano e em meio a tempestades que acabaram por distanciar os navios que seguiam para o Brasil, d. Pedro viveu a primeira parte de uma grande aventura. Afinal, que outro rei europeu havia, até então, posto os pés na América? Ele, o pai e a avó seriam os primeiros príncipes de uma casa real governante a desembarcar no Novo Mundo, 316 anos após a chegada dos primeiros europeus ao continente!

Enquanto aguardava o contato com seu domínio do outro lado do Atlântico, com os nativos, os animais e a floresta virgem, d. Pedro mantinha-se entretido com a *Eneida*, sonhando com o Cavalo de Troia e, principalmente, com o lendário herói Eneias. O troiano fugira da derrocada de sua cidade, carregando nas costas seu velho pai e, pelas mãos, seu jovem filho. Destinado a fundar uma nova Troia, passou por diversas aventuras e vagou, errante, pelo mar Mediterrâneo, após o que chegou à Itália para erguer os muros de Roma.

Assim como Eneias, que podia muito bem ser comparado a d. João, que carregou tanto o passado quanto o futuro de Portugal ao abandonar Lisboa antes de sua queda, d. Pedro participaria, no futuro, da fundação de uma nova nação.

PARTE II

BRASIL (1808-1831)

CARIOCA MAIS QUE PORTUGUÊS

De seus 36 anos de vida, d. Pedro passou 23 no Rio de Janeiro e 13 entre Portugal, Açores e França. Seu primeiro contato com o Brasil se deu ainda no mar. Em 17 de janeiro, quase dois meses após embarcarem em Lisboa, o navio *Príncipe Real* foi localizado pelo brigue *Três corações*, enviado pelo governador de Pernambuco, Caetano Pinto de Miranda Montenegro. O barco estava carregado de mantimentos frescos da nova terra: verduras, legumes e frutas, como mangas, cajus e pitangas.

Em 22 de janeiro de 1808, após 54 dias ao mar, a parte da esquadra que não se perdera durante as tempestades baixou âncoras em Salvador, na Bahia. No dia seguinte, a recepção do povo baiano aos que desembarcavam foi efusiva. D. Pedro pôs os pés no Brasil pela primeira vez por volta das 5 horas da tarde do dia 23, quando, junto aos pais e irmãos, chegou ao bairro da Ribeira, na cidade baixa. O povo os ovacionava à medida que entravam nas carruagens e seguiam pela rua da Preguiça, de onde subiram a ladeira da Gameleira até o largo do Teatro. Por entre alas compostas de soldados engalanados, desceram então dos veículos e seguiram a pé até a Sé. Os sinos de todas as igrejas repicavam, e na catedral cantou-se um solene "Te Deum" em ação de graças pela feliz viagem.[1]

Salvador deve ter feito os portugueses recém-chegados se lembrarem da Lisboa que haviam deixado para trás. A exemplo da capital portuguesa, a antiga capital colonial do Brasil fora construída em diversos níveis e mostrava-se repleta de ladeiras. Entretanto, a população não lembrava a de Portugal. Segundo o conde da Ponte, em levantamento feito um ano antes, Salvador tinha "25.502 pretos quando o número de brancos não excede a 14.260 e o de pardos a 11.350".[2]

O viajante francês Ferdinand Denis deixou-nos um retrato vivo da escravidão e da população baiana. Denis, que esteve em Salvador oito anos depois da corte, observou que o negro ali era "mais livre e mais considerado do que nas colônias francesas", sendo "menos surrado do que na Martinica e na Ilha de França".[3] A alimentação, contudo, seria de pior qualidade: "Farinha de mandioca, carne-seca, algumas bananas, algumas espigas de milho, eis tudo quanto deve nutri-los". E não só a comida era ruim aos olhos do estrangeiro:

> Nunca me habituarei a ver esses bandos de homens, chegados diariamente da costa da África, esquálidos, abatidos, com um simples pano de algodão por vestimenta. Não raro os senhores os forçam a cantar pela rua, enquanto seguem rumo do armazém, onde esteiras escangalhadas vão dar descanso aos corpos fatigados pela viagem.[4]

Outro detalhe não passou despercebido ao olhar de Denis — e, provavelmente, também não ao de d. Pedro e do restante da corte. A respeito das mulheres, escreveu o francês: "Às negras e às mestiças, espanta a mobilidade incrível do traseiro delas sempre em movimento. A facilidade das crioulas de fazê-lo girar como uma bola pasma os europeus".[5]

Ao impacto da cor do povo nas ruas, do contato mais íntimo com a escravidão, dos novos odores e cores, e da natureza exuberante, seguiram-se novas cerimônias, em diversos outros dias, para comemorar a chegada da corte à Bahia. No dia 24, d. Maria desembarcou e juntou-se à família já instalada no palácio do governo. D. Carlota Joaquina só pisaria definitivamente em terra firme quatro dias depois. Ocuparia um aposento na Casa da Relação, ligada por um passadiço ao palácio. Ali, dezoito anos depois, se hospedaria também sua futura nora, a imperatriz d. Leopoldina.

Abertura dos portos

No dia 28, o príncipe assinou a Carta Régia, que abria os portos da antiga colônia às nações amigas. A Carta pode ser considerada o marco inicial da Independência do Brasil. Apesar de esse ato ter sido acordado anteriormente com a Inglaterra, que continuava precisando da riqueza natural do Brasil para abastecer a Revolução Industrial, pode ter sido promulgado de forma tão imediata devido à tensão criada pelas centenas de navios que permaneciam parados nos portos brasileiros desde a ordem de outubro do ano anterior.

Antes da Carta Régia, o Brasil não passava de uma propriedade privada de Portugal, sendo vedada a entrada de qualquer estrangeiro e proibido o livre-comércio, conforme narra o comerciante britânico John Armitage:

> Pela política de Portugal, uma das mais belas e férteis regiões do globo havia sido privada de toda a comunicação e comércio com as outras nações da Europa, a ponto que a residência e admissão dos estrangeiros eram ali vedadas. Os navios dos aliados da Metrópole conseguiam ancorar nos seus portos, mas só era permitido aos passageiros e à gente das equipagens desembarcar, vigiados por escoltas de soldados.[6]

Como exemplo do controle absoluto que Portugal buscava exercer sobre a colônia, podemos citar o caso do livro *Cultura e opulência do Brasil por suas drogas e minas*. Escrita por um religioso que morava na Bahia, a obra, após obter todas as licenças necessárias da mesa censória, foi impressa em Lisboa no ano de 1711. Ao saber de sua existência, o Conselho Ultramarino, órgão administrativo que governava as possessões portuguesas, mandou suspender a edição e confiscou os exemplares em que conseguiu pôr as mãos. O Conselho não viu com bons olhos uma obra que trazia informações sobre as minas de ouro e diamante do Brasil, bem como dados econômicos referentes às demais produções locais, como a açucareira. O livro poderia provocar a cobiça das demais nações pela colônia americana.

Se a abertura dos portos teve consequências diretas para o Brasil, foi unicamente porque a sede do poder havia mudado e era necessário voltar a organizar as finanças portuguesas. A Inglaterra foi quem mais se beneficiou com essa abertura, pois usufruía de taxas especiais de importação e exportação. Em Londres, os comerciantes, ao saberem da possibilidade de tratar livremente com a antiga colônia portuguesa, mas sem ter a mínima ideia de como era o país, mandaram diversos carregamentos de fogões para aquecer os brasileiros, bem como pesados tecidos de lã.[7]

Outra consequência direta para o Brasil estaria, como afirma Sérgio Buarque de Holanda, no "novo descobrimento".[8] Com os portos abertos, os viajantes estrangeiros enfim podiam desembarcar livremente por aqui, e seus relatos seriam publicados no resto do mundo mostrando hábitos, costumes e riquezas do país.

D. João foi-se deixando ficar em Salvador, cercado de homenagens e de crescentes manifestações de amizade por parte dos baianos, que tentavam seduzir o príncipe e a corte na esperança de restabelecer a capital do Brasil em Salvador. Se d. João não lhes fez a vontade maior, correspondia porém em régios agradecimentos. Em 5 de fevereiro, promoveu a oficialidade baiana, aumentando os postos militares de todas as armas e distribuindo diversas condecorações. D. João parecia gostar da cidade; era comum vê-lo em carruagem aberta, circulando e conhecendo, com d. Pedro, seus entornos. Geralmente, vinha acompanhado de uma multidão, que o cercava com vivas entusiasmados e recebia, em troca, patacas de prata. No dia 11, junto com o filho d. Pedro, foi visitar a ilha de Itaparica, onde acabaram retidos por conta do vento contrário e obrigados a pernoitar na casa de um ilhéu.[9]

Os baianos tentaram de tudo para fazer d. João ficar. Os comerciantes teriam chegado a prometer-lhe a construção, por eles mesmos custeada, de um magnífico palácio, com todos os quartos e riquezas dignos de um rei.[10] Entretanto, o futuro da corte seria mesmo o Rio de Janeiro. Apesar de Salvador ser uma cidade grande e bem construída, dotada de diversos templos e grandes edificações, e a capital brasileira estar cercada de pântanos que dificultavam e encareciam a construção de novos prédios, a cidade baiana era muito vulnerável. O forte que ali existia oferecia pouca proteção, uma vez que seu poder de fogo não conseguia cobrir os dez quilômetros de largura do canal da Barra.

A esquadra levando a família real e a corte zarpou para o Rio de Janeiro em 26 de fevereiro, deixando os baianos desconsolados. Antes da partida, d. João e d. Pedro devem ter ouvido a população que cantava pelas ruas na companhia de músicos:

Meu príncipe regente
Não saias daqui
Cá ficamos chorando
Por Deus e por ti.[11]

Em 7 de março, a esquadra chegaria ao seu destino final, encontrando a outra parte dos navios perdidos na furiosa tempestade de 8 para 9 de dezembro que dividiu a frota, e parte da família real, durante a travessia do Atlântico Norte.

O Rio de Janeiro

Como ainda hoje ocorre a quem tem a oportunidade de visualizar a baía da Guanabara do mar, não é difícil de imaginar como d. Pedro e os demais viajantes devem ter se maravilhado com a paisagem. O morro do Pão de Açúcar,[12] com seus mais de 400 metros de altitude, marcava o lado esquerdo da entrada da barra. A cidade, diferentemente de Salvador, era construída quase inteiramente ao nível do mar. Acima da urbe destacava-se, ao fundo, a luxuriante vegetação tropical; entre esta e as construções da cidade, massas brancas refulgiam ao sol. Tratava-se do mosteiro de São Bento, do convento de São Francisco e dos fortes do Castelo e da Conceição, fixados a cavaleiro sobre morros que disputavam o espaço da cidade com os alagadiços.

Em 8 de março de 1808, às 4 horas da tarde, na tentativa de fugir do escaldante sol do verão carioca, d. Pedro e toda a família real, com exceção da avó, desembarcaram no seu destino. Um barco levou-os até o cais do largo do Paço, atual praça XV. De lá, assim como em Salvador, seguiram todos, sob um pálio de seda sustentado por membros da Câmara do Rio de Janeiro, para a missa de Ação de Graças na igreja de Nossa Senhora do Rosário e de São Benedito, que então funcionava como Sé. Passaram por alas de soldados perfilados e bandas de música. O povo aplaudia o cortejo, e do céu vinha o barulho dos fogos e das salvas de canhões. À saída da igreja, d. João e d. Pedro seguiram juntos, na mesma carruagem, escoltados por esquadrões de cavalaria, até o "palácio" que havia sido preparado para a família real.

Pouco antes de a esquadra aportar na Bahia, a família real havia encontrado um navio que vinha do Rio de Janeiro. D. João teria perguntado ao capitão se já se sabia na cidade que a corte estava para chegar. O capitão confirmou na hora: "Sim, sabem. Se prepara a cadeia para recebê-la!".[13] A resposta provavelmente espantou o príncipe. Como assim? Haviam passado o diabo para fugir de Napoleão e, agora que chegavam ao Brasil, seriam encarcerados?

Quem esclareceu a questão foi d. Fernando José de Portugal e Castro, ex-vice-rei do Brasil. Ele explicou que provavelmente o então vice-rei, o conde dos Arcos, d. Marcos de Noronha e Brito, deveria ter mandado evacuar a antiga cadeia, localizada ao lado do Palácio dos Vice-Reis, para receber o príncipe e sua família. Ainda tentando acalmar os ânimos, d. Fernando procurou assegurar a fidelidade dos brasileiros, garantindo que o príncipe seria recebido com a mais viva simpatia.[14]

Essa história ilustra o quão improvisada foi a instalação da família real e da corte no Rio de Janeiro. Até então isolada, carente de hotéis ou pensões para viajantes, a cidade teve que se adequar como pôde. Para hospedar a família real e seus criados, o antigo Palácio dos Vice-Reis foi unido por passadiços, ao fundo, com o convento do Carmo, e, na lateral esquerda, de quem vê o complexo com as costas voltadas para o mar, com a Casa de Câmara e Cadeia. Desses edifícios, só restam hoje o antigo palácio, atualmente Centro Cultural Paço Imperial, e o edifício que abrigou o convento do Carmo. A antiga Casa de Câmara e Cadeia chegou a contar, ao longo de seus 280 anos de existência, com presos famosos, como o alferes Joaquim José da Silva Xavier, o Tiradentes; depois, virou a sede do Parlamento do Império. Foi demolida em 1922 para a construção do Palácio Tiradentes, sede do Congresso Nacional à época e, hoje, da Assembleia Legislativa do Estado do Rio de Janeiro.

O conde dos Arcos mostrou grande iniciativa em unir os prédios e redecorá-los: caiou os edifícios e forrou-os internamente com sedas. Entretanto, as antigas celas dos monges e as dos prisioneiros, além dos escritórios e das salas de reunião do antigo palácio, não pareceram convidativas à família real e seus criados, que chegavam a 300 pessoas. Para o negociante inglês John Luccock, o local não passava de uma residência miserável a que buscaram dignificar dando o nome de palácio.[15]

Além da família real, seus criados e funcionários, a corte que desembarcou na cidade comportava cerca de 20 mil pessoas. A população do Rio de Janeiro aumentou em um terço, de 60 mil para 90 mil.[16] Apesar dos ventos liberais que varriam a Europa graças à Revolução Francesa e à propagação de suas ideias pelo exército napoleônico, junto com a corte chegaram também ao Rio alguns costumes feudais inerentes ao Antigo Regime. Os membros da nobreza e do funcionalismo estatal foram beneficiados por um velho costume, chamado "aposentadoria ativa". Isso lhes garantia o direito de escolher a moradia que preferissem, inclusive as ocupadas por seus legais proprietários, quando estivessem, em função do Estado, longe de seu local de residência efetiva. Assim que um imóvel era requerido, um juiz ordenava as devidas intimações e a morada escolhida recebia, a tinta ou giz, as letras P. R. (Propriedade Real ou Príncipe Real), que os jocosos cariocas logo traduziram por "ponha-se na rua".[17]

Novos locais, novos hábitos

Depois de anos separados e de meses viajando em navios distintos, não seria dessa vez que os Bragança ficariam muito tempo sob o mesmo teto.

A paisagem do Rio de Janeiro podia ser espetacular, mas o calor tropical e a insalubridade da cidade, onde o esgoto escoava a céu aberto pelo meio da rua, formando poças nauseantes, fizeram com que cada príncipe partisse para uma região diferente dos subúrbios da cidade, cada qual carregando consigo uma parte dos filhos.

D. João, com d. Pedro, d. Miguel e o sobrinho de 22 anos, d. Pedro Carlos, foi morar em uma propriedade rural, a Quinta da Boa Vista, a seis quilômetros da cidade. A casa lhe fora cedida, em troca de dinheiro, postos e condecorações, por Elias Antônio Lopes, nome aportuguesado do comerciante sírio-libanês Elie Antun Lubbus, traficante de escravizados.

> Esta casa era extraordinariamente grande para um particular solteiro, pequena para a residência de um soberano. É de notar que em 1803, sendo perguntado este Elias por que razão edificava uma casa tamanha, respondeu (talvez com base em certas profecias, que o povo supersticioso cria deverem-se realizar por aquela época) que era para residência do príncipe regente de Portugal, e com efeito em 1808 a ofereceu ao príncipe, que a aceitou.[18]

O nome do local, Quinta da Boa Vista, fazia jus ao cenário que se descortinava ali. À frente da residência, era possível avistar o mar; em uma de suas laterais, o morro do Corcovado e a floresta da Tijuca dominam a paisagem até os dias de hoje.

A casa, que abrigaria os Bragança no Brasil por 81 anos, formava, segundo o pintor Manuel de Araújo Porto-Alegre, um quadrilátero de 240 palmos de lado. D. João habitava o local durante o dia e retornava à cidade para dormir, ao menos enquanto a rainha d. Maria I ainda vivia. Depois de sua morte, passou a morar permanentemente na Quinta. O quarto de d. João, ainda segundo Porto-Alegre, media "24 palmos quadrados e tinha por adjacência um outro um pouco menor [...]. Tinha o rei um pequeno gabinete de trabalho, uma sala para diplomatas e uma sala do trono", onde recebia o beija-mão.

Também do agrado de d. João era passar os verões em locais ainda mais distantes do Rio. A partir de 1809, ele começou a frequentar a Real Fazenda de Santa Cruz, propriedade de 23 mil hectares que pertencera aos jesuítas e passara à Coroa, desde a expulsão da ordem pelo marquês de Pombal. A fazenda ficava 80 quilômetros a oeste da cidade do Rio de Janeiro, no caminho para São Paulo, e deu origem ao bairro de mesmo nome na zona oeste do Rio de Janeiro. D. João decidiu transformar esse local em um palácio de veraneio, onde passava seis semanas por ano junto com os filhos. Os Bragança, no local, entraram em contato com os "escravizados-músicos", uma prática iniciada ainda na época dos jesuítas.

D. João apoiou e fomentou a prática musical na fazenda e nomeou Quintiliano José de Moura e Inácio Pinheiro da Silva para dar aulas ali. O padre José Maurício Nunes Garcia (1767–1830), um dos maiores compositores brasileiros de sua época e que granjeou grande prestígio junto ao príncipe regente, compôs várias músicas para a orquestra de músicos escravizados de Santa Cruz.[19] José Maurício descendia, ele próprio, de ex-escravizados e tinha 41 anos quando a família real chegou ao Brasil. Sua importância junto à corte não ficou restrita a compor música para os negros de Santa Cruz. Em 1808, ele havia sido nomeado mestre da Capela Real e tornou-se professor de música do jovem príncipe d. Pedro.[20]

O príncipe regente e seus filhos também usufruíam de um sítio chamado Frexeiras, na ilha do Governador, onde viviam vários animais, incluindo um urso[21] doado pelo tsar da Rússia. D. João também era recebido por temporadas em diversas propriedades nos arredores da cidade, como na fazenda do padre Correa.[22] D. Pedro daria continuidade ao costume de se hospedar no local e futuramente compraria uma fazenda próxima, a do Córrego Seco, que deu origem à cidade de Petrópolis.

D. Carlota, junto com as filhas, dividia seu tempo entre uma casa na praia de Botafogo e chácaras no Andaraí e Mataporcos.

A rainha d. Maria I foi a única a permanecer no Paço da Cidade. Ela habitava um quarto no andar superior do antigo convento do Carmo, mas não ficava confinada. Passeava de carruagem todas as tardes e chegou a passar algumas temporadas em uma casa no bairro das Laranjeiras, próximo da bica que é até hoje conhecida como "da Rainha". De seus constantes passeios, em que era conduzida sem vontade própria pelas damas de companhia — tudo regido pela etiqueta que fazia a corte funcionar sozinha —, teria se originado a expressão "Maria vai com as outras".[23]

D. Maria costumava acordar por volta das 8 da manhã, tomava o "pequeno almoço" — nosso atual café da manhã — e punha-se em um canapé. Ali aguardava as visitas da família. Enquanto d. João ajoelhava-se para beijar-lhe a mão, d. Carlota beijava-a de pé e perguntava-lhe como estava. A conversa da nora com a sogra não passava de vinte minutos, quando a princesa então se retirava e deixava d. João a sós com a mãe. Depois vinham as netas cumprimentar a avó, com as mais velhas conduzindo as mais novas. D. Maria, ao ver as pequenas, dizia: "Que vem aqui fazer estes cupidinhos?". Ou: "Para que trazem cá estas pequenas?".[24] Quando d. Pedro vinha beijar-lhe a mão, a avó coçava a cabeça do jovem e afagava-lhe os cabelos, dizendo à criada, d. Joana Rita de Lacerda: "Para este há de ser a minha coroa".[25]

No entanto, nem sempre d. Maria estava bem para receber a família. Por vezes, acometiam-na surtos em que ficava agressiva, xingava e esbofeteava as criadas, que acabavam fugindo do serviço alegando doença. Não, porém, d. Joana de Lacerda, a Joaninha, que, sempre fiel e paciente, recebeu de d. João o título de baronesa e, depois, viscondessa do Real Agrado.

Retomando a educação do príncipe

Após a chegada ao Rio, e estando já todos instalados, as "férias escolares" de d. Pedro passaram a ter os dias contados. D. João começou a dar ordens para a vinda ao Brasil de alguns dos antigos professores de seus filhos, entre eles Giuseppe Totti, mestre de música de Suas Altezas Reais, que desembarcou na nova sede da corte em 1809.

Mas nem só de música e brincadeiras, como provavelmente gostaria, viveria d. Pedro. Era necessário alguém para dirigir os estudos do príncipe, e o dr. José Monteiro da Rocha, com mais de 75 anos, não se transferiria para o Rio de Janeiro para reassumir o seu posto. Em 15 de outubro, três dias após o aniversário do príncipe da Beira, o diplomata João Rademaker enviava a d. Rodrigo de Sousa Coutinho, ministro dos Negócios Estrangeiros e da Guerra, bem como virtual chefe do governo, uma carta em que ponderava a proposta de ser o principal preceptor de d. Pedro.

> Depois que tive ultimamente a honra de ver a V. Exa., tenho-me empregado muito seriamente em ponderar a importante proposição que V. Exa. me fez; e julgar-me-ia feliz, além de quanto posso explicar se eu pudesse desempenhar as obrigações de um lugar de que depende tanta satisfação particular, e tanta felicidade pública: de onde deve resultar tanto prazer a S. A. R., o príncipe regente, nosso senhor, como pai; e tantas vistas de vantagem futura a Nação. [...] se for do agrado de S. A. R. [...] que eu me encarregue de uma educação tão importante, buscarei com empenho dirigi-la do modo que seja mais capaz de formar o coração e o entendimento, e constituir um caráter o mais chegado que for possível à perfeição ideal.[26]

O que o ministro que convidara Rademaker para o cargo não sabia era que o antigo diplomata português trabalhava como agente secreto inglês a soldo de lorde Strangford, o arrogante e prepotente ministro da Inglaterra junto à corte portuguesa.[27] João Rademaker, que abandonara seu posto diplomático na Dinamarca e viera para o Brasil atrás do príncipe regente, fora representante de Portugal em diversas cortes europeias e era considerado poliglota e refinado.

Esforçando-se para manter a posição de que gozava na corte, Rademaker procurou ser um excelente preceptor para d. Pedro. O jovem, contudo, não se afastou completamente de frei Arrábida, que continuava sendo seu confessor e professor de religião. A educação formal do príncipe era realizada, em teoria, todos os dias, durante duas horas. No entanto, se d. Pedro achasse algo melhor para fazer ou se algo mais interessante lhe despertasse a atenção, simplesmente dispensava o professor. O príncipe, além de indisciplinado, estava cercado de cortesãos fiéis ao Antigo Regime, num ambiente em que o direito divino ditava as regras. Por conseguinte, acatavam-lhe as vontades sem discussão. A luta deve ter sido árdua, mas existem indícios de que Rademaker conseguiu iniciar e aprofundar o príncipe em matemática, lógica, história, geografia e economia política.[28] Além do latim, que continuava a aprender, passou a ter aulas de francês e inglês com o novo mestre. Na tentativa de incutir alguma disciplina no príncipe, a quem d. João não permitia que fosse disciplinado,[29] a governanta d. Maria Genoveva do Rego e Matos tentava encorajá-lo a estudar. Chamava-o de "meu menino" e sempre o aconselhava com brandura. O que d. Maria Genoveva não conseguia de d. Pedro ninguém mais conseguiria. Ela foi efetivamente a mãe que d. Pedro não encontrou em d. Carlota Joaquina. Em 1821, a governanta recusou-se a partir com o restante da corte porque "seu menino" não iria junto.[30]

D. Pedro, no final da infância e começo da adolescência, já demonstrava pouca paciência para as cerimônias oficiais, mas, por respeito a d. João, tentava suportá-las. Uma das que detestava particularmente era a do beija-mão.

O beija-mão era uma tradição medieval que já havia caído em desuso na Europa, mas persistira em Portugal e no Brasil. Nessa cerimônia, qualquer pessoa poderia ir beijar a mão do monarca e aproveitar para lhe pedir algum favor. Tratava-se do momento em que o trono e o povo tinham contato direto, sem qualquer intermediador. Havia até um ritual específico. Aguardava-se pacientemente na fila; quando era chegado o momento, aproximava-se do trono e dobrava-se os dois joelhos simultaneamente, apoiando, porém, um só no chão. Então se beijava a mão do soberano, que lhe era estendida. Em seguida, era possível pedir algo ao monarca, assim como responder a alguma pergunta feita por ele. Finalizando o processo, a pessoa erguia-se, fazia uma reverência, virava-se para o lado direito e se retirava.

D. Pedro, sentado ao lado da poltrona que servia de trono ao pai, também recebia os beijos dos que iam cumprimentar d. João. Aos mais velhos, respeitava; já aos rapazes de sua idade, filhos dos cortesãos, mantinha o ar altivo que lhe era natural e evitava rir, mas desferia-lhes com os dedos piparotes no queixo.[31]

Além da educação formal, d. Pedro enveredou pelas artes manuais, como a marcenaria e a escultura. Chegou a fazer um modelo de navio de guerra e uma mesa de bilhar completa.[32] Quando a fragata *Príncipe Dom Pedro* foi lançada na Bahia, em 1811, a figura de proa, escultura em madeira representando o príncipe, fora executada pelo próprio.[33] Ele também se dedicou à poesia e ao desenho, mas tinha predileção pela música. O reverendo irlandês Robert Walsh, capelão da Embaixada britânica no Brasil de 1828 a 1829, declarou:

> [...] atividade a que ele mais se devota é a música, pela qual ele desenvolveu, em uma idade precoce, uma forte predileção, e mostrou um decidido talento. Ele não apenas aprendeu a tocar uma variedade de instrumentos, mas compôs, eu fui informado, muitas das músicas para a capela de seu pai; e a peça mais popular agora no Brasil, tanto as palavras quanto a música são de sua composição, atestando seu talento.[34]

Em 1811, substituindo Giuseppe Totti, o maestro Marcos Portugal chegou ao Rio de Janeiro, onde assumiu as funções de compositor da corte e o posto de mestre de música de Suas Altezas Reais. D. Pedro e sua irmã, a infanta d. Maria Isabel, futura rainha da Espanha, fariam aulas de música juntos, sob a tutela do maestro. D. Pedro foi encorajado pelo novo mestre a elaborar as suas próprias composições. O príncipe, ao longo de sua vida, acabaria por dominar diversos instrumentos musicais, como o piano, o clarinete, a viola, o fagote, o trombone, a flauta e o violino.

Ele não apenas tocava como também cantava com voz de barítono, e nos seus aposentos sempre havia um piano.[35]

Para as distrações de adolescente, tocava violão, com o qual acompanhava canções e danças populares em voga no Rio de Janeiro da época, como o fado luso-cigano, a modinha luso-brasileira e o lundu angolano. O lundu era um ritmo popular dançado com movimentos considerados lascivos. A sensualidade dessa dança, de acordo com o historiador Neill Macaulay, poderia ter despertado os primeiros desejos carnais do jovem: "A iniciação sexual do príncipe, que, com menos de quatorze anos, declarava que já devia ser visto como um homem, pode muito bem ter se seguido a algum baile clandestino [...]".[36]

O professor espião

Em setembro de 1814, seis anos após assumir o posto de preceptor de d. Pedro, Rademaker faleceu. Segundo versão difundida pelo reverendo Walsh, teria sido envenenado por uma escravizada que se relacionava com alguém da vizinhança. Estando Rademaker para se mudar de casa, a escravizada ficaria longe do amante; portanto, teria decidido envenenar o vinho que seu senhor tomaria no jantar.

Coincidência ou não, lorde Stragford, nessa época, estava para sair do Brasil. Caíra por completo no desagrado do príncipe regente, que escrevera diretamente para o rei da Inglaterra a fim de queixar-se da intromissão do embaixador britânico nos negócios de Estado de Portugal.[37] Rademaker também não gozava mais das boas graças de d. João desde 1812, quando foi indicado pelo próprio Stragford para negociar um acordo na fronteira meridional do Brasil. Agindo de acordo com instruções secretas do embaixador britânico,[38] ele assinou uma trégua entre as forças portuguesas e espanholas que ignorava completamente os interesses expansionistas de d. João na região.

Depois da morte de Rademaker, frei Arrábida tornou-se mestre do príncipe. Com o padre irlandês John Joyce, d. Pedro continuou a estudar inglês; padre Boiret, emigrado francês, instruiu-o no idioma; seu professor de desenho e pintura foi o pintor da corte Domingos Sequeira; e, na arte de adestrar e da equitação, coube sua educação a João Damby e Joaquim Carvalho Raposo.[39] D. Pedro, então com dezesseis anos, parece ter se afeiçoado bastante a Rademaker, e após a perda do mestre não demonstrou desejo de nenhum plano fixo de educação.[40]

D. Pedro e d. Miguel

Tanto d. Pedro quanto d. Miguel, quatro anos mais novo que o irmão, eram afeitos a exercícios físicos. O cônsul inglês no Rio de Janeiro, James Henderson, relatou que, certa vez, após uma audiência com d. João, estava deixando a Quinta da Boa Vista quando percebeu d. Miguel num campo próximo. O príncipe, vestindo grandes botas de cano alto e um chapéu de três pontas, manejava um arado guiado por seis novilhos, tendo uma vara comprida nas mãos. O trabalho, segundo Henderson, era desastroso e imperfeito. Enquanto isso, d. Pedro, usando desajeitadamente um grande chicote que fazia estalar com um barulho maior do que necessário, buscava amansar a quarta parelha de cavalos, pois vinha trabalhando com os animais desde cedo. Continuando a descrição dos jovens príncipes, Henderson comenta a falta de polidez dos rapazes:

> Quando ele [d. Pedro] passou, ficamos parados e tiramos nossos chapéus, ao que ele apenas retornou com um olhar displicente. Nós também encontramos o Príncipe Dom Miguel voltando de sua diversão agrícola, acompanhado de seu feitor. Ele é uma pessoa franzina e de aparência pálida, de aproximadamente dezesseis anos de idade. Passando próximo de seu ombro, nós prestamos a ele a mais respeitosa reverência, mas ele não nos honrou nem mesmo com a menor inclinação de sua cabeça.[41]

Tanto d. Pedro quanto d. Miguel mantinham-se em atividade constante: cavaleiros intrépidos e ousados, gostavam do ar livre. Empreendiam perseguições a cavalo pelas matas, em terrenos desconhecidos, que podiam durar horas, sem respeitarem climas nem horários. A obsessão de d. Pedro por velocidade e resistência levou-o a aventuras desastrosas. Ele próprio afirmava que, quando jovem, havia caído do cavalo cerca de 36 vezes.[42] Isso sem contar as ocasiões em que tombou, por imprudência, a carruagem de quatro cavalos que gostava de conduzir violentamente pelas ruas e arrabaldes do Rio de Janeiro. Por diversas vezes foi obrigado a ficar de cama, com costelas quebradas e outras lesões. D. Pedro também era afeiçoado à caça, paixão que compartilharia com a futura esposa, d. Leopoldina.

Outra diversão conjunta de d. Pedro e d. Miguel era formar, bem longe dos olhares de qualquer adulto, dois regimentos com os filhos dos escravizados. Os regimentos, capitaneados cada qual por um dos príncipes e armados com paus e pedras, combatiam entre si. A surra acabava sobrando também para os irmãos. Certa vez, d. Pedro, por vários dias incapacitado devido ao que ele insistia ser resultado de uma queda de cavalo, despertou suspeitas no médico do paço, que acreditava que o ferimento na realidade fora provocado por um porrete.[43] Ele também teria se atrevido a dar combate, com seus subordinados, a um posto da guarda do palácio. O príncipe e seu pequeno batalhão teriam destroçado os soldados de seu pai. Pela ousadia, teve seu jovem regimento dissolvido, ganhando em troca a regência de uma banda militar.[44]

Serviçais e cortesãos

Lidando diretamente, na fazenda de Santa Cruz e na Quinta da Boa Vista, com cavalariços e criados de nível inferior, d. Pedro seria frequentemente visto com eles pelas tavernas do Rio de Janeiro. À educação aprendida com esses subalternos o príncipe deveu características que escandalizaram diversos cronistas estrangeiros. Conta-nos o sociólogo Gilberto Freyre:

> O erotismo grosso, plebeu, domina em Portugal todas as classes, considerando-se efeminado o homem que não faça uso dos gestos e dos palavrões obscenos. A mesma coisa no Brasil, onde esse erotismo lusitano só fez encontrar ambiente propício nas condições lúbricas de colonização.[45]

A relação de d. Pedro com os cortesãos que gravitavam ao redor do pai não era das melhores. A certo nobre que o horrorizara com suas maneiras gentis e aduladoras ordenou que o tratasse feito homem.

Um amigo para toda a vida, com educação superior à média dos companheiros do príncipe, foi Francisco Gomes da Silva, apelidado de Chalaça. Era oito anos mais velho que d. Pedro, bastante espirituoso e brincalhão; assim como o amigo, gostava de tocar guitarra e dançar o lundu. Chalaça era mulherengo e um grande amante de bebidas, no que se diferenciava de d. Pedro, com quem podia contar quando abusava das cachaças e dos vinhos, uma vez que o príncipe só bebia moderadamente.[46]

Francisco Gomes, que galgaria diversos cargos e continuaria servindo à casa de Bragança após a morte de d. Pedro, chegara com a corte ao Brasil. O pai, Antônio Gomes da Silva, era mestre ourives da prata e cravador de diamantes da coroa. Foi na oficina do pai de Chalaça, no Rio de Janeiro, que foram produzidos o cetro, a coroa e o espadim utilizados na aclamação de d. João VI. As peças hoje se encontram no Museu do Tesouro, no Palácio da Ajuda, em Portugal. Francisco Gomes trabalhou como criado em uma das residências reais entre 1810 e 1816, até ser expulso por ter engravidado uma governanta da fazenda de Santa Cruz. Depois, acabou virando funcionário do Tesouro.

Outro grande amigo vitalício de d. Pedro foi Antônio Teles da Silva Caminha de Meneses, marquês de Resende. A exemplo do Chalaça, Resende permaneceria fiel ao príncipe tanto nos bons momentos quanto na desgraça. Se estudarmos as cartas que d. Pedro trocou com ele, veremos que pouco ou nada ficavam a dever as brincadeiras da época às de hoje, sobretudo as de cunho sexual. Numa delas, por exemplo, d. Pedro brinca com Resende ao sugerir que o amigo não gostava do sexo feminino:

> [...] Se você fosse elegante, esbelto e amigo de moças, você teria pelas mulheres feito algum arranjo [...] mas que há de ser? Se você assenta, que aquele pãozinho aberto é boca do inferno e tem dentes. Desengana-se que provando há para ver, jamais fiará a sua coisa em unhas desconhecidas. Queira-me bem, que não lhe custa nada. [...][47]

Um império nos trópicos

Enquanto d. Pedro aproveitava indisciplinada e despreocupadamente a juventude, d. João tentava criar um império nos trópicos. Para isso, precisava tomar medidas para aparelhar a velha colônia. No Brasil, até a chegada da corte não havia, por exemplo, um sistema próprio de educação dotado de universidades, diferentemente do que ocorria nas colônias espanholas na América; tampouco existiam manufaturas, imprensa, muito menos todo o aparato capaz de fazer do Brasil a sede administrativa, política e cultural de um império. Diversas ações do príncipe visavam mudar esse quadro. A Imprensa Régia foi criada no Rio de Janeiro e, com isso, a produção de jornais e livros, que antes era proibida, começou a ser feita no Brasil. D. João fundou diversas instituições, como a Academia Real de Belas Artes, o Jardim Botânico, o Banco do Brasil e a Escola de Cirurgia da Bahia (quando lá chegou, em fevereiro de 1808). Também estabeleceu no Rio de Janeiro a Real Biblioteca, que originou a atual Biblioteca Nacional, e mandou vir da Europa uma Missão Artística Francesa, com o objetivo de europeizar sua capital tropical na América.

Além de todos esses melhoramentos, d. João também procurou retaliar a invasão de Portugal pelas tropas francesas, aliadas aos espanhóis. Assim, ordenou a tomada da Guiana Francesa e conquistou, ao sul, após longos anos de batalhas, a Banda Oriental do Rio da Prata, que ficaria conhecida, enquanto fez parte do Brasil, como Província Cisplatina, hoje Uruguai. Na expedição militar enviada ao sul estava o neto do marquês de Pombal, que aos quinze anos já ocupava a patente de capitão do exército português e, aos dezoito, juntou-se aos ingleses para combater as tropas francesas em Portugal. Após a libertação de seu país, ele seguiu para o Brasil com suas tropas e ajudou na tomada da Cisplatina, chegando a ser eleito para o governo da província do Rio Grande. Seu nome era João Carlos de Saldanha Oliveira e Daun, futuro duque de Saldanha.

De olho nos vizinhos

D. Carlota havia predito, em carta a seu pai,[48] que a destruição de sua família por Napoleão, na Espanha, seria questão de tempo caso ele deixasse o exército francês cruzar sua fronteira e atacar Portugal. A princesa tivera razão ao imaginar a voracidade do imperador da França. O pai de d. Carlota, rei Carlos IV, abdicou a coroa em 19 de março de 1808, onze dias após a família real desembarcar no Rio de Janeiro. D. Fernando VII, irmão da princesa, assumiu o poder, mas ambos, pai e filho, foram feitos prisioneiros por Bonaparte, que colocou seu próprio irmão no trono espanhol.

Os tumultos criados na Espanha por esse ato de Napoleão deram início a uma crise político-administrativa nas colônias espanholas na América. Isso animou a política imperialista portuguesa. A invasão das fronteiras coloniais espanholas poderia ser interpretada como defesa dos domínios dos Bourbon, uma vez que os principais representantes livres da família, d. Pedro Carlos e d. Carlota Joaquina, estavam morando no Brasil.

Logo foi travada uma guerra dentro da corte do Rio de Janeiro, durante a qual três partidos distintos foram criados.[49] O almirante Sidney Smith, que estava no Brasil, apoiou o desejo de d. Carlota Joaquina de se tornar regente da América espanhola. D. Carlota chegou a encontrar apoiadores entre os espanhóis e os refugiados de Buenos Aires no Rio de Janeiro; a eles foi dada a alcunha de "carlotistas". Tais apoiadores a imaginavam desembarcando, qual d. João no Brasil, no Vice-Reinado do Rio da Prata, a fim de manter a colônia unida e coordenar, em segurança, a luta pela libertação na Europa.[50]

O outro partido, liderado por d. Rodrigo de Souza Coutinho, conde de Linhares e ministro dos Estrangeiros, via em d. Pedro Carlos, sobrinho do rei d. Fernando e de d. João, o melhor dos dois mundos. Tendo sangue Bourbon e Bragança nas veias, ele representava a esperança de unificar a península Ibérica e a América Latina sob uma mesma coroa.

O terceiro partido, o de lorde Strangford, achava que quanto pior, melhor: se a América espanhola se desintegrasse, tanto mais conveniente para os interesses ingleses na região.

Visando maior aliança entre os Bourbon e os Bragança, e em apoio ao plano do conde de Linhares, d. João consultou d. Maria I a respeito de um possível casamento da princesa d. Maria Teresa, filha mais velha sua e de d. Carlota, com o infante d. Pedro Carlos. D. Maria teria respondido que não fazia mais política nem casamentos e mandou que Joaninha entregasse ao filho sua caixa de joias, pois não precisava mais delas. Como presente de casamento, d. João mandou que a filha escolhesse uma peça da avó. D. Maria Teresa pegou um dos melhores adereços, com grandes rubis e brilhantes; quando Joaninha contou a d. Maria, esta lhe perguntou, num sobressalto: "E o que darão à mulher de Pedro quando ele se casar?".[51] Parecia que a avó louca era a única que não tinha ideias mirabolantes a respeito de quem assumiria o trono. Em sua demência, estava distante do quimérico sonho de um império gigantesco dos dois lados do Atlântico.

D. Pedro Carlos e d. Maria Teresa casaram-se no Rio de Janeiro em 13 de maio de 1810, aniversário de d. João. Passaram então a morar com o príncipe na Quinta da Boa Vista. Foi lá que, em novembro de 1811, nasceu d. Sebastião, o filho do casal. Seu nome homenageava a cidade de São Sebastião do Rio de Janeiro, que acolhera a família. O bebê real era o primeiro Bragança nascido no Brasil. Em 9 de dezembro, o príncipe regente conferiu ao primeiro neto o título de infante,[52] e assim o recém-nascido teve aberta a porta que levava à linha de sucessão portuguesa. Ele foi batizado no Rio de Janeiro em 17 de dezembro, aniversário da bisavó, a rainha; a cidade inteira engalanou-se para comemorar o evento.

Em março de 1812, o bibliotecário Luís Joaquim dos Santos Marrocos, que viera com a corte para o Brasil, confidenciou em carta enviada ao pai: "O senhor infante d. Pedro Carlos tem passado muito doente, creio que por excesso do seu exercício conjugal, e por isso fizeram separar os cônjuges, estando também a senhora d. Maria Teresa doente".[53] O infante faleceu no dia 26 de maio do mesmo ano. Segundo Luiz Norton: "Matara-o aquela fraqueza de peito que o trouxera sempre enfermiço e frouxo".[54] D. João, inconsolável, encomendou que erigissem o túmulo mais imponente que o Rio de Janeiro já vira para receber o corpo do sobrinho. Ainda hoje, a obra de mármore de três metros de altura pode ser admirada na capela de Nossa Senhora da Conceição, na igreja de São Francisco da Penitência, no largo da Carioca.

D. Maria Teresa acabou por transformar-se na filha predileta de d. João. Ao contrário de d. Pedro, o herdeiro presuntivo da coroa, ela tinha permissão para acompanhar o pai tanto nas reuniões do Conselho de Estado quanto nos passeios de carruagem que ele fazia ao redor de São Cristóvão. Logo certa animosidade tomou conta dos irmãos. Enquanto isso, d. Miguel, que diversas vezes apanhara — como predição do futuro — do exército de d. Pedro em Santa Cruz e na Quinta da Boa Vista, tomava cada vez mais o partido da mãe. Caso realmente assumisse a regência das províncias espanholas, d. Carlota pretendia levá-lo consigo e as filhas para Buenos Aires.[55]

O resultado de todos esses planos só serviu para separar ainda mais a família. Em março de 1814, d. Fernando VII era recolocado no trono da Espanha. Qualquer projeto de união entre a península Ibérica e as províncias americanas foi então definitivamente arquivado por d. João — mas não por d. Carlota, que ainda conseguiria casar mais duas filhas com parentes espanhóis e fazer de uma delas a rainha da Espanha.

Um novo reino, um novo rei

A queda de Napoleão na Europa, além de restabelecer os Bourbon na Espanha, levou à realização do Congresso de Viena, em 1814, onde foi discutida a reorganização das fronteiras e o futuro das casas reais governantes que o francês destituíra. D. João, para fazer Portugal ter voz diplomática ativa nesse encontro, elevou, em dezembro de 1815, o Brasil a Reino Unido a Portugal e ao Algarve. Desse modo, os diplomatas europeus não poderiam mais tratar Portugal com desdém, como uma corte distante e exilada em uma colônia. Com a elevação do Brasil à condição de reino, d. João reconhecia publicamente a quebra do pacto colonial, o que de fato ocorrera sete anos antes, com o estabelecimento da sede do reino português no país.

Em 20 de janeiro de 1816, d. Maria I, então com oitenta anos de idade, adoeceu. D. João, sempre muito carinhoso, não saiu do Paço da Cidade durante toda a doença da mãe, indo repetidas vezes visitá-la. Ela lhe dizia que não desejava ver ninguém e que queriam matá-la, enquanto ele tentava convencê-la de que, no fundo, queriam mesmo era curá-la. Dois meses depois, em 20 de março, às 11 horas da manhã, a rainha faleceu. D. João, quando a viu sem vida, pôs-se a chorar desconsoladamente, abraçado a seu corpo. Os soluços do príncipe comoveram a todos os presentes.[56] Durante o enterro, seu rosto permaneceu banhado em lágrimas.

O corpo da rainha foi vestido com uma túnica branca bordada de ouro e um manto real de veludo carmesim, bordado da mesma maneira. Ficou assim exposto à visitação por três dias, em uma sala mortuária no paço. Por volta da meia-noite de 23 para 24 de março, um cortejo fúnebre, que d. João, d. Pedro e d. Miguel seguiram com tochas nas mãos, depositou o cadáver da rainha no convento de Nossa Senhora da Ajuda, junto ao de sua irmã, a infanta d. Maria Ana, falecida três anos antes.

Nos anos seguintes, a corte se engalanaria diversas vezes. No entanto, em lugar dos crepes negros em sinal de luto, os tecidos seriam coloridos. Haveria danças, fogos de artifício e música, além de muitos te-déuns, para o casamento do príncipe herdeiro e a aclamação de d. João como rei de Portugal.

UMA PRINCESA IMPORTADA

A amizade da Inglaterra com Portugal era tal, que d. João VI sufocava. As taxas alfandegárias exigidas pelos ingleses em troca da transferência e proteção da corte e da família real chegaram a 15%, contra os 16% que os produtos vindos de Portugal tinham que pagar para entrar no Brasil. A justiça para os cidadãos britânicos, assim como já acontecia anteriormente em Portugal, era resolvida pelos próprios ingleses, que tinham juízes próprios.

A intromissão da Inglaterra, contrária ao imperialismo lusitano na América espanhola, já irritara o príncipe a ponto de pedir a remoção do plenipotenciário britânico no Brasil. Além disso, o governo inglês começou a pressionar o governo de d. João para que se opusesse ao tráfico de escravizados e extinguisse esse tipo de mão de obra, da qual o Brasil dependia inteiramente.

Não que a Inglaterra estivesse totalmente envolta em sentimentos humanitários — longe disso. Somente em 1833 a escravidão foi abolida nas colônias inglesas. Segundo alguns historiadores, os ingleses, para lucrarem ainda mais no Brasil, precisavam ampliar o mercado consumidor do qual os escravizados viviam à margem; em 1819, eles chegaram a representar um terço da população brasileira.[1] Outro fator, muito mais relevante economicamente, era que o Parlamento britânico havia promulgado, em 1807, um ato que abolia o comércio de escravizados no império. A supressão do tráfico encareceu o processo de produção do açúcar inglês nas Antilhas, elevando o seu preço final no mercado internacional, enquanto o produzido no Brasil, com mão de obra escravizada, passou a ser mais atraente economicamente para a exportação.

Após a derrota de Napoleão na Europa, a Inglaterra, que já garantira, mediante um tratado diplomático em 1810, todas as regalias possíveis no Brasil, não via por que d. João e a corte deveriam continuar na América, e assim começou a pressionar pelo retorno dos portugueses à Europa.

Desde a expulsão das tropas francesas pelo exército inglês, em 1808, o marechal britânico William Beresford transformara Portugal em um virtual protetorado de sua nação. O país, abandonado pela corte, não passava agora de uma terra arrasada pela guerra, pelos saques dos franceses — e até das tropas inglesas — e pela carestia. Cerca de um sexto da população desaparecera: os que não haviam morrido tinham fugido do país.[2] Não é difícil imaginar o porquê de d. João não ter pressa alguma de retornar à Europa.

Uma arquiduquesa austríaca

Diplomaticamente, era interessante que outra potência europeia da época se vinculasse à casa de Bragança. Mesmo tendo recebido duas sondagens — entre elas, a de um futuro rei das Duas Sicílias interessado em casar uma de suas filhas com d. Pedro —, d. João mirava mais longe. Além da Inglaterra, as demais potências europeias do período pós-napoleônico eram a Prússia, a Rússia e a Áustria. Inicialmente, foi tentada a união do príncipe herdeiro com uma das irmãs do tsar Alexandre I da Rússia, mas as tratativas foram encerradas devido a divergências religiosas e ao apoio da Rússia às pretensões territoriais espanholas na América e na Europa. Os planos então se voltaram para a Áustria.

Não seria a primeira vez que os Habsburgo dariam uma princesa aos Bragança. Três austríacas já tinham sido rainhas consortes de reis portugueses, sendo a última delas d. Maria Ana d'Áustria, casada com o rei d. João V. A endogamia entre os Bragança e os Bourbon não provocava apenas anomalias congênitas e psíquicas (bem como a prevalência da epilepsia) na família real portuguesa, mas também acabou por criar uma árvore genealógica *sui generis*. D. Maria Ana d'Áustria, por exemplo, era mãe de d. José I e de d. Pedro III. D. José era pai de d. Maria I, que se casou com o tio d. Pedro III; assim, ela e o pai tornaram-se cunhados. Por sua vez, d. Maria Ana d'Áustria era avó e sogra de d. Maria I e avó e bisavó de d. João VI, cujo avô, d. José I, era também seu tio, fazendo de sua mãe, d. Maria I, sua prima.

Assim, no início de 1816, o encarregado dos negócios portugueses na corte de Viena, Rodrigo Navarro de Andrade, começou as sondagens diplomáticas relativas ao casamento de d. Pedro com uma das filhas do imperador da Áustria, Francisco I. Os portugueses já esperavam ter questionada a permanência da corte na América. Acaso a princesa teria que partir da Europa e nunca mais retornar? A resposta que d. João mandou dar, se essa pergunta fosse feita, era que:

> [...] seu real intento é regressar à Europa, logo que haja conseguido preservar este Reino do Brasil do contagioso espírito revolucionário que conflagra pelas Colônias Espanholas; e que, outrossim, tenha inteiramente estabelecido e consolidado o novo sistema que tem começado a por em prática, para o fim de estreitar os enlaces entre Portugal, o Brasil, e as demais possessões da Coroa [...].[3]

A escolha da noiva recaiu sobre a arquiduquesa Leopoldina, o que deixou desconfortável o chanceler de Francisco I, príncipe Metternich, que já começara a entabular negociações para casá-la com um sobrinho do rei da Saxônia. Em 24 de setembro de 1816, a arquiduquesa, em carta à irmã Maria Luísa, relata a conversa que tivera com o pai imperador:

> Para relatar o desenvolvimento de todo o caso, falou-me nele o querido papai no mesmo dia em que se realizou o casamento de Maria. Deixou-me escolher entre aquilo de que escrevi

> uma vez a você, há tempo, e o presente. Dentro de dois dias, porém, devia estar decidida. Dois anos deveria esperar quanto ao primeiro e então ele iria escolher entre todas as princesas alemãs. Além disso, sabia-se que eu não lhe tinha agradado. Em resumo, o querido papai falou duma maneira que com um pouco de inteligência percebi que queria o último. [...] Pois, você sabe de experiência própria que uma princesa nunca pode agir como quer.[4]

A educação de d. Leopoldina

Casar-se com uma Habsburgo era ter consigo a melhor mulher que um governante poderia ter, e d. João sabia muito bem disso. A máxima instituída pela imperatriz Maria Teresa da Áustria — "os outros que façam guerra; tu, Áustria feliz, casa-te" — já indicava o meio pacífico pelo qual o império dos Habsburgo garantia seu poder: a família criava as melhores princesas da Europa.

O dia a dia dos príncipes e das princesas era minuciosamente planejado e incluía aulas, orações, visitas a membros da família e trabalhos no jardim. Tanto na residência de verão de Laxenburg como em Schönbrunn havia pequenos jardins em que as crianças da casa de Habsburgo podiam cultivar até quatrocentos tipos de plantas. "A educação moral e religiosa, a disciplina e a obediência vinham em primeiro lugar. Os filhos da casa imperial deviam ser educados para serem instrumentos submissos e úteis da política de Estado."[5] Disso deu boa mostra o casamento da arquiduquesa Maria Luísa com Napoleão.

O programa de ensino dos jovens da casa de Habsburgo incluía matérias como leitura, escrita, aritmética, alemão, francês, italiano, dança, desenho ou pintura, história, geografia, música e cravo; em módulo mais avançado, matemática (aritmética e geometria), literatura, física, latim, canto e trabalhos manuais.[6] Desde cedo, d. Leopoldina inclinou-se mais para as disciplinas de ciências naturais, interessando-se principalmente por mineralogia.[7] Ao estar certo o casamento com o herdeiro do trono português, a arquiduquesa passou a estudar com afinco tudo o que dizia respeito ao Brasil e a Portugal e a aprender a língua da nova pátria que a aguardava.

A infância e a juventude de d. Leopoldina e sua família foram marcadas pelas guerras napoleônicas. Ao contrário dos Bragança, os Habsburgo não tinham para onde ir além das suas possessões dentro da Europa. A cada guerra travada contra os franceses, seus domínios diminuíam mais. Em 1805, Viena caiu perante as forças de Napoleão, que se instalou na residência imperial de Schönbrunn. D. Leopoldina, junto à mãe, teve de fugir da capital. Para a imperatriz, Napoleão seria o anticristo. Com a queda de Viena, chegara ao fim o Sacro Império Romano-Germânico. O pai de d. Leopoldina, até então imperador Francisco II do Sacro Império, outorgou-se o título de Francisco I, imperador da Áustria. Novamente, em 1809, o país travou guerra contra Napoleão e perdeu. Metternich, nessa época, passou a comandar as relações externas austríacas e tentou uma política de conciliação com a França, selando a aliança entre os dois países com a entrega da arquiduquesa Maria Luísa em casamento a Napoleão.

O Congresso de Viena e d. Leopoldina

A corte de Viena que d. Leopoldina deixou para trás era uma das mais fulgurantes da Europa. Após a queda de Napoleão, foi nessa cidade, sob o comando do príncipe Metternich, que a maior parte das cabeças coroadas e dos diplomatas europeus se reuniu para o Congresso de Viena. Na ocasião, d. Leopoldina conheceu reis da Europa e seus políticos mais importantes; participou também de várias festividades da corte, de jantares, passeios cerimoniais e visitas de cortesia. Presenciou a madrasta, doente, descansar grande parte do dia para à noite presidir as recepções sem passar a impressão de fatigada ou abatida. Os exemplos e modelos a serem seguidos vinham muito de perto. Logo cedo ela aprendeu a importância de representar, da melhor maneira possível, o papel para o qual havia sido destinada desde o berço.

D. Leopoldina deixou uma peça encantadora a respeito do dia a dia do Congresso. Trata-se de uma espécie de diário[8] em que podemos apreciar seu humor e inteligência — por exemplo, nas observações dedicadas a personagens como o rei de Württemberg:

> Depois de jantar e como o rei de Württemberg sentou-se no sofá quase não coube a tia Beatriz e quando ele se virou com o seu enorme ventre tirou fora da mão da tia Beatriz o leque. O príncipe Antônio queria ser amável com o rei de Württemberg que, forcejando para se levantar, tropeçou na cauda da tia e rolou no chão. Tivemos que tomar toda a nossa força de espírito para não arrebentarmos numa terrível risada.

Uma das diversões do Congresso foi proporcionada pelo grande baile realizado em 5 de outubro, sobre o qual a arquiduquesa comentou: "[...] Foi muito animado; eu dancei seguramente 20 *polonaises* com quase todos os príncipes. As duas *polonaises* alemãs dancei com o *Kronprinz* de Württemberg e com o Príncipe Carlos da Baviera; ambos dançam bem". No dia 10, um novo baile "para 4 mil pessoas": "Foi um bonito aspecto ver todas as pessoas reunidas e bem-vestidas". A última anotação do diário é de 14 de outubro de 1814. "Houve caça em Luxemburgo e aproveitei a minha liberdade para dá-la de presente a minha irmã Luísa. Entretive-me com ela conforme manda o coração." A arquiduquesa austríaca que se tornara imperatriz dos franceses foi mantida escondida, assim como o rei de Roma, filho dela com Napoleão, durante o Congresso. D. Leopoldina, que nutria grande adoração por Maria Luísa, sua irmã mais velha, preferia trocar a caça, que no Brasil seria uma de suas grandes diversões ao lado do marido, pelo convívio familiar.

O casamento como negócio de Estado

O estado das finanças austríacas talvez tenha sido um dos motivos que fizeram o imperador Francisco I insinuar a Leopoldina que ela estaria melhor se fosse casada com d. Pedro. Não foi apenas Portugal que ficou debilitado após a era napoleônica; todos os Estados envolvidos na guerra continental tinham se valido de empréstimos para manter seus exércitos em campo. Com a Áustria a situação era ainda pior: os empréstimos sucederam-se durante os vinte anos de guerra entre os Habsburgo e a França revolucionária. Francisco I já havia herdado um déficit crônico de seu pai, José II; em 1811, não houve saída além de declarar a falência do Estado e desvalorizar a moeda.[9]

Os austríacos comemoraram o casamento de sua arquiduquesa como uma abertura da Áustria ao comércio com o Brasil. D. Leopoldina sabia muito bem qual era seu papel nisso quando escreveu à irmã Maria Luísa, em novembro de 1816: "Faço a vontade de meu amado pai e posso ao mesmo tempo contribuir para o futuro de minha amada pátria, com as oportunidades que surgirão de novos contratos comerciais".[10]

A embaixada em Viena do marquês de Marialva, designado por d. João embaixador extraordinário para o noivado e o casamento — e, segundo as más línguas, o verdadeiro pai de d. Miguel —, ostentava uma grandiosidade e um fausto que conseguiram criar, na imaginação dos austríacos, a ideia de que o reino português era de uma riqueza sem fim. Marialva chegou secretamente a Viena em novembro de 1816, quando se encontrou primeiro com Metternich, depois com o imperador Francisco I e, no dia 16, com a arquiduquesa Leopoldina. O contrato de casamento, até então confidencial, foi assinado em 29 de novembro de 1816. A entrada oficial em Viena da embaixada de Marialva ocorreu em 17 de fevereiro de 1817, por meio de um cortejo de 41 carruagens puxadas por seis cavalos e servidas por cocheiros vestidos de libré. Desses veículos, 24 foram construídos especialmente para a ocasião.

O embaixador português presenteou grande parte do corpo diplomático e da nobreza austríaca com medalhões finamente trabalhados e barras de ouro. Mesmo os funcionários mais humildes receberam presentes exuberantes, como brincos de diamantes, peças de ouro e caixas trabalhadas com pedras preciosas.

No dia seguinte, 18 de fevereiro, em cerimônia realizada no Palácio de Hofburg, d. Leopoldina tornava-se oficialmente noiva de d. Pedro. Em abril, recebeu de Marialva um retrato do príncipe em miniatura, cercado de diamantes e preso a um colar também de diamantes. Em carta de 9 de abril de 1817 à irmã Maria Luísa, ela comentou: "Acabo de receber o retrato do meu mui amado dom Pedro; não é excepcionalmente bonito, mas tem olhos maravilhosos e um belo nariz, mas seus lábios são ainda mais grossos do que os meus". Seis dias depois, o tema foi retomado: "O retrato do príncipe está me deixando transtornada, é tão lindo como um Adônis [...] ele todo atrai, tem expressão de 'eu te amo e quero te ver feliz' [...] já estou completamente apaixonada, o que será de mim quando vir o príncipe todos os dias?".

Apesar de Marialva pintar a família de Bragança com as melhores cores, informando a respeito da educação e do caráter do príncipe e da família amorosa à qual a arquiduquesa iria pertencer, a Áustria mantinha-se informada por seus próprios meios e já se sabia o que esperava Leopoldina na América. A própria princesa, em carta para a irmã, revelou a apreensão em relação ao caráter da futura sogra. O príncipe Metternich, que mantinha uma polícia secreta vasculhando as correspondências que entravam e saíam do império austríaco, acabou se inteirando a respeito do ambiente para onde d. Leopoldina se dirigia:

> Por falar no príncipe herdeiro [...] posto que não seja destituído de inteligência natural, é falho de educação formal. Foi criado entre cavalos, e a princesa cedo ou tarde perceberá que ele não é capaz de coexistir em harmonia. Além disso, a corte no Rio é muito enfadonha e insignificante, comparada com as cortes da Europa.[11]

A epilepsia de d. Pedro

Os austríacos sabiam até mesmo da epilepsia de que d. Pedro,[12] seus pais e irmãos sofriam — doença essa que os Bragança nunca tiveram nenhuma intenção de esconder, como fica claro tanto à luz da correspondência de Luís Joaquim dos Santos Marrocos[13] quanto, durante o Primeiro Reinado, das notícias das crises do imperador no *Diário Fluminense*.

Em 13 de maio de 1816, no aniversário de d. João VI, tropas recém-chegadas de Portugal para a tomada de Montevidéu foram por ele passadas em revista, em uma de suas raras aparições a cavalo. Seus filhos d. Pedro e d. Miguel o acompanharam, chamando atenção pelo porte garboso com que montavam e pelos trajes de oficiais que usavam. O evento realizou-se na Vila Real da Praia Grande, atual cidade de Niterói. Terminada a revista, houve o tradicional beija-mão, que se prolongou até as quatro da tarde, quando foi interrompido pela queda abrupta do príncipe d. Pedro. Segundo Alberto Rangel, o príncipe ficou com "a face imóvel; os olhos fixados; desordenados os movimentos; suas palavras eram incoerentes e da boca lhe escorria a espuma de um cão danado".[14] Levaram-no para uma casa próxima, onde ele pôde descansar até recuperar os sentidos e aliviar a dor de cabeça, quando foi então transportado para seus próprios aposentos. Tratava-se do sexto ataque sofrido pelo príncipe de dezessete anos.

Os neurologistas Marleide da Mota Gomes e Miguel Chalub, da Universidade Federal do Rio de Janeiro (UFRJ), diagnosticaram-no, após um estudo de caso,[15] como alguém acometido por uma "epilepsia familiar possivelmente do grupo das epilepsias idiopáticas generalizadas com fenótipos variados com crises predominantemente do tipo tônico-clônica generalizado".

A epilepsia poderia ter sido a responsável direta pela agitação que sempre caracterizou d. Pedro, bem como por sua impulsividade e, até mesmo, sua hipersexualidade. Também seria possível creditar à doença a "questionada sanidade mental" do príncipe, que, como explicam os médicos, o conduziria a "paixão, excesso, fantasia, sonho e transgressões de um senhor às normas estabelecidas". Outros aspectos comportamentais de d. Pedro, como a desatenção, a hiperatividade e a impulsividade, também seriam indício de transtorno de déficit de atenção com hiperatividade (TDAH), presente em até 23,5% dos casos de epiléticos, segundo estudo feito com 85 pacientes do Ambulatório de Epilepsia Infantil do Hospital de Clínicas da Unicamp em 2011.[16]

A noiva

Se, em Viena, Marialva exagerava a educação, a bondade e o gênio de d. Pedro, o caminho contrário também foi percorrido. Nos relatórios que enviava ao Rio de Janeiro, o marquês referia-se aos dotes intelectuais, científicos e artísticos de d. Leopoldina, à sua presença régia, sua doçura e sua bondade — nada, porém, quanto ao físico. A arquiduquesa, nascida em 22 de janeiro de 1797, era um ano e oito meses mais velha que d. Pedro. Como ela própria afirmou em carta à irmã, tinha o lábio inferior grosso — característica dos Habsburgo que seria herdada por seu filho, d. Pedro II —, cabelos de um loiro pálido e olhos azul-escuros.[17]

D. Leopoldina possuía traços finos, pele clara e delicada, medindo entre 1,55 e 1,58 metro.[18] O biógrafo Carlos Oberacker é enfático: "Consta [...] que Leopoldina não primava pela beleza, mas que era uma pessoa simpática e de modo algum uma pessoa feia".[19]

O casamento

Em 13 de maio de 1817, às 7 horas da noite, d. Leopoldina casou-se com d. Pedro na igreja de Santo Agostinho, em Viena, por procuração. Representando o noivo estava o tio da noiva, o arquiduque Carlos. O casamento foi comemorado na capital austríaca até o dia 1º de junho, quando o marquês de Marialva recebeu 1.200 pessoas para um baile de gala, para o qual foram criadas músicas exclusivas.[20] Ao baile seguiu-se uma ceia às 11 horas da noite, na qual os Habsburgo comeram em baixelas de ouro e os demais convidados, em baixelas de prata. Uma hora depois, o baile recomeçou, terminando apenas às quatro da manhã do dia seguinte.

Rumo ao Novo Mundo

D. Leopoldina encarava perfeitamente bem a aventura que era conhecer a América. Além de sua personalidade romântica, fazia parte de seu caráter de cientista olhar, ver e sentir tudo por conta própria. Sua jornada para o porto da cidade de Livorno, na Itália, de onde embarcaria para o Brasil, começou em 3 de junho,[21] mas o embarque não seria tão imediato porque a esquadra que deveria levá-la à América tardava. As desculpas para o fato são as mais desencontradas:[22] ora Lisboa teve de enviar as fragatas destinadas a acompanhar o navio de d. Leopoldina para dar combate a piratas; ora tiveram que seguir ao Brasil para bloquear Pernambuco, onde estourara uma revolução.[23]

Durante a espera pelos navios portugueses, d. Leopoldina começou a descontar sua ansiedade na comida e no todo-poderoso príncipe Metternich, que fora encarregado de entregá-la, na Itália, à comitiva portuguesa. Para irritação do príncipe, a arquiduquesa demonstrou ali toda a sua determinação, vivacidade e independência, chegando às raias da teimosia. Nervoso com o comportamento da jovem, que andava ansiosa pela chegada dos navios, Metternich escreveu à mulher: "A minha pequena arquiduquesa é uma criança em que eu, se fosse o pai, bateria". Como estivesse resoluta em embarcar tão logo a frota de navios chegasse, sem esperar o vento propício, o príncipe comentou que "os ventos seriam ainda mais teimosos do que ela".[24]

O primeiro caso público de d. Pedro

Enquanto todo esse drama se passava na Europa, d. Pedro teria se envolvido com uma jovem no Rio de Janeiro. A lembrança mais antiga desse relacionamento vem do francês Eugène de Monglave, que em 1827 mencionava a paixão do príncipe no Brasil por uma francesa "jovem, bela, sensível, tendo o grau supremo de todos os encantos que são prerrogativas do belo sexo de nossa pátria".[25]

A francesa seria uma dançarina chamada Noemi Thierry, e não só ela como a irmã[26] teriam sido alvo das atenções do impetuoso príncipe. Se dermos crédito à viajante inglesa Maria Graham, o príncipe teria chegado a se casar secretamente com a artista, que lhe deu um filho.[27] D. João e d. Carlota teriam se unido para retirar a amante da corte antes da chegada de d. Leopoldina, dando-lhe um oficial português por marido, oferecendo-lhes dinheiro e mandando-os para fora do Rio de Janeiro.

Melo Morais, contudo, narra duas versões para o mesmo episódio. Numa delas, o caso entre d. Pedro e Noemi ocorreu já com a princesa no Rio de Janeiro.[28] D. Pedro levava a esposa para passear na casa de Pedro José Caupers, para onde Noemi também ia; enquanto a família de Caupers entretinha a princesa, o príncipe entretinha a amante. A gravidez de Noemi teria feito d. João tomar as medidas a que Maria Graham se refere.

A outra versão[29] diz que, ao desembarcar d. Leopoldina no Rio de Janeiro, em 5 de novembro de 1817, a francesa, ainda na capital, estaria grávida de seis meses de um filho de d. Pedro. D. João, sabendo do caso, a teria obrigado a se casar com um oficial português, enviando os dois a Pernambuco. Em ambos os relatos — como que para dar mais credibilidade à maldição que se abatia sobre os primogênitos dos Bragança —, a criança morreu. Uma nota mórbida é acrescida em algumas descrições: o bebê fora enviado embalsamado a d. Pedro, que o teria mantido em seu gabinete até a partida para o exílio, em 1831.[30]

Ainda sobre o relacionamento, o refugiado político José Estevão Grondona, exilado em Buenos Aires, publicaria, em 22 de maio de 1825, um panfleto em que constava, dentre vários ataques a d. Pedro: "Que pretendeis desse pai inumano, cruel e desnaturalizado, que consentiu a que por convivência da velha corte se mandasse sufocar o terno fruto do amor que tinha tido com uma infeliz francesa[?]"[31]

Os germânicos e o Brasil

O certo é que, em 14 de junho de 1817, enquanto se tentava ordenar a casa e ajuizar o príncipe, chegava ao Rio de Janeiro o navio *Imperador da Áustria*, que trazia tanto o barão Nevey Windschlag, encarregado dos negócios austríacos no Brasil, quanto o barão Hugel, secretário da Embaixada austríaca. Além deles, outros germânicos começaram a chegar, entre eles o conde Fleming, ministro plenipotenciário da Prússia.

O casamento de d. Leopoldina deu seus primeiros frutos com a abertura das embaixadas alemãs no Brasil, do que não gostou nem um pouco, é evidente, a Inglaterra. Os ingleses até tentaram convencer Metternich, durante a espera dos navios portugueses na Europa, de que o melhor seria enviar d. Leopoldina a Lisboa, forçando a família real a voltar a seu país. O esperto diplomata austríaco, no entanto, respondeu que ela, após o casamento, passara a ser princesa da casa de Bragança, devendo obediência ao rei de Portugal; portanto, cumpriria a vontade de se juntar à família no Brasil.

Uma austríaca nos trópicos

Finalmente, após muita espera, d. Leopoldina embarcou para o Brasil em 13 de agosto. No começo de setembro, passaria pela Ilha da Madeira, onde por dois dias visitaria igrejas e quintas. Em 5 de novembro, o navio que a transportava chegou à baia de Guanabara. Em meio às salvas de tiros de canhão proporcionadas pelas fortalezas e navios da baía, os Bragança chegaram, no início da noite, para dar as boas-vindas à princesa a bordo. O rei apresentou a arquiduquesa ao filho, e d. Pedro teria entregue à esposa uma caixa de ouro repleta de diamantes lapidados. Diante do espanto de d. Leopoldina, d. João teria dito: "Vossa Alteza vem para o país das pedras preciosas".[32] Segundo o relato da condessa de Künburg, acompanhante da arquiduquesa e testemunha ocular do primeiro encontro entre ela e o esposo, "ele [d. Pedro] estava sentado em frente da nossa princesa, os olhos baixos, levantando-os furtivamente sobre ela de tempo em tempo, e ela fazia o mesmo".[33]

No dia seguinte, quando do desembarque, a nova princesa foi recebida em apoteose pela corte e pela cidade do Rio de Janeiro. Haviam sido construídos para a ocasião diversos monumentos, entre os quais o da rua Direita, com frente para o Arsenal da Marinha. Tratava-se de uma espécie de arco do triunfo grandioso, por onde o desembarque foi realizado. A obra, encomendada pela câmara do comércio, foi construída pelo arquiteto Grandjean de Montigny e decorada pelo pintor Jean-Baptiste Debret, ambos da Missão Artística Francesa. Ali, podia-se admirar estátuas que representavam o Rio de Janeiro e o Danúbio. Os baixos-relevos no teto do arco traziam o Velho e o Novo Mundo unidos pelo símbolo do comércio. Além das iniciais do casal, lia-se: "À Feliz União o Comércio".[34]

Outros arcos foram erguidos ao longo do percurso do cais até a Capela Real, atual igreja de Nossa Senhora do Carmo da Antiga Sé, na praça XV. Em algumas dessas construções efêmeras, era possível ler, em medalhões, as virtudes atribuídas à princesa: bondade, amabilidade, doçura, sensibilidade, beneficência, constância, espírito, talento, ciência, encantos, graça e modéstia. Diversas bandas tocavam pelo caminho do cortejo. De um dos arcos, crianças pendentes jogavam flores naturais sobre o coche aberto em que iam d. João e d. Carlota, de um lado, e d. Pedro e d. Leopoldina, do outro. A princesa estava ricamente vestida de seda branca, com bordados de prata e ouro, ostentando também algumas das joias de diamantes com que fora presenteada. De sua cabeça pendia um fino véu de seda branca, que não impedia de ver seu rosto.[35]

Ao chegarem à Capela Real, d. Pedro desceu primeiro do coche e apressou-se em dar o braço a d. Leopoldina, ajudando-a a descer do veículo. Ao entrarem na igreja, acompanhados da corte e de diversos bispos, a música composta e regida pelo maestro Marcos Portugal irrompeu. Tendo a família real ocupado seu lugar e terminada a música, d. Miguel pegou d. Pedro pela mão; d. Carlota Joaquina fez o mesmo com d. Leopoldina. Em seguida, conduziram o casal para diante do bispo, onde os noivos se ajoelharam e receberam as bênçãos nupciais. Após o ritual, foi entoado pelo coro um "Te Deum laudamus", ao fim do qual todas as fortalezas e todos os navios da baía deram salvas de canhões. A família real retirou-se então para o Paço da Cidade, em frente à Capela Real, de onde apareceram no balcão para assistir a uma parada militar e saudar a multidão que os ovacionava.

Às 11 horas da noite, d. Pedro e d. Leopoldina chegaram à Quinta da Boa Vista com d. João e toda a família. O rei fez questão de levar a nora para ver seu novo quarto, onde mandara colocar um retrato de seu pai, Francisco I; em seguida, deu-lhe um livro por ele encomendado na Áustria e que continha o retrato de toda a família que d. Leopoldina deixou para trás, o que a levou às lágrimas.[36]

Para irritação da dama de companhia da jovem, e para espanto da própria princesa, tanto ela quanto o marido, seguindo a tradição da corte lusitana, foram despidos pelo rei, pela rainha e pelos demais príncipes, que só saíram do quarto após o novo casal, envergonhado, encontrar-se embaixo dos lençóis.[37]

Não sabemos o quão satisfatória foi, para d. Pedro, a primeira noite do casal, mas temos conhecimento da reação de d. Leopoldina por intermédio das cartas[38] que enviou ao pai e à irmã Maria Luiza:

> São Cristóvão, 8 de novembro de 1817
>
> Querido papai!
>
> [...] Todos são anjos de bondade, especialmente meu querido Pedro, que além de tudo é muito culto. Embora esteja casada com ele há apenas dois dias, ele merece todo o meu respeito e atenção, pois o seu comportamento, sob todos os

aspectos, é admirável. [...] Além disso o meu mui amado esposo não me deixa dormir, até que lhe disse sinceramente que estava abatida.

São Cristóvão, 8 de novembro de 1817

Amada Luísa!

[...] Faz dois dias que eu estou junto de meu esposo, que não é apenas lindo, mas também bom e compreensivo [...].

São Cristóvão, 12 de novembro de 1817

Amado papai!

[...] Meu esposo me incumbe de lhe pedir que o faça comandante de um regimento hussardo; esperando que o senhor não lhe negue tal pedido, cuja realização fá-lo-ia muito feliz, está lhe enviando suas medidas. Beijo-lhe as mãos inúmeras vezes, pedindo perdão pela letra ruim, mas meu infantil esposo está empurrando a minha mão [...].

É interessante a observação que d. Leopoldina tece ao pai a respeito da educação de d. Pedro, na carta de 15 de dezembro de 1817:

> Não tenho palavras para descrever minha felicidade, pois meu esposo tem bom coração e muitos talentos e boa vontade em se instruir, pois não é sua culpa se algumas pessoas acham que deveria ser diferente; isso é porque não o conhecem bem, pois, quanto mais se conhece ele, tanto mais parece melhor, por isso peço ao senhor que não acredite no que contam sobre ele, mas apenas no que lhe escrevo.[39]

As cartas de d. Leopoldina, assim como as dos demais príncipes e membros da corte, corriam o risco de ser interceptadas e lidas não só no Brasil, mas também na Europa, e por isso a princesa só se abria verdadeiramente quando confiava no mensageiro. De tal confiança gozou sua velha babá Annony, que partiu para a Europa no início de 1818. Por meio dela, e imaginando, erroneamente, que a carta nunca seria lida por mais ninguém além de Maria Luísa, d. Leopoldina resolve abrir o coração à irmã, contando tudo a respeito do marido, dos Bragança e da corte que a cercava:

> [...] Encontro em meu esposo um verdadeiro amigo e um ser nobre; em poucas palavras quero descrevê-lo com toda a franqueza, convicta de que esta carta nunca cairá em outras mãos que não as tuas [...]. Ele me diz tudo o que pensa com franqueza e mesmo com certa rudeza; acostumado a que se lhe faça sempre sua vontade, tudo tem que se adaptar a ele, e até tenho que aturar algumas grosserias, porém vê que me magoam e assim chora comigo; além disso, estou convicta de que, com toda [a] sua impetuosidade e maneira de pensar, me ama sinceramente, embora seja (devido a muitas circunstâncias infelizes em sua família) muito reservado e teimoso; conheço cada um de seus pensamentos; para mim, contudo, o que o torna querido e digno de proteção é o fato de continuar sendo amigo de seus amigos, mesmo que caiam em desgraça, e não poupar sacrifícios por eles, ao passo que é implacável com seus inimigos, além disso, se comporta impecavelmente para com seus pais, o que é muito difícil naquela situação infeliz em que um é contra o outro; honro e prezo muito meu sogro, uma vez que me demonstra muita bondade e amizade; o que me custa mais é estar todos os dias com certas pessoas, que seriam atuais no tempo de Henrique II, rei da França, o que é terrível; respeitarei minha sogra sempre como mãe de meu esposo, mas seu comportamento é vergonhoso, e infelizmente se veem as tristes consequências em suas filhas menores, que têm péssima educação e com dez anos sabem tudo como gente casada. Minha cunhada Maria Teresa é uma

> verdadeira amiga e a amo muito, porém, sabe Deus por que, meu esposo não me permite ter com ela.[40]

O Rio de Janeiro e os Bragança constituíam terreno espinhoso para d. Leopoldina. O marido, nutrindo ciúmes e insegurança com relação à irmã mais velha, Maria Teresa, que recebia mais atenção do pai do que ele, impedia a esposa de ter uma amiga verdadeira na família e na corte.

Passadas a chegada, as bodas, as festas e as novidades, a ansiedade da princesa converteu-se em frustração. A corte portuguesa no Brasil era um ambiente ao qual ela não estava acostumada. Em abril de 1818, cinco meses após desembarcar no país, começaram as queixas a Maria Luísa: "A terrível falta de qualquer distração e sarau me deixa bastante melancólica"; "Crê-me, nesta corte são inevitáveis os sacrifícios de toda sorte e o pobre coração e a mentalidade alemã sofrem com muitas duras lutas"; "É mais fácil tirar leite de pedra do que conseguir permissão de ir ao querido teatro". Em 1821, novamente em carta a Maria Luísa, desabafou: "No Brasil nunca se dança e meu esposo tem o encantador hábito de se divertir de todas as maneiras, porém os outros nunca podem rir e têm que viver como ermitões e sempre controlados pela política secreta"; "Eu gostaria sinceramente de dançar uma valsa de vez em quando". Ia longe o tempo em que dançava vinte *polonaises* em uma só noite.

Se na Áustria d. Leopoldina tivera liberdade para sair, podendo ir, contanto que acompanhada, até mesmo à rua, no Brasil as coisas eram diferentes. Ao pai, em dezembro de 1817, escreveu: "Nada conheço da cidade, porque meu esposo e o rei têm bons motivos para não querer que eu vá lá". Só lhe era permitido ir de carruagem à cidade para as festas religiosas que lá ocorriam.

Ao chegar ao Brasil, como ela mesma demonstrou nas primeiras cartas à família, d. Leopoldina foi muito bem recebida por d. Pedro, que de pronto lhe mostrou seu melhor lado. A pior faceta foi se deixando entrever mais lentamente. Aos poucos, a decepção romântica com o marido surgiu. Em carta a Maria Luísa, ela desabafou, em 7 de abril de 1820: "[...] Se hoje fosse livre, nunca mais casaria, pois [...] o santo matrimônio traz consigo muitos desgostos e aborrecimentos e o sacrifício da própria individualidade [...]".[41]

Um ano depois, em 24 de maio de 1821, novas queixas: "Começo a crer que se é muito mais feliz quando solteiro, pois agora só tenho preocupações e dissabores, que engulo em segredo, pois reclamar é ainda pior; infelizmente vejo que não sou amada".[42]

O confronto entre o Romantismo e a realidade

Da Europa, d. Leopoldina também trouxe ao Brasil algo além da missão artística e científica austro-alemã e da abertura do comércio entre os povos germânicos e o Brasil. A arquiduquesa vivera a infância e parte da juventude no ambiente em que nasceu o Romantismo, inaugurado simbolicamente pela obra *Os sofrimentos do jovem Werther*, do escritor alemão Johann Wolfgang von Goethe. Essa escola viria a se contrapor ao Racionalismo e ao Iluminismo, favorecendo os sentimentos humanos, a emoção, o sentimentalismo, a supervalorização do amor, o nacionalismo, a busca pelo exótico e pelo selvagem, entre outros pontos.

D. Leopoldina conheceu Goethe pessoalmente e esteve com ele duas vezes na estação balneária de Karlsbad, em 1810 e 1812. Em ambas as ocasiões, estava acompanhando sua madrasta, a imperatriz Maria Ludovica, terceira esposa de Francisco I. Muito culta e inteligente, Maria exerceu grande ascendência sobre a formação intelectual da arquiduquesa.[43] A imperatriz ficou amiga do grande escritor alemão e com ele chegou a escrever e encenar, pessoalmente, uma peça teatral na estação de águas. Logo que retornou a Viena, em 1810, procurou se inteirar mais a respeito da produção literária de Goethe, apresentando-a a Leopoldina.

A melancolia, o amor, a paixão pelo príncipe do retrato e tantas outras palavras e revelações encontradas em suas cartas demonstram que d. Leopoldina estava imersa no ideal romântico. Esse ideal ela quis transferir para um casamento dinástico, no qual os interesses de dois países se uniam simbolicamente por meio de um casal. Não se esperava que os esposos se apaixonassem um pelo outro. Se isso acontecesse, seria um acréscimo: o casamento dinástico era um negócio em que o papel da mulher consistia tanto em gerar herdeiros quanto em cumprir funções sociais e, em alguns casos, políticas. O amor romântico estava fora de questão ali, tanto quanto estivera na ocasião do casamento de d. João com d. Carlota. Dotados de comportamentos diferentes, e após cumprirem seus deveres conjugais e gerarem herdeiros para a coroa, estes dois acabaram por morar em casas separadas, unindo-se apenas nas funções públicas. Porém, d. Leopoldina se apaixonou pelo marido, que também se encantou com a esposa, mas sua educação era muito diferente da dela, bem como suas expectativas.

No século XVII, madame D'Aulnoy escreveu sobre os jovens aristocratas ibéricos e disse que, desde os doze ou catorze anos, já começavam a ter amantes. Em vez de ficarem escondidas, essas mulheres eram ostentadas diante da sociedade, gerando bastardos que se criavam na promiscuidade junto com os filhos legítimos.[44] D. Pedro reeditaria o personagem nos trópicos: enquanto d. Leopoldina sonhava com um casamento romântico, ele, com a sexualidade aflorada, dormia com Ana Sofia, que segundo alguns era enteada de Rochus Schüch, bibliotecário da princesa, e, segundo outros, sua esposa.

TOMANDO AS RÉDEAS DO DESTINO

Após casar-se com d. Leopoldina, d. Pedro passou a ter alguém com quem efetivamente podia contar. Ela não era apenas companheira, esposa e mãe de seus futuros filhos, mas também alguém que supria, de alguma maneira, a educação que lhe faltara. Essa tarefa d. Leopoldina tomou para si com prazer, como demonstram as diversas cartas que enviou aos familiares para relatar-lhes tanto seu esforço para ensiná-lo quanto a evolução intelectual do marido. Infelizmente, ela não explicita em quais áreas teria influído na cultura do príncipe. Mas é certo que não era apenas ele quem aprendia: nos primeiros anos de casados, os dois se dedicaram juntos ao estudo da música.

Quando chegou ao Brasil, em 1816, o ilustre Sigismund von Neukomm, discípulo de Haydn, pianista e compositor, já passara por diversas cortes europeias, como São Petersburgo, Viena e Paris. Neukomm foi o responsável pela popularização, em terras brasileiras, das obras de seu antigo mestre e de Mozart. Professor de música e de composição de d. Pedro desde maio de 1816, Neukomm provavelmente ajudou o pupilo a compor as seis valsas que o príncipe produziu em novembro do mesmo ano.[1] Na época, d. Pedro já sabia do seu futuro casamento com uma arquiduquesa austríaca e também que d. Leopoldina viria da terra onde surgira o novo gênero, que estava se popularizando rapidamente. É bem provável que ele tenha composto as peças em homenagem a sua noiva ou para sua recepção.

Neukomm registrou em carta um comentário a respeito do seu aluno principesco: "Eu tenho dois alunos (não conto com o Príncipe Real, que se ocupa da música como um Príncipe)".[2] D. Leopoldina, que passaria a ter aulas com o marido, não concordava com o julgamento do mestre. Em carta datada de 17 de fevereiro de 1821, escreveu ao pai: "O meu marido é compositor também, faz-vos presente de uma sinfonia e de um Te Deum compostos por ele. Na verdade são um pouco teatrais, o que é culpa do seu professor, mas o que vos posso assegurar é que ele próprio os compôs sem auxílio de ninguém".

O início do casamento de d. Pedro com d. Leopoldina foi calmo. Os dois ocupavam uma ala do Palácio de São Cristóvão, a eles destinada por d. João. Nesse período, d. Pedro, com ajuda da esposa e uns professores esporádicos, continuava a ser educado "como um príncipe". Além da música, ocupou-se também da teoria política e do Estado. Tornou-se leitor das obras de Henri-Benjamin Constant de Rebecque, político e pensador francês com quem veio a se corresponder; também estudou a fundo, segundo Eugène de Monglave, as obras do jurista e filósofo italiano Gaetano Filangieri, crítico daqueles velhos princípios feudais que ainda existiam na Europa e contribuíam para o enriquecimento e o luxo excessivos da nobreza e do clero, em flagrante contraste com a miséria da população. O autor acreditava que uma revolução pacífica seria possível por intermédio do governante, mediante reformas e melhorias que deviam partir de cima e equilibrar as leis, a produção e a distribuição de renda.

Embora não tenha partido de d. João VI a iniciativa de educar o filho em princípios políticos novos e modernos, necessários a um governante que atuaria num mundo em mudança, a ânsia de d. Pedro por aprender — mesmo que de forma caótica e sem muita estrutura — lhe garantiria algum estofo no futuro. Inteligência para isso ele tinha; em carta ao irmão Francisco, d. Leopoldina afirmou, em janeiro de 1818: "Talento igual para a música e todos os estudos, como ele possui, ainda não tenho visto".

Futuramente, nas cartas enviadas aos filhos, d. Pedro alegaria que na verdade tivera sorte e que eles não podiam achar que o mesmo lhes aconteceria; era preciso muito estudo e aplicação para ocupar um trono, e bastavam ele e seu irmão Miguel como os últimos ignorantes da família.

"Real, Real, Real"

Após a morte de d. Maria I, em março de 1816, acreditava-se que a corte regressaria a Lisboa. Entretanto, d. João deixou-se ficar para realizar no Brasil o casamento de d. Pedro. Quem apostava que depois disso a corte finalmente partiria foi frustrado pela publicação, no início de 1818, de que ocorreria na cidade do Rio de Janeiro a aclamação de d. João como monarca do Reino Unido de Portugal, Brasil e Algarve, d'Aquém e d'Além-Mar em África, Senhor da Guiné e da Conquista, Navegação e Comércio da Etiópia, Arábia, Pérsia e Índia.

Em 6 de fevereiro de 1818, de acordo com a tradição portuguesa, d. João foi aclamado. Apesar de uma coroa, um cetro e demais aparatos simbólicos fabricados no Rio de Janeiro para a ocasião, ninguém coroou o novo rei, nem ele pôs a coroa na própria cabeça, como fizera Napoleão, anos antes.

Segundo a tradição portuguesa, não se coroavam mais os reis em Portugal desde 1640, quando d. João IV dedicou a coroa a Nossa Senhora da Conceição, padroeira do país.[3] Mas isso não ofuscou o fausto da comemoração. Uma grande construção avarandada foi erigida para que o povo, da praça do Paço da Cidade,[4] pudesse enxergar toda a realeza e nobreza de Portugal. Uma verdadeira festa medieval foi preparada, com direito a rei de armas, arautos, passavantes e os demais cargos criados no auge do feudalismo, bem como heráldicas do Velho Mundo que entravam em gritante contraste com o clima, a fauna e a flora do Novo Mundo.

A cerimônia iniciou-se no Paço da Cidade com a chegada de d. João à grande varanda central, que se destacava do conjunto pelo tamanho e pela largura. O cortinado era adamascado. Diante de si, o rei tinha os dois filhos, d. Pedro e d. Miguel. Este último, ocupando o posto de condestável do reino, assistiu a toda a cerimônia com a espada desembainhada e sustentada pelas mãos diante do rosto, como que para defender o rei e o reino a qualquer momento. D. João vestia um chapéu escuro adornado com plumas brancas e trajava roupa de gala, trazendo sobre os ombros um pesado manto de veludo vermelho em que se viam, bordados a ouro, os brasões de Portugal, Brasil e Algarve. Nas gravuras que sobreviveram, é possível ver o povo na praça protegendo-se, com sombrinhas, do sol. É de se imaginar como os europeus devem ter se sentido cobertos de mantos e veludos em pleno verão carioca.

Após a aclamação da multidão, o rei se sentou e recebeu, com a mão direita, o cetro de ouro. Seguiram-se então o juramento civil, feito ao desembargador do paço, e o juramento religioso, feito ao bispo. Depois, o rei voltou a se sentar enquanto d. Pedro, com a mão sobre o Evangelho, jurava fidelidade ao pai, sendo nisso seguido por d. Miguel. Ambos beijaram a mão de d. João como símbolo de obediência e fidelidade. No futuro, os dois seriam acusados de romper o compromisso; um deles chegaria a ser acusado, pelo irmão, de parricídio.

Finalizada essa parte da cerimônia, a bandeira real foi desfraldada pelo alferes-mor enquanto o rei de armas convidava a nobreza e os altos funcionários do governo a jurar fidelidade ao novo rei. Depois de aceitos os juramentos, o alferes-mor bradou da sacada para a multidão: "Real, Real, Real pelo Mui Alto e Mui Poderoso Senhor Rei d. João VI Nosso Senhor". Toda a assistência repetiu aos berros a frase, acima das notas ecoantes da orquestra que tocava entre o rei e seu povo. A festa seguiria por três dias no Rio de Janeiro, com direito a fogos de artifício em praças públicas, celebrações populares e ruas e casas inteiramente decoradas com lanternas, que iluminavam toda a cidade à noite.

Por ocasião dos festejos, d. Pedro saudou o novo rei, seu pai, evocando a *Eneida* de Virgílio, obra que viera lendo no navio que os trouxera a salvo para o Brasil:

> [...] A posteridade, essa posteridade incorruptível que não poupa nem os reis, notará em V. Majestade um número infinito de pontos de contato morais e políticos com o herói da Eneida;

como Eneias, V. Majestade veio lançar, depois de uma longa navegação, os fundamentos de um Estado que deve ser um dia o primeiro do mundo, como Eneias, V. Majestade será proclamando o modelo dos filhos e dos reis.[5]

Um herdeiro inquieto

À parte as manifestações públicas, oficiais e protocolares da corte, a participação do príncipe d. Pedro, então com dezenove anos, era nula na política e nos negócios de Estado. Os cortesãos de seu pai, a quem detestava devido a intrigas e fofocas, faziam de tudo para mantê-lo afastado do governo e do próprio rei. Seu espírito vivo, sua audácia e sua vontade de agir não só entravam em franco confronto com o modo contemporizador de d. João VI, mas ameaçavam os que gozavam da confiança e da boa vontade do monarca.

Em 1817, por exemplo, no auge da Revolução Pernambucana, cujo objetivo era transformar parte do Nordeste brasileiro em uma república, d. João teria sido informado por seus íntimos de que o príncipe d. Pedro, dado a ideias liberais, era simpático ao movimento. O jovem teria de pronto organizado um batalhão de voluntários e se oferecido ao pai para, à frente de seus homens, combater os rebeldes pernambucanos.[6] Com a derrota dos revoltosos, d. Pedro compôs em honra ao pai a sua primeira peça cívica, o Hino a d. João, cuja letra tem início com: "Aceitai, rei excelso, os votos sagrados que os luzos honrados vêm livres fazer".[7]

Em outra ocasião, d. Pedro teria amansado um cavalo para dar de presente a d. João, mas novamente os cortesãos que cercavam o rei advertiram-no de que se trataria de um truque, de que o cavalo era selvagem e o derrubaria. Revoltado com a atitude de desconfiança na recusa do presente, d. Pedro tomou o cavalo e saiu em desabalada carreira até dar cabo do animal, gritando que, se o pai não o montasse, ninguém mais o faria.

Entretanto, apesar de seu gênio afoito, indomável, imprudente, independente e aventureiro ter mais pontos de contato com a mãe, d. Carlota, a esta o príncipe respeitava e temia, uma vez que, mesmo adulto, recebia dela algumas bofetadas. Cartas guardadas no arquivo histórico do Museu Imperial, em Petrópolis, revelam que ele se lembrava da mãe ao retornar das caçadas na fazenda de Santa Cruz, enviando-lhe todas as presas que abatera. Ainda assim, d. Pedro estava longe de ser o filho querido de d. Carlota. Esse lugar era reservado a d. Miguel e às filhas mais novas, que ela conseguiu casar com os parentes da família real espanhola.

D. João, apesar da maneira peculiar com que o demonstrava, parecia realmente apreciar d. Pedro e d. Maria Teresa, filha mais velha que fizera questão de tirar do raio de influência da esposa. D. Carlota sempre veria o filho mais velho com certa desconfiança, graças às posturas políticas que afrontavam por completo as ideias absolutistas com as quais ela fora criada. O pai o amava e se preocupava com ele, mas a seu modo, sem grandes demonstrações de afeto. Além disso, em virtude das ideias do jovem, mantinha-o afastado do governo. A mãe, por sua vez, não fazia grande questão de sua presença.

D. Pedro nascera em Portugal, mas fizera-se homem no Brasil e aprendeu a amar a antiga colônia como se nela houvesse nascido. Educado segundo os princípios absolutistas, cresceu vendo Napoleão destroçar esses mesmos princípios e criar uma nova forma de governo, espalhando os ideais da Revolução Francesa para além das fronteiras da França. Isso influiu na mentalidade de jovens de toda uma geração, como bem demonstra o clássico *O vermelho e o negro*, do escritor francês Stendhal, em que o drama do personagem principal nasce de ele ter de escolher, para a vida, opções que inexistiam antes da Revolução Francesa e de Napoleão.

D. Pedro aparecerá, ao longo de sua trajetória, com um pé em cada lado do oceano: é liberal, mas com laivos absolutistas; preocupava-se com a esposa e os filhos, mas divertia-se à noite na casa de amantes esporádicas e oficiais. Dividido ele também permanecerá na eternidade, que ainda se mostrava distante quando, em meados de 1818, o rapaz de vinte anos descobriu que seria pai.

No final daquele mesmo ano, uma desgraça se abateu sobre a família. D. Maria Isabel de Bragança, irmã um ano mais velha que d. Pedro, partira para a Espanha em 1816 com a irmã menor, d. Maria Francisca. Ambas desposariam seus tios, irmãos de d. Carlota Joaquina. D. Maria Isabel casou-se com o rei da Espanha, Fernando VII; d. Maria Francisca, com o infante d. Carlos de Bourbon. Em dezembro de 1818, durante um parto difícil e prolongado, Maria Isabel, já debilitada pelo grande esforço, teve um ataque epilético e entrou em coma. Isso não foi percebido pelos médicos, que, na ânsia de salvar o bebê, retalharam seu ventre numa cesariana desastrada. A rainha voltou à lucidez berrando de dor, e tanto d. Maria Isabel quanto a criança morreram em poucas horas. Os espanhóis, que devem a ela a criação do Museu do Prado, apelidaram-na de "a rainha que morreu duas vezes".

Uma nova herdeira

Ainda abalados com a morte da infanta, os Bragança se reuniram para o parto do primeiro filho de d. Pedro com d. Leopoldina, nascido no Palácio de São Cristóvão, na Quinta da Boa Vista, às cinco da tarde de 4 de abril de 1819. A menina recebeu o nome de d. Maria da Glória Joana Carlota Leopoldina da Cruz Francisca Xavier de Paula Isidora Micaela Rafaela Gonzaga. Nele constam, como de praxe, homenagens ao avô d. João (Joana); à avó d. Carlota; à mãe; a São Francisco Xavier e de Paula; a Santo Isidoro de Sevilha (Isidora), cuja data de morte é 4 de abril, dia do nascimento da menina; aos arcanjos Miguel e Rafael (Micaela e Rafaela); e a São Luiz Gonzaga. A criança recebeu o título de princesa da Beira, herdeira do Reino Unido do Brasil, Portugal e Algarve, e subiria ao trono português com o título de d. Maria II.

Batizada no Rio de Janeiro, foi consagrada pelo avô, d. João VI, a Nossa Senhora da Glória do Outeiro, para cuja igreja levou a menina nos braços, inaugurando uma tradição na família dos Bragança. D. Leopoldina e d. Pedro iriam ao menos uma vez por semana assistir à missa naquele templo, localizado em um outeiro aos pés do qual, naquela época, o mar chegava.

Novamente, diversas festas e comemorações se seguiram não só no Rio, como também em todo o mundo lusitano, que recebeu indultos, liberdades e graças por ocasião do nascimento real.

Revolução do Porto

Enquanto isso, gestava-se na Espanha uma revolução contra o Absolutismo do rei d. Fernando VII. A revolta explodiria em janeiro de 1820. O exército e o povo obrigaram o rei a restaurar a Constituição de Cádiz — apelidada de La Pepa — criada pelas Cortes (Parlamento) em 1812, quando o monarca estava preso na França por Napoleão. A Constituição fora revogada em 1814 com o retorno do rei. Além disso, a revolta também obrigou d. Fernando VII a instalar no poder um governo liberal.

Enquanto isso, do outro lado da fronteira espanhola, os portugueses estavam sendo virtualmente governados pelo marechal britânico William Carr Beresford, que assumira o comando do exército português. A tutela inglesa a Portugal buscava evitar que a Espanha invadisse o reino lusitano em retaliação à perda da Cisplatina, incorporada por d. João VI ao Brasil. Entretanto, o marechal Beresford não podia impedir que os ideais liberais e constitucionais chegassem à nação, com as finanças prejudicadas pela quebra do monopólio comercial com o Brasil. Os portugueses empobrecidos e o exército com soldos atrasados, ambos abandonados pelo rei e desesperançados, passaram a ver na mudança de governo ou numa nova união ibérica sob a coroa espanhola a saída para a situação em que a nação se encontrava.

Beresford chegou a atravessar novamente o Atlântico e, em maio de 1820, desembarcou no Rio de Janeiro para intimar d. João a voltar para Portugal. Além de todos os problemas existentes no país, ele não podia mais continuar no posto, pois fora nomeado governador de Jersey pela coroa britânica. D. João não partilhava da mesma urgência que Beresford queria dar aos negócios lusitanos. Ele chegou a convidar o militar para inspecionar as fortificações brasileiras, mas voltou atrás depois que o ministro plenipotenciário da Grã-Bretanha no Rio de Janeiro aconselhou que, se nem o rei nem nenhum membro da família real fosse para Portugal, seria melhor permitir que Beresford retornasse — caso eclodisse uma revolução no reino europeu, o comandante do exército ao menos estaria lá. O marechal embarcou de volta a Portugal em 13 de agosto, mas já era tarde: no dia 24, uma revolução eclodiu na cidade do Porto e se espalhou por todo o país. Logo uma junta governativa foi formada, sendo marcadas eleições para os representantes das Cortes. O Parlamento português, que não se reunia desde 1697, deveria assumir a função de Assembleia Constituinte e elaborar uma Carta para a nação. A junta, que passara a governar em nome do rei, também exigia o retorno de d. João VI.

Em 17 de outubro, um navio português chegou ao Rio de Janeiro com a notícia da revolução. O rei, então incrédulo, tinha que tomar uma decisão sobre o assunto, mas resolveu, como era de seu feitio, pedir a opinião de seus conselheiros e ministros. Dez dias depois, mandou divulgar uma carta em que admoestava seus súditos pela ousadia do ato e afirmava que decidiria quem da família partiria para Portugal e quem ficaria no Brasil. Dessa forma, julgava possível manter a integridade do Reino Unido, que Portugal estava disposto a contestar desde que começara a empobrecer e que os papéis de colônia e metrópole haviam se invertido.

Vai o pai ou vai o filho?

A farsa de 1807 era reeditada treze anos depois. Quem iria e quem ficaria? Novamente, d. Pedro era o favorito para ir, enquanto o rei permaneceria no Brasil. Dois partidos logo se delinearam. Um deles era movido pelo recém-chegado conde de Palmela, representante de Portugal no Congresso de Viena. Para ele, a Constituição era uma necessidade e d. Pedro deveria partir para Portugal a fim de "presidir as Cortes e sancionar a Carta, cujas bases seriam estabelecidas pelo trono".[8] O outro, bem representado pelo advogado português Tomás Antônio, conselheiro de d. João, achava que todos deveriam ficar no Brasil, protegendo-se da "loucura" que tomara conta de Portugal; enquanto o povo português não se comportasse, dizia, o rei não deveria ceder um milímetro sequer de seu poder — em resumo: nada de voltar para lá e ratificar uma constituição. Desse modo, d. João tergiversou, ganhando tempo mais uma vez, agora até o final de janeiro de 1821, quando finalmente resolveu enviar d. Pedro a Lisboa. O príncipe havia sido mantido, como de praxe, fora da tomada de decisão. Mesmo com a resolução tomada, d. João perguntava aos conselheiros como deveria abordar o filho, o que falaria e o que argumentaria em caso de recusa.

A relação entre pai e filho era tortuosa. D. Pedro sabia de tudo o que estava ocorrendo e desejava partir para Portugal, segundo carta enviada ao amigo e conselheiro conde dos Arcos, ex-vice-rei do Brasil e governador da Bahia:

> Meu conde e amigo. Dou-lhe parte, o Sarmento me disse que Tomás lhe dissera que eu não havia de ir porque ele não queria e que meu pai também não queria, mas iria a mana [d. Maria Teresa] com meu sobrinho e o mano [d. Miguel] debaixo do pretexto de tomarem conta das suas casas, deste modo não vamos bem e é necessário que o conde veja se meu pai decide a meu favor que é o que nós desejamos. Eu ontem disse à mana que sabia todas essas coisas porque mo haviam dito na cidade, e eu tinha muito interesse nisto porque a meu pai interessava igualmente ou se era possível ainda eu interessava mais, para ver se ela lhe vai contar, e se meu pai lhe diga amanhã alguma coisa mais ainda que ela lhe não diga nada inste o conde oportum et importum porque é de absoluta necessidade.[9]

Pai e filho viviam sob o mesmo teto e tinham que usar de subterfúgios, informantes e armadilhas, como aquela que d. Pedro armou com a irmã para ver se d. João mencionava algo a respeito da viagem. O respeito e o temor paternal, no que toca à falta de comunicação, faziam as famílias da época se assemelharem bastante às famílias disfuncionais atuais.

Nessa altura, não só o rei, mas também seus ministros e conselheiros, estavam envolvidos na questão, que já havia caído em domínio público e dividido o Brasil. Um folheto lançado no Rio de Janeiro pregava que nenhum membro da família de Bragança deveria deixar o país. Se o rei, ou qualquer outro, partisse para Portugal, alimentaria a revolução lá instalada. Se permanecesse no Brasil, não lhe dariam importância. Além do mais, o folheto afirmava que o monarca não precisava da antiga metrópole, ao passo que Portugal não sobreviveria sem a ex-colônia. Em resposta à publicação, foi impressa na Bahia uma peça que respondia a todas as questões propostas. Esse novo folheto alegava que, sem os portugueses, o Brasil estaria nas mãos dos estrangeiros, que exauririam todas as riquezas da nação e escravizariam os brasileiros. Tal impresso era totalmente favorável à constituinte portuguesa, ao contrário do que fora publicado no Rio de Janeiro, que pedia tanto a continuação do regime absolutista quanto a permanência da família real.

Além de todos os prós e contras expostos, a Revolução do Porto promoveu, no Brasil, uma crise entre portugueses e brasileiros. Se os portugueses na Europa já estavam fartos de serem governados pela ex-colônia, esta, por sua vez, não tinha qualquer desejo de voltar novamente, após treze anos como sede da coroa, à sua antiga condição.

Assim como verificado entre os ministros, os conselheiros do rei e o povo das duas nações, a divisão de pensamento também encontrava lugar dentro da própria família real. D. Leopoldina, novamente grávida, assistia a tudo e lançava à irmã seu veredito: "Meu esposo pensa segundo os novos princípios e meu sogro segundo os bons e verdadeiros".[10] Os verdadeiros e bons princípios a que se referia eram os do Absolutismo, em que ela nascera e fora criada.

Diante da indecisão de d. João, a Inglaterra e a Áustria começaram a pressioná-lo. O ministro plenipotenciário da Áustria, Bartholomäus von Stürmer, barão de Stürmer, era favorável à ida de d. Pedro a Portugal e desconfiava, segundo despacho enviado a Metternich, que d. João era "tão arguto quanto falso". Tanto ele quanto o ministro inglês, Sir Edward

Thornton, conseguiram que d. João concordasse com a partida, mas o monarca impôs, como condição, que apenas o filho partisse. D. Leopoldina e a princesinha d. Maria da Glória ficariam no Brasil, junto com o restante da família. Stürmer comunicou a Viena que desconfiava da solução. O ministro austríaco achava que seu objetivo era a desistência do príncipe de partir, no intuito de ter a seu lado a esposa e a filha, ou a submissão total do rapaz ao pai, que teria como reféns a nora e os netos. Ao diplomata, d. João chegou a questionar: "E se, quando o meu filho chegar a Portugal, o aclamarem rei?".

Enquanto isso, a união de todas as províncias brasileiras sob o poder do rei vacilava. Um levante em janeiro, no Pará, e outro em fevereiro, na Bahia, romperam a unidade governamental do Brasil. Ambas as províncias aderiram ao novo governo instalado em Portugal e às Cortes de Lisboa, tornando-se favoráveis à constituinte. As notícias das rebeliões só chegaram ao Rio de Janeiro na segunda quinzena de fevereiro de 1821.

D. Pedro, apesar da ânsia em partir para Portugal, não deixaria a esposa. Tentou ganhar tempo junto ao conde de Palmela, pedindo ao ministro dos negócios estrangeiros e ao diplomata austríaco Stürmer que intercedessem junto a d. João para que a partida fosse adiada até o nascimento do filho, a fim de que ele e a esposa fossem juntos para Portugal. A ira de d. Leopoldina caiu sobre ambos os ministros, que insistiram na partida iminente de d. Pedro — tratava-se, afinal, de medida urgente, dado que até as províncias brasileiras juntavam-se à causa de Portugal. Tanto Palmela quanto Stürmer garantiram que fariam de tudo para que a esposa se juntasse ao príncipe depois de ter o bebê. Palmela receava que d. João, com seu hábito de tomar todas as suas decisões vagarosamente, desse para trás; Stürmer, por sua vez, tentava evitar, sem a permissão de d. Leopoldina, que, se a coroa perdesse Portugal, ela fosse considerada culpada, uma vez que não deixara o marido partir sozinho.

No entanto, as coisas seriam resolvidas entre o próprio casal, conforme relata d. Leopoldina em carta ao capitão Von Schäffer, a quem solicita ajuda:

> Debaixo do maior segredo, de modo que nem viva alma o possa sequer suspeitar, tenha o senhor a bondade de fretar para mim uma embarcação que zarpe brevemente para Portugal, visto que meu esposo deve seguir dentro de três dias e eu devo ficar aqui por tempo indeterminado por motivos que não estou autorizada a divulgar, não mos permitem, sou obrigada a procurar minha salvação na fuga legitimada pelo consentimento do meu esposo. [...] Queira procurar-me uma boa ama de leite [...] para meu filhinho que nascerá no mar [...]. Tudo isso debaixo do maior segredo, ninguém deve sequer suspeitar. [...][11]

A fuga romântica da esposa fiel, porém, não se fez necessária. No fim, d. Leopoldina venceu: segundo Stürmer, após jogar-se diante do sogro por três vezes no mesmo dia, pedindo que não a separasse do marido.[12] A lembrança de sua irmã com o filho em Viena, separada do exilado Napoleão Bonaparte, talvez a tenha levado a pensar que lhe aguardava destino semelhante. Segundo outra versão, d. João mandou a filha Maria Teresa procurar a nora a fim de apaziguá-la. Pediu que lhe informasse que, na verdade, nunca tivera real intenção de mandar d. Pedro a Portugal e que tudo não passaria de uma manobra para ganhar tempo.

D. Pedro mostrara certa dubiedade durante todo o processo de decisão quanto à partida. Inicialmente entusiasmado, seu ímpeto, talvez pela insistência do pai em que ele fosse sozinho e deixasse a mulher e os filhos no Brasil, arrefeceu mesmo após a promessa de que só iria após o parto da esposa e em sua companhia. Ao que parece, algo nesse ínterim pode ter acontecido e feito o príncipe mudar de ideia, desejando permanecer no Brasil. D. Pedro, em resposta a uma consulta de d. João, enviara-lhe um documento em que se mostrava favorável à Constituição — que, no entanto, deveria ser conferida pela autoridade real, não usurpada.

D. Pedro assume como personagem principal

Ainda tentando estabelecer a ordem e ter algum controle sobre a situação no Brasil, d. João mandou publicar, em 25 de fevereiro, um decreto em que convocava a reunião das Cortes em terras brasileiras. As cidades, vilas e ilhas portuguesas no Atlântico deveriam enviar seus representantes ao Rio de Janeiro. Essa assembleia teria a função de examinar as propostas das Cortes de Lisboa e adaptá-las à realidade do Brasil.

Contudo, na tentativa de resolver um problema, d. João criou outro. Seu decreto desafiava abertamente a autoridade das Cortes portuguesas e, com a ideia de uma legislação diferente para Brasil e Portugal, abria precedente para a separação política, algo que as tropas lusitanas, o núcleo forte do movimento constitucionalista português, não permitiriam.

O dia 26 de fevereiro mal começara quando os primeiros soldados do 3º Batalhão de Caçadores chegaram à praça do Rocio, atual praça Tiradentes, no centro do Rio de Janeiro. Por volta das 3 horas da manhã, formaram-se diante do teatro e logo foram seguidos por uma bateria de seis peças. Junto aos soldados e oficiais, entre os quais havia um brigadeiro, estavam alguns líderes políticos que reivindicariam, se necessário à força, que o rei jurasse a Constituição que ainda nem fora criada. Enquanto os batalhões saíam dos quartéis, dois informantes, o padre Gois e um oficial graduado que não quis participar da revolta, partiram para o Palácio de São Cristóvão, onde avisaram d. Pedro e d. João VI sobre o que estava ocorrendo na cidade.

D. João, tão vagaroso em suas decisões, demonstrou uma rapidez que quase ninguém seria capaz de reconhecer, mas que revela como, por trás de seu modo de fazer as coisas, algum método existia. Ele ordenou que d. Pedro partisse a cavalo até a residência do ministro Tomás Antônio, onde havia um decreto que mandara preparar em caso de emergência. Nele, o rei prometia aderir e adotar, para o reino do Brasil, a Constituição que as Cortes de Lisboa elaborassem, ressalvadas as mudanças que deveriam ser feitas.

D. Pedro, cavaleiro exímio, chegou a galope à praça do teatro real por volta das 5 horas da manhã. Ao descer do cavalo, foi recebido pelos soldados. Com ar confiante e marcial, dirigiu-se ao pórtico do teatro, em cujo saguão reuniam-se os líderes do movimento. "Está tudo resolvido", teria dito, exibindo o decreto assinado pelo rei e datado do dia 24. "As tropas podem recolher-se aos seus quartéis e os oficiais podem ir beijar a mão de meu augusto pai".[13] O príncipe, no entanto, havia se enganado. Durante a leitura, interrompeu-o um amigo, o padre e advogado português Marcelino José Alves Macamboa, que dizia que o que eles queriam era a Constituição tal e qual feita em Portugal, isto é, uma Constituição única para as duas nações. O rei, além disso, deveria jurar em público que respeitaria a Constituição portuguesa sem qualquer reserva. Por fim, eles exigiram que todo o ministério fosse demitido e que uma junta governamental, com treze nomes indicados pelos revoltosos, fosse organizada.

O príncipe tentou contemporizar, dizendo que não existia uma constituição portuguesa para ser jurada e que a do Brasil se faria da melhor maneira possível, decidida por seus próprios representantes. Tudo, porém, em vão. Sem escolha, d. Pedro retornou a São Cristóvão, onde reencontrou o pai e lhe expôs o ocorrido.

Às 8 horas, o príncipe chegou novamente ao pórtico do teatro. As nomeações exigidas tinham sido aceitas, cabendo ao rei indicar o cargo ocupado por cada um dos elementos da junta governamental. Com a mesma data retroativa, o novo decreto finalizava com: "Hei por bem desde já aprovar a Constituição que ali se está fazendo e recebê-la no meu reino do Brasil e nos mais domínios da minha coroa".[14]

D. Pedro reuniu como pôde, no teatro, os membros do Senado da Câmara,[15] funcionários mais graduados e todos a quem caberia alto cargo no governo; em seguida, fê-los jurar sobre o Evangelho a nova constituição a ser feita. Depois, do alto da varanda do teatro, leu para o povo e a tropa o decreto de d. João, fazendo por ele, na condição de procurador, o juramento solene, para o qual lhe segurava o Evangelho o bispo capelão. No entanto, aquele dia deveria mesmo pôr à prova os talentos de cavaleiro de d. Pedro. Não bastava tê-lo como procurador do pai; os manifestantes queriam o rei em pessoa no juramento solene. Assim, pela terceira vez, o príncipe partiu rumo a São Cristóvão. Entre idas e vindas, já se somavam trinta quilômetros de cavalgada.

Se as novas ideias liberais davam mostra de sua força, a importância do rei e da família real não fora descartada, apesar de eles serem forçados a jurar uma constituição que não existia e que removeria parte de seu poder. A autoridade régia nunca mais seria a mesma depois do dia em que d. João se viu obrigado a obedecer à tropa e ao povo amotinados, mas ainda assim o viam como um líder, mesmo que simbólico. Talvez esses pensamentos lhe tenham surgido à cabeça enquanto ele se dirigia de carruagem à cidade, com d. Pedro cavalgando ao lado.

A multidão que se encontrava na praça regozijou-se ao ver o monarca. Ovacionando-o, chegaram a tirar os cavalos, e o próprio povo puxou a carruagem de d. João. O rei, exasperado por aquela efusão popular, acabou por ser ainda carregado até seus aposentos no Paço da Cidade, quando então percebeu que sua bengala de cabo de ouro com diamantes incrustrados fora roubada. No mesmo prédio em que fora aclamado rei, ele estava agora jurando, com a maior estoicidade possível, uma constituição que lhe tirava o Absolutismo das mãos; ao menos, conservaria o trono — e a cabeça. Ao seu lado estava toda a família real, inclusive d. Carlota, que parecia contente com tudo o que estava ocorrendo. Absolutista convicta, ou demonstrava ser uma excelente atriz, ou finalmente começava a entrever que seus dias de exílio na América estavam contados.

Apesar de os ministros da Inglaterra e da Áustria oficiarem a seus países que o príncipe d. Pedro tomara controle da situação na praça pois também era um dos conspiradores, não existe qualquer prova concreta quanto a isso. Ao contrário, diz Palmela em uma carta que, na tentativa da tropa amotinada de aclamá-lo rei de Portugal ali mesmo, na praça do Rocio, ele foi o primeiro a gritar: "Viva el-rei d. João VI".

Desse dia em diante, d. João não teve mais como manter o príncipe afastado dos assuntos de Estado. Ao novo ministro do Estrangeiro e da Guerra, Silvestre Pinheiro Ferreira, teria declarado que insistira em ter o príncipe presente na reunião do conselho e com os ministros:

> Como o príncipe toma parte nos negócios públicos, é de necessidade que a tome nas deliberações do governo. Tempo há que eu tenho pensado em chamá-lo a elas; e se o não tenho feito é porque se bem o seu voto não coarcte a minha soberana autoridade, não pode deixar de prender mais ou menos, segundo o grau de empenho que ele mostrar, a liberdade de opinar dos conselheiros. Mas esta, que foi razão até agora, cessa de o ser depois da época de 26 de fevereiro; e portanto aprovo e folgo que ele seja presente, como me haveis proposto.[16]

A partir de 26 de fevereiro, os fatos começaram a se suceder mais rapidamente. D. João concordou, durante uma reunião de ministros e conselheiros, em voltar a Portugal com a família e deixar d. Pedro no Brasil como príncipe regente.

Em 6 de março de 1821, em meio a tanta confusão, nascia mais um membro da família Bragança. D. João Carlos veio ao mundo no Palácio de São Cristóvão, às 2 horas da tarde. D. Leopoldina sofreu para dar à luz esse filho. A criança, muito grande e gorda, só saiu até a metade de dentro da mãe sem ajuda. O braço direito do bebê estava na frente da cabeça, o que dificultou o parto. Três dias depois, segundo carta à irmã Maria Luísa, a princesa delirou a noite toda porque correra "risco de infecção abdominal, pois durante o parto deixaram que me resfriasse; o parteiro, que é muito habilidoso, ajudou rapidamente [...]. Agora estamos bem, eu e meu filho, embora ele tenha tido convulsões".[17]

A criança nascera, assim como o pai, com epilepsia. Em outro trecho da carta, d. Leopoldina contou o novo drama vivido pelo casal:

> Já deves ter ouvido de todos os acontecimentos constitucionais ocorridos nos estados portugueses; podes bem imaginar que influência têm sobre o meu estado de espírito, embora não pense contra eles, meu esposo jurou aqui a constituição, o rei vai para Portugal e levará consigo meus dois filhos, o que me é extremamente penoso.

Essa seria a garantia de que d. Pedro juraria a Constituição que chegasse ao Brasil. Logo após o nascimento de d. João Carlos, novo herdeiro da Dinastia de Bragança, que tinha precedência sobre d. Maria da Glória por ser menino, ele foi batizado em uma cerimônia da corte, na Capela Real, no Rio de Janeiro, em 27 de março. Na ocasião, ouviu-se pela primeira vez, executado por Marcos Portugal, o "Te Deum Laudamus" composto por d. Pedro para o evento. O príncipe havia composto a música para o batizado, no final do ano anterior, e dedicado-a ao pai. Essa composição viria a ser apresentada outras vezes, inclusive num evento emblemático no futuro.

Mas não seria essa obra que tornaria d. Pedro conhecido popularmente como compositor. Inspirado pelo momento revolucionário e embalado pelos ares do Liberalismo que não lhe eram desagradáveis, o príncipe compôs o Hino Constitucional, em 31 de março de 1821. Ele, que antes já havia criado valsas, músicas sacras e um hino cívico em honra do pai, pela primeira vez compunha uma peça que extrapolava o ambiente de corte onde estivera imerso. Até onde se tem notícias, nenhum herdeiro do Antigo Regime, como d. Pedro era então, se inspirou em uma revolução popular, que tomava para si parte das prerrogativas que a sua casa dinástica até então usufruíra, para compor uma música que celebrasse tal fato.

Ao compor o hino em mi bemol maior, considerada a tonalidade maçônica por excelência, d. Pedro não deu apenas ao momento uma música, ele demonstrou com o ato que estava disposto a tomar a defesa, dentro do espírito do Iluminismo e do Liberalismo, da construção de uma nova sociedade, alicerçada pelos pilares da liberdade, da igualdade e da fraternidade. D. Leopoldina, em carta anterior ao pai, ao informar a Viena que d. Pedro pensava "segundo os novos princípios", sabia bem o marido que tinha.

O Hino Constitucional, também conhecido como Hino da Carta, logo foi apresentado no Rio de Janeiro e no mesmo ano em Portugal, onde foi impresso na cidade do Porto. Entre idas e vindas, a obra acabou sendo adotada oficialmente como Hino Nacional de Portugal a partir de 1834 e perdurou até depois da queda da monarquia, quando, na primeira sessão da Assembleia Nacional Constituinte, realizada em 19 de junho de 1911, A Portuguesa substituiu o Hino da Carta. Na prática, com a revolta portuguesa no Rio de Janeiro, em fevereiro de 1821, o Brasil voltaria a receber ordens de Portugal. Não haveria uma constituição para cada reino, mas ao mesmo tempo os deputados brasileiros seriam convocados a Lisboa para tomar parte no processo constitucional.

Em 21 de abril, véspera da Páscoa, reuniu-se uma assembleia no Rio de Janeiro, mais especificamente na Praça do Comércio.[18] Esse era o nome de um moderno prédio projetado em estilo neoclássico pelo arquiteto francês Grandjean de Montigny e inaugurado um ano antes, no dia do aniversário do rei. A assembleia era composta de eleitores paroquiais, que deveriam iniciar o processo de escolha daqueles eleitores da comarca que viriam a tomar parte no processo de seleção dos deputados a que caberia representar o Brasil junto às Cortes em Lisboa. O ministro Silvestre Pinheiro Ferreira aproveitaria a assembleia tanto para explicar como se daria a transição do poder do rei para o príncipe regente quanto para pedir as opiniões e o consentimento dos eleitores.

Diante da novidade de um governo representativo, também o povo lotou o local. Os que não conseguiram entrar concentraram-se do lado de fora do edifício. Embalados pela distribuição de vinho por parte dos comerciantes portugueses, animavam-se cada vez mais com as notícias vindas de dentro do prédio.

Por volta das 4 horas da tarde, quando estava prestes a apresentar os assuntos a serem trabalhados, o juiz da comarca que presidiria a assembleia foi impedido de falar. O padre Macamboa, que não era eleitor, apresentou-se junto com Luís Duprat na condição de defensor do povo, incitando os eleitores e a população contra o governo e exigindo que se adotasse naquele mesmo dia, como Constituição, a espanhola La Pepa, até que a Constituinte a ser elaborada em Lisboa redigisse uma inteiramente portuguesa.

Logo que soube do ocorrido no prédio da praça do Comércio, d. Pedro convocou dois batalhões, um de artilharia e outro de infantaria, e posicionou-os entre a cidade e São Cristóvão, visando proteger a residência real. Em seguida, partiu para o palácio. Havia já chegado, em São Cristóvão, uma delegação com a proposta da Assembleia, sendo aguardada a aprovação do rei. Aos ministros e conselheiros de d. João, juntou-se d. Pedro. Ante a insistência do ministro Silvestre em que o rei, completamente apático, deveria aceitar a Constituição, o príncipe prometeu jogá-lo pela janela caso continuasse a insistir nesse absurdo. Apesar da argumentação do príncipe contra o aceite de uma constituição estrangeira, somente ele e o ministro da Marinha votaram contra.

Enquanto isso, na praça do Comércio, devido à demora no retorno da delegação que partira para São Cristóvão, começou a correr o boato de que o rei não aceitaria a nova Constituição. Para piorar, outro rumor dava conta de que uma imensa quantidade de ouro estaria sendo embarcada nos navios que levariam a corte de volta a Portugal. Tudo isso fez Duprat ordenar que um velho oficial presente fosse aos fortes exigir que disparassem contra qualquer nau que quisesse deixar o porto. No entanto, embora tenha conseguido chegar a uma das fortalezas, o militar acabou aprisionado no meio da baía por um barco com soldados comandados por d. Pedro.

Por volta das 10 horas da noite, lavrou-se em São Cristóvão um decreto pelo qual d. João acatava o pedido da Assembleia e decretava que a Constituição espanhola deveria ser observada no Brasil. A multidão na praça do Comércio, porém, em vez de se dispersar, como os ministros acharam que ocorreria, tornou-se mais virulenta e prosseguiu em sessão, propondo ao trono as exigências mais disparatadas e extremadas. Os radicais pressionavam os eleitores, tomados de pavor, a concordar com tudo o que era exigido.

D. Pedro percebeu que as coisas estavam indo longe demais. Quem ditava as regras e o que deveria ser feito, por exemplo, bem como aqueles que deveriam ser os ministros que ajudariam o príncipe regente a governar o Brasil, não eram pessoas eleitas, mas demagogos que haviam transformado a Assembleia em um barril de pólvora prestes a estourar.

Passando por cima da autoridade do rei, que nada decidia, e ignorando também os ministros e o governador de armas da capital, d. Pedro ordenou ao general Jorge Avilez que os soldados avançassem para a praça do Comércio e desfizessem aquela casa de loucos. De início, pensou-se que apenas a presença do exército no local já faria a multidão se dispersar, mas então um primeiro tiro foi dado, e um soldado acabou morto. O local foi varrido a baionetas e coronhadas e esvaziado completamente. Houve mortes e prisões, bem como gente que se atirou do edifício e tentou fugir a nado. Às 5 horas da manhã da Páscoa, tudo havia terminado.

No mesmo dia, um novo decreto de d. João VI, escrito por d. Pedro, dava por cancelada a adoção da Constituição espanhola, alegando que ela fora imposta por pessoas que não representavam verdadeiramente o povo. Também do dia 22, mas com data de 7 de abril, é o decreto que comunica oficialmente a partida da família real e a nomeação de d. Pedro como príncipe regente, cabendo a ele "o governo geral e inteira administração de todo o reino do Brasil".

Em menos de um mês, d. Pedro tinha mostrado ao que viera. Saiu das cavalariças e tavernas para assumir um destacado lugar de mando, com todos os defeitos, qualidades e grosserias que lhe eram imputados e por si próprio reconhecidos. Sempre seria um príncipe constitucionalista, com toda a problemática envolvida por quem foi educado para ser um absolutista. Sentimentos e ideias se confrontariam a todo momento. Personalista, dado a laivos voluntariosos que chegavam às raias do egocentrismo, d. Pedro tentaria, da forma que lhe pareceria correta, governar à luz das novas ideias liberais, mas mesmo isso foi feito a seu jeito. Ele não teria paciência para demagogos e aventureiros políticos como Duprat e o padre Macamboa, que quase fizeram estourar uma revolução.

No final das contas, d. João não levaria os netos para a Europa. Eles continuariam no Brasil, junto com d. Pedro e d. Leopoldina. O rei — ou "rei velho", como anos depois viria a ser lembrado, com certo ar saudosista, por alguns de seus antigos súditos brasileiros — embarcaria então para Portugal após revolucionar o Brasil em 25 de abril, aniversário de d. Carlota.

Assim como ocorrera em Lisboa em 1808, não houve grandes demonstrações de despedida, e o embarque foi realizado de madrugada. Junto com d. João, partiram mais de quatro mil pessoas, entre as quais funcionários, criados, ministros, diplomatas e suas respectivas famílias.

Antes do embarque, no dia 24, pai e filho teriam travado a última conversa privada de suas vidas. D. Pedro a rememoraria em carta a d. João datada de 19 de junho de 1822: "Eu ainda me lembro e me lembrarei sempre do que Vossa Majestade me disse antes de partir por dois dias, no seu quarto: 'Pedro, se o Brasil se separar, antes seja por ti, que me hás de respeitar, do que para algum desses aventureiros'".[19]

A INDEPENDÊNCIA COMO NEGÓCIO DE FAMÍLIA

Os primeiros dias do governo de d. Pedro como príncipe regente não foram dos mais auspiciosos. A população do Rio de Janeiro ressabiou-se do modo pelo qual a assembleia fora dispersada. A praça do Comércio ficou vazia e foi evitada pelos negociantes durante algum tempo. Periodicamente, surgia uma placa no edifício em que se lia "Açougue dos Bragança" ou "Açougue Real", rapidamente retirada pelas autoridades. Na Bahia, quando se soube do ocorrido no Rio de Janeiro, a praça do Comércio local foi decorada com crepes negros, em sinal de luto. As patrulhas na capital foram dobradas e, em diversas praças e locais estratégicos, batalhões do exército e peças de artilharia permaneciam em prontidão.

Entretanto, d. Pedro estava longe de ser tão cauteloso quanto o pai. Sempre ativo, altivo e imprudente, fazia questão de sair às ruas e vistoriar estabelecimentos públicos — enfim, ver e ser visto, sobretudo trabalhando. Acreditava ser seu dever dar exemplo e se preocuparia, ao longo de sua presença à frente dos negócios de Estado, com o micro e o macro; nada lhe passava despercebido. O decreto de nomeação de d. Pedro como príncipe regente do Reino do Brasil definia tudo o que ele poderia fazer na administração dos negócios estatais e até mesmo eclesiásticos. Entre as prerrogativas cedidas por d. João, estava a de que o jovem príncipe poderia declarar guerra ofensiva ou defensiva a qualquer inimigo que atacasse o reino. O decreto real também assinalava que, em caso de impedimento, a regência seria assumida por d. Leopoldina. Além disso, impunha quatro ministros de Estado ao governo do príncipe. Para o cargo mais importante, o de secretário de Estado dos Negócios do Reino do Brasil e Negócios Estrangeiros, foi nomeado o conde dos Arcos.

D. Marcos de Noronha e Brito, conde dos Arcos, era o vice-rei brasileiro quando do estabelecimento da corte no país, em 1808. Fora transferido ao Brasil em 1803, como governador do Pará. Com a chegada da família real e a subsequente extinção do posto de vice-rei, partiu para a Bahia na condição de governador e retornou ao Rio de Janeiro, posteriormente, como ministro da Marinha. Nunca perdeu contato com o jovem príncipe; costumava enviar-lhe madeiras nobres e raras da Bahia, com as quais o rapaz praticava marcenaria.[1] Seria o primeiro dos muitos acusados de manipulá-lo. Os embaixadores estrangeiros no Brasil, sobretudo o britânico Thornton, referiam-se ao conde dos Arcos como "primeiro e praticamente único ministro" de d. Pedro. Isso, porém, não era bem verdade. O príncipe dificilmente se deixaria dirigir, ainda mais na posição que ocupava. À época da revolta da praça do Rocio, em 26 de fevereiro de 1821, havia já escrito ao conde para lhe dizer que "não era homem que precisasse ser governado por outro". O problema acerca do nome do ministro, sobretudo entre os militares pró-constitucionalistas, estava em que ele alegara doença na ocasião, permanecendo em casa. Era um dos poucos nobres de alto escalão que não comparecera ao Teatro Real para jurar fidelidade à Constituição que viria de Portugal.

Um amigo de Napoleão como conselheiro

D. Pedro nutria pelo amigo e ministro o mesmo apreço que, para horror de d. Carlota Joaquina, demonstraria para com o antigo general de Napoleão, Dirk van Hogendorp. O conde de Hogendorp, militar e administrador holandês, fora governador da parte oriental de Java, nas antigas Índias Holandesas, atual Indonésia. Suas ideias liberais haviam-no levado à prisão, em 1798, por defender o direito dos povos nativos das ilhas. Conheceu a Índia e, após a tomada da Holanda pela França, serviu ao exército francês. Durante o império napoleônico, chegou a governar cidades importantes da Alemanha; em Viena, onde conheceu d. Leopoldina, serviu como embaixador de Luís Bonaparte, rei da Holanda e irmão de Napoleão. Fiel ao imperador dos franceses, foi nomeado governador de Nantes quando, tendo fugido da ilha de Elba, em 1815, o monarca retomou o trono.

Após a queda definitiva do imperador, viu-se obrigado a exilar-se em 1816. Hogendorp chegou ao Brasil e adquiriu a fazenda Novo Sião, na Floresta da Tijuca, onde, segundo a viajante inglesa Maria Graham, vivia em uma "agradável casa de campo de aspecto simpático, no alto da encosta do Corcovado". Apesar de agradável, a casa era pequena, tendo apenas três cômodos e uma varanda. O quarto de dormir fora pintado de preto, com esqueletos em tamanho natural pintados em poses alegres. Um dos quartos funcionava como depósito, no qual eram estocados barris de vinho de laranja e garrafas de licor feito com grumixama. Também segundo Graham, o licor era de ótima qualidade e lembrava o de cereja. Além das bebidas que fabricava, a fazenda contava com cerca de 20 a 30 mil pés de café.

Quem primeiro o visitou foi d. Leopoldina, que, ao caçar na mata insetos para sua coleção, foi dar à porta do exilado. Logo acompanhou-a o marido. É de se imaginar a impressão que Hogendorp deve ter dado a d. Pedro. Além de seu lado liberal e constitucionalista e de ter sido ex-aluno de Kant, o holandês, segundo Maria Graham, era "uma ruína de um outrora belo homem; mas não perdeu o ar marcial. É alto, mas não magro demais; os olhos cinzentos brilham de inteligência e a linguagem pura e enérgica é ainda transmitida em voz clara e bem timbrada, ainda que um pouco gasta pela idade".

A fidelidade do velho militar destacou-se de tal maneira, que Napoleão se lembraria dele em seu testamento. Infelizmente, o conde viria a falecer, em outubro de 1822, sem saber da herança. Hogendorp foi acometido por um mal súbito no meio da floresta. Alguns dias se passaram antes que seu corpo, parcialmente devorado por animais, fosse localizado pelos escravizados. Quando vestiram seu corpo para o enterro, descobriram que era tatuado como os nativos indonésios. Em uma carta ao irmão, Hogendorp afirmava que o príncipe o consultava "confidencialmente [...] para ouvir meu conselho e minha opinião".[2] Dessa maneira, d. Pedro criava o estofo necessário para reinar dentro do Liberalismo e cercado das mais diferentes personalidades.

D. Pedro ensaia seu lado liberal

Em 27 de abril, num de seus primeiros atos à frente do governo do Brasil, d. Pedro fez uma proclamação aos súditos em que sua veia liberal se fazia evidente. Ele reafirmou a intenção de zelar pela "felicidade do Brasil até que de Portugal chegasse a Constituição" e de antecipar "todos os benefícios da Constituição [...] conjugáveis com a obediência das leis". Assim, entre abril e maio, começaram a surgir decretos novos, nos quais o governante tentava criar uma base melhor para a economia brasileira, além de zelar pela propriedade privada — como no de 21 de maio, em que delimitou as regras de desapropriação de bens particulares, tendo o "sagrado direito de propriedade" em vista.

Em 23 de maio, o príncipe emitiu um decreto que fundamentava as bases da liberdade individual das "pessoas livres". A partir de então, ninguém poderia ser preso sem emissão de ordem escrita por um juiz ou magistrado, a não ser em caso de flagrante delito. O decreto também especificava a impossibilidade de prisões sem culpa formada e exigia que o processo fosse resolvido em 48 horas, período em que réus e testemunhas seriam confrontados e o acusado gozaria de amplos meios de defesa. A partir desse ato, estava proibido prender em segredo e encarcerar os detentos em "masmorras estreitas, escuras ou infectas". Proibia-se, ainda, "o uso de correntes, algemas, grilhões e outros ferros inventados para martirizar homens ainda não julgados".

Outra medida de d. Pedro que visava desonerar os comerciantes e empreendedores, bem como incentivar a produção e o comércio de couros e carne-seca, foi acabar com o imposto sobre o sal. No intuito de incrementar o comércio interno, ele eliminou, ainda, a taxa de 2% que então incidia sobre a navegação de cabotagem.

Juramento às bases constitucionais

No final de maio, haviam chegado de Portugal notícias referentes à adoção, pelas Cortes portuguesas, de uma série de "bases" que serviriam como norte à elaboração da Constituição. Com as notícias vindas pelos jornais portugueses, não chegou nenhum pedido do Parlamento para que o Brasil acatasse ou jurasse essas bases. Pelo contrário: era explícito no texto que nenhuma disposição constitucional seria adotada antes de os deputados brasileiros chegarem a Portugal e assumirem seus respectivos lugares na Assembleia Constituinte, algo que ainda não ocorrera. Só assim eles teriam oportunidade de debater tais disposições e votá-las.

Boa parte do governo brasileiro entendeu que nada deveria ser feito a respeito daquelas bases, inclusive d. Pedro. Os militares, contudo, sobretudo os constitucionalistas, passaram a divulgar que o conde dos Arcos, a julgar pelas atitudes de fevereiro de 1821, estivera influenciando o príncipe regente a não as jurar. O fato é que a desconfiança nutrida por ambas as partes alimentou uma grande desavença. Cartazes e proclamas militares começaram a surgir pela cidade, acusando o governo de ser anticonstitucionalista. Isso indispôs os militares portugueses com d. Pedro e vice-versa.

Os militares queriam que o príncipe jurasse as bases da futura nova Constituição, demitisse o conde dos Arcos e estabelecesse uma junta de governo. Na madrugada de 5 de junho, voltando da fazenda de Santa Cruz, onde havia ido caçar, d. Pedro, farto de toda essa intriga, passou pelo quartel do 3º Batalhão de Infantaria Ligeira e intimou o capitão. Acusando-o de ser autor de proclamações subversivas que buscavam perturbar a paz, ameaçou-o dizendo-lhe que tomasse cuidado.

O ato intempestivo, a bravata, teve efeito contrário ao que era esperado. Quando chegou à Quinta, d. Pedro foi informado de que o 3º Batalhão partira em marcha para o quartel do 11º. Convocando o ministro do Exército, o regente exigiu que o tenente-general Jorge Avilez, comandante da divisão, fosse demitido do cargo. Avilez ignorou o pedido e colocou-se à frente das tropas.

D. Pedro, então, foi mais uma vez enfrentar sozinho o exército, os soldados e os oficiais na praça do Rocio, a exemplo do que ocorrera em fevereiro. Em carta ao pai, ele descreveria a cena:

> Fui ao Rocio, chegando vieram todos os oficiais com o general à testa e eu lhes perguntei:
>
> — Quem é que fala aqui? — A isto ficaram um tanto sobressaltados e eu repeti: — Quem fala?
>
> Disse o general:
>
> — Eu, pela tropa.
>
> — O que querem elas?
>
> Disse ele:
>
> — Jurarmos as bases constitucionais portuguesas.
>
> Respondi:
>
> — Não tenho dúvida, mas só o que sinto é que hajam homens que assentem que eu não tenho palavra tanto política quanto religiosa, tendo eu jurado *in totum* tanto por ser minha vontade a constituição tal qual as cortes fizeram, mas a minha não fica mal, mas sim a quem duvida da palavra de um príncipe comprometida por um juramento para mim tão sagrado.[3]

Apesar de seu discurso, as tropas continuaram rebeladas; só aceitariam voltar aos quartéis após seu pedido ser atendido. D. Pedro, por sua vez, também afirmou que nada juraria sem conhecer a real vontade do povo que governava, uma vez que o exército era somente parte da nação. Desse modo, com a anuência das tropas, do general Avilez e dos demais oficiais, foram convocados para o Teatro Real os vereadores da Câmara

Municipal e os eleitores da comarca do Rio de Janeiro. Enquanto todos se reuniam, d. Pedro permaneceu à espera, no teatro, por um total de cinco horas. Ele parecia um dos poucos ali a manter a compostura e o sangue-frio. Ao velho conde Lousã, ministro de seu gabinete que em dado momento começara a chorar, o príncipe precisou dar uma sacolejada, inquirindo se ele havia perdido a cabeça.

Durante a reunião dos representantes do povo, chegou o pedido de renúncia do conde dos Arcos, que de sua residência tentou arregimentar, em vão, tropas brasileiras que marchassem contra os portugueses no Rocio. Pretextando ter que acompanhar a filha a Portugal, ele informava ao príncipe que deixaria o Brasil em 10 de junho.

As lembranças da carnificina do exército na praça do Comércio, em abril, ainda estavam bem vivas na cabeça dos vereadores e eleitores, que prontamente acataram tudo o que o exército pedia. D. Pedro seria obrigado a jurar as bases, o conde dos Arcos deveria abandonar o governo imediatamente e uma junta governamental, proposta pelo exército e eleita ali mesmo, com nove membros, passaria a supervisionar o trabalho do ministério e do príncipe regente.

Dando o melhor de si

D. Pedro perdia em todos os terrenos: além de ver dissolvida sua reputação junto à tropa, ficava reduzido a mero fantoche do governo. Não gozava mais de qualquer influência política; para piorar, tivera de partir não somente do governo, mas também do Brasil, o seu principal aliado. Naquela mesma noite, o príncipe retornou ao teatro, que, além de manifestações populares e bernardas militares, continuava se prestando à função primordial de exibir balés, óperas e outros tipos de divertimentos.

Chegou ali por volta das oito da noite com a esposa, d. Leopoldina. Os dois assistiram à ópera; em seguida, foi declamado um poema em honra a d. João VI e apresentou-se, como atração extra, o Hino à Constituição, com letra e melodia de d. Pedro. O príncipe foi efusivamente saudado pela plateia; enquanto a cumprimentava, jubiloso, jurava para si mesmo que, se obrigado a retornar à praça do Rocio mais uma vez, partiria do Brasil no dia seguinte. Sua sede de poder era menor que seu amor-próprio.

Apaziguadas as tropas, d. Pedro tratava dos assuntos mais urgentes, entre eles a quase quebra do Banco do Brasil, praticamente insolvente devido à descapitalização gerada pela partida da corte. Era necessário apertar o cinto, e o próprio príncipe dava o exemplo.

Em carta ao pai datada de 17 de julho de 1821, ele informava:

> [...] Sem embargo de tudo isto já exposto, comecei a fazer bastantes economias principiando por mim: Mudei a minha casa para a Quinta de São Cristóvão a fim de irem para o Paço da Cidade todos os Tribunais, secretarias, e tudo quanto estava em casa paga por conta do Estado. Todas estas mudanças se fizeram quase de graça porque os escravos de Santa Cruz e desta quinta, que tem os seus ofícios, são os trabalhadores. [...] Pela cavalariça não se gasta senão milho, porque o capim é da Quinta: de 1.290 bestas fiquei só com 156; em uma palavra, a minha roupa, a da manteária e tesouro é lavada pelas escravas, e eu não faço de despesa quase nada em proporção do que dantes era, mas se ainda puder economizar mais, o hei de fazer a bem da Nação.[4]

D. Pedro continuou a carta elencando minuciosamente as dívidas do Estado, como se para demonstrar que o caos financeiro que imperava no Brasil não era culpa sua. Ele assumira a administração à beira da falência e agora dava o melhor de si: "[...] Não há maior desgraça do que esta em que me vejo, que é de desejar fazer o bem e arranjar tudo e não haver com quê".[5]

Na mesma missiva, o príncipe se refere a uma rebelião ocorrida na cidade paulista de Santos, em que soldados haviam se revoltado por conta do soldo atrasado, ocasionando mortes e prisões. D. Pedro também revela que, em São Paulo, fora eleita uma junta governamental, com José Bonifácio como vice-presidente, devendo-se a ele o sossego em que se encontrava tal província, "obedecendo-me menos no que toca a mandar dinheiro".

Um novo aliado

José Bonifácio e seus irmãos, Martim Francisco e Antônio Carlos, eram naturais de Santos, no litoral sul de São Paulo, filhos do coronel Bonifácio José Ribeiro de Andrada, proprietário do sítio Mongaguá, que deu origem à cidade que leva esse nome.

Como era de praxe nas famílias de posse, José Bonifácio foi estudar em Coimbra, a grande universidade lusitana. Aos 25 anos, em 1788, já se formara em Direito e em Filosofia. Dando prosseguimento à carreira acadêmica, especializou-se em matemática, mineralogia e história natural, entre outros ramos. Viajou a estudo por toda a Europa Ocidental, sob patrocínio da coroa portuguesa. Estava em Paris quando a Revolução Francesa estourou. Retornou a Coimbra e lá passou a dar aulas, ao mesmo tempo que prestava serviços ao governo português, sobretudo em questões referentes ao declínio da extração de ouro e pedras preciosas nas minas brasileiras.

Bonifácio permaneceu em Portugal durante a invasão francesa e alistou-se no Corpo de Voluntários Acadêmicos, no qual alcançou o posto de comandante devido à sua capacidade de liderança. Já aposentado dos trabalhos reais, conseguiu de d. João, então príncipe regente, a autorização para retornar ao Brasil, onde chegou em 1819, com 51 anos. Junto do irmão, Martim Francisco, realizou pesquisas mineralógicas por São Paulo; lá, acabou organizando as eleições de 1821 e tomando parte no governo paulista, como d. Pedro viria a informar em carta ao pai.

A viajante inglesa Maria Graham, que conheceu José Bonifácio na década de 1820, descreveu-o como uma pessoa muito interessante, bastante polida, de estatura baixa, rosto magro e pálido. Segundo ela, assemelhava-se a alguém tomado por uma atividade febril que lhe consumia corpo e mente. Graham também reparou que o velho sábio, além de conhecer diversos ofícios, línguas e países, e além de tratar com nobres, reis e príncipes, era um namorador e amante incorrigível. Apesar da idade, gostava de farrear numa boa adega. Um particular interessante está no fato de que adorava crianças e as tratava como iguais. Em um bilhete a d. Pedro, d. Leopoldina descreve uma cena ocorrida na fazenda de Santa Cruz, em que José Bonifácio balançou a cabeça da futura rainha de Portugal, d. Maria da Glória, e afirmou: "Tem bastante juízo aí dentro".

Sua paixão por crianças, em especial pelos filhos, teria levado José Bonifácio a raptar a própria filha bastarda antes de deixar a Europa e retornar ao Brasil. Entregou a menina à esposa para que fosse educada e mais tarde casou essa filha com o tio, Martim Francisco.

Uma particularidade dos três Andrada, José Bonifácio, Martim Francisco e Antônio Carlos, era a união inquebrantável dos laços familiares e o ódio figadal que os unia contra quem arrumasse briga com um deles. Inicialmente, eles e d. Pedro se ligariam a uma causa comum.

Além das veias liberal e econômica, d. Pedro também tinha uma dramática, como se verifica no auge da crise do Banco do Brasil. O "tísico banco", como a ele se referia, não teria mais dinheiro em quatro meses:

> [...] Ele de todo já não tem nem ouro, nem prata e só sim algum cobre que se tem cunhado depois de fundido e esse tirado de algumas embarcações [...]. Por consequência como não tem crédito, nem com que o alcance, os seus bilhetes valem muito pouco ou quase nada. Assim lembre-se V. M. deste infeliz que está pronto a sacrificar-se pela Pátria, como o tem mostrado, e V. M. presenciado. Não pense V. M. que eu me quero subtrair ao serviço da Nação e de V. M., mas sim às tristes e lamentáveis cenas e circunstâncias em que me acho. Peço a V. M. por tudo quanto há de mais sagrado, me queira dispensar deste emprego, que seguramente me matará pelos contínuos e horrorosos painéis que tenho, uns já à vista, e outros muito piores

> para o futuro, os quais eu tenho sempre diante dos olhos, e para isso ter o gosto de beijar a mão de V. M. e de assistir ao pé de V. M. por todas as razões expendidas, e não expendidas. V. M. perdoará o meu modo de escrever, mas é a verdade que o faz não sou eu, porém repare V. M. que o meu fim tem sido sempre bom, que é alcançar para V. M. delícias, para a Nação felicidade e glória, e para mim honra.[6]

Sem muitos aliados após a queda do conde dos Arcos, d. Pedro, juntamente com d. Leopoldina, aproximou-se dos militares que o haviam obrigado a jurar as bases da Constituição. Em comemoração à Revolução do Porto, os oficiais deram um baile em que o casal real se fez presente, retirando-se somente às 6 horas da manhã do dia seguinte. D. Pedro, astuto, aproximava-se de todos, inclusive — segundo os comentários — da esposa do general Avilez. Talvez possamos depositar essa traição na cota de vingança do príncipe; não por acaso, José Bonifácio se lembraria dele no exílio como "Pedro Malasartes".

A recolonização do Brasil

A aproximação de d. Pedro com os militares era estudada, assim como provavelmente os desabafos desesperados ao pai. O príncipe já sabia das condições em que a família real se encontrava ao chegar a Portugal. Com a queda do Absolutismo português após a Revolução do Porto, as Cortes trataram de revelar seu poder. Quando o rei chegou a Portugal, teve o desembarque adiado em um dia. D. João precisaria esperar para ser saudado, a bordo, por uma delegação enviada pela Assembleia. Não seria difícil intuir que as mensagens trocadas entre pai e filho passassem pela leitura de outras pessoas, que não precisavam suspeitar dos acertos existentes entre os dois antes da partida do rei do Brasil.

As Cortes portuguesas ficaram descontentes ao notar que d. Pedro, os filhos e d. Leopoldina não haviam partido com o restante da família real. Menos ainda alegrou-as o fato de d. João ter deixado o filho como príncipe regente do Brasil, cujo governo esperavam caber apenas às juntas, em comunicação direta com Lisboa. Em setembro de 1821, apenas 46 dos 82 deputados brasileiros haviam chegado às Cortes e tomado assento; desse total, somente uma parte era de brasileiros natos.

Foi nessa época que as Cortes resolveram acabar com tudo o que d. João construíra no Brasil de 1808 até então. Eles extinguiram a figura jurídica internacional do Reino do Brasil e não recriaram o vice-reino: todas as províncias brasileiras passavam a ser territórios ultramarinos portugueses; além disso, como os governos da Bahia, Pernambuco e Maranhão já faziam, os demais não deveriam reconhecer a autoridade de d. Pedro como príncipe regente do Brasil. Todas as províncias deveriam se reportar diretamente ao governo português na Europa. Foi decretado o fechamento de todos os tribunais, agências e repartições públicas criados após 1807 no Brasil, o que transformou os milhares de juízes, advogados, meirinhos e burocratas automaticamente desempregados em patriotas brasileiros pró-Independência. Quanto ao príncipe, d. Pedro, deveria retornar à Europa com a família e realizar uma viagem pelo velho continente a fim de completar sua educação.

Os decretos das Cortes foram enviados ao Brasil em outubro, chegando às terras brasileiras no dia 9 de dezembro. D. Pedro, aparentemente decidido a cumpri-los, mandou que fossem publicados, ao lado de sua resolução de partir, na *Gazeta* no dia 11.

Dois meses antes, o príncipe havia mencionado, em carta ao pai:

> A independência tem se querido cobrir comigo, e com a tropa, com nenhum conseguiu, nem conseguirá, porque a minha honra e a dela é maior que todo o Brasil; queriam-me, e dizem que me querem, aclamar imperador; protesto a Vossa Majestade que nunca serei perjuro, que nunca lhe serei falso e que eles farão essa loucura, mas será depois de um e todos os portugueses estarem feitos em postas: é o que juro a Vossa Majestade, escrevendo nesta com o meu sangue estas seguintes

> palavras: juro sempre ser fiel a Vossa Majestade, à Nação e à Constituição Portuguesa.[7]

D. Pedro tentava sinalizar da melhor maneira possível que as coisas estavam desandando no Brasil, mas os deputados constituintes portugueses não tinham a real dimensão das questões brasileiras. Movidos pelo rancor de terem perdido a capital para o Rio de Janeiro e instados pela burguesia de Portugal, que empobrecera devido à quebra do monopólio e ao enfraquecimento de outros direitos sobre os produtos brasileiros, os deputados buscavam transformar o Brasil novamente em uma colônia.

Até então, todas as revoltas no Rio de Janeiro que haviam forçado juramentos a uma Constituição inexistente, à Constituição espanhola e à base de uma Constituição que estaria por vir tinham sido orquestradas por militares, comerciantes e caixeiros portugueses, ciosos de que não poderiam perder seu poder sobre o Brasil. Tão logo os brasileiros ficaram cientes de que a independência usufruída desde a chegada da corte, em 1808, e, sobretudo, desde a criação do Reino do Brasil, em 1815, estava com seus dias contados, passaram a marcar a própria presença com mais força e vigor, inclusive nas forças armadas e na incipiente imprensa nacional.

A carta em que o príncipe informava a decisão de acatar o que fora decidido pelas Cortes portuguesas caiu como uma bomba sobre o Rio de Janeiro. Com a extinção do reino e o retorno à condição de mera colônia, mais de oitocentas famílias perderiam sua renda devido à extinção dos postos do governo e do Judiciário, o que, por sua vez, afetaria igualmente os comerciantes, que não teriam para quem vender suas mercadorias. Além disso, ficava claro para os brasileiros natos no exército que somente militares portugueses poderiam ocupar determinados postos, a serem nomeados pelas Cortes.

D. Leopoldina, a articuladora do Fico

D. Pedro continuaria no Brasil até a eleição e posse da nova junta que governaria o Rio de Janeiro. Depois disso iria partir — estava resolvido... não fosse por d. Leopoldina. Com sete meses de gravidez, à espera da princesa Januária,[8] que nasceria em 11 de março, d. Leopoldina recusou-se a passar o final da gestação a bordo de um navio. Decidida, alternou entre choro e ameaças de que não embarcaria para parte alguma antes do nascimento da criança — até que d. Pedro concordou.

O que acontecera àquela jovem que, meses antes, também grávida, mostrava-se disposta a atravessar o Atlântico a nado atrás do navio que levaria o marido a Portugal? Se a d. Pedro, menos preparado do que a esposa na arte de governar, d. João alertara que fizesse a separação antes que outro a fizesse, teria o sogro conversado com a nora também antes de partir, aconselhando-a? É bem provável (tanto quanto a máxima de que, atrás de um grande homem, há sempre uma grande mulher).

D. Leopoldina tivera contato com os Patriotas Brasileiros, grupo formado, entre outros, pelo frei franciscano Francisco de Santa Teresa de Jesus Sampaio, em cuja cela, no convento de Santo Antônio, conspirava-se, assim como nas lojas maçônicas, pela independência do país. Em carta de outubro de 1821, a princesa confidenciava com Maria Luísa:

> [...] Infelizmente acabou-se a esperança de viajar rapidamente para a Europa, o que, sendo bem honesta, é uma sorte, na situação crítica atual dos países europeus; o Brasil é, sob todos os aspectos, um país tão maduro e importante, que é incondicionalmente necessário mantê-lo. O Onipotente conduz tudo para o nosso bem e o bem comum vem antes do desejo individual, por mais intenso que seja [...].[9]

Como solicitara o sogro antes de partir, era preciso manter o Brasil sob a dinastia dos Bragança, unido debaixo de uma só coroa, e não despedaçado em dezenas de repúblicas como nas províncias espanholas da América do Sul. Essa era também a visão dos brasileiros (e até a dos portugueses natos que se haviam estabelecido no Brasil, uma vez que iriam à ruína com os decretos das Cortes). Caso d. Pedro realmente deixasse o território brasileiro, por mais quanto tempo o Brasil acataria as ordens vindas de Portugal? D. João já alertara o filho durante a partida, dizendo-lhe: "Pedro, se o Brasil se separar, antes seja por ti, que me hás de respeitar, do que para algum desses aventureiros". Sem dúvida, a educação da princesa, sobretudo em termos políticos, dava-lhe a visão de conjunto que ao marido faltava. Em maio de 1822, escrevendo ao marquês de Marialva, d. Leopoldina reafirmava sua convicção:

> Eis uma verdadeira sorte que tenha sido decidida a nossa permanência no Brasil, segundo minha maneira de ver, e, pensando em política, esse é o único meio de evitar a queda total da monarquia portuguesa [...]. O senhor pode estar certo de que nós, brasileiros, nunca seremos capazes de sofrer as extravagâncias da Mãe-Pátria e que trilharemos sempre o caminho da honra e da fidelidade.[10]

Guiado pela esposa, pelo conselho do pai, pelo caos em que, antevia-se, o Brasil poderia cair após sua partida, ele garantiria ao menos um trono aos filhos, haja vista que a situação em Portugal, além dos desmandos das Cortes, era incerta. De Portugal, d. João VI alertaria o filho: "Sê hábil e prudente, pois aqui nas Cortes conspiram contra ti, querendo os reacionários que abdiques em favor do teu mano Miguel. Tua mãe é pelo Miguel e eu, que te quero, nada posso fazer contra os carbonários que não te querem".

O Fico

D. Pedro acabou concordando em adiar a partida, contanto que fosse essa a vontade dos povos de Rio, São Paulo e Minas Gerais e que tais províncias se comprometessem em assumir a responsabilidade de tal ato perante as Cortes. Sua firmeza aumentou após receber, em 1º de janeiro de 1822, uma enérgica carta do governo paulista, redigida por José Bonifácio:

> V. A. Real deve ficar no Brasil quaisquer que sejam os projetos das Cortes constituintes [...] Se V. A. Real estiver, o que não é crível, pelo deslumbrado e indecoroso decreto de 29 de setembro, além de perder para o mundo a dignidade de homem e de príncipe [...] terá também que responder perante o céu do rio de sangue que decerto vai correr pelo Brasil com a sua ausência [...].

No dia seguinte, d. Pedro escreveria ao pai:

> Ontem, pelas 8 horas da noite chegou de São Paulo [...] o ofício que ora remeto incluso para que V. Majestade conheça e faça conhecer ao Soberano Congresso, quais são as firmes intenções dos paulistas e por elas conhecer quais são as gerais do Brasil. Ouço dizer que as representações desta Província são feitas no dia 9 do corrente: dizem mais, que São Paulo escreveu para Minas. Daqui sei que há quem tem escrito para todas as províncias e dizem que tudo se há de fazer debaixo de ordem. Farei todas as diligências por bem para haver sossego e para ver se posso cumprir os decretos 124 e 125 (o que me parece impossível porque a opinião é toda contra por toda a parte).[11]

À resolução paulista juntou-se a dos fluminenses, com uma representação assinada por mais de 8 mil pessoas desejosas da permanência do príncipe. A elas somou-se a dos mineiros: das cidades de Barbacena e Mariana, chegaram novos pedidos pela permanência.

Quem não estava gostando muito de toda essa movimentação eram as tropas portuguesas no Rio de Janeiro. O general Avilez informou ao príncipe que o exército desejava encarcerar e enviar para Portugal aqueles "perturbadores da ordem pública". Em vão: a marcha dos acontecimentos não podia mais ser impedida. O gabinete de d. Pedro pediu demissão, restando ao príncipe receber sozinho os representantes do Senado da Câmara do Rio de Janeiro, em 9 de janeiro, no Paço da Cidade. De lá, José Clemente Pereira proferiu um discurso, no qual colaborara frei Francisco de Sampaio. Nele se lia: "Senhor. A saída de V. A. Real dos Estados do Brasil será o fatal decreto que sancione a independência deste Reino". O discurso afirmava, em seguida, que o Brasil não podia retornar ao estado anterior de colônia e revelava a vontade das demais províncias, como São Paulo e Minas Gerais. Desse modo, d. Pedro capitulou e decidiu ficar no Brasil.

Esse dia entraria para a história como o Dia do Fico, marcado pela célebre frase que teria sido proferida pelo príncipe: "Como é para o bem de todos e a felicidade geral da nação, estou pronto: diga ao povo que fico". A história, porém, não foi bem essa. A frase só surgiria no dia seguinte. A resposta real dada por d. Pedro, e que consta no livro da vereança, foi:

> Convencido de que a presença de minha pessoa no Brasil interessa ao bem de toda a nação portuguesa, e conhecido que a vontade de algumas províncias assim o requer, demorarei a minha saída até que as Cortes e meu Augusto Pai e Senhor deliberem a este respeito, com perfeito conhecimento das circunstâncias que têm ocorrido.

A frase que entrou para a história seria mais forte e precisa do que o texto original. Tratava-se de um verdadeiro toque de clarim aos patriotas brasileiros e um sinal de alerta às tropas portuguesas que estavam dispostas a acabar com tudo.

D. Pedro jornalista

No início de fevereiro de 1822, d. Pedro, sob o pseudônimo de "Sacristão da Freguesia de S. João de Itaboray", mandou publicar um panfleto no qual narrava o ato do Fico e os acontecimentos subsequentes.

> Nesse mesmo dia, depois de se retirar a Deputação, Sua Alteza Real mandou buscar o cavalo (porque tinha ido de carrinho), em que foi para a chácara acompanhado de todos os oficiais-militares do exército do Brasil. E, antes de partir, dizendo-lhe um que estava a seu lado:
>
> — Será melhor que Vossa Alteza Real vá em seu carro.
>
> Sua alteza real respondeu:
>
> — Eu sei que me querem tirar os cavalos do carro, para o que já há diferentes pessoas dispostas, e eu aflijo-me de ver os meus semelhantes dando, a um homem, tributos próprios à Divindade. Eu sei que o meu sangue é da mesma cor que o dos negros.[12]

Essa seria uma das primeiras peças jornalísticas compostas pelo príncipe, que usaria diversos pseudônimos ao publicar cartas-resposta e artigos em jornais do Rio de Janeiro. Entre os pseudônimos que utilizou, constam: Inimigo dos Marotos, Piolho Viajante, Duende, Repórter Eleitoral, O Anglo-Maníaco, o Constitucional Puro, o Espreita, o Ultra-Brasileiro — usado em defesas da independência brasileira —, o Filantropo — quando defende a substituição do tráfico pela imigração europeia — e o divertido Derrete-Chumbo-a-Cacete — que utilizava para falar mal dos portugueses no Brasil, cujo apelido, entre outros, era "pés de chumbo".

Aquela não seria a primeira nem a única vez que d. Pedro diria em público o que achava da escravidão no Brasil. Seria possível até imaginar que se tratava de uma peça publicitária destinada a acalmar a população escravizada quanto às intenções do novo governante brasileiro, que se encaminhava para o rompimento com Portugal. No entanto, uma tal hipótese cai por terra quando recordamos que, se era já alto o índice de analfabetismo entre a população livre, era muito maior entre os escravizados.

O levante da Divisão Auxiliadora portuguesa

No dia 11 de janeiro, o general Avilez, falsamente alegando que fora demitido, dirigiu-se aos quartéis dos 11º e 15º Batalhões para se despedir. Quando se retirou, foi saudado com vivas "ao general constitucional". Pouco depois, ambos os batalhões sublevaram-se e a revolta passou para os batalhões de artilharia. As tropas portuguesas foram para as ruas e destruíram vidraças e as iluminações festivas usadas na comemoração do "Fico" do príncipe — tudo isso aos berros de "essa cabrada se leva a pau", como registrado por d. Pedro em carta a d. João.

O príncipe estava no teatro com d. Leopoldina quando foi informado do que ocorria nas ruas. Ao ingressar na sala de espetáculos, notou a falta de Avilez, que sempre se fizera presente, e tomou isso como um sinal. Nesse ínterim, à porta do teatro, o coronel brasileiro José Joaquim de Lima e Silva e o tenente-coronel português José Maria da Costa, comandante do 11º Batalhão, desentendiam-se publicamente acerca dos acontecimentos do dia 9, e dessa discussão o militar português saiu ameaçando o brasileiro. Segundo uma testemunha, José Maria afirmava que os brasileiros não queriam a Constituição e que logo se veriam novamente reduzidos ao antigo cativeiro. Disse, ainda, que o príncipe seria levado a Portugal pelas orelhas. "Vocês foram nossos escravos, são e hão de continuar a ser e eu vou dar a prova."[13]

Segundo Maria Graham, presente no teatro, os sons que passaram a vir do camarote de d. Pedro após lhe ser informado o ocorrido começaram a abafar a voz dos atores. A plateia, preocupada com o que poderia estar acontecendo, começou a se levantar para sair, no que foi impedida pelo príncipe, que num discurso improvisado explicou o que então ocorria e as providências que já teria tomado. Afirmou, ainda, que o melhor para todos, no momento, era permanecer no teatro e terminar de assistir ao espetáculo, para que não prejudicassem o movimento das tropas nas ruas.

Após o fim da peça, d. Pedro foi escoltado até São Cristóvão por oficiais brasileiros; em seguida, despachou os filhos e d. Leopoldina, grávida de oito meses, para fora da cidade: às 3 horas da madrugada, partiram para a fazenda de Santa Cruz. Enquanto isso, o príncipe tratou de arregimentar as tropas favoráveis à sua decisão e seguiu para o Jardim Botânico, onde se localizava a fábrica de pólvora. Queria assegurar-se de que ela estava protegida e nas mãos dos brasileiros.

Desde a madrugada, uma companhia portuguesa ocupava o morro do Castelo para proteger o Arsenal de Guerra. Diversas patrulhas também se encontravam perto do largo do Moura, onde havia aproximadamente 2 mil portugueses em armas. No Campo de Santana, em que se aquartelavam os batalhões brasileiros, juntaram-se a eles o povo do Rio de Janeiro, incluindo freis e padres armados e oficiais portugueses que se posicionaram contra Avilez e seus comandados. A pé e a cavalo, a massa da tropa "pró-Fico" era composta de mais de 10 mil pessoas. No entanto, apesar de todo o ímpeto, a disciplina militar dos portugueses acabaria facilmente com essa tropa mal organizada, na qual muitos estavam armados apenas com o seu patriotismo. Além disso, a multidão encontrava-se disposta em campo pouco propício para um enfrentamento.

No fim, não houve enfrentamento algum. Avilez pediu permissão para se retirar a Niterói com suas tropas. Na batalha que não houve, só foi registrada uma única baixa: a de uma criança.

D. João Carlos, o protomártir da Independência do Brasil

Na noite de 3 de fevereiro, d. Pedro escreveu a José Bonifácio, a quem fizera ministro (o primeiro brasileiro no posto), o seguinte bilhete:

José Bonifácio,

Chorando escrevo esta a dizer-lhe que venham amanhã aqui, no despacho, às horas do costume, porque eu lá não posso ir, visto o meu querido filho [estar] exalando o último suspiro, e assim não durará uma hora. Nunca tive, e Deus permita que não tenha outra, ocasião igual a esta como foi o dar-lhe o último beijo e deitar-lhe a derradeira bênção paterna. Calcule, pelo amor que tem à sua família e ao meu filho, qual será a dor que transpassa o coração.

Deste seu amo e amigo.

Pedro

São Cristóvão, 3 de fevereiro de 1822 às 8 e um quarto da noite.

Ao pai, no dia 4, enviaria a seguinte carta:

Meu pai e meu senhor. Tomo a pena para dar a Vossa Majestade a mais triste notícia do sucesso que tem dilacerado o meu coração. O príncipe d. João Carlos, meu filho muito amado, já não existe.

Uma violenta constipação cortou o fio de seus dias. Este infortúnio é o fruto da insubordinação e dos crimes da divisão portuguesa. O príncipe já estava incomodado quando esta soldadesca rebelde tomou as armas contra os cidadãos pacíficos desta cidade; a prudência exigiu que eu fizesse partir imediatamente a princesa e as crianças para a fazenda de Santa Cruz, a fim de as pôr ao abrigo dos sucessos funestos de que esta capital podia vir a ser o teatro. Esta viagem violenta, sem as comodidades necessárias, o tempo que era muito úmido, depois de grande calor do dia, tudo enfim se reuniu para alterar a saúde do meu caro filho, e seguiu-se-lhe a morte.

A Divisão Auxiliadora, pois, foi a que assassinou o meu filho e neto de Vossa Majestade. Em consequência, é contra

> ela que levanto minha voz. Ela é responsável na presença de Deus e ante Vossa Majestade deste sucesso, que tanto me tem aflito, e que igualmente afligirá o coração de Vossa Majestade.

D. Leopoldina e d. Pedro passaram a culpar as tropas portuguesas pelo estado de saúde do filho. Em 22 de janeiro, aniversário da princesa, tanto ela quanto o marido recusaram-se a receber um grupo de oficiais portugueses que vieram beijar-lhe a mão.

Após a morte do filho, farto de ver tantas vezes adiado o embarque das tropas de Avilez para Portugal, d. Pedro embarcou na fragata *União* e, em 9 de fevereiro, intimou-as a iniciar o embarque até o dia seguinte; caso contrário, as declararia inimigas, tendo já passado ordens para que lhes fizessem fogo. Em dois dias, as tropas enfim partiam de volta a Portugal. Não só as tropas portuguesas, mas também as Cortes, d. Pedro passaria a atacar após a morte de d. João Carlos, de quem nunca se esqueceria. Lembraria o filho ao expor, à época de sua abdicação, em 1831, os sacrifícios que fizera pelo Brasil.

Qualquer resto de respeito que d. Pedro pudesse ter em relação às Cortes portuguesas morreu junto com seu filho, a quem o frei franciscano Monte Alverne se referiria futuramente como "protomártir da independência brasileira".[14]

Tentando se aproximar do "mano Miguel"

Em junho de 1822, escrevendo ao príncipe d. Miguel para tratar do casamento do irmão com sua filha mais nova, d. Maria da Glória, d. Pedro dizia:

> Rio, 19 de junho de 1822.
>
> Meu mano.
>
> Neste momento acabo de escrever a meu pai e lhe peço, em meu nome e do Brasil, que o deixe vir para cá, porque é pre-

ciso para felicidade da nação toda e sua muito em particular. Não faltará quem lhe diga que não largue a casa do infantado, mande-os beber da merda. Também lhe hão de dizer que separando-se o Brasil, vem a ser rei de Portugal, torne-os a mandar. E depois de dizerem tudo quanto têm a dizer-lhe esses inimigos que o cercam, dê-lhe com um pau, venha para o pé de seu mano, que o estima, para entre os brasileiros que o veneram e para se namorar de perto e casar a seu tempo com a minha filha. Fortuna que não deve desprezar, sob pena de ser tolo ou estás traído e enganado pelos áulicos que o ordenam, e que cá morrem de fome por serem marotos. Venha, venha e venha que o Brasil o receberá de braços abertos, e será feliz. Tendo tudo muito seguro sem lhe custar nada e estar em perfeita segurança, o que lá lhe não acontece porque está no perigo do Delfim de França e nosso pai, no de Luís XVI, desgraçadamente, ao meu modo de ver. Resolva-se e venha juntar-se a este seu mano que lhe deseja tantas venturas como para si.

Pedro.

P. S.
Nada é afetado, tudo é o que sinto.[15]

Foi esse o plano traçado pelo príncipe após saber, por d. João, que d. Carlota Joaquina e deputados da corte queriam sua renúncia ao trono de Portugal para substituí-lo por d. Miguel. Não seria sua primeira nem última tentativa de tirar o irmão da influência de d. Carlota. Com ambos os filhos no Brasil, o plano da rainha teria concretização impossível. D. Pedro tentava d. Miguel mediante o casamento com a sobrinha — afinal, se queria ser rei, que fosse como cônjuge da real herdeira. D. Miguel, porém, aconselhado pela mãe, apesar das diversas tentativas de d. Pedro, nunca voltaria a pôr os pés na ex-colônia.

O início da independência real

Sem os militares portugueses à porta e aconselhado por ministros do calibre de José Bonifácio, d. Pedro agora daria prosseguimento às reformas que começara ao assumir o cargo de príncipe regente. Em 16 de fevereiro, instituiu um colegiado de procuradores que deveria ter representantes de todas as províncias brasileiras e se reuniria, no Rio de Janeiro, em 2 de junho de 1822. Esse corpo seria consultivo — uma espécie de Conselho de Estado, ao qual caberia auxiliar o príncipe à medida que este fosse encaminhando o Brasil ao regime constitucional.

Na Bahia, em 17 de fevereiro, teve lugar uma revolta contra o governo e as tropas portuguesas. Os patriotas — em maior número, mas sem disciplina militar — perderam e tiveram que se retirar da cidade, dando início a uma violenta guerra civil. Os patriotas baianos foram saudados por d. Pedro, que prontamente decretou que as tropas portuguesas no Brasil deveriam se submeter à sua autoridade ou deixar o país. Apesar de algumas cidades de Minas Gerais terem se mostrado, como São Paulo e o Rio de Janeiro, tanto fiéis à regência de d. Pedro quanto contrárias às ordens das Cortes, o mesmo não aconteceu com uma de suas principais cidades: Ouro Preto. D. Pedro, percebendo a necessidade de integrar as três províncias por completo à sua causa, partiu para Minas Gerais em 25 de março. Com uma grande tropa para subjugar a cidade? Não: com quatro companheiros de viagem e uma escolta formada por três soldados.

A chegada do príncipe às cidades que ficavam ao longo do caminho causou o efeito que ele deveria ter imaginado: foi saudado entusiasticamente. Afinal, fora as efígies em moedas e medalhas, somente o povo da Bahia e do Rio de Janeiro tinha visto e se aproximado de um membro da família real. Lembremo-nos de que, muito além de uma celebridade, condição de que gozaria nos dias de hoje, à época o príncipe era "o ungido", o destinado a ocupar um trono ancestral e herdar nações.

Ao chegar a Ouro Preto, d. Pedro lançou um proclama para que a cidade se submetesse a ele, no que foi prontamente atendido. Pacificada

Minas Gerais, o príncipe instituiu eleições e retornou ao Rio de Janeiro, onde foi recebido com júbilo pela população. Em 13 de maio, a Maçonaria conferiria a ele o título de "Defensor Perpétuo do Brasil".

Uma semana depois, a Câmara do Rio de Janeiro solicitava a d. Pedro a convocação de uma Assembleia Constituinte. O príncipe submeteu o pedido ao Conselho de Procuradores quando de sua reunião, em 2 de junho. Com o pedido aprovado por maioria absoluta, d. Pedro lavrou o decreto de 3 de junho que convocou a Assembleia, a se reunir no ano seguinte. Para a Bahia, ainda tomada pela guerra entre portugueses e brasileiros, despachou em julho um militar francês de nome Pierre Labatut, que vivenciara na Europa diversas batalhas. Labatut ficaria à frente de uma expedição de cerca de trezentos soldados e oficiais cujo objetivo era prestar ajuda aos patriotas.

A marcha dos acontecimentos levou o príncipe, afoito por honras e glórias, a encarnar por completo o espírito de independência dos brasileiros, sobretudo após a morte de d. João Carlos. Em agosto, d. Pedro chamou de volta os deputados brasileiros junto às Cortes em Lisboa e declarou guerra às forças armadas portuguesas que ainda permaneciam no Brasil. Além disso, lançou manifestos às nações amigas para que, daquele momento em diante, tratassem diretamente com o governo local, não mais com Portugal.

O assunto foi notícia nos principais jornais da Europa. Em setembro, fazendo uma análise dos últimos acontecimentos no Brasil, o jornal londrino *The Courier*[16] via assim a questão toda: "Há algumas semanas aludimos à possibilidade de que a conduta do Príncipe Real, opondo-se à vontade das Cortes Soberanas e aos aparentes desejos de seu pai, resultaria de uma combinação política entre eles, a fim de garantir o Império Brasileiro para a Casa de Bragança [...]".

As considerações continuavam. A imprensa britânica revelou seu conhecimento de uma carta íntima e particular trocada entre d. Pedro e d. João VI em 19 de junho, na qual o príncipe lembrava ao pai as palavras ditas antes de o rei partir do Rio de Janeiro: "Pedro, se o Brasil se separar, antes seja por ti, que me hás de respeitar, do que para algum desses aventureiros". O jornal acrescentou ainda: "Estamos curiosos para saber o que as Cortes Soberanas dirão ao rei quando da revelação dos desígnios secretos que animaram o príncipe".

Após seu retorno a Portugal e a mudança do regime, o bonachão d. João, tendo as Cortes governando em seu lugar, abria todos os dias os jornais de Lisboa e dizia, segundo os cronistas da corte portuguesa: "Vamos ver o que eu decidi ontem". Com isso, fazia alusão às leis publicadas em seu nome e sem o seu conhecimento. Seria importante revermos a imagem de rei covarde e pusilânime, imaginando se, na realidade, não estaria ele por trás da independência brasileira, assegurando ao filho e ao futuro neto, d. Pedro II, a coroa do maior país da América do Sul.

De todo modo, não era apenas d. João quem jogava. Como ele mesmo afirmou em carta ao filho, o rei era o único a favor de d. Pedro. D. Carlota e os outros urdiam para que d. Miguel assumisse o trono. Talvez tenha partido desses antagonistas a divulgação, na Europa, da carta de d. Pedro falando que o pai o instruíra a separar o Brasil do império lusitano. A grave revelação de que o rei de Portugal estava mancomunado com o príncipe regente do Brasil poderia ser o suficiente, se bem conduzida a trama, para afastar d. João do trono português.

Nem tudo no Brasil, porém, obedecia rigidamente a um plano preconcebido, e ainda havia muito trabalho a ser feito. Se alguns portugueses, funcionários públicos, militares etc. haviam se alinhado às ideias do príncipe, isso não ocorreu de maneira unânime. Tendo percebido o rumo que o país seguia, o governador do Rio Grande, general Saldanha, pediu demissão do posto e, buscando honrar seu juramento ao rei de Portugal, quis retornar à Europa. No entanto, foi preso e levado ao Rio de Janeiro, onde d. Pedro mandou soltá-lo. Tanto o príncipe quanto José Bonifácio tentaram aliciá-lo à causa brasileira, mas foi em vão. No fim, d. Pedro acabou por concordar com seu regresso a Lisboa, ao que se seguiria o de diversos outros amigos e antigos colaboradores.

Enquanto isso, São Paulo, que sob a liderança de José Bonifácio havia se alinhado ao príncipe, causava agora problemas. Parte do governo decidiu voltar-se a Portugal e expulsar Martim Francisco da junta governativa de São Paulo. O Andrada foi preso e enviado ao Rio de Janeiro. Lá chegando, foi nomeado ministro do Tesouro pelo irmão, que então ocupava o cargo de ministro de Estado dos Negócios do Reino do Brasil e Negócios Estrangeiros. A indisposição entre os irmãos Andrada e o governo paulista fez com que o presidente da junta de governo da província fosse demitido, mas, como ele não partisse para o Rio como ordenado, d. Pedro resolveu fazer o mesmo que fizera em Minas Gerais: foi apaziguar a capitania.

SETE DE SETEMBRO

D. Pedro partiu do Rio de Janeiro para São Paulo em 14 de agosto. A cidade voltava à sua vida após a mudança de planos de d. João VI em 1807, que, em vez de mandar o filho para lá acompanhado de uma tia-avó, decidira embarcar a família inteira para o Rio de Janeiro.

No dia 13, antes de deixar a capital, d. Pedro publicou um decreto redigido por José Bonifácio, mediante o qual nomeava d. Leopoldina regente em seu lugar, sendo-lhe autorizado despachar com os ministros, os secretários e o Conselho de Estado enquanto o príncipe estivesse viajando.

D. Pedro vinha acompanhado de uma pequena escolta formada por um secretário, dois criados, o jovem militar brasileiro Francisco de Castro Canto e Melo e Francisco Gomes da Silva, o Chalaça. A exemplo do que ocorrera em Minas Gerais, durante a viagem a comitiva engrossou, recebendo a adesão de cidadãos notáveis da região do Vale do Paraíba. No dia 24, já no subúrbio paulista, d. Pedro pernoitou na Penha, de onde despachou Chalaça e Francisco de Castro, promovido por ele a alferes havia três dias, para verificar o "espírito" dos moradores da cidade. Segundo recordaria Castro em 1864:

> A 24, 10º dia da jornada, passou o príncipe na povoação da Penha. À noite, por ordem do mesmo, eu e Francisco Gomes viemos à cidade, a fim de observarmos o estado em que ela

> se achava, e podermos prestar exatas informações a respeito; regressamos à meia-noite, dando notícias da perfeita quietação em que a tínhamos encontrado.[1]

D. Pedro e sua comitiva entraram em São Paulo logo pela manhã. Os cavaleiros venceram a colina da Penha e avistaram, ao longe, uma outra, cercada de várzeas, local fácil de ser defendido pela posição geográfica. O alto da colina ostentava as torres de oito igrejas, dois conventos e três mosteiros. Comparada ao Rio de Janeiro, a cidade era diminuta. Passando pela Várzea do Carmo,[2] d. Pedro subiu a Ladeira do Carmo[3] em direção ao então núcleo urbano, que pouco lembrava a capital. As construções eram, em sua maioria, feitas com pau a pique ou taipa de pilão, ambas usando o barro como elemento principal. Eram raros os edifícios feitos de pedra ou tijolo. As mulheres escondiam-se — viam, mas não eram vistas — por detrás das treliças e muxarabiês das janelas, herança moura que já fora banida do Rio por decreto de d. João VI. Ao contrário da antiga sede da corte, São Paulo não tinha iluminação pública, o comércio era de gêneros de primeira necessidade e havia poucos luxos e importados.

A escravizada Lucrécia Cananeia Galvão, de 9 anos, viu quando d. Pedro ingressou em São Paulo. Cento e doze anos depois, em 23 de dezembro de 1934, ela recordava, ainda lúcida: "[...] Ele chegou a cavalo, acompanhado de muitos moços e trazia a sua roupa com um pouco de barro da estrada. [...] [ele era] um moço bonito, de olhar alegre e de barbas 'suíças'. Quando apeou do cavalo, então, causava admiração. Alto, elegante e sem luxo".[4]

Outra testemunha da entrada de d. Pedro foi Francisco de Assis Vieira Bueno, que tinha pouco mais de 6 anos quando viu o príncipe adentrar a cidade, na manhã de 25 de agosto.[5] Ele se lembraria da chegada, dos fogos, do canhoneio e da festa. Vira o futuro imperador atravessar a galope a ponte do Carmo e parar no meio da ladeira, onde foi recepcionado pelo bispo d. Mateus Pereira e por representantes políticos. Vieira Bueno registrou um boato interessante em suas memórias: d. Pedro teria estado na cidade na véspera, na calada da noite, incógnito, junto com "Chico" de Castro. Teria ali conhecido a irmã divorciada do alferes, Domitila de Castro do Canto e Melo?

A futura marquesa de Santos, Domitila de Castro, apelidada Titília, poderia ser descrita como atraente para o modelo de beleza da época; era também simpática, espirituosa e muito divertida. Sua pele clara e bem cuidada deve ter chamado a atenção de d. Pedro, bem como seus olhos, de um profundo tom de verde. O nariz, delicado, era levemente curvo; a boca, benfeita, com dentes brancos. Por ser alta, seus quadris e seios avantajados não pareciam desproporcionais e não apresentava músculos ou ossos aparentes.

Nove meses mais velha que o príncipe e onze mais nova que d. Leopoldina, aos 24 anos Domitila já era mãe de três filhos e estava separada do marido, o alferes Felício Pinto Coelho de Mendonça. Felício era moço fidalgo da Casa Real, filho do capitão-mor Felício Pinto Muniz Coelho da Cunha, dono de lavras de ouro na fralda da serra de Cocais, onde a família estabelecera um feudo que originaria a cidade de Barão de Cocais. Felício e Domitila casaram-se em São Paulo no dia 13 de janeiro de 1813, partindo em seguida para Minas. Lá se estabeleceram, ela com 15 anos recém-completados e ele com 24. A união não foi das mais felizes porque Domitila, diferentemente das outras mulheres de seu tempo, não aguentou calada os maus-tratos do marido: pegou os filhos e retornou à casa paterna, no que foi logo seguida por ele.

Os dois tentaram refazer o casamento, mas Felício acabou mergulhando cada vez mais na bebida e em dívidas de jogo. Chegou ao ponto de falsificar a assinatura da mulher para poder vender terras em Minas que pertenciam ao casal. O fim do casamento se deu em 1819, quando Felício esfaqueou Domitila em público. Ele foi preso e ela passou quase dois meses entre a vida e a morte. Começava aí a briga entre as famílias pela guarda das crianças — uma disputa que chegaria ao conhecimento de d. João VI[6] e que ainda não fora resolvida quando da chegada de d. Pedro a São Paulo.

É fato que o jovem Francisco, além de guia da viagem, se tornou amigo de d. Pedro durante a jornada. Fazia parte do gênio do príncipe distinguir as pessoas que o serviam bem, sobretudo se tivessem problemas — e isso era o que a família do alferes mais tinha. Nessa época, o pai de Francisco, o militar João de Castro do Canto e Melo, apesar de ter solicitado sua reforma[7] no exército em abril de 1822 na patente de tenente-coronel, estava, assim como a maioria dos militares portugueses no Brasil, sem receber o soldo já havia meses. Enquanto isso, vivia do aluguel de mulas para a descida e a subida de mercadorias pela serra do Mar, próximo a um local denominado Moinhos.

A chegada de d. Pedro, em companhia do filho Francisco, representava uma ótima oportunidade para resolver não só a questão de sua aposentadoria, mas também duas outras. A pendência do divórcio de Domitila e a guarda dos filhos tidos com Felício era uma; a outra era interceder pelo genro, Antônio Bernardo Quartim, casado com a filha que João tivera fora do casamento, Maria Eufrásia de Castro. Quartim, por ter participado da revolta contra os Andrada, fora deportado para Jundiaí. A crônica familiar dos Quartim de Moraes dá como certo que foi Domitila quem conseguiu do príncipe a libertação do cunhado.

Antônio José de Oliveira,[8] casado com uma prima de Domitila e ajudante de ordens do imperador, deixou um relato curioso de um dos primeiros encontros entre ela e o príncipe em São Paulo, antes de 7 de setembro. D. Pedro, ao vê-la chegando numa cadeirinha transportada por escravizados, teria dispensado um carregador e assumido ele próprio um dos varais, afirmando querer ver o peso da ocupante. Titília, entre risos encabulados, admirava-se: "Como vossa alteza é forte! Como vossa alteza é forte!".

Em meio a risadas e flertes, os escravizados teriam sido enfim substituídos por homens da guarda de honra, com d. Pedro, segundo Oliveira, brincando que "jamais Domitila teria negrinhos como aqueles".

Levando-se em conta o gênio indomável de d. Pedro I, que, às vésperas da Independência, haveria de ser esbofeteado em Santos por uma bonita escravizada que beijara na rua, a história relatada bem poderia ser verdadeira.

Sabemos, pois d. Pedro deixou diversas vezes registrado em cartas para Titília, que ele passou a ter *amizade* com ela em 29 de agosto de 1822. A *amizade* a que o imperador se refere é bem menos inocente do que a palavra nos leva a imaginar: os dois passaram a ser íntimos nessa data, e o primeiro filho que teriam foi provavelmente concebido entre 29 de agosto e 14 de setembro.

D. Pedro foi bem recebido em São Paulo. Logo se organizaram diversos beija-mãos no Palácio do Governo, para onde acorreram não somente as autoridades da cidade, mas também pessoas vindas de vilas e lugarejos próximos. Foi esse o caso do idoso capitão-mor de Itu, Vicente da Costa Taques Góes e Aranha. De idade bem avançada, o capitão percorrera 113 quilômetros a cavalo para ter a honra de beijar a mão do príncipe. Este teve um ataque de riso ao ver o velho vassalo com um uniforme antiquado e uma peruca branca e empoada, os quais deviam ter sido moda uns cinquenta anos antes. Profundamente magoado e chocado com a atitude descortês de d. Pedro, o capitão-mor declarou altivamente: "Saiba Vossa Alteza Real que com esta farda, com que o sirvo já por muitos longos anos, servi aos senhores reis seus augustos pais, avós e bisavós".[9] Em seguida, curvou-se respeitosamente, retirando-se com tanta dignidade, que fez o príncipe — homem impulsivo, de riso fácil, de educação abrutalhada e sem refinamento — cobrir-se de remorsos e ir se desculpar pela grosseria cometida. Ao longo de sua vida, atos impensados de d. Pedro iriam fazê-lo se arrepender e se desculpar muitas vezes; este é apenas um dos exemplos. Houve também casos em Minas e no Rio de Janeiro, nos quais sua esposa, d. Leopoldina, estava constantemente envolvida.

Tendo pacificado São Paulo, o príncipe ordenou que se realizassem novas eleições para ocupar os cargos do governo deposto da capitania. Enquanto isso, encarregou-se do governo local. Em 5 de setembro, desceu até a cidade de Santos, no litoral, para inspecionar as defesas do porto e visitar a família dos irmãos Andrada, naturais da cidade.

No dia 7, subiu de Santos a São Paulo pela estrada de ligação entre o litoral e o planalto. A tela de Pedro Américo intitulada *Independência ou morte*, que hoje se encontra no salão nobre do Museu Paulista, não tem relação fidedigna com o que de fato se passou na ocasião: exceção feita ao retrato de alguns envolvidos e a algo da topografia do local, o restante foi completamente inventado pelo pintor. Não que ele fosse um mentiroso contumaz — muito pelo contrário. Quando se solicitava o retrato histórico de um evento, valia mais o modo de contar a história — que fosse bonita e dignificasse os personagens envolvidos — do que a representação fiel. Na época, a construção de uma identidade nacional raramente era feita mostrando-se a realidade nua e crua dos eventos históricos.

Na verdade, d. Pedro não vestia uma farda de gala na ocasião, e sim uma fardeta azul de polícia, sem luxo algum. Trajava calças da mesma cor, botas grandes e envernizadas e um chapéu armado. Também levava sua espada. Ia montado em uma "besta baia gateada" (ou uma "égua possante gateada", ou ainda uma "bela besta baia").[10] De acordo com as memórias deixadas pelo primeiro comandante de sua guarda de honra, o coronel Antônio Leite Pereira da Gama Lobo: "Já havíamos subido a serra, quando d. Pedro queixou-se de ligeiras cólicas intestinais, precisando por isso apear-se para empregar os meios naturais de aliviar os sofrimentos". Ainda segundo Gama Lobo, assim que chegaram ao planalto, sozinhos ele e d. Pedro, pois o restante da comitiva ficara para trás, um correio vindo do Rio de Janeiro alcançou o príncipe e entregou-lhe ofícios e cartas enviadas pela regência. Ao lê-los, "disse-me que as Cortes queriam massacrar o Brasil".

Assim que a guarda de honra os encontrou, d. Pedro, tendo que parar e desmontar a todo momento por conta da disenteria, mandou que a comitiva "passasse adiante e fosse seguindo". Se o príncipe não os alcançasse antes, deveriam esperá-lo na estrada de São Paulo. Ainda segundo Gama Lobo:

> Chegado ao [ribeirão do] Ipiranga, sem que ninguém aparecesse, fiz parar a guarda junto a uma casinhola que ficava à beira da estrada, à margem daquele riacho. Para prevenir qualquer surpresa, mandei o guarda Miguel de Godoy, que era

> um dos mais moços, colocar-se de atalaia[11] em lugar de onde pudesse descobrir a aproximação do príncipe para nos avisar com tempo de nos pormos em forma e escoltá-lo à entrada da cidade.

Enquanto aguardavam a chegada de d. Pedro e do restante da comitiva, aproximaram-se da guarda de honra dois cavaleiros:

> Vimos chegar dirigindo-se para o nosso lado dois viajantes que logo reconhecemos serem pessoas de consideração. Eram Paulo Bregaro, oficial da Secretaria do Supremo Tribunal Militar, e o major Antônio Ramos Cordeiro, que a mandado de José Bonifácio vinham do Rio de Janeiro apressadamente, procurando d. Pedro.

Os correios traziam despachos do governo de Portugal e notícias das Cortes, além de cartas de José Bonifácio e de d. Leopoldina. Em 28 de agosto, chegara ao Rio de Janeiro o navio *Três Corações*, que, tendo deixado Portugal em 3 de julho, trazia informações a respeito do que se passava em Lisboa. Soube-se — talvez por nota de deputados brasileiros no congresso, extratos da ata ou algum resumo das decisões — das resoluções que seriam adotadas em relação ao Brasil. Somente em 21 de setembro, pelo navio *Quatro de Abril*, chegariam as cartas régias obrigando ao cumprimento de tais resoluções.

As resoluções, debatidas nas Cortes em junho de 1822 e votadas em 1º de julho, negavam a petição enviada do Brasil para que se repensasse a fragmentação do reino em províncias ligadas diretamente a Portugal. Além do mais, as Cortes consideravam violenta e injuriosa a linguagem usada pelo governo provisório de São Paulo em carta a d. Pedro, de dezembro de 1821, na qual pedia que não obedecesse às ordens de deixar o Brasil. Os membros do governo, incluindo José Bonifácio, agora ministro, deveriam ser presos, processados e julgados. Todas as decisões do príncipe ficavam anuladas, inclusive a criação do Conselho de Procuradores. Para piorar, d. Pedro e a família deveriam cumprir as ordens anteriores e retornar à Europa. Além disso, vinham também informações, da princesa e de José Bonifácio, do desembarque de tropas na Bahia e da chegada prevista de mais reforços portugueses, que fariam do local uma ponta de lança para varrer do restante das províncias brasileiras quem se posicionasse com o príncipe pela unidade do Brasil.

Os despachos vindos do Rio de Janeiro ainda davam conta de uma reunião do Conselho de Estado, convocado e presidido por d. Leopoldina em 2 de setembro, no palácio de São Cristóvão. Além dos ministros, estavam também presentes os procuradores-gerais das províncias, entre eles José Gonçalves Ledo e José Clemente Pereira. Segundo o cronista Melo Morais, apoiado em informações que lhe passara o conselheiro Vasconcelos de Drummond, presente a essa reunião:

> [...] Ali se deliberou sem discussão, depois de José Bonifácio ter feito uma exposição verbal do estado em que se achavam os negócios públicos, e de concluir, dizendo ter chegado a hora de acabar com aquele estado de contemporizar com os seus inimigos, que o Brasil tinha feito tudo quanto humanamente era possível fazer para conservar-se unido com dignidade a Portugal, mas que Portugal, em vez de acompanhar e agradecer a generosidade com que o Brasil o tratava, insistia nos seus nefastos projetos de o tornar à miserável condição de colônia, sem nexo e nem centro de governo, que portanto ficasse com ele a responsabilidade da separação. Propôs que se escrevesse ao sr. d. Pedro para que Sua Alteza Real houvesse de proclamar a independência sem perda de tempo. A princesa real, que se achava muito entusiasmada em favor da causa do Brasil, sancionou com muito prazer a deliberação do Conselho![12]

Segundo a historiadora Viviane Tessitore:[13]

> Leopoldina não teria tomado uma atitude de tal dimensão sem uma margem mínima de segurança de que d. Pedro ratificaria o seu ato. Poderia ser constrangedor e até arriscado. Mas o apoio de José Bonifácio, que integrava o Conselho e de quem se tornou amiga, confidente e admiradora, provavelmente contribuiu para encorajá-la.[14]

Ou seja, marido e mulher já haviam conversado seriamente a respeito de tomar a frente do movimento que separaria o Brasil de Portugal. D. Pedro, portanto, daria o aval e ecoaria, de maneira impulsiva, a decisão do Conselho de Estado naquela tarde.

Junto dos despachos, haveria também uma carta de José Bonifácio:

> Senhor, as Cortes ordenaram a minha prisão por minha obediência à Vossa Alteza. E no seu ódio imenso de perseguição atingiram também aquele que preza em o servir com lealdade e a dedicação do mais fiel amigo e súdito. O momento não comporta mais delongas ou condescendências. A revolução já está preparada para o dia de sua partida. Se parte, temos a revolução no Brasil contra Portugal, e Portugal atualmente não tem recursos para subjugar um levante que é preparado ocultamente para não dizer quase visivelmente. Se fica, tem Vossa Alteza contra si o povo de Portugal, a vingança das Cortes, que direi?, até a deserdação, que dizem já estar combinada. Ministro fiel, que arrisquei tudo por minha pátria e pelo meu príncipe, servo obedientíssimo do senhor D. João VI, que as Cortes têm na sua detestável coação, eu como ministro, aconselho a Vossa Alteza que fique e faça do Brasil um reino feliz, separado de Portugal, que é hoje escravo das Cortes despóticas. Senhor, ninguém mais que sua esposa deseja a sua felicidade, e ela lhe diz em carta que com esta será entregue que Vossa Alteza deve ficar e fazer a felicidade do povo brasileiro, que o deseja como seu soberano, sem ligações e obediências às despóticas Cortes

portuguesas que querem a escravidão do Brasil e a humilhação do seu adorado príncipe regente. Fique, é o que todos pedem ao magnânimo príncipe que é Vossa Alteza, para o orgulho e felicidade do Brasil. E se não ficar, correrão rios de sangue nesta grande e nobre terra, tão querida do seu real pai, que já não governa em Portugal pela opressão das Cortes, nesta terra que tanto estima a Vossa Alteza e a quem tanto Vossa Alteza estima. José Bonifácio.

D. Leopoldina dizia ao marido:

Pedro, o Brasil está como um vulcão. Até no paço há revolucionários. Até oficiais das tropas são revolucionários. As Cortes Portuguesas ordenam vossa partida imediata, ameaçam-vos e humilham-vos. O Conselho do Estado aconselhava-vos para ficar. Meu coração de mulher e de esposa prevê desgraças, se partirmos agora para Lisboa. Sabemos bem o que tem sofrido nossos pais. O rei e a rainha de Portugal não são mais reis, não governam mais, são governados pelo despotismo das Cortes que perseguem e humilham os soberanos a quem devem respeito. Chamberlain vos contará tudo o que sucede em Lisboa. O Brasil será em vossas mãos um grande país. O Brasil vos quer para seu monarca. Com o vosso apoio ou sem o vosso apoio ele fará a sua separação. O pomo está maduro, colhei-o já, senão apodrece. Ainda é tempo de ouvirdes o conselho de um sábio que conheceu todas as cortes da Europa, que, além de vosso ministro fiel, é o maior de vossos amigos. Ouvi o conselho do vosso ministro, se não quiserdes ouvir o de vossa amiga. Pedro, o momento é o mais importante de vossa vida. Já dissestes aqui o que ireis fazer em São Paulo. Fazei, pois. Tereis o apoio do Brasil inteiro e, contra a vontade do povo brasileiro, os soldados portugueses que aqui estão nada podem fazer. Leopoldina.[15]

Ambos, tanto d. Leopoldina quanto José Bonifácio, apelaram para o orgulho de d. Pedro e tocaram na questão de que tudo o que ele fizera e decretara no Brasil seria desfeito pelas Cortes. Se acatasse as ordens portuguesas, d. Pedro deixaria o Brasil como virtual prisioneiro delas.

Infelizmente, até hoje nenhuma das cartas, nem a de d. Leopoldina, nem a de José Bonifácio, foram fisicamente localizadas. Sabe-se delas devido a publicações realizadas a partir da década de 1920 em que aparecem citadas, copiadas de um folheto raro de 1826, onde teriam sido publicadas inicialmente.[16] A se dar crédito a essas cartas, elas sim teriam o poder de levar o príncipe a se revoltar e tomar uma atitude intempestiva diante de todos, como fez, em vez de, por exemplo, lavrar um decreto e lê-lo no teatro naquela noite.

São interessantes duas passagens da carta de d. Leopoldina. "Com o vosso apoio ou sem o vosso apoio ele fará a sua separação. O pomo está maduro, colhei-o já, senão apodrece." Esse trecho é como um eco daquilo que d. João teria aconselhado d. Pedro antes da partida em 1821: "Pedro, se o Brasil se separar, antes seja por ti, que me hás de respeitar, do que para algum desses aventureiros". D. Leopoldina e d. João provavelmente conversaram sobre o futuro do Brasil antes da despedida. Em outro trecho, ela diz: "Já dissestes aqui o que ireis fazer em São Paulo. Fazei, pois". D. Pedro já teria então decidido a separação do Brasil de Portugal — embora a independência real se tenha dado quando do não cumprimento dos decretos e ordens régios vindos da antiga metrópole —, e essa seria feita em São Paulo? É o que a carta sugere.

É possível imaginar duas hipóteses para a questão. A primeira seria que, sem a unidade das três principais províncias do Centro-Sul (Rio de Janeiro, São Paulo e Minas Gerais), a separação não daria certo por questões econômicas e administrativas. Como São Paulo estava em disputa interna, era necessário resolvê-la e juntá-la ao grupo, o que d. Pedro fez ao dissolver o governo e assumi-lo até a posse dos novos eleitos. Apaziguada a província e banidos para lugares distantes os que eram favoráveis às Cortes, estava assegurada a participação paulista no ato, e assim não haveria mais motivos para adiamento. Que tudo, então, fosse logo consumado.

A segunda hipótese é que, uma vez que o Fico fora realizado no Rio de Janeiro, seria interessante que outro ato de impacto ocorresse em uma província diferente. Assim, outros locais do Brasil receberiam destaque no processo de independência, não sendo apenas a capital o palco de tudo. Dessa forma, as demais províncias poderiam ter a sensação de estarem realmente participando coletivamente do ato, não apenas acatando ordens vindas do Rio ou de Lisboa.

Segundo relato do padre Belchior, parente dos irmãos Andrada e testemunha ocular dos acontecimentos de 7 de setembro, d. Pedro, além das cartas de José Bonifácio e d. Leopoldina, bem como da decisão de separação tomada pelo Conselho de Estado, recebera mensagens de Henry Chamberlain, diplomata inglês radicado no Rio de Janeiro. Padre Belchior refere-se ao britânico como o "espião" de d. Pedro. Também haveria outra carta junto às demais, escrita por d. João VI.

Assim como d. Leopoldina, que só se valia de pessoas confiáveis ao enviar cartas a parentes — podendo, desse modo, desabafar sobre a vida no Brasil, certa de que as missivas chegariam ao destinatário e não seriam violadas —, não teriam d. João VI e d. Pedro estabelecido algum meio seguro de comunicação, mediante o qual as cartas não eram vigiadas? Poderiam ter contado com a velha Inglaterra para isso? É uma hipótese. Em alguma dessas cartas, o príncipe poderia ter tomado ciência não apenas das decisões das Cortes, mas também de que estava sendo chamado de *rapazinho* e de *brasileiro* por elas.

Após as cartas e os despachos terem sido entregues pelos correios a d. Pedro, este, novamente acometido pelas cólicas, afastou-se do restante do grupo na companhia do padre Belchior. Segundo o clérigo, d. Pedro pediu que ele lesse em voz alta o conteúdo do material recebido. Somando-se à tensão causada pelas notícias, e levando-se em conta o mal-estar em que o príncipe se encontrava, é de se imaginar o quão irritado ficou.

Ainda segundo o padre Belchior, d. Pedro, após se ajeitar, teria amassado as cartas e as jogado ao chão, de onde foram recolhidas e guardadas pelo religioso. O príncipe teria então procurado, em meio a seus próprios pensamentos, ouvir o que o padre tinha a dizer a respeito.

> Depois, abotoando-se e compondo a fardeta [...] virou-se para mim e disse:
>
> — E agora, padre Belchior?! E eu respondi prontamente:
>
> — Se Vossa Alteza não se faz rei do Brasil será prisioneiro das Cortes e talvez deserdado por elas. Não há outro caminho senão a independência e a separação.

Em seguida, os dois caminharam para junto da comitiva que os aguardava, onde d. Pedro, de acordo com relatos de testemunhas e com as lembranças legadas por seu futuro secretário, o Chalaça, teria se consultado ainda com outros integrantes: "S. M. meditou nas circunstâncias em que ele e o Brasil se achavam, e ouvindo os pareceres de muitas pessoas que escutara, sem que nenhuma delas suspeitasse inda para que era consultada, decidiu-se declarar de uma vez a Independência do Brasil".

Após ter com os companheiros, o príncipe encaminhou-se em silêncio para os cavalos, seguido de perto pela comitiva. Então, exclamou:

> — Padre Belchior, eles o querem, terão a sua conta. As Cortes me perseguem, chamam-me com desprezo de *rapazinho* e de *brasileiro*. Pois verão agora quanto vale o *rapazinho*. De hoje em diante estão quebradas as nossas relações; nada mais quero do governo português e proclamo o Brasil para sempre separado de Portugal.

Em seguida, o príncipe teria se voltado para Francisco de Canto e Melo:

> — Diga à guarda que eu acabo de fazer a independência completa do Brasil. Estamos separados de Portugal. — O tenente Canto e Melo cavalgou em direção a uma venda onde se achavam quase todos os dragões da guarda.

Gama Lobo relembra:

> Poucos minutos poderiam ter-se passado depois da retirada dos referidos viajantes [refere-se aos correios Bregaro e Cordeiro], e eis que percebemos que o guarda que estava de vigia vinha apressadamente em nossa direção ao ponto em que nos achávamos; compreendi o que aquilo queria dizer, e imediatamente mandei formar a guarda para receber d. Pedro [...]. Mas tão apressado vinha o príncipe, que chegou antes que alguns soldados tivessem tido tempo de alcançar as selas.

Ainda segundo Gama Lobo:

> Havia de ser quatro horas da tarde, mais ou menos. Vinha o príncipe na frente. Vendo-o voltar-se para o nosso lado, saímos ao seu encontro. Diante da Guarda que descreveu um semicírculo, estacou o seu animal e de espada desembainhada bradou:

Eis o que escreve o padre Belchior:

> — Amigos, as Cortes portuguesas querem escravizar-nos e perseguem-nos. De hoje em diante, nossas relações estão quebradas. Nenhum laço nos une mais. — E arrancando do chapéu o laço azul e branco decretado pelas Cortes, como símbolo da nação portuguesa, [o príncipe] atirou-o ao chão dizendo:
>
> — Laços fora, soldados! Vivam a independência, a liberdade e a separação do Brasil!
>
> Respondemos com um viva ao Brasil independente e separado, e um viva a d. Pedro. O príncipe desembainhou a espada, no que foi acompanhado pelos militares, os paisanos tiraram os chapéus. E d. Pedro disse:

— Pelo meu sangue, pela minha honra, pelo meu Deus, juro fazer a liberdade do Brasil.

— Juramos — responderam todos.

D. Pedro embainhou a espada, no que foi imitado pela guarda, pôs-se à frente da comitiva e voltou-se, ficando em pé nos estribos:

— Brasileiros, a nossa divisa de hoje em diante será Independência ou Morte!

Eram 4h30 da tarde. Tomando as rédeas de sua besta, d. Pedro esporeou-a e, seguido da guarda e da comitiva, partiu a galope para São Paulo. Em meio ao turbilhão de pensamentos e emoções que o acometia, teriam surgido nesse momento os primeiros acordes do Hino da Independência, que os paulistas diriam que ele apresentou naquela mesma noite?

Quando viajantes ilustres estavam para chegar, a municipalidade plantava, no alto da torre da igreja da Boa Morte, próximo a uma das entradas da cidade de São Paulo, vigias que ficavam a observar as estradas. Naquele início de crepúsculo, d. Pedro e sua comitiva eram esperados. A velocidade com que o príncipe vinha, deixando toda a comitiva e a guarda para trás, espantou os vigias. Mal eles fizeram soar os sinos de alarme, outras igrejas e conventos replicaram os toques. D. Pedro levantava poeira cidade adentro, rumando para o palácio do governo, no pátio do Colégio, de onde vinha governando São Paulo desde que chegara. Logo atrás, aproximava-se Francisco de Castro do Canto e Melo.

Um cavaleiro em desabalada carreira foi o que viram os transeuntes e o povo que, ao som dos sinos, acorreu às janelas. Mesuras, cumprimentos e perguntas ficaram no ar. Algo decerto havia ocorrido: boas ou más notícias? Quem as deu foi Francisco de Castro, o segundo cavaleiro a chegar, logo atrás do príncipe. Seu semblante radiante denunciava algo. Foi chamado pelo capitão Antônio da Silva Prado, futuro barão de Iguape, que, junto do desembargador João de Medeiros Gomes, ouvidor de Itu, e do padre Ildefonso Xavier,[17] acorreu a uma das janelas de seu solar, no centro, entre a travessa de Santa Teresa e a rua do Carmo. Canto e Melo relatou o ocorrido, ponto por ponto, e a notícia espalhou-se por toda São Paulo. Então, a multidão começou a sair de casa para saudar o príncipe no palácio do governo.

Enquanto isso, d. Pedro, homem perfeccionista e detalhista, esboçou em um papel o molde de uma legenda em formato de "v" invertido. Em uma das "pernas" aparecia a palavra "Independência" e, na outra, "ou Morte". Tão logo Canto e Melo chegou, d. Pedro mandou que procurasse algum ourives para fundir a peça em ouro, a fim de que ambos a usassem no teatro à noite.

O teatro de São Paulo era pequeno, baixo e estreito; tinha somente um andar. Externamente, o edifício era pintado de vermelho e tinha três portas negras. A plateia, com 350 lugares, era ocupada pelos homens. Os camarotes eram 28; no de número onze, o do governador, esperava-se o aparecimento do príncipe regente a qualquer momento. Tratava-se do único camarote mobiliado. As famílias seguiam ao teatro acompanhadas de escravizados que levavam cadeiras de casa, além de cestas de comida com frango assado, empanadas e cuscuz. O paulista, afinal, jantava cedo, e era normal que sentisse fome nas apresentações.

Francisco de Castro, às 9h30 da noite, abriu as cortinas do camarote em que acabava de chegar d. Pedro. O futuro imperador foi aclamado pelo povo paulista como o "primeiro rei brasileiro", brado puxado na plateia pelo padre Ildefonso Xavier, em conjunto com Antônio Leite Pereira Lobo e João de Castro Canto e Melo, segundo recorda o coronel Manuel Marcondes de Oliveira Melo, testemunha ocular. "Nessa noite histórica, todos ouviriam no teatro, pela primeira vez, o Hino da Independência. D. Pedro compusera-o no final da tarde e início daquela noite."

Nem d. Pedro, com toda a sua impetuosidade e todo o seu talento musical, seria capaz de tal feito se já não houvesse algo pronto anteriormente. É bem possível que os paulistas tenham escutado naquela noite o poema de Evaristo da Veiga, "Hino Constitucional Brasiliense", musicado por

Marcos Portugal. Posteriormente, d. Pedro tomaria o mesmo poema e o musicaria, com outra melodia, dando origem ao que conhecemos hoje como o Hino da Independência. Na época do Império, essa composição recebeu diversos nomes, como "Hino Nacional", "Hino Imperial", "Hino Constitucional" e "Hino do Imperador", e teria sido executado pela primeira vez em 25 de março de 1824, quando da outorga da primeira Constituição brasileira.

Francisco de Castro, em relato sobre o evento, contou: "Fez-se, afinal, ouvir o hino, no qual tomaram parte o príncipe, d. Maria Alvim, d. Rita e outras senhoras". No final do espetáculo, o príncipe poderia ter observado as cascas de queijo, os ossos de galinha e os caroços de azeitona que seriam deixados no chão, reminiscências das refeições que haviam matado a fome dos paulistanos naquela noite. No entanto, sairia antes do término da peça *O convidado de pedra*: as aventuras de d. Juan ele já conhecia; queria viver as próprias.

Em 8 de setembro, d. Pedro lançou uma proclamação aos paulistas em que anunciava relutantemente sua partida: "Coisa nenhuma me poderia ser mais sensível do que o golpe que minha alma sofre, separando-me de meus amigos paulistanos a quem o Brasil e eu devemos os bens que gozamos e esperamos gozar de uma Constituição liberal e judiciosa".

No dia seguinte, legando o governo paulista a um triunvirato formado pelo bispo da cidade, d. Mateus, pelo ouvidor local e pelo comandante militar da praça de Santos, d. Pedro partiu para o Rio de Janeiro. A pequena comitiva que o acompanhara a São Paulo agora retornava engrossada por gente paulista que se estabeleceria na corte junto ao governo, como João de Castro do Canto e Melo e Boaventura Delfim Pereira, respectivamente pai e cunhado de Domitila. Boaventura chegaria a tomar parte no cerimonial da coroação de d. Pedro.

Em novembro, finalmente, o príncipe teria um tempo, no meio do turbilhão político dos arranjos e acertos da Independência, para escrever à amante paulista, que andara reclamando sua atenção por meio de duas cartas:

Santa Cruz, 17 de novembro de 1822

Cara Titília

Foi inexplicável o prazer que tive com as suas duas cartas. Tive arte de fazer saber a seu pai que estava pejada de mim (mas não lhe fale nisto) e assim persuadi-lo que a fosse buscar e a sua família, que não há de cá morrer de fome, muito especialmente o meu amor, por que estou pronto a fazer sacrifícios.

Aceite abraços e beijos e fo...

Deste seu amante que suspira pela ver cá o quanto antes,

O Demonão[18]

Em maio de 1823, o pai de Domitila, já reformado no posto de tenente-coronel do Estado Maior do Exército, passaria a receber sua aposentadoria de 80 mil réis na intendência da corte, no Rio de Janeiro. Por volta dessa época, deve ter ocorrido a mudança de sua família para a capital do império. Conforme prometera d. Pedro, eles de fato não passariam fome por lá.

CONSOLIDANDO UM IMPÉRIO

D. Pedro, apostando corrida com sua guarda e os demais acompanhantes, partiu de São Paulo em 9 de setembro. Em geral, o correio a cavalo que ligava as duas cidades levava oito dias para entregar as cartas de um local ao outro; d. Pedro fez o mesmo percurso, enfrentando temporais e locais inundados, em cinco. O Chalaça ficaria em segundo lugar, chegando algumas horas após o príncipe ao Rio de Janeiro.

A cidade entrou em apoteose com a chegada de d. Pedro. No dia 15, ele foi ovacionado nas ruas e no teatro, onde compareceu com d. Leopoldina; no dia seguinte, em sua ida ao Paço da Cidade, ocorreu o mesmo. Sua popularidade estava no auge. Em 22 de setembro, após a chegada dos avisos régios que oficializavam no Brasil as determinações das Cortes, ordenando o retorno de d. Pedro a Portugal e anulando os decretos do príncipe, o futuro imperador tomou da pena e escreveu a d. João:

> [...] Embora se cometam todos atentados que em clubes carbonários forem forjados, a causa santa não retrogradará e eu, antes de morrer, direi aos meus caros brasileiros: vede o fim de quem se expôs pela pátria e imitai-me.
>
> Vossa Majestade manda-me, que digo, mandam as Cortes por Vossa Majestade que eu faça executar e execute os seus decretos. Para eu os fazer executar, era necessário que eu e os brasileiros obedecêssemos à facção; e para eu os executar era

preciso que eu quisesse. E visto isso respondo em duas palavras por mim e por todos eles: não queremos.

[...] Digo (tomando a Deus por testemunha e ao mundo inteiro) a toda essa cáfila sanguinária que eu, como príncipe regente do Reino do Brasil e seu defensor perpétuo: hei por bem declarar todos os decretos pretéritos dessas facciosas, horrorosas, maquiavélicas, desorganizadoras, hediondas e pestíferas Cortes que ainda não mandei executar e todos os mais que fizerem para o Brasil nulos, írritos e inexequíveis, e como tais com um veto absoluto que é sustentado pelos brasileiros todos que dizem juntamente comigo: De Portugal nada, nada, não queremos nada. Se esta declaração tão franca irritar mais os ânimos desses lusos-espanhóis, que mandem tropa aguerrida, na guerra civil que nós lhes faremos ver até que ponto chega o valor dos brasileiros. Se por acaso se atreverem a contrariar a nossa santa causa, em breve verão o mar coalhado de corsários e a miséria, a fome e tudo quanto lhe pudermos dar em troco de tantos benefícios será praticado, contra estes corifeus; mas quer quando os portugueses os conhecerem bem, eles lhes darão o justo prêmio.

Jazemos por muito tempo nas trevas, hoje já vemos a luz. Se Vossa Majestade cá estivesse, seria respeitado e amado e então veria que o povo brasileiro, sabendo prezar a sua liberdade e independência, se empenha em respeitar a autoridade real, pois não é um bando de carbonários e assassinos como os que têm a Vossa Majestade no mais ignominioso cativeiro.

Triunfa e triunfará a independência brasílica ou a morte nos há de custar.

O Brasil será escravizado, mas os brasileiros não, porque, enquanto houver sangue nas veias, há de correr e primeiramente hão de conhecer melhor o rapazinho e até que ponto chega sua capacidade.

Peço a Vossa Majestade a mande apresentar esta as Cortes para o terem mais com que se divirtam e gastem ainda um par de moedas a esse estígio Tesouro. Deus guarde a preciosa vida e saúde de Vossa Majestade como todos nós brasileiros desejamos.

Sou de Vossa Majestade.
Filho que muito o ama e súdito que muito o venera.
Pedro[1]

Aparentemente, nem d. Pedro, nem o pai queriam uma guerra, uma vez que isso prejudicaria os negócios dos dois países. Quem melhor resumiu a situação foi o jornal inglês *The Courier*, que em 2 de novembro de 1822 publicou:

> O rei de Portugal expressou afinal inequivocamente a sua desaprovação, sincera ou fingida, da conduta de seu filho. Através de um decreto de 9 de outubro, datado de Lisboa, ele proibiu o habitual regozijo no aniversário do Príncipe Real, até que, pela obediência às leis e as suas [do Rei] ordens, ele se tenha tornado digno de sua benevolência real e paternal. Este é apenas um insignificante ato de ressentimento, se de fato algum ressentimento existe. Na situação em que está, porém, o Rei não pode aprovar publicamente uma conduta que seria difícil de acreditar que o tenha ofendido. [...] Ele deve estar intimamente satisfeito com um rumo de acontecimentos que conserva em sua família uma esplêndida herança, que, em outras condições, poderia ter sido perdida.[2]

Nesse período, duas proclamações pediam a aclamação do príncipe como governante do Brasil, ambas nascidas na Maçonaria após proposta feita, na sessão de 14 de setembro, por Domingos Alves Branco Muniz Barreto. Enquanto Gonçalves Ledo se movimentava pelos canais maçônicos, pedindo ajuda dos irmãos para a decisão de se aclamar d. Pedro como imperador constitucional do Brasil, Clemente Pereira, presidente da Câmara Municipal do Rio de Janeiro, enviava a vilas e cidades do país, no dia 17, um manifesto que as exortava a aprovar resoluções solicitando que o príncipe se tornasse seu governante. Um dos motivos para a escolha do título de imperador, em detrimento do de rei, também vinha dos ideais liberais da Maçonaria: d. Pedro não subiria ao trono por direito divino, e sim eleito pelos povos que governaria, isto é, em virtude da soberania e aclamação popular.[3]

Enquanto isso, os novos símbolos de poder foram refeitos. Em 18 de setembro, d. Pedro e José Bonifácio assinaram e rubricaram diversos decretos instituindo a nova bandeira e o novo brasão de armas, que levava as cores verde, da casa de Bragança, e amarela, da casa dos Habsburgo. O desmonte histórico praticado pelos republicanos recodificaria essas cores e as transformaria no verde de nossas matas e no amarelo de nosso ouro, nossa riqueza.

A aclamação de d. Pedro foi programada para 12 de outubro, data de seu aniversário de 24 anos. Apesar da chuva que caía sobre os cariocas naquele sábado, o povo foi em peso prestigiar seu novo governante no Campo de Santana,[4] que após a ocasião passou a ser chamado de praça da Aclamação (ao menos até 1889, quando do advento da República). Por volta das 9 horas da manhã, tropas selecionadas chegaram, formadas por fluminenses e paulistas. Infantaria, cavalaria, artilharia, granadeiros, caçadores e fuzileiros se alinharam na praça, à espera do futuro imperador. Enquanto isso, toda em festa e decorada, ostentando arcos do triunfo e coretos onde tocavam orquestras, a cidade ouvia as salvas dos fortes e dos navios à entrada da baía de Guanabara.

Por volta das 10 horas da manhã, uma guarda de honra formada por oficiais fluminenses e paulistas e três moços de estribeira — um índio, um pardo e outro negro — chegou ao local, indicando a aproximação de d. Pedro. O imperador vinha acompanhado de d. Leopoldina e da filha, a princesa d. Maria da Glória. Seu destino era o palacete de madeira que d. João VI mandara construir em 1818 no Campo de Santana para as festividades populares de sua aclamação como rei de Portugal, Brasil e Algarves e que fora reconstruído.[5] D. Pedro e a família foram recebidos pelos vereadores e por um discurso de Clemente Pereira, presidente do Senado, em que afirmava:

> Quer o Brasil sustentar a sua integridade, e defender a sua Independência, e antes morrer, que perdê-la; e também quer que a sua forma de governo seja a de um Império Constitucional, Hereditário na Família Reinante de Vossa Majestade Imperial e seus augustos sucessores o distinto título de Defensor Perpétuo do Brasil.

No final do discurso, invocando o "Santo Liberalismo, o doce amor da verdadeira Glória e da Sólida Grandeza", Clemente Pereira pedia que mostrassem ao "nosso jovem Imperador em vivas cores a fealdade da escravidão e a nobreza da Liberdade".

D. Pedro assim respondeu:

> Aceito o título de Imperador Constitucional, e Defensor Perpétuo do Brasil, porque tenho ouvido a Meu Conselho de Estado, e Procuradores Gerais, e examinado as representações das Câmaras das diferentes províncias. Estou intimamente convencido que tal é a vontade geral de todas as outras, que só por falta de tempo não tem ainda chegado.

A essa resposta, todos os que estavam no edifício e na praça soltaram, em meio a abraços e congratulações, os mais calorosos vivas. A artilharia salvou 101 vezes; a infantaria descarregou três vezes para o ar. Vivas ao imperador, à imperatriz, à religião, à Independência e à Constituição foram entoados em altos brados. Seguiram todos à Capela Real — rebatizada de Capela Imperial logo após a Independência — para uma bênção.

A imperatriz e a princesa partiram de carruagem, enquanto d. Pedro seguiu a pé pelas ruas, debaixo de um pálio sustentado por procuradores de diferentes vilas e cidades. Lenços brancos saudavam-nos pelas janelas. Todos pareciam participar da festa, que durou seis dias.

Em 1º de dezembro, foi feita a cerimônia de sagração e coroação de d. Pedro. José Bonifácio, o barão de Santo Amaro, frei Arrábida, o bispo capelão-mor e o monsenhor Fidalgo elaboraram uma cerimônia que pouco tinha a ver com a aclamação dos reis até então realizada em Portugal. Ela uniu o cerimonial de coroação dos imperadores romano-germânicos com aquele de Napoleão e do rei da Hungria, em que se cortava o ar com a espada.[6]

Como em grande parte do processo da Independência, a coroação também apresentou elementos contrastantes de rompimento e continuidade. A data escolhida para a cerimônia, 1º de dezembro, era simbólica. Remetia à lembrança do dia da Restauração da Independência, quando, em 1640, começou o levante que levou ao fim da União Ibérica e à subida da Dinastia de Bragança ao trono de Portugal. Duzentos e doze anos depois, um Bragança passava a reinar num império independente na América.

O dia escolhido, um domingo, amanheceu tranquilo, com o céu claro. As tropas começaram a entrar em formação às 6 horas da manhã. Esquadrões de polícia e a guarda de honra foram para São Cristóvão, de onde deveriam escoltar d. Pedro e a família até o Paço da Cidade. O cortejo passou por ruas decoradas com arcos de triunfos e casas enfeitadas, e a música era garantida por diversas bandas que se colocaram ao longo do percurso.

Às 11 horas, organizou-se a comitiva que sairia do Paço em direção à Capela Imperial, onde o trono havia sido colocado na capela-mor. Diante do cortejo, seguiam as insígnias imperiais: a espada, o bastão, as luvas, o manto, o cetro e a coroa, cada um levado por um representante de uma das províncias brasileiras. Depois seguia, sob um pálio, com a cabeça descoberta, d. Pedro, usando uma farda e botas de montaria.

A igreja era um mar de uniformes, condecorações, vestidos, penas e joias. D. Leopoldina e d. Maria da Gloria foram colocadas na tribuna de honra, no alto, de frente ao trono. Também estavam presentes os representantes da Inglaterra, da França e dos Estados Unidos.

D. Pedro, após jurar sobre o Evangelho, foi ungido pelo bispo e coberto com um manto de veludo verde com forro de seda amarela, em formato de poncho, como a vestimenta usada em boa parte da América do Sul, bordado em ouro com desenhos de palmeiras e estrelas. Sobre ele, ia uma murça amarela, que substituía o arminho europeu por penas de papos de tucano, representando a continuidade entre os povos originários e esse novo monarca tropical. Seguiu-se uma missa, no fim da qual d. Pedro recebeu do capelão-mor uma espada de ouro, que ergueu e, simbolicamente, manejou golpeando o ar. Em seguida, tomando a coroa, o celebrante colocou-a na cabeça do imperador, dizendo em latim: *Accipe Coronam Imperii* ("Recebe a coroa do Império"). A última das insígnias a ser recebida foi o cetro, antes que d. Pedro se assentasse no trono, como o monarca legítimo do Brasil.

Nesse momento, com o imperador já entronizado, o coro da capela deu início ao "Te Deum Laudamus", a composição que d. Pedro havia feito para o batismo do seu filho e herdeiro d. João Carlos, o "protomártir da Independência". A música, agora, servia para dar graças aos céus pela entronização de d. Pedro, que dessa forma uniu a memória do filho à coroação.

A cerimônia terminou com o alferes-mor, o barão de Itanhaém, desenrolando um estandarte e pronunciando: "O muito Augusto Imperador D. Pedro I, Imperador Constitucional, Perpétuo Defensor do Império do Brasil, está coroado e entronizado. Viva o Imperador!".

O cortejo voltou ao Paço, onde foi lida e assinada a ata do juramento perante os membros do Senado da Câmara do Rio de Janeiro. Em seguida, d. Pedro foi até uma das janelas e, diante do povo, declarou: "Juro defender a Constituição que está para ser feita, se for digna do Brasil e de mim".

Assim como d. João havia criado a Ordem de Nossa Senhora da Conceição de Vila Viçosa para assinalar a sua aclamação como rei do Reino Unido de Portugal, Brasil e Algarves, d. Pedro também marcou a sua subida ao trono criando a Imperial Ordem do Cruzeiro. Posteriormente, durante a República, a condecoração se transformaria na Ordem do Cruzeiro do Sul.

Um império dividido, uma independência conquistada

Uma cerimônia, uma coroa, um cetro e uma espada podiam garantir um imperador, mas não automaticamente um império. Nem todas as cidades e vilas do Brasil enviaram suas aclamações a d. Pedro. A independência interessava ao sudeste brasileiro: era vantajoso para as elites de Minas, São Paulo e Rio de Janeiro ter uma sede de poder por perto, de forma que legislações e benefícios fossem realizados e obtidos rapidamente. O Brasil, no entanto, era imenso — e o sudeste, apenas uma parte sua.

Apesar de o marquês de Pombal ter proibido, no século XVIII, que o Brasil tivesse uma língua própria, a verdade é que, em 1822, nem todos falavam português na antiga colônia. A língua mais conhecida e utilizada no norte e no sul do país era a língua geral, que só se extinguiria completamente no final do século XIX. Dividia-se em dois ramos: a língua geral setentrional, conhecida como língua geral do norte ou língua geral amazônica; e a língua geral meridional, também chamada de língua geral paulista, em que se misturavam idiomas indígenas locais. Além do idioma, outra questão que dificultava a integração nacional era a geografia brasileira. Para o Maranhão e o Pará, era mais rápido, por exemplo, navios enviados de suas capitais chegarem a Lisboa do que ao Rio de Janeiro.

Na América, convencionou-se denominar "grito" qualquer proclamação ou declaração pública que anunciasse o rompimento com o *status quo* e oficializasse o movimento independentista. No México, existe o "Grito de Dolores"; na República Dominicana, o "Grito de Capotillo"; na Colômbia, o "Grito del 20 de Julio"; no Uruguai, o "Grito de Asencio"; e em Cuba, o "Grito de Yara". No Brasil, o ato de d. Pedro em São Paulo se tornaria conhecido como o "Grito do Ipiranga". Nem todos no Brasil, assim como na Europa, acolheram pacificamente o brado sul-americano.

A independência integral do território brasileiro esteve longe de ser harmônica. Aceitando o desafio proposto por d. Pedro na carta que enviara ao pai em 22 de setembro, as Cortes mandaram tropas para tentar reverter a desobediência do príncipe. O Brasil teve que se armar e contratar mercenários estrangeiros desejosos de lucrar com uma boa luta. Combateu-se no sertão e no mar, no norte, no nordeste e no sul.

Entre militares brasileiros e portugueses, foram milhares os mortos; houve, ainda, baixas civis, como o caso da sóror Joana Angélica de Jesus, antes mesmo do 7 de setembro: durante os distúrbios contra as tropas portuguesas no começo de 1822, a abadessa do convento da Lapa, em Salvador, postou-se ante os soldados lusitanos que queriam invadir o edifício. Dizendo que só passariam por cima de seu cadáver, buscava evitar que estuprassem as internas sob sua proteção. Isso de fato ocorreu, sendo ela morta a golpes de baioneta. Seria uma das primeiras vítimas da Independência. Somente em novembro de 1823, com a rendição da guarnição de Montevidéu, autorizada a partir para a Europa, o Brasil se veria livre de tropas portuguesas.

Lutas pelo poder na família Bragança

Enquanto isso, na Europa, as tropas da Santa Aliança invadiam a Espanha para acabar com a Constituição e instalar novamente os Bourbon em um trono absolutista. Como de costume, o que acontecia de um lado da fronteira afetava o outro. Em Portugal, o conde Amarante levantou o norte à causa absolutista. D. Miguel, assumindo postura política completamente oposta à do irmão d. Pedro, tomou a frente da revolta, que ficou conhecida com Vilafrancada. O que de fato queriam era a deposição de d. João, que, relutante, continuou fiel à Constituição que jurara. Vendo, porém, o movimento popular anticonstitucional, acabou por se juntar à causa e tornar-se, num só golpe, o líder do movimento. As Cortes foram dispensadas; diversos políticos e ministros, presos e torturados. O Absolutismo parecia voltar a Portugal, mas com d. João nunca se tinha absoluta certeza de nada.

Em abril de 1824, d. Miguel, novamente à frente de uma revolta — desta vez, daquela que passaria à história portuguesa como Abrilada

—, aprisionou seu pai no Paço da Bemposta por não ver os propósitos da revolta anterior aplicados integralmente. Voltou também a prender nobres e ministros, acusando-os de pertencerem à Maçonaria e de comungarem com seus ideais liberais.

Numa pronta resposta ao movimento, os diplomatas estrangeiros em Lisboa, sob a direção do embaixador francês Hyde de Neuville, seguiram para o Paço da Bemposta a fim de se colocar ao lado de d. João. Quando impedidos de ingressar pela guarda de d. Miguel, Neuville teria dito que "Sua Alteza [d. Miguel] é um vassalo e nós não reconhecemos senão o rei e lembre-se, que se perdoam aos filhos dos reis os seus desvarios, mas se enforcam os seus cúmplices".[7]

Sendo-lhes prontamente liberada a passagem, os estrangeiros viram o estado de virtual prisioneiro em que se encontrava d. João, que não conseguia governar de fato. Em 9 de maio, um plano foi colocado em prática. A pretexto de ir para um passeio e jantar em Caxias, d. João saiu do palácio com a filha, d. Isabel Maria, e outras infantas, refugiando-se em seguida numa nau inglesa atracada no Tejo, a *Windsor Castle*. À entrada do rei, o navio disparou uma salva e içou tanto o pavilhão real quanto a bandeira portuguesa, transformando o local, fortemente guardado pela marinha britânica, em um paço improvisado.

D. João convocou d. Miguel, que assumiu as consequências do golpe e aceitou o exílio. D. Carlota foi confinada em Queluz, uma vez que, pretextando doença, conseguiu não ser exilada — e olhem que d. João tentou: em carta ao cunhado, rei da Espanha, ele narrou todos os conflitos com a esposa.

> Desde o ano de 1806 tive provas convincentes dos projetos ambiciosos da rainha e dos indignos meios que ela procurava para os promover, chegando ao ponto de querer que eu fosse declarado inábil para continuar no governo. Não falarei nos múltiplos indícios de desafeição e de traição que subsequentemente nela tenho reconhecido até estes últimos tempos, em que, seduzindo a incauta mocidade de meu filho, o infante d.

> Miguel, o induziu, segundo todas as aparências, a tentar os atos de rebelião que são bem notórios, e que à custa do maior sacrifício consegui sufocar.

D. João terminava a carta sugerindo que o cunhado propusesse a d. Carlota "a necessidade de ir viver retirada em alguma província" na Espanha, ou ainda que partisse para a França ou Itália. Caso isso não acontecesse, d. João teria que tomar "outra resolução severa [...] para poder restituir a tranquilidade à minha Real Família e aos meus Estados".[8]

Desse incidente todo ainda teria resultado uma gravidez inesperada da infanta d. Isabel Maria, irmã de d. Pedro, que se tomara de amores por um aristocrático oficial britânico a bordo.[9]

D. Pedro, ao ser informado de tudo o que ocorrera em Portugal, escreveu ao pai:

> Rio de Janeiro, 15 de julho de 1824.
>
> Meu pai. O dever de filho e o amor que, como homem, consagro a Vossa Majestade me instam a que, pondo de parte a coroa que sobre minha cabeça foi colocada pela generosa nação brasileira, vá, por este modo, fazer constar a Vossa Majestade o desgosto que tive quando soube dos desatinos do mano Miguel e o quanto lhe desaprovo seu proceder, e se é verdade, segundo se diz, que ele fora traidor a Vossa Majestade, já, de hoje em diante, deixa de ser mais meu irmão, pois um bom filho jamais pode amar traidores.[10]

Aproveitando a ocasião, d. Pedro tocou na questão do reconhecimento do Brasil por Portugal:

> Permita-me Vossa Majestade que eu, como filho, lhe dê (posto que não pedidos) meus conselhos. Vossa Majestade, já, quanto antes, deve reconhecer a Independência do Brasil para

> seu próprio interesse. Da estabilidade do Império, jamais se pode duvidar, ele vai andando (apesar de alguns reveses que não enumero), sustentando-se e adquirindo cada vez mais força física e moral, que nunca poderá ser domada pelo velho e encanecido Portugal que, quanto mais quiser conquistar o Brasil, tanto mais se irá aniquilando, pois ele, sem o Brasil amigo, não tem comércio e sem comércio é nada. Posso assim falar, pois, de Portugal, já disse a Vossa Majestade que não queria nada.

D. Pedro lembrou que ele, como imperador, e d. João VI, como rei, estavam em guerra, e por isso deviam sustentar os direitos das duas nações de que eram chefes; como filho e pai, no entanto, tinham a obrigação de se amar. Por acreditar nisso, teceu diversos conselhos a d. João, solicitando-lhe que buscasse o reconhecimento do Brasil por parte de Portugal não somente pelo bem do povo português, mas também em vista da permanência do rei no trono.

> A vida de Vossa Majestade está em muito perigo, pois, em os fidalgos se unindo (como pretendem) ao descontente comércio, que se acha moribundo, ao desgraçado lavrador, que já não tem com que mate a fome à sua miserável família, e ao artista, que não trabalha por não terem extração suas manufaturas, Vossa Majestade vai debaixo irremediavelmente e ninguém lhe poderá, infelizmente, valer. Reconhecendo, Vossa Majestade, a independência, o comércio toma alentos, o lavrador já tem dinheiro com que mate a fome à sua família, o artista já trabalha, em uma palavra, já tudo fica contente.

Novamente, d. Pedro buscou uma oportunidade para se dizer fiel ao pai, a quem recomendou: "[...] reconhecer a independência do império brasílico em um filho tão seu amigo, em um filho que se não fez imperador, pois foi o amor dos brasileiros em paga de serviços e as circunstâncias, vistas de antemão por Vossa Majestade, que me fizeram".

Lembrou-lhe também que d. João, em carta de 31 de março de 1822, havia lhe dito: "regularás a tua conduta conforme as circunstâncias em que te achares, regulando tudo com toda a prudência e cautela". Ainda demoraria um pouco — e sairia caro — o reconhecimento, por Portugal, da perda definitiva do Brasil.

Ledo × Andrada, Império × República

O imperador, na carta que enviara ao pai, aproveitara para lhe informar que se tornara maçom. D. Pedro entrara para a nascente Maçonaria brasileira no início de agosto de 1822, a convite de Gonçalves Ledo e de Clemente Pereira. O convite também acabou se estendendo a José Bonifácio. Alguns dias depois, o príncipe seria eleito grão-mestre, só aceitando a nova posição em 7 de outubro. Os maçons, para desconforto de d. Pedro e, principalmente, de José Bonifácio, que tinha Ledo e Clemente Pereira como republicanos, exigiam que o futuro imperador jurasse — mais uma vez! — a constituição que não existia. Enquanto a Maçonaria trabalhava em favor da aclamação de d. Pedro, as coisas foram sendo levadas ao feitio de d. João VI, ou seja, em banho-maria.

Com os resultados favoráveis chegando de vilas e cidades do Brasil, Clemente e Ledo foram chamados por d. Pedro e José Bonifácio três dias antes da aclamação. Foi-lhes proibido que qualquer menção sobre um juramento prévio constasse da ata da Câmara do Rio e do discurso a ser pronunciado no dia da aclamação. Assim foi feito. Porém, devido a um editorial republicano que certo jornal carioca veiculara e que, segundo José Bonifácio, tivera como articuladores tanto Clemente quanto Ledo, nenhum dos dois estaria presente à coroação. O imperador, usando de seu posto de grão-mestre, fechou a Maçonaria e decretou a prisão de ambos no final de outubro de 1822. Ledo conseguiu fugir para Buenos

Aires, de onde passou a combater o governo de d. Pedro. Clemente Pereira não teve a mesma sorte: acabou sendo preso e exilado na França.

Tais ações, porém, não haviam sido motivadas apenas pela questão do juramento prévio a uma constituição inexistente e pela ameaça de republicanismo dentro da Maçonaria; também o fizeram as renúncias de José Bonifácio e de seu irmão, Martim Francisco, aos cargos de ministro, uma vez que não haviam concordado com a decisão de anistiar os envolvidos na bernarda de Francisco Inácio em São Paulo, responsável por depor os Andrada e enviar Martim Francisco, preso, ao Rio de Janeiro, em meados de 1822. Tanto Ledo como Clemente Pereira haviam solicitado anistia aos envolvidos, o que piorara a animosidade que os Andrada lhes destinavam.

D. Pedro preferiu antes fechar a Maçonaria e sacrificar Ledo e Clemente a perder os dois Andrada, que retomaram seus postos em 30 de outubro de 1822. Os dois eram, no momento, imprescindíveis: enquanto José Bonifácio se convertia em seu principal ministro e em seu mais valioso conselheiro, Martim Francisco conseguira recuperar parcialmente as finanças nacionais. Apesar de o Banco do Brasil continuar combalido, com o déficit do governo chegando a 6 mil contos (uma fortuna para a época), sua gestão regrada e o lançamento de bônus que ajudavam na guerra contra Portugal, entre outras ações, impediram que o governo se tornasse insolvente.

Certa história revela quão grande era a probidade de Martim Francisco. Em determinada ocasião, seu irmão José Bonifácio, após receber o salário, foi ao teatro e acabou por ser roubado. Ao saber do ocorrido, d. Pedro teria mandado chamar Martim Francisco e pedido que pagasse novamente ao conselheiro, ao que o ministro das Finanças teria retrucado: "Não, majestade. O ano tem doze meses, e não treze para os protegidos". Martim Francisco resolveu o problema do irmão dividindo o próprio salário com ele.

Valendo-se de seus postos no governo e da nova posição adquirida após 30 de outubro, os Andrada sentiram-se de tal maneira fortalecidos, que recrudesceram ataques, prisões, investigações e admoestações contra todos os seus numerosos inimigos, quer no Rio, em São Paulo ou em outras províncias.

A dupla, porém, logo viraria uma tríade, com a inclusão do irmão Antônio Carlos, ex-deputado paulista nas Cortes de Lisboa que havia sido eleito para a Assembleia Constituinte. Em 3 de maio de 1823, ela foi aberta por d. Pedro no edifício da antiga Casa de Câmara e Cadeia. O imperador chegou ao local tendo sua carruagem puxada por oito belas mulas; usava uma farda verde e um manto ornado com plumas amarelas, em forma de poncho. A coroa e o cetro, símbolos do poder do imperador, descansavam em uma mesa próxima ao trono quando d. Pedro pronunciou seu discurso, no qual inventariou as ações que o governo provisório praticara até então e reafirmou o que jurara ao povo no dia de sua coroação, na praça do Paço da Cidade:

> Como Imperador Constitucional, e mui especialmente como Defensor Perpétuo deste Império, disse ao povo no dia 1º de dezembro do ano próximo passado, em que fui coroado e sagrado, que com a minha espada defenderia a Pátria, a Nação e a Constituição, se fosse digna do Brasil e de mim. Ratifico hoje mui solenemente perante vós essa promessa, e espero que me ajudeis a desempenhá-la, fazendo uma Constituição sábia, justa, adequada e executável, ditada pela razão, e não pelo capricho, que tenha em vista somente a felicidade geral, que nunca será grande sem que esta Constituição tenha bases sólidas, bases que a sabedoria dos séculos tenha mostrado que são as verdadeiras para darem uma justa liberdade aos povos, e toda a força necessária ao Poder Executivo.

Ele enfatizou repetidamente, ao longo do discurso, que desejava que os deputados fizessem uma constituição que merecesse sua "real aceitação". Norteou ainda os trabalhos afirmando esperar que fosse criada uma divisão de poderes, tal como pregavam Locke, Rousseau e

Montesquieu: "Em que os três poderes sejam bem divididos de forma que não possam arrogar direitos que lhe não compitam, mas que sejam de tal modo organizados e harmonizados, que se lhes torne impossível, ainda pelo decurso de tempo, fazerem-se inimigos".

Apesar de certo esclarecimento e de suas noções de Liberalismo, d. Pedro traria sempre consigo um conflito íntimo: além de ser português e brasileiro, era um liberal que gostava de mandar. Criado dentro do Absolutismo, tinha consciência de seus deveres, mas muito mais dos seus direitos. Ao aceitar e lutar pela Constituição, entendia que, ao ceder parte de suas prerrogativas, de sua antiga herança absolutista, os deputados deveriam fazer com isso algo de relevante — caso contrário, não concordaria com a Constituinte. Isso causou ruído logo de início, com alguns deputados afirmando que a Constituição deveria ser digna do povo, e não do imperador.

Um imperador contra a escravidão

Há um rascunho no Arquivo Histórico do Museu Imperial[11] que demonstra que d. Pedro se dedicou arduamente a um texto contrário à escravidão no Brasil. É possível que essa tenha sido sua primeira ideia de discurso para a abertura da Assembleia, pois faz referência aos constituintes. Ao contrário da versão final, que acabou publicada, sob o pseudônimo O Filantropo, em 30 de maio no jornal *O Espelho*, o rascunho não menciona o "senhor redator". Eis como o texto se inicia:

> O amor que consagro à minha Pátria, os princípios de uma justa liberdade que tenho, e o quanto me interesso pela prosperidade e grandeza deste Império, me instam a que faça patente ao Público as minhas ideias acerca do comércio da escravatura, que, segundo penso, é uma das causas do atrasamento em que, por ora, estamos. [...]

> Poucas pessoas ignorarão que a escravatura é o cancro que rói o Brasil!; posto isto, é mister extingui-la. [...] Ao primeiro golpe de vista, saltam aos olhos os imensos e incalculáveis males que a escravatura nos traz consigo. Estes males são o justo prêmio de um direito por nós arrogado, e não adquirido, porque me não consta que haja direito algum dos homens se escravizarem uns aos outros. [...]
>
> Deixamos de ser industriosos, não buscamos modo algum de ganhar a vida, nem trabalhando em benefício particular, nem em público; não fazemos invenção alguma para vivermos, porque quem tem um escravo, manda-o a ganho. Não lhe importa que ele roube, fira ou mate, contanto que ele lhe traga o dinheiro que lhe estipulou por dia. Se o escravo assim o não faz — pancada de criar bicho [...].

Ao longo do artigo, d. Pedro apresentou um arrazoado a respeito da substituição dos escravizados por mão de obra imigrante e descreveu o plano, a ser futuramente implantado, de manter agentes na Europa para aliciar famílias e empregá-las ao bem do Estado, pagando assim os custos com transporte para o Brasil. O plano levaria dois anos para ser posto em prática. Ele transformaria a frota do comércio negreiro em navios imigratórios e proibiria o tráfico, mas permitiria a manutenção dos escravizados por seus donos, sem que pudessem, contudo, comprar novos. Os negros que nascessem posteriormente pertenceriam ao senhor. Segundo o imperador, isso humanizaria a relação entre o proprietário e a propriedade.

Por fim, d. Pedro invocava:

> [...] Algum deputado da nossa Assembleia, daqueles que mais se interessam pela felicidade do Brasil, faça alguma indicação a este respeito, e que, tomando-a ela em consideração, hajam de acordar alguma medida ditada pela humanidade e justiça, a fim de nos fazer sair do letargo em que há trezentos anos temos estado.

A pregação não caiu em solo fértil. Os deputados representavam os interesses da elite, à qual pertenciam e pela qual eram eleitos; e ela era majoritariamente formada por latifundiários detentores de dezenas de milhares de escravizados.

A CONSTITUINTE E A CONSTITUIÇÃO

Se realmente havia algo com o qual tanto d. Pedro quanto os deputados concordavam era a necessidade de pôr fim à perseguição dos Andrada a seus inimigos. Um dos primeiros atos da Assembleia foi propor anistia a todos os presos políticos, entre os quais aqueles envolvidos na bernarda de Francisco Inácio. Entretanto, Antônio Carlos e seus partidários conseguiram derrotar a proposta. O aviso, no entanto, já estava dado: nem todos concordavam com o autoritarismo e o radicalismo dos irmãos. Em 6 de junho, ocorreu o atentado contra o jornalista Luís Augusto May, redator do jornal *A Malagueta*. Em artigo publicado no dia anterior, May dirigira ataques tanto ao ministério quanto ao imperador. Os irmãos Andrada, bem como o próprio d. Pedro, foram logo colocados entre os suspeitos, o que gerou uma onda de críticas dentro da Assembleia.

Em meados de junho, o deputado Muniz Tavares propôs uma lei radical, segundo a qual os portugueses no Brasil deveriam ser declarados brasileiros e conservar suas posses, contanto que dessem provas de sua adesão à causa da Independência e à pessoa do imperador. Em plenário, a proposta foi sustentada por Antônio Carlos mediante um discurso que questionava a natureza ambígua do próprio imperador: "[...] Até no ápice e sumidade da nação um ser, sim raro, e que despira todo o lusitanismo para professar de coração o genuíno brasileirismo, mas que como homem não poderá nunca sufocar de todos os gritos da sua origem".[1]

Ficava clara a afronta ao imperador e aos milhares de portugueses que se dividiam entre a causa da Independência e sua origem lusitana, incluindo membros da elite, dos ministérios e da corte. A lei não foi aprovada, mas o estrago já estava feito; a intriga contra os Andrada tornou-se palpável.

Em 30 de junho de 1823, d. Pedro sofreu um dos mais perigosos acidentes a cavalo de sua vida. Segundo relatório enviado à Assembleia Constituinte em 8 de julho, o dr. Domingos Ribeiro dos Guimarães Peixoto, cirurgião da Imperial Câmara e assistente de Sua Majestade, o imperador, relatava que d. Pedro, vindo da chácara do Macaco na segunda-feira, dia 30, por volta das 6 horas da tarde:

> [...] ao chegar à ladeira perto do paço de S. Cristóvão, como corresse o selim tanto para a garupa do cavalo em que vinha, pela razão de estarem as silhas traseiras mui largas, que estas ficaram nas virilhas do animal, que se corcoveava e desabridamente corria, Sua Majestade Imperial, receando resvalar juntamente com o selim e ser, em consequência, maltratado pelos muitos e violentos coices, sobretudo faltando-lhe o apoio da crina por se ter esta arrebentado e à qual lançara a mão, tomou a resolução de deitar-se abaixo, o que fez para o lado esquerdo.
>
> Depois de uma queda tão considerada, batendo com as costas em cheio sobre barro duro, não obstante levar de encontro o braço esquerdo, [...] soldados do telégrafo, que logo o acudiram e seguraram até que chegou Sua Majestade, a Imperatriz, acompanhada de seu criado, que ajudaram Sua Majestade Imperial a recolher-se ao paço [...] subiu a escada [...], seguro tão somente a uma bengala, como observei, quando o vi [...].

Na queda, d. Pedro contundiu duas costelas, a clavícula esquerda e o quadril, ficando preso ao leito em uma espécie de equipamento imobilizador desenvolvido pelo médico. O relatório concluía dizendo que, passados nove dias, o monarca estava recuperado. D. Leopoldina, em carta[2] de 9 de julho a seu pai, o imperador Francisco I da Áustria, fez eco ao doutor, informando que o marido estava melhor.

Em 15 de julho, Plácido Antônio Pereira de Abreu, servidor do Paço Imperial, recebeu uma carta e uma ameaça: sua vida correria perigo se não entregasse aquela mensagem para o imperador. Desesperado, ele não só cumpriu sua parte do combinado como, sem saber a quem comunicar, mandou publicar no dia seguinte, no *Diário do Rio de Janeiro*, que fizera a entrega a d. Pedro.

A mensagem, escrita em alemão, foi traduzida por d. Leopoldina. Infelizmente, o conteúdo não é conhecido até hoje, mas a reação do imperador, sim. Ele mandou chamar José Bonifácio e, enquanto este conversava noutra sala com a imperatriz, saiu do palácio junto com soldados armados. Em seguida, foi até a cidade, invadiu a sede do Apostolado,[3] encerrou a sessão que era ali realizada, apreendeu todos os papéis e fechou definitivamente a sociedade. Voltando ao Palácio de São Cristóvão, confrontou-se com José Bonifácio. No dia seguinte, José Bonifácio, acompanhado de seu irmão Martim Francisco, demitiu-se dos cargos ocupados no ministério e na corte; sua irmã, por sua vez, deixou o posto de dama da imperatriz.

Essa é uma das inúmeras versões que dizem respeito à saída dos Andrada do ministério. Outras dão como certa a influência de Domitila de Castro, amante paulista do imperador, que teria recebido dinheiro para advogar a libertação dos prisioneiros políticos paulistas. Uma terceira diz, simplesmente, que o monarca, preso ao leito e recebendo os deputados da Assembleia Constituinte, ouviu o que tinham a dizer a respeito dos mandos e das arbitrariedades dos Andrada, resolvendo, assim, conceder anistia geral.

Por meio de seu ministro da Justiça, d. Pedro mandou que fossem lavrados decretos que libertavam os prisioneiros políticos do Rio de Janeiro e das demais províncias, finalizando a devassa de São Paulo contra os que haviam participado da bernarda, anulando os decretos de deportação e concedendo anistia a todos. Tratava-se de um ato executivo, cuja decisão cabia a ele e ao ministro da Justiça; no entanto, por não terem sido consultados, os Andrada receberam-no como uma afronta.

Datada de 15 de julho,[4] a proclamação de d. Pedro é intitulada "Aos habitantes do Brasil". Nela, o imperador:

- oficializava o fim das perseguições políticas;
- afirmava que só recentemente tivera conhecimento dos atos arbitrários e despóticos tomados contra seu povo;
- reafirmava os sagrados direitos que determinara logo de sua ascensão ao governo, ainda como príncipe regente: direito à segurança da pessoa, à propriedade e à inviolabilidade do lar;
- ressaltava que tais direitos haviam sido atacados e violados; e
- revelava que raramente ouvia a verdade, mas a tinha buscado e percebido o mal que andava se abatendo sobre seu povo.

Terminava assim a colaboração íntima entre os Andrada e o imperador. Os irmãos se dedicariam a seus cargos eletivos na Assembleia e se ocupariam diretamente do anteprojeto constitucional, o qual, embora ainda fixasse no imperador a chefia do Executivo, passava a proibir-lhe dissolver o Parlamento e imiscuir-se nos outros poderes.

Em 12 de agosto, os irmãos Andrada lançariam seu próprio jornal, *O Tamoio*, que continuava pregando, agora abertamente, o antilusitanismo e o pró-nativismo de seus ideais. Um dos primeiros números alertava para a presença e influência maciça dos portugueses no nascente exército brasileiro.

No início de setembro de 1823, estava pronto o anteprojeto da Constituição. Dos 242 artigos, a maioria agradava a d. Pedro, que não se deixava levar pelo rancor: ele não puniria a Constituinte por conta de seus principais autores. Até mesmo José Bonifácio tentou, segundo o diplomata austríaco barão de Mareschal, uma reaproximação com d. Pedro na ocasião. O velho conselheiro propôs ao imperador que o ministro-chefe apoiasse uma moção dos Andrada para que a Constituição fosse promulgada do modo como estava, sem discussão dos artigos em plenários.

O monarca não aceitou a proposta, que classificou como antiparlamentar;[5] antes, queria o exame e o debate público de todos os 242 artigos.

Até o início de novembro, as discussões contra os portugueses na imprensa e na sociedade caminharam junto com os debates dos artigos constitucionais na Assembleia. No dia 5, dois oficiais portugueses invadiram uma loja no largo da Carioca e atacaram a bengaladas um boticário que julgavam, erroneamente, ter sido autor de um artigo contra os lusitanos. Martim Francisco e Antônio Carlos, no dia 10, aproveitaram o ocorrido para propor na Assembleia a aprovação de um decreto que retirasse os direitos civis dos militares portugueses e os deportasse. A Assembleia foi tomada por populares, que ouviam entusiasmados os discursos dos Andrada. Aquela parecia uma reedição do que ocorrera anos antes, na praça do Comércio.

Enquanto isso, no exército, brasileiros natos formavam alas com os portugueses e denunciavam a demagogia que corroía a Assembleia e indignava os quartéis.

D. Pedro teve que intervir e determinou ao general Joaquim Xavier Curado que levasse as tropas para São Cristóvão, retirando-as da cidade. No dia 11, o imperador dissolveu o gabinete e nomeou o brasileiro Francisco Vilela Barbosa seu ministro-chefe. Este logo se comunicou com a Assembleia, explicando que as tropas estavam aquarteladas para que não houvesse mais desentendimentos; culpou também os jornais e alguns deputados pelo modo como as coisas estavam se desenrolando. Longe de se chegar a uma resolução pacífica, os parlamentares se recusaram a decidir acerca do caso, evitando tomar qualquer decisão contra os Andrada e os jornais envolvidos: só fariam algo se as tropas fossem retiradas para mais de quarenta quilômetros da cidade. Na ocasião, somente 24 dos 242 artigos da Constituição foram a plenário, e a aprovação da Carta, marcada por sentimentos antilusitanos, ameaçava estender-se por meses, talvez anos.

Uma Constituição outorgada

D. Pedro, notando que a Assembleia não estava disposta nem a tomar qualquer atitude a respeito da xenofobia contra os portugueses, nem a estabelecer punições à imprensa e aos deputados envolvidos, decidiu dissolvê-la. No decreto, declarou que daria ao Brasil uma constituição duas vezes mais liberal que aquela que estava sendo discutida. Tropas foram enviadas para a frente da Assembleia em 12 de novembro. Não houve resistência. Os Andrada e outros deputados foram presos e deportados para a França, enquanto d. Pedro seguiu para a igreja de Nossa Senhora da Glória do Outeiro, a fim de agradecer o fato de tudo terminar sem derramamento de sangue.

No dia seguinte, o imperador nomeou um Conselho de Estado que tinha como principal objetivo elaborar um novo projeto constitucional. D. Pedro trabalharia junto com o Chalaça, estudando as constituições de Portugal de 1822, da Noruega e da França. Quando achava algo aplicável ao Brasil, anotava, modificava o texto conforme o caso e o apresentava ao Conselho de Estado. O anteprojeto foi enviado às câmaras das vilas e cidades brasileiras, e mais da metade dos municípios retornou dando seu aval.

Em carta de fevereiro de 1824[6] ao marquês de Resende, seu diplomata na corte de Viena, d. Pedro assim refletia a respeito da importância de uma constituição:

> [...] Um imperante que não ama a liberdade do seu país, e que não dá aos povos aquela justa liberdade, que lhes assegure suas propriedades e pessoas, e que antes trabalha com mil malhos em fazer grilhões, não só para agrilhoar seus súditos, mas para, junto com outros imperantes, agrilhoar o mundo inteiro, é indigno de ser imperante, deve pertencer à classe das feras, e não dos homens, e ser proscrito da sociedade. [...] Amo a liberdade. E se me visse obrigado a governar sem uma Constituição, imediatamente deixaria de ser imperador, porque

quero governar sobre coração com brio e honra, corações livres e não sobre corações lodosos, podres e servis, como os daqueles povos onde ainda não há Constituição, e que ainda no século presente aturam um jugo de ferro, que quando chegar a quebrar-se (como em breve acontecerá), ai dos imperantes.

D. Pedro outorgou a primeira carta constitucional ao Brasil em 25 de março de 1824, na Catedral da Sé do Rio de Janeiro. Houve missa pontifical, após a qual todo o texto da Constituição foi lido e jurado solenemente tanto pelo imperador quanto por d. Leopoldina e as demais autoridades. À noite, no teatro, d. Pedro deu vivas à Constituição por cinco vezes, bem como à perpétua independência. Logo após a função, um incêndio criminoso destruiu o local.

Essa Constituição foi a que mais vigorou no país até hoje: de 1824 até 1889. Sua substituição só se deu devido à queda da monarquia. Continha os mais modernos princípios básicos de direito público da época, assim como um quarto poder, além do Executivo, do Legislativo e do Judiciário: o Poder Moderador. D. Pedro não parecia achar que o poder de nomear ministros, de fazer tratados internacionais sem passar pela Assembleia, de dissolvê-la e convocar novas eleições bastasse para manter a ordem constitucional de um Brasil dividido entre portugueses e brasileiros. O Poder Moderador foi a fórmula jurídica encontrada para regular, mediante o direito de vetar leis, os demais poderes. Assim, inseria-se na Constituição mais avançada da época um elemento da monarquia absolutista.

Se analisarmos as propostas da Constituinte de 1823 e a Constituição de 1824, uma coisa fica clara: a segunda era realmente mais liberal em diversos pontos. Por exemplo: de acordo com ela, qualquer comunidade não católica tinha direito de ter o próprio local de culto. Quanto aos direitos invioláveis das pessoas e propriedades, a Constituição de 1824 listava 34 pontos, enquanto a anterior só mencionava seis.

Um ponto que ficou de fora e que se faz notar é a questão da escravidão no Brasil, contra a qual d. Pedro já se pronunciara. Tendo nas mãos a oportunidade de fazer algo, ele não apresentou nenhum artigo a respeito. Segundo o historiador Neill Macaulay, d. Pedro teria sufocado seus fortes sentimentos sobre o tema por acreditar que um assunto tão polêmico dificultaria a rápida aceitação da Carta Constitucional pelas cidades e vilas brasileiras. Futuramente, empregando o direito que a Constituição lhe conferia a respeito dos tratados diplomáticos — contanto que não envolvessem a união do Brasil com qualquer outro país —, ele tentaria se voltar contra o tráfico.[7]

O fato de d. Pedro só ter designado brasileiros natos para o ministério e para o Conselho de Estado não acalmou os ânimos de um país que se dividia entre portugueses e brasileiros. A vila de Campo Maior, no Ceará, não aceitou a Constituição, alegando que o imperador e sua família não mais governavam o Brasil após o golpe contra a Assembleia, em 12 de novembro. A pior reação, porém, veio de Pernambuco. As câmaras de Recife e de Olinda recusaram-se a jurar a Constituição e reconhecer o novo governador indicado por d. Pedro. Em 2 de julho de 1824, os políticos e cidadãos da província, instigados pelo jornalista e frei carmelita Joaquim do Amor Divino Caneca, proclamaram sua independência do Brasil, conclamando outras províncias do Nordeste a segui-la na chamada Confederação do Equador.

No uso dos poderes que a nova Constituição lhe dava, d. Pedro declarou suspensas as liberdades civis tanto em Pernambuco quanto no Ceará, para onde marcharam as tropas do brigadeiro Lima e Silva e a esquadra do mercenário escocês lorde Cochrane, feito almirante brasileiro e marquês do Maranhão. No final de outubro de 1824, a revolta fora abafada. Dezesseis pessoas foram presas, entre elas frei Caneca e o padre Mororó. Considerados culpados de insurreição contra o governo, todos receberam pena de morte, a maioria por enforcamento, com exceção dos dois religiosos, que foram fuzilados. D. Pedro, tomando-os como exemplo, recusou-se a comutar as penas.

Misturando o público e o privado

Entre ir ao teatro e à igreja todas as semanas, abrir e fechar a Assembleia, deportar os antigos aliados, dar uma Constituição ao Brasil e acabar com uma guerra civil, d. Pedro cultivava uma vida pessoal ativíssima. Em 17 de fevereiro de 1823, nascia seu quarto filho, a princesa d. Paula Mariana, nome dado em homenagem a São Paulo e Minas Gerais. No final de 1823, d. Leopoldina estava grávida novamente, dando à luz a princesa d. Francisca em agosto do ano seguinte.

Além dos filhos com a esposa, da guerra contra Portugal e da guerra civil no Nordeste, d. Pedro também achava tempo para ter filhos com outras mulheres.

Em novembro de 1823, nascia Rodrigo Delfim Pereira, oficialmente filho da futura baronesa de Sorocaba, Maria Benedita de Castro do Canto e Melo, com o marido, Boaventura Delfim Pereira. Além de Domitila, d. Pedro também conquistara sua irmã, que, segundo o imperador, tivera um filho com ele "por um motivo bem simples, [...] não era burra".[8] E não era mesmo: antes da chegada de Domitila e do restante da família, que desembarcaria em peso no Rio de Janeiro em meados de 1823, Maria Benedita conseguiu, ao gerar um filho do imperador, que o marido, que já tinha cargo na corte, passasse a ser administrador de todas as propriedades da coroa.

Qual foi a reação de Domitila e do restante da família ao saberem do ocorrido não se sabe ao certo. Futuramente, a favorita de d. Pedro seria acusada de tentar matar a irmã, mas tudo não passaria de uma armação contra ela envolvendo Maria Benedita e o marido. Enquanto durou o relacionamento entre d. Pedro e Titília, a rivalidade entre as duas pode ser percebida nas cartas em que o imperador se defende dos ciúmes da amante, como quando jura que não foi à casa nem "do grande nem do pequeno Boaventura".[9]

D. Pedro, tanto na imprensa quanto na vida particular, era bem criativo em seus pseudônimos. Nas cartas que trocou com Titília seria, no começo do relacionamento, o "Fogo-Foguinho", "Demonão" e "Seu Filho". Teria saudades de ir "aos cofres" da amante e de "apalpá-la por dentro e por fora". Era o imperador sem folhas de parreira, totalmente desnudo, vivendo uma intensa paixão carnal, pouco se importando com as marcas de esfaqueamento nas coxas de sua amante paulista. Do primeiro filho que Domitila pode ter tido dele a história não guardou rastro além da carta em que d. Pedro lhe contava ter falado sobre a gravidez com o velho coronel João de Castro. A criança pode não ter nascido viva, a mãe pode tê-la abortado, ou, ainda, o filho pode ter morrido bebê.

Em setembro de 1823, Titília estava grávida mais uma vez. Tecnicamente, continuava casada com o alferes Felício, que também morava no Rio de Janeiro à época. Apesar da separação física, a oficialização eclesiástica ainda não fora solicitada. Oficialmente, ela ainda era esposa dele, que tinha direitos sobre a criança esperada, o que devia preocupar o imperador. Com o avanço da gravidez, d. Pedro resolveu intervir no processo de separação de Domitila e Felício. À época, era a Igreja, e não o Estado, que definia a constituição do casal e, consequentemente, da família; somente ela poderia conceder a separação, observando, para tanto, as causas previstas, como maus-tratos que pudessem levar à morte.

Com a pressão do imperador, a justificação preparatória, que geralmente demorava semanas, foi realizada em 48 horas; em pouco mais de dois meses, a sentença de divórcio foi lavrada.

Seis dias após o início do processo, em 10 de março de 1824, quinze antes de d. Pedro promulgar a Constituição, Felício foi nomeado administrador da feitoria do Periperi, pertencente à fazenda de Santa Cruz. Domitila conseguiu o divórcio e Felício, com um emprego novo, deixou o processo correr à revelia. Ao ser informado, porém, do nascimento da menina Isabel em 23 de maio, dois dias após a sentença, ele escreveu uma carta desaforada ao ex-cunhado Boaventura, falando mal de Titília. D. Pedro, ao tomar conhecimento do conteúdo da mensagem, assumiu para si a correção do alferes. A todo galope, seguiu até a sede da feitoria, esbofeteou Felício e prometeu surrá-lo caso não ficasse longe de Isabel e Domitila.

Isabel foi batizada em 31 de maio de 1824 na igreja de São Francisco Xavier do Engenho Velho. Foi registrada filha de pais incógnitos e exposta — ou seja, abandonada — na casa do coronel João de Castro. Seus avós maternos serviram de padrinhos.

Nas cartas trocadas com Domitila, d. Pedro chamava a menina de "nossa Belinha", ou então apenas "Bela". Ele cobria a criança de agrados: mandava-lhe pão de ló, frutas e até o estranho "bolo de cutia",[10] de que sabia que gostava; enviava também remédios e receitas quando adoecia. Diariamente, perguntava sobre sua saúde. Pensava com frequência em seu futuro e, certa vez, garantiu a Domitila que Isabel seria "de mecê [...] inseparável até ter idade de aprender".[11]

O acerto de contas com Felício não seria a primeira nem a última vez que d. Pedro defenderia Domitila e tomaria como afronta pessoal os seus problemas e humilhações. Em meados de setembro de 1824, Domitila tentou assistir à função do Teatrinho Constitucional São Pedro, um teatro particular onde só entravam associados e gente com convites especiais. Ela não se encaixava em nenhuma das duas condições. Quando d. Pedro chegou, soube que Titília fora barrada no saguão e colocada na rua como uma qualquer; segundo alguns boatos, chegara a ser tratada como prostituta.

Com os rompantes coléricos que lhe eram peculiares, o imperador saiu do teatro sem quase pisar nele. No dia 22, o intendente-geral da polícia dava ordens para que o estabelecimento fosse fechado, indiciando os diretores segundo a lei de 20 de novembro de 1823, que proibia sociedades secretas. Como os estatutos não haviam sido submetidos à aprovação do governo, eles incorriam nas penas previstas pela lei. No fim, o processo acabou abandonado, mas não antes de os artistas serem despejados e terem seus trajes e cenários na rua, alimentando uma grande fogueira. Ao ver as chamas, um transeunte teria indagado:[12] "[...] Qual foi a razão de se fechar tão repentinamente o teatro?". "Ora", replicou um dos diretores, "por nenhum motivo, que eu saiba, senão que recusamos admitir em nossa lista a Nova Castro." A resposta era irônica. A história do amor entre Inês de Castro e d. Pedro I, o Cruel, oitavo rei de Portugal

(1357–1367), que fizera da amante morta rainha, rendera mais de uma peça. A mais recente, à época, tinha o apelido de "Nova Castro".

Dando satisfação à amante sobre o ocorrido no teatro, d. Pedro escreveu:

> Meu bem,
>
> Aí vai o remédio que chegou neste momento da cidade, não me esqueço de nada seu. Já se mandou fechar o teatro, apreender papéis e proceder à devassa do que se sabe para meu esclarecimento. [...] Hoje já não trabalha o teatro, e estão todos de boca aberta.
>
> Seu amante, fiel e constante, O Demonão.[13]

A imperatriz do Brasil

Ao contrário de d. Pedro, d. Leopoldina, principal figura feminina da Independência do Brasil, não foi coroada. À coroação do marido ela assistiu ao lado da primogênita, d. Maria da Glória, permanecendo no alto da tribuna de honra e diante do trono colocado próximo ao altar.

Reconhecimento à participação política de d. Leopoldina não faltou. A prova disso veio, primeiro, da comissão de senhoras baianas que a visitou em maio de 1822, logo após o Fico, para entregar-lhe a "Carta das Senhoras Bahianas, felicitando-a pela parte por ela tomada nas patrióticas resoluções de seu esposo". Assinaram o ato 186 mulheres. Após a aclamação do marido, d. Leopoldina recebeu outro documento, agora das senhoras paulistas, que se puseram à disposição para salvar o trono do Brasil ao lado da imperatriz, se preciso fosse.

A ajuda de d. Leopoldina no processo da Independência não se limitou apenas a ficar ao lado do marido. Como no caso do Conselho de Estado, por ela presidido na ausência de d. Pedro, a imperatriz continuou auxiliando-o, inclusive diplomaticamente. Ela entrou em contato com o pai para se queixar da falta de cartas da família após a Independência e tentando explicar-lhe o que acontecera no Brasil. Pondo-se novamente do lado de d. Pedro, tratou de argumentar bem o que os levou a seguir a linha da separação de Portugal — afinal, a coroação do marido como imperador por "aclamação dos povos" ia contra os ditames do Congresso de Viena. Ao menos em teoria, Portugal poderia exigir que as monarquias absolutistas signatárias do congresso iniciassem um esforço conjunto e invadissem o Brasil, restituindo-o à coroa portuguesa.

D. Leopoldina, assim como o marido, era contrária à escravidão. Auxiliando d. Pedro e o governo, ela trabalhou com o major Von Schäffer, agente de imigração brasileira na Europa, para trazer colonos e mercenários estrangeiros ao Brasil. A imperatriz serviria até mesmo como intérprete entre os soldados de língua alemã e d. Pedro, que tinha enorme orgulho de seu batalhão de granadeiros germânicos. Schäffer publicou na Europa um livreto a respeito do dia a dia da família imperial brasileira. Ter uma imperatriz alemã podia ser um alento às famílias que trocariam a Europa pelo Novo Mundo. Em certo aspecto, de fato o foi, pois os europeus, sobretudo os mercenários, procuravam cair nas boas graças de d. Leopoldina quando se viam sem recursos para retornar a seus países de origem. Eles raramente saíam de mãos vazias de suas entrevistas com a soberana, contribuindo assim para a calamitosa situação financeira da imperatriz. No livreto, Schäffer comentava a facilidade que era, em comparação aos dias atuais, chegar próximo aos governantes:

> Todas as sextas-feiras, cedo às 9 horas, há audiência pública no palácio residencial. Os audientes se reúnem na antessala sem distinção de posição e classe, mesmo sem roupa própria de corte, de modo que até pobres e descalços podem comparecer às audiências, e permanecem na ordem da entrada. O imperador fica sob um dossel diante de uma mesinha na sala de audiência, para onde entram os solicitantes, em fila, por uma porta e apresentam ao imperador seus pedidos escritos, ou o fazem oralmente, recebendo logo de costume resposta provisória.

Quanto a d. Leopoldina:

> Às sextas-feiras, a imperatriz, consoante o costume católico, visita a igreja [...] de Nossa Senhora da Glória, preferida por ela, e nela ouve missa. Fácil é o acesso até a imperatriz. A gente, ou se faz anunciar por alguns dos seus criados, ou espera à entrada da quinta e lhe fala quando ela entra ou sai.[14]

D. Pedro, ainda nos primeiros anos de reinado, seguiria uma rígida programação diária, da qual às vezes participava d. Leopoldina.

O imperador era sempre o primeiro a se levantar, por volta das 5 horas da manhã. Ao lado da mulher, visitava propriedades da Quinta da Boa Vista, lavouras e colonos. Depois os dois caçavam juntos ou iam ao Jardim Botânico averiguar, pessoalmente, o desenvolvimento da cultura de chá e de fruta-pão. Às vezes, d. Leopoldina acompanhava o marido nas incertas pelas repartições públicas e nas inspeções ao cais e ao arsenal. Na volta a São Cristóvão, a imperatriz recolhia-se a seus aposentos, separados dos do marido, enquanto o imperador recebia seus ministros. Ambos almoçavam separados, mas à tarde, depois do descanso de d. Pedro, que odiava ter a sesta interrompida, saíam de novo a passeio. Uma hora de repouso era o suficiente para pô-lo de pé novamente. Em geral, quando havia função, iam juntos ao teatro. D. Leopoldina, retornando ao paço, recolhia-se em sua ala do palácio, que era então fechada e só reabria na manhã do dia seguinte. Enquanto isso, d. Pedro continuava a noite em algum outro entretenimento. Não raro, ia dormir depois da meia-noite

IMPERADOR DO BRASIL, REI DE PORTUGAL

D. Pedro era bastante pragmático e não agiria de outra forma ao lidar com o reconhecimento da independência brasileira. Somente alguns países, como os Estados Unidos e outros sem qualquer compromisso com Portugal, reconheceram a autonomia do Brasil. O restante, apesar de manter embaixadores estrangeiros no país, marcava diplomaticamente o passo enquanto a questão não era resolvida entre os principais interessados. Tudo isso, porém, não abalou d. Pedro, que em carta ao marquês de Resende exporia sua opinião sobre o assunto:

> Olhando eu o reconhecimento político como uma espécie de sanção dada por todas as nações à Independência do Brasil, não o acho, contudo, essencial para gozarmos daquelas felicidades resultantes a uma nação independente. [...] Apesar da falta do reconhecimento político, não deixam de entrar diariamente neste porto navios de todas as nações, motivo por que o comércio tem aumentado; a alfândega rende mensalmente duzentos e tantos contos e não rende mais (o que em breve acontecerá) por haver poucos cômodos para despachar-se mais fazenda.[1]

Em suma: a diplomacia podia esperar, mas a entrada de dinheiro, não. Sem isso, não havia governabilidade, sendo impossível a manutenção do exército e dos funcionários. Na mesma carta, d. Pedro referiu-se a uma conversa que tivera com Chamberlain. Este o informou de que tanto o gabinete inglês quanto o austríaco esperavam três coisas de d. Pedro:

- Que os enviados de Portugal fossem bem tratados. Já veio tarde a súplica, e mais cedo, que chegasse, nenhuma outra coisa faríamos, pois o que fizemos é conforme à dignidade nacional.
- Que somente os nossos navios de guerra tomassem os navios de guerra portugueses, e se suspendessem as hostilidades contra o comércio, visto que Portugal não fazia a guerra, antes queria a paz entre os dois hemisférios. A isto não assinto eu, porque esta intervenção, que Portugal procurou, mostra que não tem forças para nos atacar, nem quem o ajude a vir conquistar o Brasil, e como lhe falta a força física, quer ver se o governo do Brasil, com medo da intercessão, (não lembrado, que tem no seu braço escrito — Independência ou Morte) cai na esparrela de suspender as hostilidades e perde a força moral, donde se seguiria por consequência necessária a dissolução do Império.
- Que para o futuro se tratasse da união das duas coroas brasileira e portuguesa.

Este último ponto era bastante delicado. D. Pedro, apesar do que futuramente se diria, nunca deixou de ser o herdeiro oficial de d. João VI. Entretanto, o imperador não via com bons olhos uma futura reunião de Brasil e Portugal sob uma mesma coroa:

> Nem eu, que sou brasileiro e amante da prosperidade do Brasil, poderia jamais consentir que ele houvesse de se unir a Portugal, e portanto, enquanto eu vivo, contem, que nunca se fará tal união e que deixarei em meu testamento que o Brasil, logo que veja um descendente meu ratificar algum tratado de incorporação com Portugal, o amaldiçoe e expulse de seu seio, por indigno de governar povos, amantes e zelosos de sua liberdade e inimigos do despotismo até pintado.

Essa tentativa de união, por meio da missão diplomática do conde de Rio Maior, enviada ao Brasil logo após a Vilafrancada, em 1823, mostrou-se infrutífera. Ao longo de 1824, também se tentou discutir em Londres, sem sucesso, o reconhecimento do Brasil por Portugal.

Ainda que d. Pedro não aceitasse uma união futura, d. João VI não cogitou deserdar o filho mais velho. Disso dão testemunho as três cartas régias portuguesas que o embaixador britânico Sir Charles Stuart trouxe consigo para o início da conferência do reconhecimento da independência brasileira por Portugal, a ter lugar no Rio de Janeiro em julho de 1825. Em uma das missivas — a primeira, assinada por d. João no dia do seu aniversário, em 13 de maio de 1825 —, ele ordenava:

> [...] E por a sucessão das duas Coroas Imperial e Real diretamente pertencer a meu sobre todos muito amado e prezado Filho o Príncipe D. Pedro, nele, por este mesmo ato e carta patente, cedo e transfiro já, de minha livre vontade, o pleno exercício da soberania do Império do Brasil para o governar denominando-se Imperador do Brasil e Príncipe Real de Portugal e Algarve, reservando para mim o título de Imperador do Brasil e o de Rei de Portugal e Algarve com a plena soberania destes dois Reinos e seus domínios.

Ou seja, d. João reconhecia o antigo reino do Brasil como império e tomava, para si e seus descendentes, o título de imperador do Brasil e rei de Portugal e Algarve, cedendo e transmitindo a d. Pedro, como seu sucessor explícito, o exercício pleno do cargo imperial do Brasil.

Um diplomata inglês no Brasil

Mas por que a Inglaterra se envolvia tanto nos assuntos da independência brasileira, a ponto de um britânico tomar parte nos negócios em nome do rei de Portugal? Em 1825, caducavam aqueles tratados comerciais entre o

Brasil e a Inglaterra que haviam sido conseguidos por Stragford quando da mudança da corte em 1808, e por meio dos quais os comerciantes ingleses haviam obtido vantajosas taxas de impostos para negociar no país. Uma vez que os tratados estavam para expirar, era necessário que a Inglaterra procurasse mediar o conflito, podendo tratar diretamente com o Brasil independente sem melindrar o antigo aliado, Portugal.

Stuart desembarcou no Rio de Janeiro em 18 de julho de 1825. Segundo o diário do almirante inglês Graham Eden Hamond, ao irem à terra em Botafogo e se encaminharem para a casa onde o embaixador ficaria hospedado,

> [...] percebi às nossas costas uma carruagem, vindo em nossa direção, com uma escolta de guardas, o que revelou ser o Imperador do Brasil, dirigindo ele mesmo, um phaeton inglês puxado por quatro cavalos.
>
> Em consequência colocamo-nos em posição de sentido, tirando nossos chapéus no que ele também retribuiu, sem parar a viatura. Não tinha ido mais de ¼ de milha quando o vimos voltar e, ao aproximar-se de nós, puxou as rédeas e parou a carruagem.
>
> Apeou-se, ainda segurando as rédeas na mão esquerda, e perguntou a Mr. Chamberlain se era o embaixador. Ao lhe ser confirmado, um grande número de mesuras foi feito de ambos os lados e iniciou-se uma conversação em português [...] que durou cinco minutos, após o que subiu no seu phaeton e partiu. Tudo isso, não tenho dúvida, foi feito com o intuito de mostrar grande civilidade, mas é certamente bastante incomum para um imperador, e mostrou que ele não pode refrear sua curiosidade, pois não tenho dúvida de que estava passeando por ali expressamente para encontrar Sir Charles.[2]

D. Pedro estava ansioso para resolver ele mesmo a situação, tanto que assumiu imediatamente as negociações com Charles Stuart. Foram vários os encontros, a maioria a portas fechadas; no entanto, a partir dos despachos do embaixador à Inglaterra, conhecemos os temas tratados e as reações, muitas vezes enérgicas, do imperador — até mesmo contra o pai. D. Pedro taxou de absurda a ideia de d. João fazer-se "imperador do Brasil", por exemplo. Outro ponto controverso foi a questão da futura união das duas coroas em d. Pedro, como herdeiro de Portugal. Segundo Stuart, o imperador teria proposto ceder o trono português para uma das suas filhas, mas, uma vez que o embaixador não tinha autorização portuguesa para negociar nesses termos, nada ficou acordado sobre isso no tratado final de 29 de agosto. D. Pedro acabou, no final das contas, por renunciar a uma participação direta nas negociações e por nomear um conselho para tratar com o diplomata.

Stuart, em relatório ao ministro das Relações Exteriores da Inglaterra, George Canning, deixou-nos um retrato vivo de quem era, naquela ocasião, d. Pedro:

> [...] Privado pela desconfiança do pai de qualquer educação, só a audácia de caráter, que possui em alto grau, sem a crueldade do irmão,[3] permitiu-lhe tirar partido de um conjunto de circunstâncias para alcançar a posição atual e, decidido a conservar esta, aproveitar-se-á antes dos acontecimentos do que seguirá qualquer sistema coerente de política. Como ninguém dentre os que o cercam se atreve a contradizê-lo, as medidas menos prudentes adotadas pelo governo são o resultado dos acessos de paixão que não domina, o que leva a lamentar mais do que todos, uma vez passado o acesso, os incidentes. Sabendo que os ministros, seja por incapacidade ou por sentimentos egoístas, não cuidam realmente do bem-estar do país, faz timbre em prescindir de suas opiniões, salvo em apoio dos objetivos que visa, em caso de repercussão na opinião pública. [...] Domina o seu gênio por completo, quando adequadamente rodeado, a prova está nas relações pessoais com estrangeiros, dos quais ouve, como no meu caso, verda-

> des que lhe são em extremo desagradáveis, sem exceder-se em linguagem ou maneiras. No curso das negociações, sua moderação aliada à pronta compreensão foi tão notável, que não vacilo em declarar que os assuntos tratados diretamente com ele se resolveram mais rápida e satisfatoriamente do que com todos ou alguns de seus conselheiros oficiais.[4]

Além do título de d. João como "imperador do Brasil", que de nada valia, e de sua benevolência em "conceder" uma independência que havia sido conquistada, Portugal recebia do Brasil uma grande indenização financeira.

O tratado foi publicado no Rio de Janeiro no dia 7 de setembro de 1825, quando da comemoração do ato da independência realizado em São Paulo três anos antes. Junto com o tratado, seguiu para Portugal uma carta de d. Pedro ao pai, na qual dizia:

> Vossa Majestade verá que fiz da minha parte tudo quanto podia e, por mim, no dito tratado, está feita a paz. É impossível que Vossa Majestade, havendo alcançado suas reais pretensões, negue ratificar um tratado que lhe felicita seus reinos, abrindo-lhe os portos ao comércio estagnado, e que vai pôr em paz tanto a nação portuguesa, de que Vossa Majestade é tão digno rei, como a brasileira, de que tenho a ventura de ser imperador.[5]

D. João respondeu ao filho:

> [...] Na conformidade do que me pedes, ratifiquei o tratado, tu não desconheces quantos sacrifícios por ti tenho feito, sê grato e trabalha também de tua parte para cimentar a recíproca felicidade destes povos que a Divina Providência confiou ao meu cuidado, e nisto darás um grande prazer a este pai que tanto te ama e a sua bênção te deita.[6]

Por uma questão semântica, d. Pedro havia discutido, e muito, a questão que Stuart impunha a ele de evitar no tratado a informação de que era imperador do Brasil "pela graça de Deus e pela livre aclamação dos povos". Afinal, na Carta Régia d. João alegava ter sido ele quem cedera ao filho esse título. Melindres à parte, o embaixador britânico teve que contar com duas pessoas da confiança de d. Pedro para que esse detalhe não acabasse com todo o tratado. Uma delas, segundo o próprio Stuart em carta a Canning em 5 de setembro, foi o futuro marquês de Barbacena, Felisberto Caldeira Brant. A outra era a amante paulista do imperador: "Devemos às boas graças do general Brant e à influência da senhora Domitila de Castro a remoção de um obstáculo que teria feito malograr toda a negociação".[7]

A amante política do imperador

O relacionamento de d. Pedro com Domitila já se tornara público em 1825. Em carta ao amigo marquês de Resende, o imperador vangloria-va-se: "Tenho cá coisa boa que é genitivo de Castro, que é cunhada de quem você sabe. Boa Ventura. Tenho eu!".[8]

A importância da amante oficial pode ser medida pelo fato de Sir Charles Stuart ter ido visitá-la antes de se avistar com a imperatriz do Brasil — fato esse que indignou a viajante inglesa Maria Graham. Longe de tentar evitar falatórios, o imperador não procurou mais mantê-la afastada de si após um novo incidente que a envolvera na Semana Santa daquele mesmo ano.

Se por insistência da amante ou se por resolução própria, não se sabe, d. Pedro ordenou a Joaquim Lobato, porteiro da Câmara Imperial, que levasse Domitila para assistir à missa de Páscoa na tribuna das damas do paço, na Capela Imperial. As tribunas de honra da igreja, localizadas acima do altar-mor, eram frequentadas apenas pela família imperial e pessoas do séquito. Domitila não tinha cargo algum no paço, muito menos um que lhe desse o direito de estar na tribuna das damas da imperatriz.

A baronesa de São Salvador dos Campos dos Goytacazes, Ana Maciel da Costa, primeira brasileira nata a receber um título de nobreza (em 1812), ficou atônita ao ver entrar na tribuna uma mulher que já estava sendo apontada como a amante paulista do imperador. Rapidamente, ela se levantou e abandonou o local, sendo nisso seguida pelas demais damas de companhia de d. Leopoldina.

Novamente, assim como na ocasião do teatro, em que tivera a amante barrada, a reação de d. Pedro foi imediata. Na segunda-feira, 4 de abril, comemorava-se o aniversário da princesa d. Maria da Glória. Durante os aniversários dos membros da família imperial, era costume que o imperador e a imperatriz distribuíssem títulos, condecorações, mercês e perdões. Entre os nomes contemplados com benesses, aparecia o de Domitila, designada dama camarista da imperatriz. Esse posto colocava-a acima de todas as demais damas de companhia e lhe conferia tanto o direito de ter acesso aos aposentos de d. Leopoldina quanto de acompanhá-la a todos os lugares, sendo-lhe destinado um lugar de honra, logo após os imperadores, em qualquer ocasião pública.

Com sua tentativa desastrada de vingar a honra de Domitila e dar uma resposta à baronesa de Goytacazes e às demais damas que se lhe tinham julgado superiores, d. Pedro acabou por atear fogo ao mundo diplomático da corte, que veio abaixo. Os diplomatas estrangeiros sediados no Rio de Janeiro correram cada qual para seus informantes e, logo depois, para a escrivaninha mais próxima, no intuito de informar a seus respectivos países quem era a amante oficial do imperador.

A amante, na época, para muitas famílias, cumpria uma função social. Devemos nos lembrar de que, primeiro, não havia modo de se prevenir de maneira segura a gravidez e, segundo, todo parto representava risco de morte para a mãe e para a criança. Não havia anestesia e, muito menos, um modo seguro de se realizar cesariana em caso de falta de dilatação. O fato de o homem, depois de alguns anos de casado e de ter garantido um herdeiro legítimo, manter relações sexuais fora do casamento representava um alívio para grande parte das esposas, que, normalmente, já vinha parindo anualmente desde os 14 ou 15 anos de idade.

Uma coisa, porém, era ter uma ou várias amantes; outra era conferir-lhes o posto de favorita do imperador. D. Pedro, que não medira qualquer consequência e reagira de maneira estouvada, acabou elevando sua favorita a um dos cargos mais altos da corte, garantindo-lhe o direito de conviver com os soberanos e de trabalhar no palácio ao menos uma semana por mês. Isso deu a Domitila um peso político enorme, enquanto d. Leopoldina teve que suportar calada, dentro da própria casa, a presença da amante do marido.

A nomeação de Domitila foi claramente forçada por d. Pedro, que explodira de raiva com a afronta sofrida pela amante. Ele chegou a urdir um plano para humilhar ainda mais as damas do paço: mandou que fosse instalada uma tranca na porta de acesso à tribuna da Capela Imperial e deu ordens para que só fosse aberta quando a dama camarista chegasse. Com a amante, combinou que ela só apareceria na igreja quando o ofício religioso estivesse prestes a começar. Assim, todas ficaram em pé, sem assento, até sua chegada.[9]

O assunto ainda rendeu um poema de d. Pedro a Domitila, no qual o imperador louvava o ato da imperatriz de conceder, à paulista, a honra de ser dama da Corte:

> Domitila, minha imperatriz do coração. Desde que pus meus olhos na tua formosura, quis ser todo e sempre teu. Queres, divina augusta de meu pensamento? É para ti estes versos, meu amor.
>
> Pedro

Filha dos césares, imperatriz augusta,
tu abateste altiva soberbia
com que tuas damas de raça ímpia
abater queriam quem delas não se assusta.
Vedes, aristocratas cafres, quanto custa
apezinhar aquela cuja alegria

consiste em amar a Pedro e a Maria,
Titília bela, sua causa é justa
O mérito, a verdade em todos os países
aparecerão sempre em grande esplendor.
Sustem-nos o soberano, são suas raízes.

Conta com Pedro, pois ele é defensor
do pobre, do rico, do Brasil, dos infelizes,
ama a justiça, de seu amigo é vingador.[10]

D. Leopoldina já tivera contato informal com Domitila. Em carta à amante, d. Pedro narrou o diálogo que travara com a esposa após o primeiro encontro de ambas: "[…] Ela me disse que mecê lhe disse que tinha a moléstia de Lázaro. […] Eu respondi 'ou tenha ou não, cá para mim não me importa, porque não tenho tratos com ela'".[11]

A tal "doença de Lázaro" é o que se conhece hoje como hanseníase ou, mais popularmente, lepra. À época, sem tratamento, a doença era contagiosa e causava mutilações. Quem teria uma leprosa como amante? Ao mesmo tempo, que imperatriz teria uma leprosa como dama de companhia? A tentativa que Domitila e d. Pedro empreenderam para disfarçar foi péssima, e os dois provavelmente se esqueceram da mentira inicial. De todo modo, numa corte hostil como aquela em que se encontrava, era necessário que d. Leopoldina fingisse não ver nem escutar nada.

Em informe encaminhado a Viena em 15 de abril, o diplomata austríaco no Rio de Janeiro, barão de Mareschal, comentou que d. Leopoldina comportara-se da melhor maneira possível quando Domitila lhe fora beijar a mão pela graça obtida. Segundo o diplomata, a imperatriz cedeu sabiamente aos desejos do marido, sem hesitar nem censurá-lo. Na folha que cobre o relatório, é possível ler uma anotação do imperador Francisco I: "Que homem miserável é o meu genro". No aniversário de d. Pedro, em 12 de outubro de 1825, mais honrarias verteram do trono para cobrir não só Domitila, mas também seus parentes. Titília, além de dama da corte, foi feita viscondessa de Santos; seu irmão Pedro tornou-se cavaleiro da Ordem de Cristo e moço da Imperial Câmara; e o outro irmão, Francisco, recebeu a Ordem do Cruzeiro. D. Pedro tinha nos parentes de Domitila uma segunda família. Nas cartas em que os menciona à amante, refere-se aos pais dela como "meus velhos"; aos irmãos trata carinhosamente por "manos".

O relacionamento entre d. Pedro e Domitila ocupava cada vez mais os mexeriqueiros da corte. No entanto, a imperatriz continuava a demonstrar um sangue-frio e uma compostura que a dignificavam aos olhos de todos. O barão de Mareschal escreveu a Viena:

> Parece-me impossível que a senhora arquiduquesa não veja o que se passa tão diretamente sob os seus olhos; mas sua alteza real tem a alta prudência de jamais fazer menção disso para com quem quer que seja e de simular que nada percebe. O senhor príncipe, em contrapartida, está cheio de atenção e de respeito para com ela e, apesar da existência de uma amante favorita, instante algum cessou de se mostrar bom marido e de aproveitar todas as ocasiões para fazer o elogio das virtudes de sua esposa e de elogiar a felicidade que presidiu a união.[12]

A referência à cidade de Santos no título da amante tinha uma intenção particular: fustigar os Andrada, naturais da cidade, em seu exílio na França. A notícia da graça cruzou como uma flecha o oceano Atlântico e atingiu o alvo com precisão. José Bonifácio, em carta ao conselheiro Drummond, urrou de ódio: "Quem sonharia que a michela[13] Domitila seria viscondessa da Pátria dos Andradas? Que insulto desmiolado! [...] Oh, meu bom Deus, por que me conservas a vida para ver o meu país enxovalhado a tal ponto!".[14]

A paz entre Portugal e Brasil

Em novembro de 1825, foi publicada em Portugal a assinatura do tratado com o Brasil. As intrigantes "manas da Espanha" — as irmãs de d.

Pedro Maria Teresa e Maria Francisca, que haviam se casado com tios espanhóis e rezavam com a mãe, Carlota Joaquina, a cartilha do Absolutismo — logo escreveram ao pai.

Maria Francisca mandou a d. João em 25 de novembro, de Madri:

> Vossa Majestade só fica imperador no nome. Certamente que o mano Pedro tem sido um filho muito infiel a seu pai e que já não se podia esperar nada bom dele, porém nunca se podia esperar que o seu alucinamento chegasse ao ponto de dizer: Anuo a que Sua Majestade Fidelíssima tome para si o nome de imperador, pois estas não são palavras que se digam a um pai e muito menos a um soberano e pai, e o que ele quer mostrar é que recebeu a coroa do povo e não de Vossa Majestade. Muito sinto eu tudo isto e muito mais sinto que, no reinado de Vossa Majestade, se perdessem aquelas ricas terras e que um filho imponha a lei a seu pai.[15]

Quatro dias depois, Maria Teresa também iria, de Madri, posicionar-se ao lado do pai, em detrimento de d. Pedro:

> Confesso a Vossa Majestade que me horrorizou ver em um artigo do tratado que o mano Pedro diz que anua a que Vossa Majestade use do título de imperador. Que desgraça, meu senhor, ser tratado deste modo por um filho! Parece que Deus destinou a Vossa Majestade para sofrer e assim espero que lhe dará forças para resistir e triunfar, pois, como é sumamente justo, não ajudará um filho rebelde.[16]

Apesar das críticas familiares, tem-se a impressão de que as datas que acompanham o acordo constituem uma tentativa, por parte de d. João, de prestar honras a d. Leopoldina. Em 22 de janeiro de 1825, aniversário da nora, o rei decidiu pelo restabelecimento da paz entre as duas nações e nomeou, para dar início às tratativas, um gabinete português favorável à independência brasileira. Em 13 de maio, assinou a primeira das cartas régias que orientariam o plenipotenciário britânico. Muito embora fosse essa a data do aniversário de d. João, também era a do tratado de casamento entre d. Pedro e d. Leopoldina. Quanto a 15 de novembro, dia em que o monarca português quis divulgar que concordara com o tratado chegado do Brasil meses antes, era dia de São Leopoldo da Áustria, padroeiro daquele país e dia do onomástico[17] de d. Leopoldina.

Enquanto d. João, provavelmente já informado da amante paulista do filho, cobria de deferências a nora, o apaixonadíssimo d. Pedro fazia o caminho inverso, ligando as efemérides relativas ao Brasil a Domitila:

> Meu amor
>
> e meu tudo...
>
> 27 de dezembro de 1825
>
> No dia em que fazia três anos[18] que eu comecei a ter amizade com mecê assino o tratado do nosso reconhecimento como Império por Portugal. Hoje, que mecê faz os seus 27,[19] recebo a agradável notícia que no Tejo tremulara em todas as embarcações nele surtas o pavilhão imperial, efeito da ratificação do tratado por el-rei, meu augusto pai. Quando há para notar uma tal combinação de acontecimentos políticos com os nossos domésticos e tão particulares?
>
> Aqui há o que quer que seja de misterioso, que eu ainda por ora não diviso, mas que indica que a providência vela sobre nós (e se não há pecado) até como aprova a nossa tão cordial amizade com tão célebres combinações [...][20]

Os dois herdeiros

Ainda em 1825, d. Pedro teve mais motivos para comemorar. Tendo gerado somente filhas após a morte do príncipe d. João Carlos, d. Leopoldina enfim deu à luz um menino a 2 de dezembro, que recebeu o nome de Pedro e reinaria no Brasil com o título de d. Pedro II. Cinco dias depois, em outra residência, mais um Pedro nascia, este filho do imperador com Domitila. D. Pedro teria ficado tão empolgado com o nascimento dos dois meninos, que chegou a cogitar, para o filho bastardo, um batizado repleto de todas as pompas na Capela Imperial. Porém mudou de ideia e o bebê foi batizado na igreja de São Francisco Xavier, no Engenho Velho, como filho de pais incógnitos. O imperador planejou fazer da criança duque de São Paulo.

Guerra no Sul

No entanto, se tudo andava bem em alguns setores da vida particular do imperador, com o Brasil as coisas eram diferentes. Além da dívida de 2 milhões de libras esterlinas a serem pagas a Portugal como indenização decorrente da assinatura do tratado entre as duas nações, na fronteira meridional do país havia conflitos.

Em abril de 1825, durante o processo de organização das Províncias Unidas do Rio da Prata, que dariam origem à Argentina, alguns exilados uruguaios oriundos de Buenos Aires retornaram à Cisplatina, anexada por d. João ao Brasil quando da mudança da Corte para a América. Tendo eles levantado a população espanhola contra o governo brasileiro, o general Carlos Frederico Lecor conseguiu manter Montevidéu e outras cidades, mas o interior permaneceu nas mãos dos portenhos. Após receber tropas do Rio Grande do Sul, Lecor preparou uma ofensiva contra os rebeldes, mas a força expedicionária acabou dizimada na Batalha de Sarandi em 12 de outubro, aniversário de d. Pedro.

Algumas semanas depois, devido ao sucesso dos uruguaios dissidentes, o governo argentino decidiu aceitar oficialmente a petição para que a Cisplatina fosse admitida à união. Buenos Aires e outras províncias mandaram tropas para ajudar os uruguaios contra os brasileiros, o que levou d. Pedro a declarar guerra contra a Argentina em 10 de dezembro de 1825. Era o início da Guerra da Cisplatina.

O autocrata liberal

Apesar do exacerbado liberalismo que era cantado, em toda a Europa liberal, como modelo a ser seguido, d. Pedro ainda se dividia entre ser um "imperador constitucional" ou um autocrata. O espírito liberal que almejava era sufocado por seu gênio dominador. Ao contrário de seu filho, o futuro d. Pedro II, ele não seria contemporizador; antes, agiria sempre como o motor que instigava tudo o que dizia respeito ao Brasil. Excessivamente consciente de seus direitos, relutava em dividi-los com alguém ou alguma instituição.

D. Pedro ainda não convocara o Congresso, que só se reuniria novamente em maio de 1826. Além disso, tinha suspendido os direitos dos povos nas diversas províncias em que houvera sublevações contra ele, as quais ameaçavam a unidade territorial brasileira. Aqueles que, como o imperador, sonhavam com um país constitucional e um governo liberal em que o poder seria dividido entre o soberano e o Parlamento haviam sido presos, executados ou deportados. Até mesmo os ministros que o cercavam começaram a sentir desconforto em servi-lo, uma vez que não havia, segundo o marquês de Barbacena, liberdade alguma para expor a mais leve discordância contra a vontade do imperador: era impossível permanecer num cargo "que de um lado tem a responsabilidade e de outro a impossibilidade de fazer a menor reflexão".[21]

Uma prova de que d. Pedro estava ciente de seu poder pode ser encontrada na demissão do ministro João Severiano. Em carta a outro ministro, o imperador explicava ter Severiano "invadido a minha imperial autoridade pondo na lista dois homens com hábito de Cristo que eu não havia despacho, e sendo os despachos de graças unicamente meus por a lei assim entender", e mandou executar a demissão do ministro em outubro de 1824.

A viagem à Bahia

Com sublevações constantes no Norte e Nordeste brasileiros, seguidas por um levante de escravizados que mataria diversas pessoas na Bahia, d. Pedro decidiu visitar a província no início de 1826, do mesmo modo como já havia feito com São Paulo e Minas Gerais. No entanto, ao contrário das duas viagens anteriores, com uma pequena comitiva e tendo o céu como teto de noite, a viagem planejada para a Bahia seria um evento imperial: não iria só d. Pedro, mas também seus principais ministros, militares, altos cortesãos, a imperatriz d. Leopoldina, a princesa d. Maria da Glória e a amante, Domitila. O embarque deu-se em 2 de fevereiro. O burburinho foi grande. No dia 13, o barão de Mareschal despachava para Viena:

> A viagem da corte à Bahia deu lugar a um grande escândalo. Ver o imperador fazer acompanhar-se no mesmo navio pela imperatriz, sua filha mais velha e sua amante oficial ofendeu necessariamente todo o mundo, mas o medo pessoal que a violência do caráter deste príncipe inspira fechou a boca de todos. A senhora arquiduquesa que, naturalmente, se devia sentir a mais ferida, mostrou a este respeito a mais perfeita indiferença [...]: o único receio que ela se dignou exprimir referiu-se ao mau exemplo que isso daria à jovem princesa, criança precoce a quem nada escapa. Não sei se isto é sabedoria, filosofia prática ou despreocupação, mas a gente não se poderia conduzir com mais tato do que a arquiduquesa [...] o imperador recebeu cartas anônimas, onde o censuravam de

> levar a mulher só para servir de véu para a sua amante. Ficou por causa disso muito irritado e apressou-se em levar as cartas à imperatriz: esta recebeu tão estranha confidência com o seu costumado sangue-frio, dizendo-lhe que aquilo ou era falso, ou verdadeiro, que no primeiro caso não valia a pena ocupar-se com isso e no segundo seria preciso fingir que se despreza o boato para fazê-lo cair. O mais engraçado é que o sangue-frio da imperatriz enraiveceu o imperador, e ele censurou-a por não se aborrecer com ele; pôde observar-se em seguida que Sua Majestade aparecia constantemente em público com a senhora arquiduquesa e que ele redobrou de atenção e consideração para com ela.

A atitude de d. Leopoldina era política. Se, por um lado, o casamento lhe trazia certas obrigações, como aguentar calada as amantes do marido, por outro, ela tinha maior noção do que d. Pedro de seu dever como imperatriz, estando pronta para aguentar as humilhações a fim de não desprestigiar a coroa perante o povo. Não lhe restavam alternativas; um escândalo público só agravaria a solidão que sentia naquela corte hostil. O imperador interpretou a reação da mulher como qualquer homem interpretaria: ela não se importava. D. Leopoldina, porém, se importava sim, mas só o demonstrava a quem lhe devia respeito e submissão. Era esse o caso de seus funcionários germânicos, como se vislumbra numa carta ao seu secretário informal, o negociante e hoteleiro suíço Flach. Reclamando da crônica falta de dinheiro em que vivia, ela desabafou: "O meu esposo se interessa somente pela maldita bruxa e à outra[22] pode acontecer o que quiser".[23]

A Schäffer, responsável na Europa pela vinda dos imigrantes germânicos ao Brasil, a imperatriz também foi franca: "Aqui, infelizmente, anda tudo transtornado, pois, sinceramente falando, mulheres infames como se fossem Pompadour e Maintenon e ainda pior, visto que não têm educação alguma, [...] governam tudo torpemente".[24]

Porém, se uma coisa era aguentar a amante do marido por perto em alguns momentos, outra era conviver com ela num navio durante 24 dias, sendo por isso humilhada publicamente.

Apesar da tentativa de amigos íntimos de aconselhar d. Pedro a não se expor a escândalos, que o mundo tinha os olhos nele, que as pessoas do navio estavam atentas aos seus passos e ele devia respeito à filha de 7 anos e à imperatriz, o imperador não lhes dava ouvidos: estava cego de paixão. Sem compostura alguma, tratava a amante com intimidade na frente de quem quer que fosse. Chamava-a publicamente de "minha Titília" e "minha rica viscondessa". D. Leopoldina, retirada à sua cabine, preferia comer sozinha a ser obrigada a dividir a mesa com d. Pedro, Domitila e a filha, que, acompanhando o pai na intimidade da favorita, passeava com esta de braços dados pelo convés.

No dia 26, os imperadores desembarcaram em Salvador, com d. Pedro fazendo questão absoluta de que "aquela dama", Domitila, estivesse no mesmo barco que os levaria à terra. Ficaram hospedados onde hoje se localiza o Palácio Rio Branco, na praça Tomé de Souza, próximo ao Elevador Lacerda. No local, erguiam-se o Palácio do Governador e a Casa de Relação,[25] onde a corte recém-chegada de Portugal havia se instalado em 1808. As duas construções eram unidas por um passadiço, onde foi instalada a princesa d. Maria da Glória. O governo baiano destinou à imperatriz os aposentos da Casa de Relação, onde d. Carlota fora instalada anteriormente, enquanto d. Pedro e Domitila ficaram no Palácio do Governador.

Domitila acompanhava os soberanos nos eventos, despachos e beija-mãos em Salvador e região. Quando passeavam de carruagem, d. Pedro ia guiando, tendo a imperatriz ao seu lado e d. Maria da Glória e Domitila sentadas atrás. Mas não foi sempre que Titília estava disposta a acompanhá-los. Teve dor de ouvido, e d. Pedro, em cartas à mãe da amante, d. Escolástica, que ficara tomando conta dos filhos dos dois no Rio de Janeiro, contava que "já pondo-lhe sinapismos, já deitando-lhe bichas, e com tão feliz resultado que espero, porque já está muito mais aliviada, que amanhã ou depois já sai comigo, a minha senhora e filha no carrinho".

D. Pedro recebia da corte informes oficiais e particulares. Entre as questões pessoais, os cortesãos do paço, como o camarista da semana, informavam-lhe sobre a saúde dos filhos, fossem legítimos ou não. O menino que Domitila teve no final de 1825 não seria encontrado vivo pelos pais em seu regresso da Bahia. Essa seria a primeira das muitas perdas significativas que d. Pedro experimentaria em 1826.

Na Bahia, o imperador fez o que sabia fazer de melhor: mostrar-se ocupado com toda a esfera da administração pública. Ele visitou todas as instalações civis e militares de Salvador e região; em seguida, emitiu as ordens que considerava importantes para o local, abarcando desde as melhorias necessárias até a parte organizacional, passando por descomposturas em chefes e encarregados. O imperador proibiu que os funcionários do governo mandassem seus escravizados fazerem os serviços pelos quais os senhores recebiam; organizou a construção de um novo cais para o desembarque comercial, evitando atulhar os produtos descarregados dos navios diante do Arsenal da Marinha, que no momento da visita encontrava-se obstruído por sacos de farinha; num único dia, chegou a receber mais de seiscentas pessoas em audiência e a visitar as fortalezas. Além disso, não cuidava somente dos negócios baianos: mandou construir orfanatos, solicitou a melhoria da faculdade de Medicina com materiais importados da Inglaterra, deu esmolas, puniu e condecorou quem devia. Quando na Bahia, ficou sabendo, pelo embaixador Charles Stuart, da intenção de Simão Bolívar de despachar um exército de 12 mil homens como socorro à Argentina na luta contra o Brasil.

Em meados de março, d. Pedro e sua comitiva deixaram a Bahia, desembarcando no Rio de Janeiro em 1º de abril. O imperador passou abruptamente pela multidão que, à sua passagem, se curvava na rua para tentar beijar-lhe a mão. Fugindo do calor, entrou em seguida na Capela Imperial, onde seria oficiado um *Te Deum* em ação de graças pela chegada segura dos imperadores. Enquanto isso, d. Leopoldina percorria com serenidade e compostura o caminho que ligava o desembarque do navio à capela, dando sua mão a ser beijada por quantos desejassem. Seu senso de dever e de dignidade era maior que o do marido.

Rei de Portugal

Vinte e três dias depois do desembarque dos imperadores, a fragata portuguesa *Lealdade* chegou ao Rio de Janeiro com uma notícia impactante. D. João VI havia falecido em 10 de março, aos 59 anos. Além do problema crônico que lhe acometia uma das pernas, não se sabia de nenhuma outra doença do rei, que ainda imaginava reinar por muitos anos. No entanto, em 4 de março d. João caiu estranhamente doente. No dia 6, um Conselho de Regência, presidido pela infanta d. Isabel Maria, foi criado por um decreto seu. Quatro dias depois, o monarca morreria. Notícias desencontradas logo começaram a surgir. Segundo boatos, o rei teria sido envenenado por seu médico brasileiro, o carioca Teodoro Ferreira de Aguiar, cirurgião-mor da real câmara. Tais alegações, mais tarde, levariam Aguiar ao suicídio, em maio de 1827.

Segundo o arqueólogo português Fernando E. Rodrigues Ferreira, exames realizados nas vísceras de d. João VI, descobertas em São Vicente de Fora na década de 1990, mostram que o monarca de fato fora envenenado por arsênico.[26] De acordo com as pesquisas atuais, d. João teria começado a passar mal em 4 de março, logo após comer pão e frango, beber água e chupar algumas laranjas-baía. Ainda segundo o arqueólogo, a morte teria se dado um dia e meio depois, ou ainda dois dias — no mais tardar, portanto, a 6 de março, data em que o rei supostamente assinara o decreto de nomeação da regência. Pelo que diz a perícia grafotécnica, a assinatura no decreto não seria de d. João VI.

É provável que, ao assassinato do rei, tenha se seguido um golpe palaciano para impedir que os absolutistas tomassem o poder. O que sabemos de concreto é que as facções liberais e absolutistas logo começaram a se acusar mutuamente pela morte de d. João. Na chefia da regência, a infanta d. Isabel Maria, de posição moderada, assegurou o trono ao real herdeiro do seu pai, d. Pedro. Além da notícia oficial, a infanta despachou ao Brasil o médico suspeito de envenenar d. João, Teodoro Ferreira de Aguiar. O doutor fora instruído a contar de viva voz ao imperador os últimos acontecimentos. Aguiar retornaria para Portugal como membro da delegação diplomática brasileira em Lisboa e atuaria como correio secreto e informal entre os dois irmãos, como demonstram as diversas cartas entre d. Pedro e d. Isabel Maria, bem como entre o secretário do imperador, Francisco Gomes, e o dr. Aguiar, guardadas no Arquivo Histórico do Museu Imperial.

As "manas da Espanha", d. Maria Francisca e d. Maria Teresa, logo escreveriam ao irmão no Brasil para jurar fidelidade ao novo rei de Portugal; nas cartas, tocariam também na questão da herança deixada por d. João: pediam para não serem esquecidas na partilha, uma vez que tinham filhos. Nenhuma das duas demonstrou qualquer indício de ter chamado d. Pedro de filho ingrato meses antes.

D. Miguel, de seu exílio vienense, escreveu para d. Isabel Maria em 2 de abril, afirmando que não tomava partido entre as facções políticas que se acusavam mutuamente e desejavam o poder a qualquer custo. Declarou que, se preciso fosse, a irmã estava autorizada a divulgar a carta que lhe enviava, na qual tanto apoiava o decreto que d. João promulgara no dia 6 para nomear a junta quanto jurava fidelidade a d. Pedro, a quem reconhecia como legítimo herdeiro do trono português.[27] Para d. Pedro, d. Miguel escreveu em 6 de abril de Viena:

> Mal preparado para resistir à tamanha dor, longe da pátria e de tudo quanto me poderia ministrar alguma consolação, grande alívio experimento no meu pesar em dirigir-me hoje a Vossa Majestade Imperial para lhe oferecer os protestos da minha mais rendida vassalagem, reconhecendo em Vossa Majestade Imperial o meu legítimo soberano, como herdeiro e sucessor da coroa de nossos gloriosos maiores.[28]

Enquanto não chegavam a Portugal notícias a respeito do que d. Pedro pretendia fazer com o trono e a nação herdados, as especulações eram as mais disparatadas, sobretudo da parte da rainha d. Carlota Joaquina, que, em carta de outubro de 1826 à filha d. Maria

Francisca, na Espanha, informava-a: "Anteontem chegou um navio do Rio de Janeiro e corre a notícia que o Pedro quer fazer deste reino colônia, mandando para aqui um vice-rei e que manda uma deputação para vir buscar suas irmãs".[29]

D. Isabel continuou mantendo como prisioneira, no Palácio de Queluz, a sua mãe, que, embora se queixasse dos espiões que a rodeavam em sua casa e dentro do próprio quarto, conseguia enviar cartas para as filhas na Espanha, que, por sua vez, as encaminhavam a d. Miguel em Viena. D. Isabel chegou a dobrar a guarda do Palácio, mandando mais um esquadrão de cavalaria e um de infantaria, para vigiá-la melhor, apesar dos protestos da mãe.[30]

Em 26 de abril, dois dias depois de tomar ciência da morte do pai, d. Pedro enviou aos membros do seu Conselho de Estado, no Brasil, o seguinte ofício:

> Meu pai e senhor d. João VI morreu a 10 de março e, por decreto de 6 do referido mês, organizou uma regência para governar o Reino até eu determinar o que me aprouvesse como herdeiro daquele Reino [...]. É de absoluta necessidade assentarmos em primeiro lugar o que se deve em relação às circunstâncias delicadas da opinião do Império, zeloso da sua indispensável independência, e em segundo lugar o que se deve em relação a Portugal. Quanto ao Império, perguntarei se se opõe a sua independência que o imperador seja rei de Portugal, governando-o do Brasil, e ficando existindo como existem duas nações totalmente independentes qual a brasileira e portuguesa? Se é oposto à Constituição? Agora, pelo lado da utilidade para o Império, se é útil ou poderá vir a ser que do Brasil seja governada uma nação europeia, sendo esta a portuguesa? No caso de convir, que se deve determinar a respeito do seu governo? No caso de não convir, como deve ser feita a abdicação e em quem?[31]

Enquanto as respostas não chegavam, ele produziu, junto com o secretário Francisco Gomes da Silva, o Chalaça, uma Constituição para Portugal, outorgando-a no dia 29 como d. Pedro IV; na ocasião, também concedeu anistia ampla e irrestrita aos portugueses e confirmou o Conselho da Regência com a presidência de sua irmã, a infanta d. Isabel Maria. No dia seguinte, marcou as eleições em Portugal. Em 2 de maio, após ler os pareceres de seus conselheiros, emitiu a carta régia de sua abdicação condicionante ao trono português em nome de sua filha, d. Maria da Glória. Em um trecho do decreto, explicitava as condições da abdicação:

> [...] Hei por bem, de Meu moto próprio, e livre vontade, Abdicar, e Ceder de todos os indisputáveis, e inauferíveis Direitos, que Tenho à Coroa da Monarquia Portuguesa, e à Soberania dos mesmos Reinos, na Pessoa da Minha sobre todas muito amada, prezada, e querida Filha, a Princesa do Grão-Pará D. Maria da Glória, para que Ella como Sua Rainha Reinante, os Governe independentes deste Império, e pela Constituição, que Eu Houve por bem Decretar, Dar, e Mandar jurar por Minha Carta de Lei de vinte e nove de Abril do corrente ano: e outro sim Sou Servido Declarar, que a dita Minha Filha Rainha Reinante de Portugal, não sairá do Império do Brasil, sem que Me Conste Oficialmente, que a Constituição foi jurada conforme Eu Ordenei, e sem que os Esponsais do Casamento, que pretendo Fazer-lhe com o Meu muito Amado, e Prezado Irmão, o Infante D. Miguel, estejam feitos, e o Casamento concluído; e esta Minha Abdicação e Cessão não se verificará, se faltar qualquer destas Condições.

Guardadas as devidas proporções, a Constituição conferida por d. Pedro a Portugal, chamada de Carta, era tão liberal quanto aquela dada ao Brasil. Até então, no período que se seguiu à morte de d. João VI, Portugal havia instalado um governo que jurara fidelidade a d. Pedro IV, que mandara cunhar moedas com seu rosto, governava em seu nome e enviara ao Brasil uma delegação oficial para prestar, em nome do povo e do governo, respeito ao novo soberano português. A lua de mel durou apenas cinco meses, mais precisamente até a Constituição chegar. Antes disso, houvera preferências acerca de quem deveria assumir o trono, mas não o questionamento da legitimidade de d. Pedro como herdeiro. A questão só se tornou controversa após a chegada da Carta Constitucional. Argumentos segundo os quais d. Pedro não seria mais português e, portanto, não poderia assumir como soberano do reino seriam usados pelos miguelistas a fim de justificar a ilegalidade da Carta e do irmão no trono de Portugal.

Com a nova Constituição, as famílias aristocráticas e a Igreja perderiam muitos dos benefícios que datavam já da época feudal. Praticamente todo o clero português preferia um governo absolutista, em que o temor a Deus poderia levar a um maior controle do povo e de suas ofertas à Igreja. Desde o morticínio suscitado durante a Revolução Francesa, Liberalismo, Democracia e Constituição eram ideias de maçons, e não de católicos. A pequena nobreza, vivendo no campo e exercendo poder senhorial sobre as populações locais, sentiu-se ameaçada ao ser banida da Câmara dos Pares pela nova Constituição. O órgão passaria a ser formado apenas por duques, condes e marqueses. Os magistrados também ficaram melindrados, pois perderiam dinheiro e influência com a divisão de poderes instituída por meio da Carta outorgada por d. Pedro.[32]

Para regozijo dos liberais, que já preparavam um levante na cidade do Porto, e para irritação dos absolutistas, a Carta Constitucional foi jurada em Portugal no dia 29 de julho de 1826. Não, porém, sem uma clara ameaça de golpe por parte do general Saldanha, que declarou ao governo que, se este não cumprisse os desígnios de d. Pedro IV e jurasse a Constituição portuguesa, faria com que ela fosse jurada pelo exército, colocando assim o governo na ilegalidade.

Logo em seguida, em 1º de agosto, a infanta d. Isabel Maria assumia, por uma proclamação, a regência em nome do irmão e da sobrinha. Não fora esse, contudo, o plano de d. Pedro: ele desejava que d. Miguel fosse ao Rio de Janeiro se casar com d. Maria da Glória e, depois, seguisse para Lisboa, já feito regente em nome dela e lugar-tenente do irmão até a maioridade da menina. Isso causou um estremecimento entre d. Pedro e a infanta d. Isabel Maria, até que ela jogou no rosto do irmão a própria Carta Constitucional que ele havia redigido:

> 1º porque o artigo 92 diz expressamente que durante a menoridade do rei (ou rainha), o Reino será governado por uma regência, a qual pertencerá ao parente mais chegado do rei (ou rainha), segundo a ordem da sucessão e que seja maior de vinte e cinco anos. Quem me podia, pois, disputar a regência durante a menoridade de minha augusta sobrinha? Eu não tenho culpa de nascer primeiro que o mano Miguel. 2º porque se o mano Miguel, nem mesmo depois de casado com minha querida sobrinha, pode governar o Reino, como o havia de governar durante a sua menoridade? 3º se o mano Miguel pelo artigo 100, segundo me parece, não pode ser tutor; como há de ser regente? [...] O mano Miguel ainda não jurou a Constituição. Se a não quer jurar, não pode ser considerado como português. Se a jura e está como deve estar, pelos arranjos e determinações do meu querido mano e nosso legítimo rei, ele não pode ser regente pelas razões que acima apontei, umas fundadas na Constituição e outras na política e pública utilidade.[33]

Somente em 4 de outubro d. Miguel juraria a Constituição portuguesa, em uma cerimônia na corte vienense. No dia 29, ele assinava o contrato de casamento com a sobrinha carioca. D. Pedro ainda tinha esperança de conseguir levar o irmão ao Brasil (talvez para mantê-lo longe das intrigas), chegando a envolver o sogro, o imperador da Áustria, como mediador da questão.

No entanto, ter uma mãe como d. Carlota Joaquina e irmãs como as que viviam na Espanha dispensava a d. Pedro a necessidade de mais inimigos. De sua prisão domiciliar no Palácio de Queluz e por meio de agentes secretos, d. Carlota tratava de envenenar a relação entre os irmãos e de gestar uma guerra civil em Portugal, financiada pela herança que recebera do pai, o falecido rei da Espanha. Em 26 de outubro, ela escreveu a d. Miguel:

> [...] Peço-te que ainda que te preguem e pintem com todas as boas cores que eles possam a tua ida para o Rio de Janeiro que não vás, porque eu sei que é para te agarrarem lá, e dar cabo de ti; nem metas o pé em nenhuma embarcação e muito menos na nau que vier do Rio de Janeiro buscar-te, porque sei de certo que está a tramar armada para te sacrificar, pois os pedreiros[34] [...] não querem que tu cá venhas nunca: entretanto a Nação toda, e a tropa, não querem para seu rei senão a ti, e estão fazendo os maiores sacrifícios para o conseguir, como tu hás de saber [...].[35]

Quanto às irmãs, mancomunadas com a mãe, teriam escrito para d. Miguel algumas cartas que foram mostradas ao marquês de Resende por seu portador, o barão de Vila Seca. Resende repassou a notícia e o conteúdo das missivas em despacho ao ministro das Relações Exteriores do Brasil.[36] Nelas, as infantas sugeriam a d. Miguel que fosse o quanto antes à Espanha para, em seguida, à frente de um exército, partir para Portugal como rei, considerando d. Pedro usurpador do trono.

O mais interessante de toda essa correspondência e trama está em que os envolvidos realmente acreditavam que o sistema constitucional era algo que o demônio inventara contra o Absolutismo, no qual todos eles, pela graça de Deus, ocupavam um lugar divinamente estabelecido, a fim de que governassem seus povos de acordo com Sua vontade. No modo de pensar de grande parte dos Bragança, constituição significava ateísmo e anarquia.

Enquanto isso, no Brasil, d. Pedro abriu os trabalhos da nova Assembleia em maio de 1826, sem porém se dissociar dos problemas de Portugal. Tanto não o fez que, em parte de sua "fala do trono", isto é, do discurso que inaugurava os trabalhos, ocupou-se da morte do pai e da questão portuguesa, a qual, em breve, indisporia o imperador com seus súditos brasileiros, que o acusariam de dar mais importância aos negócios de Portugal que aos da ex-colônia.

A PERDA DA FIEL ALIADA

Após a morte de d. João, d. Pedro, agora chefe de família, deve ter imaginado que tudo podia. Não se sabe se influenciado por Domitila, resolveu reconhecer a filha que teve com ela. A menina, Isabel, fora registrada como ilegítima, e o bispo do Rio de Janeiro, d. José Caetano da Silva Coutinho, não gostou nada da ideia de rasgar e refazer a página do livro de assento da igreja de São Francisco Xavier do Engenho Velho.

Enfrentando a oposição do religioso, d. Pedro mandou publicar um decreto ministerial em que declarava a paternidade, reconhecida pelos ministros Lages, Inhambupe e José Feliciano Fernandes Pinheiro. Assim, obrigava a reforma do livro de registro da sacristia. Na nova certidão, constava apenas o nome do pai: quanto à mãe, dizia apenas que era "limpa de sangue", ou seja, não era judia. Oficialmente, d. Pedro deu ao velho coronel João de Castro, avô da criança, a incumbência de criá-la, permanecendo, desse modo, a filha junto da mãe.

Um dia após o aniversário de Isabel Maria, a Belinha, em 24 de maio, foi realizada uma grande festa para comemorar o reconhecimento e o título que a menina recebeu do pai: duquesa de Goiás. O título colocava a menina acima de todos os demais membros da corte e da nação brasileira. Isabel não se curvaria a ninguém além dos membros da família do imperador. Até Domitila devia reverência à filha.

Os convidados começaram a chegar ao meio-dia. Os ministros que assinaram o decreto estavam presentes, bem como o capitão da guarda do imperador, o primeiro ajudante de campo, o secretário de gabinete, os viscondes de Barbacena e Gericinó, entre outros. O luto em memória a d. João VI fora abrandado para o evento. O imperador foi recebido à porta pelo velho Castro, que carregava a neta nos braços. Terminada a leitura do documento de reconhecimento e do título conferido, d. Pedro perguntava a quem se aproximava dele: "Já foi beijar a mão de minha filha?". Ou então insistia com a menina: "Duquesa, dá a mão a beijar ao sr. Fulano".

O cenário dessa comemoração era tão grandioso quanto o reconhecimento da duquesinha: o palacete que d. Pedro mandou construir para Domitila, praticamente às portas da Quinta da Boa Vista. Durante anos, acreditou-se que o edifício, que ainda existe na av. Pedro II, 293, em São Cristóvão, tivesse sido construído pelo arquiteto francês Pierre Joseph Pézerat. Porém, segundo as pesquisas das arquitetas Ana Pessoa e Ana Lúcia Viera dos Santos, a:

> [...] atribuição de autoria ao jovem francês, além de infundada, desconsidera [...] a presença de profissionais portugueses junto à casa imperial, como também a tradição da arquitetura portuguesa na construção e reformas de palácios e, até mesmo, na reconstrução de sua capital.[1]

Segundo o mercenário alemão Carl Schlichthorst, durante a sua estada no Rio de Janeiro, de 1824 a 1826, d. Pedro estava construindo para a amante um palácio "no qual seu gosto como arquiteto se patenteia do mesmo modo brilhante e genial como se mostrou compositor do Hino Imperial". Segundo o germânico, não era uma figura de linguagem dizer que o "imperador construía": ele mesmo teria desenhado "a planta e ele mesmo a executa, não escapando à sua atenção os mais ínfimos pormenores. [...] todas as suas obras trazem o cunho do bom gosto, do esplendor e da utilidade".[2]

Provavelmente foi d. Pedro quem deu as feições ao palacete, assegurando o emprego de materiais de boa qualidade na construção e chegando a detalhes como os caixilhos em formato de coração nas bandeiras das portas internas do edifício, que podem ser vistos até hoje. Até os jardins foram alvo da atenção do imperador. Em carta para a amante, ele informou que levava mudas de morangos, roseiras de cem-folhas e hortênsias.[3]

Mas o esmero do projetista e o recheio luxuoso do imóvel não disfarçavam o que ele realmente era, uma gaiola dourada na qual o imperador confinou a sua amante. Não é outra compreensão que temos ao lermos as mensagens enviadas de d. Pedro para ela. Diversas vezes, de uma janela do palácio de São Cristóvão, ele espionou a residência da amante. Os questionamentos, enviados por mensageiros de confiança, exigiam satisfação a respeito dos proprietários das carruagens estacionadas diante da casa, por exemplo, e incluíam avisos de que não adiantava Domitila fechar as janelas porque ele sabia que ela estava em casa. Por outro lado, as janelas abertas também eram motivos para ele lhe escrever: "[...] a propósito daquela janela do teu quarto, quero dizer-te que fica aberta mais do que deve e eu não gosto disso".[4] Até as bainhas dos vestidos de Domitila eram causa de censura da parte do amante: "Muito curto está o teu vestido de chita [...]. Eu sinto muito que tu estivesses dando a perna na escada para me mostrares o vestido curto".[5]

Além de ter de assistir a nova residência da amante do marido ser erguida diante do seu palácio e presenciar, junto com todo o Brasil e o mundo, o reconhecimento da filha que d. Pedro teve fora do casamento, as humilhações infligidas contra d. Leopoldina não pareciam ter fim. No dia 28, Isabel, acompanhada pelo avô, foi apresentada oficialmente à imperatriz. Segundo o embaixador espanhol, a imperatriz, após manter o sangue-frio perante a corte, encerrou-se em seus apartamentos privados, onde passou o dia todo chorando. Com esse reconhecimento, a pequena Isabel começou a frequentar o paço e brincar com seus meios-irmãos. Se d. Leopoldina tinha paciência, o mesmo não se podia exigir dos filhos, ainda mais devido à proteção e predileção que, segundo percebiam, d. Pedro destinava à menina.[6]

Para explicar publicamente a decisão do imperador, seu secretário, Francisco Gomes, fez uma relação histórica dos reis europeus, inclusive portugueses, que haviam reconhecido filhos ilegítimos. Afinal, a própria casa de Bragança não fora criada a partir de um bastardo da casa de Avis?[7] De posse de tais informações, jornais como o *Diário Fluminense* de 10 de junho e o *Spectador Brasileiro* do dia 14, nitidamente influenciados pelo governo imperial, teceram louvores a d. Pedro por ter reconhecido a criança. No entanto, nem todos aceitaram bem a notícia. Segundo o relatório do cônsul francês Guinebaud, na Bahia:

> O povo clama [...] contra a fraqueza e a vilania dos conselheiros do monarca, apologistas públicos e, por escrito, de sua conduta em relação à jovem duquesa de Goiás, filha natural, fruto de duplo adultério vivo, legitimada e reconhecida, a pretexto de que os reis franceses Henrique IV e Luiz XIV tinham feito o mesmo. Entretanto, não obstante verificar a existência do grande desprestígio do governo imperial, não diviso ainda sintoma algum de rebelião.

D. Leopoldina, porém, seguia com sua olímpica paciência, para descontrole do diplomata austríaco no Rio de Janeiro, que no final de junho relatava a Viena: "A 29 de junho festejou-se d. Pedro em casa do veador da Imperatriz [...]".

D. Pedro, d. Leopoldina e as jovens princesas lá passaram o dia em companhia da viscondessa de Santos, de Goiás, sua mãe, seu avô e todo o resto da família materna. A despeito dessa estranha mistura, o dia passou tão alegre e tão tranquilamente como se a poligamia estivesse legalmente estabelecida no país.

D. Pedro deixava-se ficar cada vez mais na casa da amante, onde mantinha uma sala de despachos. Saía constantemente para passear com a filha e Domitila em público. No início de agosto de 1826, partiu para a fazenda de Santa Cruz levando a amante e a duquesinha. D. Leopoldina e os filhos ficaram em São Cristóvão e, enquanto d. Pedro gozava de férias, o governo ficou completamente parado.

Ninguém mais duvidava do que acontecia. D. Pedro parecia não fazer mais questão alguma de esconder a relação. O povo começou a se incomodar com a traição ostensiva, e os muros cariocas amanheciam com caricaturas de d. Pedro, Domitila e d. Leopoldina. Numa delas, a imperatriz esfaqueava a amante, enquanto d. Pedro implorava para que ela perdoasse Titília. Em outra, ele era o cavalo que puxava a carruagem de Domitila, que controlava as rédeas.

As inquietações das ruas finalmente chegaram ao palácio. Em 24 de agosto, quando o futuro d. Pedro II seria reconhecido publicamente como herdeiro do trono, o intendente da polícia recomendou que não se fizesse uma apresentação de gala no teatro para comemorar a data. Dois dias depois, uma delegação da Assembleia chegou ao palácio com o ato de reconhecimento e foi apresentada ao bebê. Quem segurava o futuro imperador nos braços era ninguém menos que o pai de Domitila, João de Castro, agora no cargo de estribeiro-mor.

Como se algo houvesse de errado além do escândalo público, d. Pedro deu ordens para que as tropas fossem aquarteladas, dobrando também as patrulhas e as guardas. O imperador visitou pessoalmente, na calada da noite, diversos quartéis. Deve ter sido informado de que um golpe contra Domitila e sua família vinha sendo preparado. Talvez tenha então percebido o quão longe tinha ido e passou a dar mais atenção à esposa, tanto em público quanto em particular; como resultado, d. Leopoldina engravidou novamente. A reaproximação, contudo, foi efêmera. A 12 de outubro de 1826, o imperador cobriu a amante e seus familiares de graças. Domitila teve o título elevado e, de viscondessa, tornou-se marquesa de Santos. A justificativa não se pautava mais pelos "bons serviços prestados à imperatriz", como se pode observar no texto do decreto:

> [...] Faço saber aos que esta Minha carta virem que, querendo dar um público testemunho do alto apreço em que tenho os serviços prestados pela Viscondessa de Santos, Dona Domitila

> de Castro Canto e Melo [...] tratando da Minha Muito Amada e Querida Filha a Duquesa de Goiás, desde que me dignei a entregar-lhe, e querendo fazer-lhe honra e mercê em atenção a tão distintos serviços, que sobremaneira tem penhorado Meu Coração, Hei por bem acrescentá-la em grandeza com o Título de Marquesa de Santos. [...]

O pai de Titília foi feito visconde de Castro; o cunhado Boaventura recebeu o título de barão de Sorocaba; todos os irmãos foram feitos gentis-homens do paço; um deles recebeu a patente de coronel e dois primos passaram ao cargo de guarda-roupas do imperador.

No entanto, João de Castro não usufruiria por muito tempo do seu novo título. Acamado desde meados de outubro, recebeu a extrema-unção no dia 18, por volta das 10 da noite. O imperador demonstrou publicamente seus sentimentos: acompanhado da imperatriz e de d. Maria da Glória, agora rainha de Portugal, visitou o visconde de Castro e foi com a família rezar pela melhora do militar. Além disso, teria passado quase uma semana à cabeceira do doente, servindo quase como enfermeiro.

O visconde de Castro morreu aos 85 anos em 2 de novembro de 1826. Seu faustoso funeral, com convites, velas, músicos, tochas e diversas missas, foi pago pelo imperador, que não era conhecido por ser financeiramente generoso com a família, quanto mais com amigos. D. Pedro perdera o pai biológico no começo do ano e o pai afetivo, "seu velho" João de Castro, no final. Em seus arroubos característicos, fez pelo "pai brasileiro" o que não pôde pelo português.

A partida da aliada mais fiel

Até então, d. Leopoldina suportara calada tudo o que tinha vindo da parte do marido, mas d. Pedro passara todos os limites ao abandonar a própria casa por dias a fim de servir de enfermeiro à cabeceira do moribundo visconde. A imperatriz enfim explodia.

Segundo o cozinheiro do palácio, cujo relato o barão de Mareschal recolheu em um de seus informes a Viena, d. Leopoldina teria chegado a dar ao marido um ultimato: deveria escolher entre ela e a amante. Caso a escolhida fosse Domitila, que lhe fosse permitido retornar para junto de seu pai na Áustria.[8] No dia 22 de outubro, na ausência de qualquer resposta de d. Pedro, d. Leopoldina foi procurar o diplomata austríaco e comunicou-lhe suas aflições, sem contudo entrar em detalhes. No dia seguinte, carecendo de quaisquer notícias do imperador, teria mandado que arrumassem as roupas do marido e as levassem à casa da amante. Em vez de cumprir a ordem, um criado foi avisar a d. Pedro, que voltou o mais rápido possível ao Palácio de São Cristóvão, onde o casal teria discutido. O imperador, depois de muito gritar e esbravejar, atirou-se aos pés da imperatriz e pediu-lhe perdão.

Desde o início de novembro, d. Leopoldina não se encontrava bem de saúde: acometiam-na fortes dores na perna, coxa e pé. Além da indisposição física, havia também outra psíquica: por conta da relação pública do marido com a amante, a imperatriz entrou em depressão. Chorava muito e dizia ter saudades de sua babá. Em 5 de novembro, deixou de comparecer à inauguração oficial da Academia Imperial de Belas Artes porque estava, segundo as memórias do visconde de São Leopoldo, "incomodada". A depressão, já observada em 1825 pela viajante inglesa Maria Graham, piorou com a nova gravidez.

A depressão de d. Leopoldina não era o único problema. A Guerra da Cisplatina virou um sorvedouro de homens e dinheiro, ameaçando agora até mesmo a existência das antigas fronteiras meridionais a oeste de Livramento. A desorganização das tropas e da administração no sul do país era tão grande, que d. Pedro, levando reforços, resolveu partir pessoalmente para a frente de batalha. Antes da partida, inicialmente prevista para 20 de novembro, teria havido um beija-mão na corte em despedida ao imperador. O que aconteceu nesse evento, por não haver relato de nenhuma testemunha ocular, tem sido motivo de especulação até os dias de hoje. Com base em informes diplomáticos e relatos colhidos por viajantes, pode-se inferir que d. Pedro, na tentativa de apaziguar os ânimos, buscou colocar d. Leopoldina e Domitila juntas, lado a lado, durante o beija-mão. Assim, demonstraria à corte que estava tudo em paz e que os acontecimentos do final de outubro, com a ameaça da imperatriz de deixar o Brasil, haviam sido apenas boatos. Ainda sem encontrar-se completamente restabelecida, d. Leopoldina não quis comparecer ao evento, sobretudo ao lado da marquesa. D. Pedro teria perdido a cabeça e, numa altercação com a imperatriz, provocado nela hematomas que foram notados pelo embaixador francês, o marquês de Gabriac.

Diz a lenda que, durante a discussão, d. Leopoldina teria caído por uma escada interna utilizada para ligar a parte íntima aos salões oficiais. Segundo boato que corre entre visitantes e funcionários do Museu Nacional, localizado no antigo palácio de São Cristóvão, essa escadaria seria amaldiçoada e faria vítimas graves até hoje. Se a queda da imperatriz tivesse acontecido, muito provavelmente ela teria quebrado alguns ossos, como aconteceu às demais vítimas dessa escada; isso, por sua vez, não teria passado despercebido na corte. Na madrugada de 19 para 20 de março de 2012, durante os trabalhos da arqueóloga Valdirene do Carmo Ambiel, uma tomografia computadorizada realizada nos restos mortais da imperatriz constatou apenas que d. Leopoldina não tinha um dos dentes do siso. Nenhum osso quebrado havia ali, nenhum trauma que pudesse ter causado aborto ou óbito.

Apesar das comprovações científicas, os acontecimentos revelam que algo de fato pode ter ocorrido em 20 de novembro de 1826. D. Pedro, afinal, desistiu de embarcar naquela data, alegando como motivo o estado de saúde da esposa.

D. Leopoldina, entretanto, não melhorou, e d. Pedro embarcou da mesma maneira três dias depois. Mareschal informou a Viena: "Tive a honra de vê-la e fui testemunha da maneira com que o imperador, que parecia fortemente comovido, lhe testemunhava seu pesar em abandoná-la nesse estado". A despedida entre marido e mulher foi eternizada pelo médico e historiador Melo Morais:[9]

> Na véspera da viagem do imperador para o Rio Grande do Sul ela [Leopoldina] lhe fez presente de um anel com dois pequenos brilhantes, cujo anel abrindo-se tinha dois corações com o nome de ambos: ela mostrando-lhe disse chorando: eu morro: você quando vier do Rio Grande já não me há de achar. Aqueles que na vida foram desligados sejam unidos depois da morte. Ele a abraçou, chorando ambos muito; e ela lhe disse: que tudo lhe perdoara, e nenhum rancor lhe tinha.[10]

A primeira parada de d. Pedro na viagem ao sul foi em Santa Catarina, aonde chegou cinco dias depois da partida e de onde escreveu, para a esposa e a amante, cartas praticamente idênticas, nas quais descrevia as particularidades da viagem. Na carta para Domitila, porém, havia um estendido final apaixonado.[11]

Enquanto isso, na corte, a saúde da imperatriz declinava. O barão de Mareschal insistiu em que os médicos publicassem boletins diários sobre a evolução da paciente e mudou-se para o Palácio de São Cristóvão durante sua enfermidade.

Em um dos informes que enviou ao governo austríaco, o diplomata afirmou que Domitila dera provas de imprudência e tolices, sendo aconselhada a fingir indisposição e não aparecer mais no paço enquanto a imperatriz não melhorasse. O conselho, porém, não surtiu efeito, e em novo relatório Mareschal afirmou:

> Restringi-me estritamente a estar presente, nada aconselhei e nada exigi e observei com olho frio os ares imperiosos da amante, que atravessou os apartamentos como se viesse para tomar posse, e o tom arrogante e escandaloso com que se queixava de que a camareira-mor que, segundo o costume, presidia à consulta dos médicos, não abandonava tudo para recebê-la.

Logo os cariocas ficaram sabendo da doença da imperatriz. O embaixador da Prússia, Karl Wilhelm von Theremin, oficiava a Berlim:

> O povo encontrava-se literalmente de joelhos implorando ao Todo-Poderoso pela conservação da imperatriz. As igrejas nunca se esvaziaram, e nas capelas domésticas todo mundo ficava prostrado de joelhos. Os homens formavam procissões, não das do tipo comum que importunam, mas com verdadeira devoção, onde corriam muitas lágrimas.

Com a ausência de d. Pedro da corte e a doença de d. Leopoldina, Domitila percebeu que cargo e título não compravam respeito. A camareira-mor, marquesa de Aguiar, proibiu que qualquer pessoa entrasse nos aposentos da imperatriz, a fim de evitar que a amante perturbasse a doente. Os ministros chegaram a cogitar que a marquesa fosse enviada para fora do Rio de Janeiro, mas não conseguiram aprovar a moção por unanimidade e desistiram da ideia. Informada do fato pelo ministro da Justiça, Domitila enfureceu-se. Segundo o negociante inglês John Armitage, ela teria tentado forçar a passagem para entrar nos aposentos de d. Leopoldina, sendo porém barrada pelo marquês de Paranaguá, que se postou diante da porta do quarto e afrontou-a: "Tenha paciência, senhora marquesa, vossa excelência não pode entrar".

Presa à cama com dores, tosse, diarreia e febre durante catorze dias, d. Leopoldina abortou um feto masculino em 2 de dezembro. Até os dias de hoje, não obstante os exames no cadáver da imperatriz, existe quem acredite na lenda de que o aborto e sua subsequente morte teriam sido causados por um chute que d. Pedro lhe dera antes de partir para o sul, ou ainda que todo o quadro clínico de d. Leopoldina estaria ligado ao fato de ter sido jogada escada abaixo pelo marido.

Segundo os boletins médicos existentes, o feto abortado pela imperatriz tinha entre dois meses e meio e três. Nesse período da gestação, o feto dentro do útero está bem protegido pelo anel ósseo formado pela sínfise púbica, pelo ilíaco e pelo sacro. Um simples pontapé, por mais forte que fosse d. Pedro, não destruiria esses ossos e atingiria o útero. Além disso, mesmo se fosse esse o caso, o óbito e a expulsão do feto ocorreriam em questão de horas, e não dias. D. Pedro teria batido na esposa em 20 de novembro; no dia 23, ele embarcou; o navio partiu no dia 24, e o aborto ocorreu somente em 2 de dezembro.

Depois disso, d. Leopoldina entrou em delírio quase contínuo, no qual maldizia Domitila e mandava afastar a duquesa de Goiás de seus filhos. No dia 4, teve uma leve melhora, confessou-se e recebeu os sacramentos. Em seguida, teria rogado para ver os criados e lhes pediu perdão por qualquer ofensa que pudesse ter cometido. Pedia constantemente para ver os filhos, que lhe eram levados. D. Maria da Glória, com 7 anos, ficou bastante impressionada com a agonia da mãe.

A virada do dia 10 para 11 de dezembro foi assim descrita por Mareschal:

> Sua Majestade continuava a estar num estado convulsivo, o desânimo aumentando a cada momento e não lhe permitindo mais do que tons de fracos gemidos; a respiração extremamente curta, o pulso muito fraco depois de 24 horas; enfim às 10 horas da manhã a morte terminou os seus sofrimentos, sem esforço, sem estertor, suas feições de modo algum eram alteradas, e ela parecia ter adormecido pacificamente e na posição mais natural.

Ainda em informe ao governo austríaco, o diplomata informou que d. Leopoldina havia falecido sem deixar disposições testamentárias, o que vai contra uma suposta carta ditada pela imperatriz nos momentos finais de sua vida. Essa missiva seria uma das "provas" das agressões sofridas pela monarca antes da partida de d. Pedro.

Uma carta estranha

A carta, endereçada à irmã Maria Luísa, ex-imperatriz dos franceses, teria sido ditada por d. Leopoldina à marquesa de Aguiar em 8 de dezembro. Nela, a imperatriz relatava as agruras pelas quais vinha passando:

"Há quase quatro anos, minha adorada mana, como vos tenho escrito, que por amor de um monstro sedutor me vejo reduzida ao estado da maior escravidão e totalmente esquecida do meu adorado Pedro".

Este trecho da carta faz eco aos comentários do povo de que d. Pedro a teria maltratado: "[...] Maltratando-me na presença daquela mesma que é a causa de todas as minhas desgraças. Muito e muito tinha a dizer-te, mas faltam-me forças para me lembrar de tão horroroso atentado que será sem dúvida a causa de minha morte".

Faltavam-lhe forças para se lembrar do "horroroso atentado", mas não para continuar ditando mais da metade do total da carta, falando sobre credores e as dívidas que estes haviam contraído para ajudá-la financeiramente.

Em outra parte, d. Leopoldina descreve a pessoa a quem a carta está sendo ditada: "A marquesa de Aguiar, de quem bem conheceis o zelo e o amor verdadeiro que por mim tem, como repetidas vezes te escrevi, essa minha única amiga que tenho, é quem lhe escreve em meu lugar".

No fim, ela manda recomendações para que paguem tudo o que deve aos credores, além de dispor que os filhos sejam educados pela marquesa de Aguiar até que "o meu querido Pedro não disponha em contrário".

Essa carta vem sendo aceita e defendida cegamente por grande parte dos historiadores, sem questionamento algum — qual um dogma. Afinal, compõe o tentador quadro da esposa mártir ao qual o mito de d. Leopoldina se amalgamou e do qual grande parte dos estudiosos se serve. Todavia, uma análise desapaixonada e fria levanta alguns questionamentos:

1. Em nenhuma outra carta conhecida d. Leopoldina trata a irmã por "mana". Sempre a chama de caríssima ou queridíssima Luísa,[12] independentemente de a mensagem seguir por correio diplomático ou por mensageiro particular de confiança. Se d. Leopoldina alguma vez escreveu queixando-se de Domitila para a irmã, essas cartas foram destruídas por Maria Luísa, pois nunca apareceram — ao contrário das missivas em que a imperatriz faz menção à amante do marido e foram endereçadas aos secretários Flach e Schäffer.

2. A marquesa de Aguiar não é mencionada em nenhuma outra das mais de trezentas cartas conhecidas da imperatriz.

3. O tipo de tratamento dispensado à irmã na missiva não era o usual. Para ilustrar melhor a questão, segue um poema escrito pelo poeta russo Puchkin em 1828. Ele ilustra bem a questão da utilização dos pronomes pessoais "tu" e "vós":

   Ela o vós neutro, sem querer,
   Trocou no tu afetuoso;
   Fez-me de ventura nascer
   Sonhos do espirito amoroso.
   Demoro, pensativo, ali:
   Não mais vê-la é-me impensável.
   E digo: "Como sois amável!"
   Mas penso: "Como quero a ti!"[13]

   O poema mostra a diferença de intimidade no uso dos dois pronomes pessoais. Em alguns países europeus — como Portugal e Alemanha, por exemplo —, é até hoje impensável chamar alguém com quem temos pouca familiaridade pelo pronome "tu", uma vez que é íntimo demais.

   D. Leopoldina, em todas as demais cartas à irmã, trata-a com a familiaridade que é própria aos parentes, usando "você" e "tu". Na última carta, porém, assume uma postura que denuncia falta de intimidade com a interlocutora, e, até mesmo, grande respeito, ao se utilizar da segunda pessoa do plural, o "vós". Por que faria isso em sua carta de despedida? Fantasiosa seria a hipótese de a marquesa de Aguiar substituir o "tu" afetuoso pelo "vós" majestático na carta que a ama moribunda ditava à ex-imperatriz dos franceses: "Não vos tornarei a ver! Não poderei outra vez repetir que vos amava, que vos adorava!".

4. Em parte da missiva, há uma menção direta ao embaixador austríaco: "Faltaria ao meu dever se além de ter declarado ao Mareschal e ao Cadolino que tenho dívidas contratadas para sustentar os pobres [...]". O diplomata austríaco, pela carta, teria sido informado por d. Leopoldina desses débitos e tinha recomendação para pagá-los, o que contraria o relato de Mareschal, que mencionou a Viena a falta de disposições da imperatriz.

Todos os que se ocuparam do estudo dessa carta serviram-se, até hoje, de uma cópia que hoje está no Arquivo Histórico do Museu Imperial. A original nunca foi encontrada nem no Brasil, nem no exterior. A cópia que existe em Petrópolis está escrita em português, com uma única frase em francês dizendo que a transcrição foi feita de acordo com um original expedido em 12 de dezembro de 1826. Essa versão apareceu no Rio de Janeiro em 5 de agosto de 1834 — quase oito anos após a morte da imperatriz — para ser registrada com o tabelião Joaquim José de Castro. Testemunharam: César Cadolino, J. M. Flach, J. Buvelot e Carlos Heindricks. Desses, comprovadamente com dois, Cadolino e Flach, d. Leopoldina contraíra grandes dívidas.

Sendo falsa, a carta poderia servir a dois propósitos: primeiro, confessaria as dívidas da imperatriz; depois, acusaria d. Pedro de matar a esposa, denunciando seus abusos. Essa não seria a única carta suspeita contra o imperador a surgir no Brasil durante a década de 1830, como veremos adiante.

O Brasil sem d. Leopoldina

Com a morte da imperatriz, o Rio de Janeiro caiu em pranto convulso. Os sinos dobravam toque de finados e os canhões das fortalezas disparavam de dez em dez minutos. Até o final da tarde, toda a população vestia luto. Não havia casa em que ao menos um morador não tivesse ido mais

D. Pedro como duque de Bragança. Gravura de Maurício José do Carmo Sendim. Publicada na obra *Tributo português à memória do libertador*, de Antônio Feliciano de Castilho, em 1836.
COLEÇÃO PAULO REZZUTTI.

Leque comemorativo à coroação de d. Pedro I como imperador do Brasil, ocorrida em 1º de dezembro de 1822 na Capela Imperial, atual Igreja do Carmo da Antiga Sé, no Rio de Janeiro.
ACERVO DA FUNDAÇÃO MARIA LUISA E OSCAR AMERICANO, SÃO PAULO/SP.

D. João e d. Carlota Joaquina, pais de d. Pedro, retratados no Brasil na década de 1810. Óleo sobre tela de Manuel Dias de Oliveira, *circa* 1810. Acervo do Museu Histórico Nacional/Ibram. Jaime Acioli/ Google Arts and Culture.

D. Pedro com 6 anos. Pastel sobre papel feito por d. Maria Francisca

D. Pedro criança, pendente miniatura em marfim, s/d. Acervo do Museu Imperial/Ibram/MinC.

D. Pedro com 19 anos. Têmpera sobre marfim (miniatura), Jean Phillipe Goulu, Rio de Janeiro, 1817. Palácio Nacional de Queluz, Portugal.

D. Leopoldina, arquiduquesa da Áustria e princesa real do Reino Unido de Portugal, Brasil e Algarves. Gravura de Jean F. Badoureau, segundo Jules A. Vauthier, s/d. ACERVO DO MUSEU IMPERIAL/IBRAM/MINC.

D. Pedro de Alcântara, príncipe real do Reino Unido de Portugal, Brasil e Algarves. Gravura de Jean F. Badoureau, segundo Jules A. Vauthier, s/d. ACERVO DO MUSEU IMPERIAL/IBRAM/MINC.

...nay Pinx. et direx.

Desembarque de S. A. a Princeza D...

na cidade do Rio de Janeir...

Desembarque de d. Leopoldina no Rio de Janeiro, em 1817. Litografia de Hippolyte Taunay. Acervo da Fundação Biblioteca Nacional – Brasil.

Alegoria do casamento de d. Pedro e d. Leopoldina. Óleo sobre tela de Domingos Clementino, 1820.
ACERVO DO MUSEU HISTÓRICO NACIONAL/IBRAM.

na Real Quinta da Boa Vista na memorável noite de 7 de Novembro
em que os Augustos e Sereníssimos Principes ...
... de Felicità tocado pella August. Princeza D. Maria Thereza.

D. Leopoldina. Óleo sobre tela de Joseph Kreutzinger, *circa* 1817. © Schloss Schönbrunn Kultur- und Betriebsges.m.b.H. Coleção: KHM- Museumsverband. Foto de Edgar Knaack.

D. Pedro I, *circa* 1830. Óleo sobre tela de Simplício Rodrigues de Sá. Acervo do Museu Imperial/Ibram/MinC.

Proclamação da Independência. Óleo sobre tela de François René Moreaux, 1844.
Acervo do Museu Imperial/Ibram/MinC.

Aclamação de d. Pedro I como imperador do Brasil, em 12 de outubro de 1822, no Campo de Santana, rebatizado como Campo da Aclamação. Gravura de Jean-Baptiste Debret, 1839.
Acervo do Museu Imperial/Ibram/MinC.

Independência ou morte. Óleo sobre tela de Pedro Américo, 1888. ACERVO DO MUSEU PAULISTA/USP, SÃO PAULO.

Coroação de d. Pedro I como imperador do Brasil na Capela Imperial. D. Pedro sentado no trono; no extremo oposto, no alto, aparecem na tribuna de honra d. Leopoldina e a princesa d. Maria da Glória, futura rainha d. Maria II de Portugal. Óleo sobre tela de Jean Baptiste Debret, 1826. COLEÇÃO MUSEU NACIONAL DE BELAS ARTES/IBRAM. FOTO DE ANTÔNIO CAETANO.

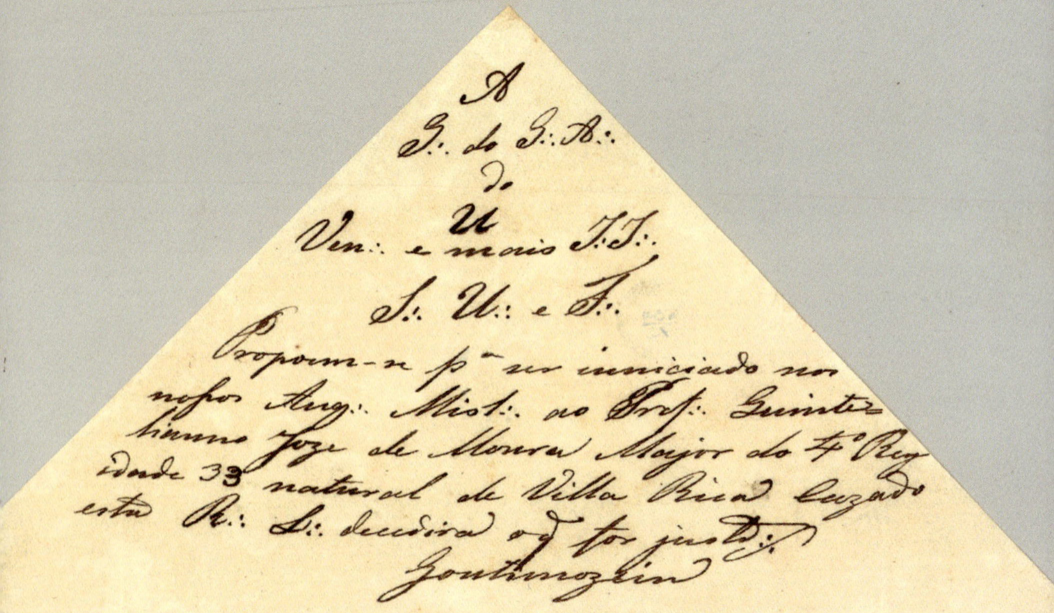

A
G∴ do G∴ A∴
do
U
Ven∴ e mais II∴
S∴ U∴ e F∴
Propom-se p.ª ser iniciado no
nosso Aug∴ Mist∴ ao Prof∴ Quinti-
liano Joze de Moura Major do 4º Reg
idade 33 natural de Villa Rica Cazado
esta R∴ L∴ decedirá o q for justo. F.
Guatimozin

Carta de teor maçônico escrita por d. Pedro I como irmão Guatimozim. A Maçonaria brasileira, da qual d. Pedro I teve título de grão-mestre, foi uma das forças atuantes no processo inicial da Independência.
ACERVO DO MUSEU IMPERIAL/IBRAM/MINC.

Jacques-Auguste Fauginet, medalha-estojo com a Constituição Imperial, criada para a comemoração de cinco anos da outorga da Carta Magna de 1824.
ACERVO DO MUSEU IMPERIAL/IBRAM/MINC.

Leque comemorativo à Organização Política do Império Brasileiro. Cada pilar representa um poder constituído, com o imperador, d. Pedro I, ao centro.
ACERVO DO MUSEU IMPERIAL/IBRAM/MINC.

D. Pedro I na abertura da Assembleia Nacional. Óleo sobre tela de Pedro Américo, 1872. Coleção Museu Nacional de Belas Artes /Ibram.

Domitila de Castro do Canto e Melo, marquesa de Santos (1797-1867). Óleo sobre tela de pintor desconhecido, *circa* 1840. ACERVO DO MUSEU HISTÓRICO NACIONAL/IBRAM. JAIME ACIOLI/ GOOGLE ARTS AND CULTURE.

Segundo o mercenário alemão Carl Schlichthorst, a então viscondessa de Santos, amante de d. Pedro, teria servido de modelo para o rosto da indígena desta gravura. Trata-se de uma alegoria em que uma mulher vestida de nativa representa o Brasil sendo libertado por d. Pedro dos grilhões da opressão graças à outorga da Constituição de 1824.

Alegoria ao juramento da Constituição, 1825. Litografia de Gianni. Publicado no livro *Textos e pretextos*, de Alberto Rangel. Coleção Paulo Rezzutti.

D. Leopoldina, imperatriz do Brasil, *circa* 1826. Miniatura, guache sobre papel. Acervo do Museu Imperial/Ibram/MinC.

Isabel Maria de Alcântara Brasileira, duquesa de Goiás (1824-1898). Primeira filha de d. Pedro com a marquesa de Santos. Miniatura, *circa* 1840. Coleção Miguel Geraldi. Foto de Paulo Rezzutti.

Maria Isabel de Alcântara e Bourbon (1830-1896), condessa de Iguaçu por casamento. Última filha de d. Pedro com a marquesa de Santos. Óleo sobre tela de Ferdinand Krumholz, 1852. Coleção Museu Nacional de Belas Artes/Ibram. Foto de Acervo Museu Nacional de Belas Artes.

Alegoria sobre a morte de d. Leopoldina. Litografia de Antônio do Carmo, Rio de Janeiro, s/d. Acervo da Fundação Biblioteca Nacional – Brasil.

Marquês de Barbacena pedindo, em nome de d. Pedro I, a mão da princesa d. Amélia de Leuchtenberg em casamento. Litografia de Prosper Aimée Marie Brunellière, [s. l., s/d.]. Coleção Guilherme de Almeida – Governo do Estado de São Paulo.

Imperatriz d. Amélia (1812-1873).
Óleo sobre tela de Joseph Stieler, 1829.
Acervo do Palácio Nacional da Ajuda, Portugal.
Foto de Nuno de Albuquerque Gaspar.

A "princesa flor" d. Maria Amélia, filha de d. Pedro com d. Amélia. Óleo sobre tela de Friedrich Dürck, *circa* 1849. ACERVO DO MUSEU IMPERIAL/IBRAM/MINC.

Rainha d. Maria II, primogênita de d. Pedro I e d. Leopoldina. Óleo sobre tela de Thomas Lawrence, 1829.

Bênção matrimonial de d. Pedro I e d. Amélia de Leuchtenberg na Capela Imperial, Rio de Janeiro. Atrás de d. Pedro, veem-se os filhos representados. Em primeiro plano, d. Pedro II, seguido de d. Januária, d. Paula Mariana e d. Francisca. Óleo sobre tela de Jean Baptiste Debret, *circa* 1830. COLEÇÃO BRASILIANA, ITAÚ CULTURAL, SÃO PAULO. FOTO DE EDOUARD FRAIPONT.

Ordem da Rosa, criada por d. Pedro como forma pública de demonstrar a sua regeneração moral. Cercada de minirrosas, a condecoração possui em uma das faces, no centro, os monogramas entrelaçados de d. Pedro e d. Amélia com a inscrição "Amor e Fidelidade" ao redor, e na outra a data do casamento no centro e os nomes "Amélia" e "Pedro". COLEÇÃO CLÁUDIA THOMÉ WITTE.

Bilhete escrito por d. Pedro II ao pai enquanto d. Pedro I, após a abdicação, se encontrava num navio na baía de Guanabara. Nela, vemos o novo imperador do Brasil, de 5 anos, dizendo que estava com saudades do pai e pedindo a ele um "bocadinho de cabelo" para guardar como recordação. Acervo do Museu Imperial/Ibram/MinC.

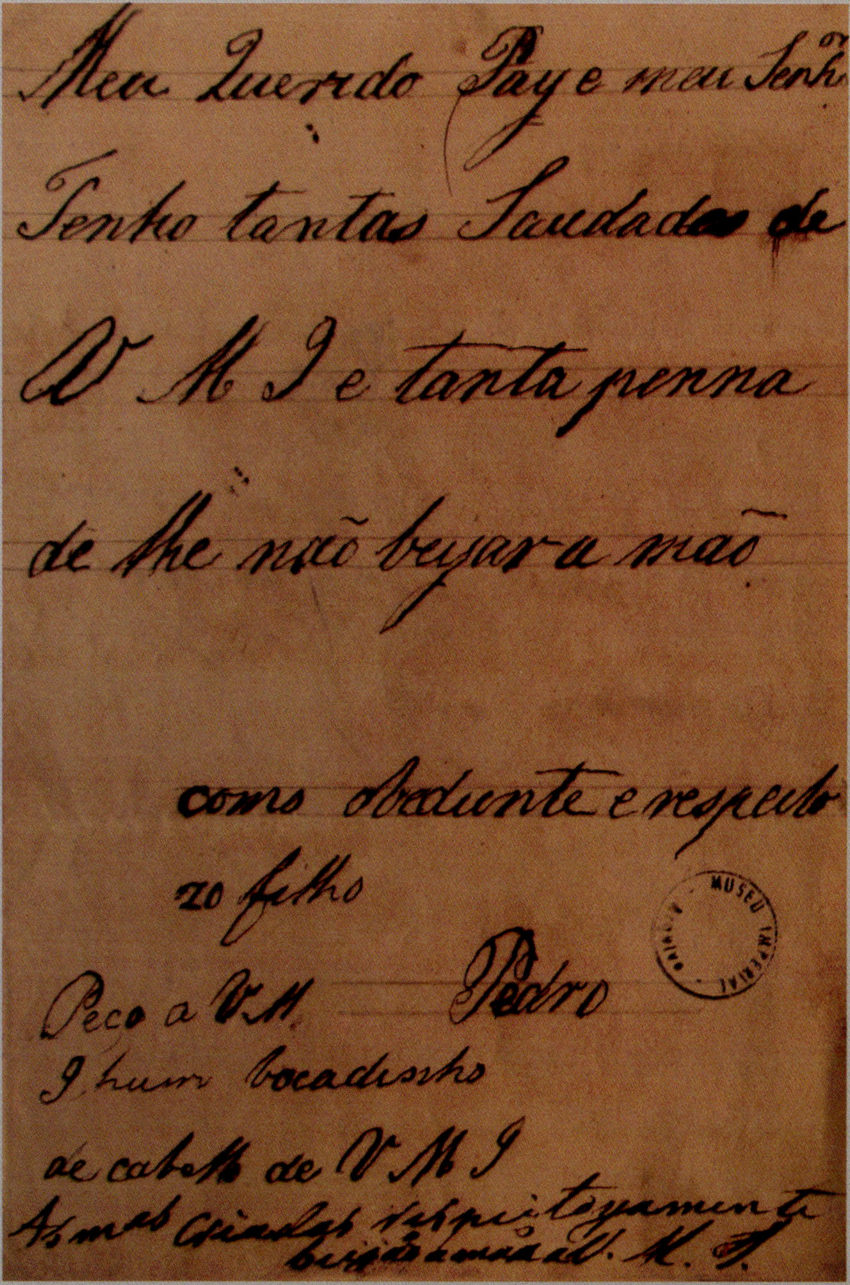

Meu Querido Paye e meu Senhor

Tenho tantas Saudades de

V. M. I. e tanta penna

de lhe não beyjar a mão

como obediente e respeito

zo filho

Pedro

Peço a V. M.

I. hum bocadinho

de cabello de V. M. I.

As minhas criadas respeitozamente beijão a mão a V. M. I.

La Caricature (Journal) N°.140.
Ksssse ! Pédro....
Chez Aubert galerie véro dodat.
(Ces deux capons là ne se

Caricatura representando d. Miguel, à direita, com o tsar da Rússia, chefe da Santa Aliança, e do outro lado d. Pedro I, com o rei da França, Luís Filipe, apoiando-o contra o irmão. Litografia colorida, Honoré Daumier, 1832.
ACERVO DO MUSEU IMPERIAL/IBRAM/MINC.

S. lith.

VISTA DA PRAIA DE ARNOSA DE PAMPELIDO, ONDE DESEMBAR

Desembarque do Mindelo, em 8 de julho de 1833. Chegada do exército liberal a Portugal sob o comando de d. Pedro I. Gravura de F. A. Serrano publicada na obra *Elogio histórico do rei d. Pedro IV, pelo Marquês de Resende*, em 1867.
ACERVO DA BIBLIOTECA NACIONAL DE PORTUGAL, H.G. 2493 A.

D. Pedro, duque de Bragança. Óleo sobre tela de Maurício José do Carmo Sendim, 1833.
Acervo do Museu Imperial/Ibram/MinC.

Morte de d. Pedro. D. Maria II está ajoelhada junto à cama do pai, enquanto d. Amélia está em pé, à direita, sendo consolada pelo marechal Saldanha. Desenho e litografia feitos por Nicolas-Eustache Maurin, Paris, 1836. ACERVO DO PALÁCIO NACIONAL DE QUELUZ, PORTUGAL.

D. Pedro II, ao centro, e suas irmãs, d. Francisca, à esquerda, e d. Januária, à direita. A imagem foi feita durante o período de luto pela perda do pai. Litografia, Félix Émilie Taunay, s/d. ACERVO DO MUSEU IMPERIAL/IBRAM/MINC.

Desenho de d. Pedro morto, feito por José Joaquim Rodrigues Primavera em 25 de setembro de 1834, que serviu de base para uma gravura feita por Maurício José do Carmo Sendim. O desenho original foi ofertado por Primavera em 1871 ao imperador d. Pedro II durante a primeira visita do monarca a Portugal. Acervo do Museu Imperial/Ibram/MinC.

Após limpos e tratados, os restos mortais de d. Pedro ganharam um novo caixão.

Placa das Três Ordens Militares (de Cristo, São Bento de Avis e Santiago da Espada).

Placa da Ordem da Torre e Espada.

Ordem do Tosão de Ouro.

Fotos de Victor Hugo Mori.

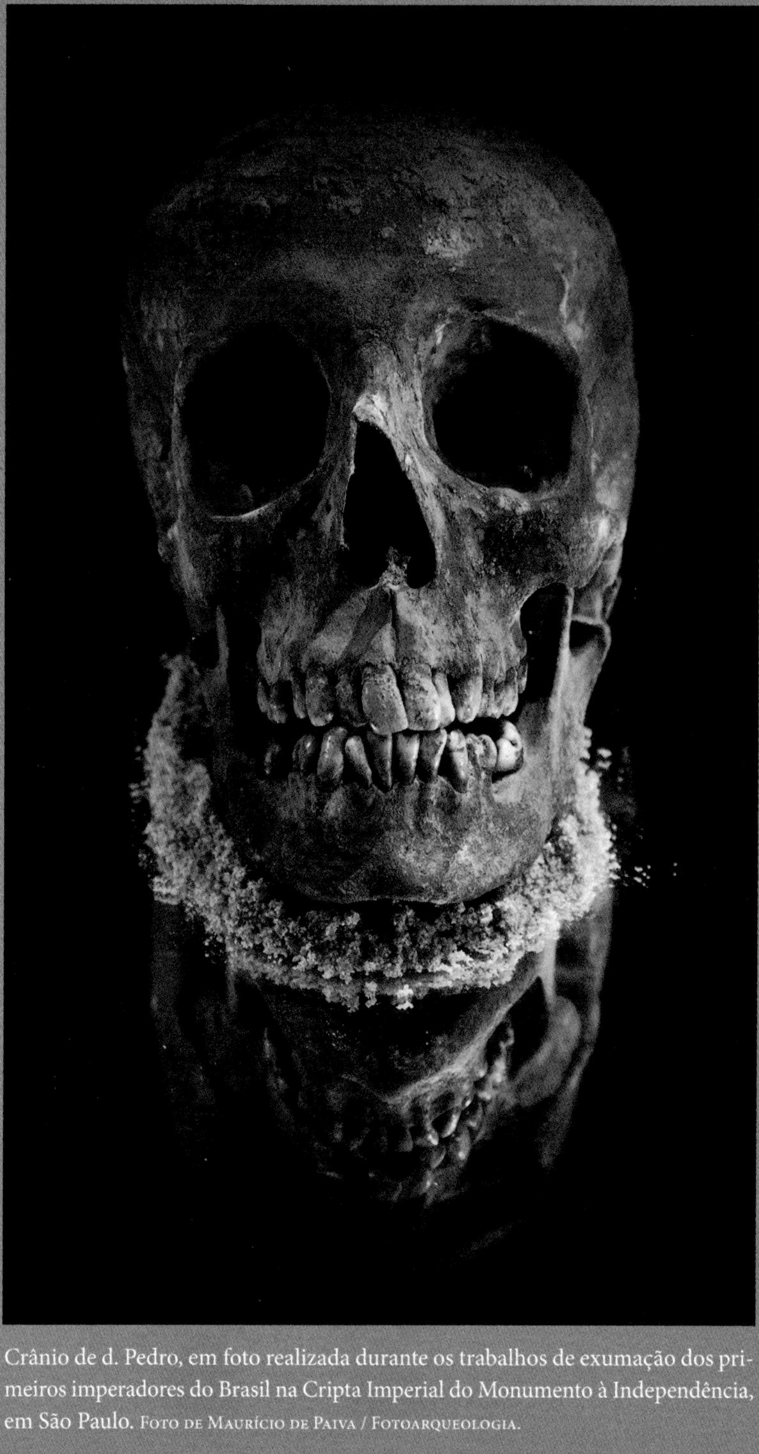

Crânio de d. Pedro, em foto realizada durante os trabalhos de exumação dos primeiros imperadores do Brasil na Cripta Imperial do Monumento à Independência, em São Paulo. FOTO DE MAURÍCIO DE PAIVA / FOTOARQUEOLOGIA.

de uma vez aos portões do palácio, a fim de saber notícias da saúde da imperatriz. O suíço-alemão Carl Seidler notou as faces mudas de dor e desespero de negros, mulatos, portugueses, ingleses, italianos e alemães. Todos choravam a morte de Leopoldina. Maria Graham anotou que "os pobres negros andaram pelas ruas por muitos dias gritando: 'Quem tomará agora o partido dos negros? Nossa mãe se foi!'".

O ódio e a frustração que a população sentia, obviamente, voltaram-se contra a amante. O batalhão de mercenários alemães ameaçou rebelar-se. O palacete de Domitila foi apedrejado, e seu cunhado Carlos Oliva, baleado. Acusavam abertamente a marquesa de, em conluio com o barão de Inhomirim, médico de d. Leopoldina, tê-la envenenado. O ministro da Guerra e o intendente-geral da polícia movimentaram-se para proteger a favorita do imperador em sua ausência.

O caos que imperou durante a doença e a morte de d. Leopoldina não deixou de atingir o próprio ministério, que, por incompetência ou excesso de pruridos diplomáticos, recusou a ajuda de navios britânicos e franceses. Estes poderiam ter entregado rapidamente os despachos referentes à doença e morte da imperatriz a d. Pedro. Porém, por não acharem "decoroso", os ministros não pediram ajuda ao embaixador britânico, que logo teria deslocado um navio da frota do Atlântico e levado o imperador de volta ao Rio, na esperança de que pudesse encontrar a esposa ainda com vida. Em vez disso, os ofícios sobre a doença de d. Leopoldina chegaram junto com a notícia de seu falecimento, levados por um navio norte-americano.

Ainda no sul, d. Pedro havia recebido informes desencontrados. Os ministros contavam que a capital estava em polvorosa e insinuavam sobre as causas morais que teriam levado d. Leopoldina a óbito. Enquanto isso, o intendente-geral da polícia tranquilizava o imperador: corrigindo o relatório dos ministros, dizia que o Rio de Janeiro estava em paz. Quem "desempatou" foi Domitila, que escreveu a d. Pedro dizendo que a morte de d. Leopoldina tinha servido de desculpa para ser insultada. Ela fora proibida de entrar no paço e suspeitava de que os ministros tivessem instigado o povo contra ela. O gabinete conspirava para criar uma regência para d. Pedro II e aprisionar o imperador no sul. Domitila implorava pela volta do amante. O próprio barão de Mareschal diria a d. Pedro, quando de seu desembarque, que, se a imperatriz houvesse falecido entre os dias 5 e 6, provavelmente teria estourado uma revolução na capital.[14]

O imperador mostrou-se o mais cauteloso possível em seu retorno. Deu ordens para que o pavilhão imperial não fosse hasteado no navio e tomou providências para não demonstrar que estava chegando. Ao se avistarem dois navios de guerra brasileiros entrando no porto, em meados de janeiro, acharam que o imperador estivesse a bordo, mas d. Pedro fez os comandantes se comunicarem com a terra e avisarem que ele havia ficado no sul.

Ainda a bordo, d. Pedro escreveu a Domitila:

> Bordo da nau *Pedro Primeiro* entrando no Rio de Janeiro a
>
> 15
> 18–27
> 1
>
> Minha querida
> filha do meu
> coração e
> minha amiga
>
> Teu tio Manuel Alves, meu íntimo amigo e inseparável companheiro de dia e de noite, é portador deste. Ele, minha filha, te contará os incômodos, sofrimentos, aflições, pesares e, mais que tudo, o desgosto pela morte da minha adorada esposa. […] Ele te contará do célebre sonho que tive em 11 do mês passado, que desde então data a minha aflição e disposições para vir unir-me contigo e junto de teu peito e sobre ele depositar minhas lágrimas. Eu tomo nojo por oito dias é esta a única razão que faz com que eu não vá logo, como desejava, […] e sim vá à noite, como teu tio combinou contigo. Pedro Primeiro, que é teu verdadeiro amigo, saberá vingar-te de todas as afrontas que te fizeram, ainda que sua vida lhe custe. […]

D. Pedro confiou-lhe de viva voz o sonho que teve no dia da morte da esposa. Infelizmente, só nos resta conjeturar que tenha tido uma premonição de algo errado no Rio de Janeiro e temido pela vida da amante e dos filhos.

O imperador desembarcou no Rio de Janeiro em 15 de janeiro de 1827. Ao chegar, praticamente escondido, dirigiu-se a São Cristóvão e tomou diversas providências. Uma delas foi escrever ao visconde de São Leopoldo ordenando que lavrasse os decretos de demissão dos ministros marqueses de Paranaguá, Baependi, Caravelas e Inhambupe.[15] Não somente o ministério seria limpo dos conspiradores e dos que afrontaram a amante de d. Pedro. Também seriam dispensados do paço o confessor e antigo professor, frei Antônio de Arrábida, bem como a camareira-mor, a marquesa de Aguiar.

Durante o ofício fúnebre em memória da imperatriz, realizado na Capela Imperial em 25 de janeiro, dia de São Paulo, d. Pedro pareceu bastante comovido aos membros do corpo diplomático e à corte, ora amassando um lenço contra os olhos inchados, ora concentrado em seu livro de orações. No meio do ofício, foi feita uma pausa de uma hora para o almoço, no qual d. Pedro foi servido em uma das tribunas junto da família de Domitila, que se encontrava novamente grávida.

O orador, frei Francisco do Monte Alverne, recordou uma das principais qualidades de d. Leopoldina — a virtude:

> Para a glória da dinastia imperial, a primeira imperatriz do Brasil será a desesperação de todas as que lhe sucederem. Para a glória da Religião, a virtude conduziu todos os seus passos; e quando a verdade apagando as inscrições pomposas, que a lisonja consagra aos reis, vier julgar suas ações, confessará que a imperatriz brasileira possuía um coração ainda maior que seus destinos, cioso do esplendor de seu augusto esposo, indiferente ao brilho efêmero do século, compadecido com os desgraçados; que ela foi religiosa sem fanatismo, grande sem altivez, modesta sem afetação, mãe carinhosa, esposa

terna, o amor, as delícias, o objeto constante da saudade dos brasileiros.[16]

Parte dessa oração, proferida diante do imperador, de sua favorita e de toda a corte, externava uma preocupação latente: quem ocuparia o espaço deixado pela morte da imperatriz?

DIAS TURBULENTOS

No início de 1827, aos 28 anos, d. Pedro era imperador do Brasil, ex-rei abdicante de Portugal — porém ainda cuidando dos negócios portugueses em nome da filha —, pai de cinco filhos (fora os bastardos), jovem cheio de responsabilidades e repleto de idiossincrasias. Ao mesmo tempo que procurava acertar de primeira tudo o que começava, parecia não ter tempo para esboços e arrependimentos — sobretudo arrependimentos. Ao menos até se achar viúvo.

Na abertura da Assembleia, em maio de 1827, os deputados e ministros viram um d. Pedro com que não estavam acostumados. O jovem imperante, ao ler a parte de sua fala em que se referia ao falecimento de d. Leopoldina, titubeou; sua voz enfraqueceu e as lágrimas correram pelo seu rosto.

D. Pedro realmente sentiu a morte da esposa. Ele escreveu um poema a respeito da perda de d. Leopoldina, esculpiu uma coroa de madeira para colocar sobre seu caixão e produziu uma placa para identificá-la. A falta da imperatriz, mulher mais experiente e mais culta — o que talvez pudesse até mesmo incomodar os brios de alguém tão poderoso como o imperador, que não tinha a mesma cultura e substância da esposa —, logo se fez notar.

A cena pública na abertura da Assembleia não seria a única. No dia do aniversário da duquesa de Goiás, também em maio, foi realizada uma festa em São Cristóvão na qual d. Pedro parecia ausente, distante. Em dado momento, a marquesa de Santos teria dado pela falta do amante, e ao procurá-lo pelos salões do palácio o teria encontrado abraçado a um retrato de d. Leopoldina, chorando. A relação entre Domitila e d. Pedro, após a morte da imperatriz, não terminou: continuaria por mais três anos. Entretanto, não teria mais o fogo e a paixão de antes. Por essa época, ele já assinava as cartas à marquesa usando a expressão "seu amo e senhor, o Imperador".

A morte de d. Leopoldina deixava um vácuo no poder que não se sabia se e por quem seria preenchido. Alguns cortesãos mais afoitos tentavam provar genealogicamente que Domitila descendia de Inês de Castro; tencionavam, assim, achar um rastro da realeza lusitana na favorita, a fim de torná-la candidata viável ao posto de imperatriz do Brasil.

Uma noiva para d. Pedro

Apesar dos rumores (como o de que d. Pedro faria da amante duquesa do Grão-Pará ou de Santa Cruz), o imperador tinha noção que a principal figura depois dele no país havia já sido consagrada pelo povo como "anjo tutelar do império brasileiro", graças a seu envolvimento no processo da independência e à bondade com que tratava os que lhe pediam ajuda. Era necessário ocupar esse lugar com alguém que não fosse publicamente reconhecido como algoz de d. Leopoldina, o que era o caso da marquesa.

Passado o período inicial de luto, d. Pedro pediu conselhos ao ministro da Áustria no Brasil, o barão de Mareschal, quanto a um novo casamento. O diplomata preparou-lhe um dossiê em que expunha claramente os dois maiores entraves para conseguir uma nova esposa: a amante e a filha bastarda. D. Pedro afirmou que, quanto à duquesa de Goiás, não viveria sem a filha. Quanto à marquesa de Santos, ela estava no sétimo mês de gestação e não a mandaria embora da corte antes que tivesse a criança: não colocaria a mãe e o bebê em risco por decisões precipitadas.

Pelo relatório que Mareschal enviou a Viena, sabe-se que d. Pedro disse ter conversado com Domitila em 21 de junho de 1827, quando então pôs um fim no relacionamento. O imperador teria acordado com a ex-amante que lhe daria uma pensão e educaria tanto a duquesa de Goiás, como sempre quisera, quanto a criança que nasceria em breve. A marquesa teria o direito de escolher onde morar, mas o próprio d. Pedro a teria aconselhado a deixar a corte.

Em julho, d. Pedro, como homem aparentemente reformado, confessava em carta ao sogro que não fora um bom marido para d. Leopoldina, pedindo perdão a Deus por isso:

> [...] Toda a minha maldade acabou, que de hoje em diante não cairei nos erros em que até agora tenho caído e dos quais todos me arrependo e tenho pedido a Deus perdão, prometendo nunca mais os cometer, desejo casar-me para viver conforme a minha religião e edificando os meus súditos, que têm precisão de bons exemplos dados por mim.

Toda a Europa comentava a respeito do adultério de d. Pedro, como testemunha carta particular recebida por Albino José Barbosa de um ex-colega da Universidade de Coimbra, Joaquim Francisco de Sá:

> Lisboa, 14 de setembro de 1827,
>
> [...] Há muito que não temos notícia do Brasil, desejo saber se está com efeito concluída a paz entre Buenos Aires, o que muito desejo. Aqui se diz que S. M. desterrará a Marquesa de Santos, por lhe constar que se falava mal dele por causa dela etc. e gabam muito essa ação. Outrossim, dizem que ele mandará pedir a filha do Rei da Baviera. Valha a verdade. [...]

D. Pedro na realidade enganava o barão de Mareschal. Houve, sim, um real distanciamento entre os amantes a partir de 27 de junho. Mas eles continuavam se encontrando, principalmente à noite, na casa dela, depois que todos já haviam se recolhido. Voltava-se ao ritmo inicial do relacionamento — sem escândalos e sem alardes, com mais discrição, como bem comprovam as cartas trocadas. Quando havia alguém por perto, ele escrevia à marquesa como seu governante. Sozinho, a conversa era outra: "Ainda agora te respondi como imperador, agora te escrevo como teu filho, amigo e amante a mostrar-te que estou saudoso de ti".[1]

A escravidão: d. Pedro × Assembleia

Além dos negócios pessoais e os de Portugal, as preocupações de d. Pedro aumentavam a cada dia. A Guerra da Cisplatina estava longe de terminar, quanto mais com vitória favorável ao Brasil. O imperador tinha feito o que fazia de melhor: fora até o local verificar tudo o que estava errado; saíra emitindo decretos que demitiam funcionários corruptos e incompetentes, nomeavam administradores capazes e ordenavam a melhoria de instalações militares; e confraternizara pessoalmente com as tropas, o que deu novo ânimo à guerra ao final de 1826, quando esteve no sul. Os esforços de d. Pedro e do marquês de Barbacena, que assumiu o comando do exército, ajudaram a elevar o moral; o número de deserções caiu e aumentou o de voluntários. Entretanto, em fevereiro de 1827, o reestruturado exército do sul caiu em uma emboscada preparada pelos uruguaios e argentinos, na qual praticamente toda a cavalaria foi perdida, sendo obrigado a retirar-se para Porto Alegre. Por outro lado, as perdas argentinas foram grandes também, o que levou Barbacena a declarar que a Batalha de Ituzaingó fora, na realidade, um empate. A nota tragicômica dessa batalha ficou por conta de os argentinos terem tomado parte da bagagem do exército brasileiro. Numa arca, encontraram a Marcha da Vitória, escrita por d. Pedro especificamente para o desfile do exército brasileiro após ter ganhado a guerra. A partitura, nas mãos dos argentinos, se transformou na Marcha Ituzaingó, que até hoje é o hino da presidência da República Argentina.

A má vontade da maioria dos políticos da Assembleia para com a questão do sul do Brasil vinha do fato de o solo da região não ser próprio para a plantação de açúcar e café. Por conseguinte, os senhores escravocratas que dominavam a Câmara dos Deputados não tinham por que perder tempo defendendo um território que não lhes daria nenhum ganho importante. No entanto, outra questão, pendente desde 1826, explodiu na Assembleia no início da legislatura de 1827.

Das diversas cláusulas da convenção que d. Pedro havia acertado, em novembro de 1826, com o embaixador Charles Stuart, uma em particular acirrou os ânimos dos deputados: três anos após a assinatura, a Marinha Britânica transformaria em alvo de captura qualquer navio que transportasse escravizados em direção ao Brasil. Isso enfureceu a bancada escravocrata de Minas Gerais. O principal líder mineiro, Bernardo Pereira de Vasconcelos, pregava, por exemplo, que ninguém havia demonstrado cabalmente que a escravidão desmoralizava uma nação. Segundo ele, uma comparação entre o Brasil e outra nação sem pessoas escravizadas poderia provar seu ponto. Vasconcelos logo se tornaria o líder de toda a bancada escravocrata e conservadora da câmara, que não era pequena. O próprio jogo democrático ajudava a aumentar seu tamanho, pois, sendo o voto livre em uma sociedade estritamente escravista, raras seriam as vozes a favor da abolição — como as de d. Romualdo, Nabuco e poucos outros — que se ouviriam na Assembleia durante o Primeiro Reinado.

D. Pedro, que já dissera, à época do Fico, que seu sangue era igual ao dos negros, acreditava que ninguém tinha o direito de possuir outro ser humano como propriedade. Ele já havia libertado alguns escravizados na fazenda de Santa Cruz e dado-lhes terra e emprego no mesmo local. Além disso, não se deixava transportar por escravizados em liteiras ou cadeirinhas: sempre andava a cavalo ou de carruagem, geralmente ele mesmo guiando o veículo. Na viagem que fizera ao sul, conseguiu que dois escravizados que o haviam ajudado fossem libertados por seus proprietários. Entretanto, como homem de contradições que era, também manteria negros e os venderia quando partisse do Brasil.

Mediante o acordo com a Inglaterra, no final de 1826, d. Pedro buscava implementar de forma gradual a abolição no Brasil, usando para isso uma das disposições da Constituição: seu direito de assinar tratados internacionais sem que tivessem de passar por aprovação na Assembleia. Ao mesmo tempo, era esse corpo legislativo que fazia as leis e controlava a arrecadação tanto dos impostos quanto dos fundos governamentais. No fim, o imperador poderia decretar e assinar o tratado que quisesse: sem o apoio legislativo, nada seria posto em execução.

Em pouco tempo, a Assembleia, dominada por conservadores e escravocratas e jogando conforme as regras constitucionais, transformou-se em oposição ao imperador e seu ministério. Os deputados conseguiram aprovar leis que lhes possibilitavam controlar o sistema judiciário das províncias, e no final de 1827 o código penal proposto pela Assembleia estipulava a pena de morte, em caso de rebelião, quase apenas aos escravizados, sendo virtualmente impossível, pela legislação, condenar homens livres por crimes de motim ou traição. Isso deixaria os republicanos e separatistas confortáveis com seus planos para o Brasil. Dominando a dotação do exército — e podendo, assim, enfraquecê-lo —, a Assembleia tinha condições de acabar com a unidade nacional caso minasse a autoridade de d. Pedro, o que o vinha deixando exasperado.

Além disso, fazia parte do tratado de 1826 o reconhecimento dos termos negociados com d. João quando da chegada da corte ao Brasil: os ingleses continuariam tendo tribunais e justiça próprios dentro do território brasileiro. O temor dos brasileiros estava em que, no caso de serem pegos (ou seja, estavam já cogitando burlar a lei que proibia o tráfico de escravizados), seriam julgados por tribunais ingleses no próprio país, segundo a legislação da Inglaterra, e não do Brasil.

Não era apenas aos brasileiros que desagradava a extraterritorialidade britânica no Brasil, mas também ao próprio d. Pedro. O imperador, no entanto, precisava dos ingleses e não queria melindrá-los — o que, porém, melindrava os brasileiros. Mais uma vez, uma força expedicionária britânica se encontrava em Portugal, a pedido de d. Pedro, para garantir a paz entre liberais e absolutistas. O imperador também precisava deles para conseguir imigrantes irlandeses para o Brasil.

Devido às complicações pela forma pouco ortodoxa que o enviado brasileiro, o dr. Flach, empregava para captar alemães para o Brasil, a emigração dos germânicos ficou suspensa na Europa. Além da substituição da mão de obra, d. Pedro queria imigrantes para o exército, sobretudo no intuito de engrossar as tropas no sul contra a Argentina. Entretanto, a imigração irlandesa tornou-se um problema no Rio de Janeiro, sendo uma das causas da Revolta dos Mercenários ocorrida em 1828.

A questão portuguesa: a previsão da infanta

Em 3 de julho de 1827, ao se aproximar o aniversário de 25 anos de d. Miguel (idade que lhe permitiria, segundo a Constituição portuguesa, assumir a regência), d. Pedro fez dele seu lugar-tenente e regente do reino de Portugal. O imperador recusou-se a escutar a infanta d. Isabel Maria, com quem talvez estivesse contrariado graças aos cortesãos portugueses que desembarcavam no Rio de Janeiro aos borbotões. Havia quem imaginasse que d. Isabel queria ser rainha, ou ao menos governar durante a menoridade da sobrinha. Em carta de agosto de 1826, ela lançou um alerta, antevendo o futuro com muito mais clareza do que d. Pedro:

> [...] Eu devo falar claro ao meu querido mano e rei no momento em que o mano Miguel entrar em Portugal. Portugal vai nadar em sangue e tudo está perdido. Ele não deve entrar em Portugal sem que a nossa legítima rainha chegue a idade de reinar, marcada pela Constituição, pelo menos sem que o sistema constitucional esteja arraigado e seguro entre nós; de outra sorte, eu repito, tudo está perdido... Pelo amor de Deus, meu mano, não se iluda a este respeito.[2]

Um atentado na Glória

Enquanto tudo isso se desenrolava na Europa, em 13 de agosto de 1827 Domitila deu à luz mais uma filha de d. Pedro, que foi chamada de Maria

Isabel. O imperador a reconheceu[3] e tinha planos de, no futuro, conferir-lhe o título de duquesa do Ceará.[4] Foram seus padrinhos o futuro d. Pedro II e a duquesa de Goiás. Ao contrário das outras vezes, não ocorreu grande alarido na corte, e o batizado realizou-se sem a presença do pai.

Dois dias depois do nascimento da menina, haveria a tradicional festa da Irmandade da Glória, com um foguetório que atraía toda a nobreza e aristocracia carioca, incluindo a família imperial, devota como era da santa do outeiro. Naquele ano de 1827, porém, as pesadas chuvas impediram a festa, que foi adiada para o dia 19.

No mesmo dia, partia o marquês de Barbacena para a Europa. Após o fracasso de sua campanha no sul, Barbacena fora nomeado por d. Pedro para tratar do reconhecimento, pela Inglaterra e pela França, de d. Maria da Glória como rainha de Portugal; também caberia ao marquês avistar-se pessoalmente com o infante d. Miguel, em nome do imperador.

À noite, d. Pedro foi ao outeiro da Glória com a filha d. Maria da Glória, dedicada à santa, a fim de assistir à queima dos fogos de artifício na casa do barão de Sorocaba e da irmã de Domitila, Maria Benedita. Era comum que d. Pedro pernoitasse ali quando havia festas na comunidade. A propriedade era tão grande quanto a frequência do visitante nela, e sua presença constante fez com que Boaventura Delfim mandasse erguer outra construção no terreno somente para uso do monarca. Desse modo, ele poderia pousar na chácara dos barões de Sorocaba quando estivesse tarde demais para voltar a São Cristóvão ou aos aposentos no Paço da Cidade.

Domitila era ciumenta, o que fica evidente nas cartas que d. Pedro lhe enviava. A relação com a irmã Maria Benedita era repleta de brigas e altercações por conta do antigo caso dela com o imperador. Domitila não deve ter gostado de saber que o amante passara mais uma noite na casa dos barões de Sorocaba. No dia seguinte, após o festejo, o monarca partiu com Boaventura, seu administrador, para a fazenda de Santa Cruz.

Três dias depois, voltando de carruagem para casa durante a noite, Maria Benedita teve seu veículo alvejado a tiros. Ela não se feriu: teve apenas um vidro do veículo estraçalhado. Pedindo a seus criados que nada revelassem, despachou um mensageiro a Santa Cruz para informar ao marido sobre a tentativa de assassinato. Na carta, a baronesa dizia que fora vítima de uma emboscada e suspeitava que o tiro houvesse partido de um oficial do regimento de São Paulo, íntimo da marquesa. Declarou, ainda, que seu próprio irmão, José de Castro, estaria junto do soldado.

Tomando ciência do ocorrido, o imperador imediatamente acreditou na culpa da amante. Em mais um de seus rompantes, retornou à corte no dia 25 e recebeu o intendente-geral da polícia, Alberto Aragão, que leu para ele os relatos dos últimos acontecimentos. Por não saber do atentado da Glória ou não o mencionar, foi demitido durante a audiência. No dia seguinte, uma torrente de ordens choveu contra o palacete da marquesa, atingindo diversos alvos.

O imperador ordenou que Domitila e seus irmãos embarcassem imediatamente para a Europa[5] e retirou da marquesa a guarda de suas duas filhas, a recém-nascida Maria Isabel e a duquesa de Goiás, que foram morar com ele na Quinta da Boa Vista. Quem levou a ordem foi o bispo de São Paulo, d. Manuel Joaquim Gonçalves de Andrade, que se encontrava então no Rio de Janeiro. Amigo dos Castro Canto e Melo desde a época em que moravam em São Paulo, ele intercedeu junto ao imperador para que Domitila aguardasse o término do resguardo de parturiente. Em outubro, a marquesa prometia ir embora — não, porém, para a Europa, e sim para a cidade de Santos.

D. Pedro concordou com o acordo e começou a punir o restante dos envolvidos no caso. No começo de setembro, ordenou o embarque para o Recife do 5º Batalhão de Caçadores de Linha, estacionado em São Cristóvão. Também conhecido como Batalhão de São Paulo, era formado por moços de famílias paulistas, que tinham na marquesa praticamente uma madrinha. Ao comandante Carlos Maria Oliva, cunhado de Domitila, bem como a Pedro e José, irmãos da amante, d. Pedro ordenou que partissem do Rio de Janeiro e se juntassem às tropas na Cisplatina.

Segundo se especula, Domitila só tomaria ciência de que Rodrigo Delfim Pereira era filho de d. Pedro com a irmã em junho de 1827, quando a relação entre a marquesa e o imperador esfriara e ele começou a procurar uma nova esposa. Isso a teria motivado a tentar o assassinato. No entanto, poderia existir ainda outra motivação para o crime. Alguns cortesãos, cientes do desgaste para a imagem da monarquia que a relação do soberano com a marquesa vinha causando não só no Brasil, mas também entre os europeus, podem ter elaborado uma armadilha contra Domitila.

Seria difícil matá-la sem transformá-la em mártir e provocar uma caçada aos assassinos. Por outro lado, envolvê-la em um incidente de ciúmes contra a irmã seria tão escandaloso, que o imperador teria de agir, como efetivamente o fez. Um dos que mais lucrariam com isso seria o barão de Mareschal e, por conseguinte, a Áustria, que, empenhada em ajudar d. Pedro a conseguir nova esposa na Europa, ficaria mais aliviada ao assegurar que Domitila não estava mais próxima do trono.

O próprio cunhado da marquesa poderia ter urdido o plano. A baronesa de Sorocaba não chamou a polícia, mas mandou um correio para a fazenda de Santa Cruz, onde estavam o marido e d. Pedro. O imperador, em carta a Domitila enviada meses depois, chamaria Boaventura Delfim de "barão de Soca-Rabo",[6] dizendo ter sido iludido por ele.

Até hoje não se tem qualquer indício do que efetivamente ocorreu e de quem teria sido o real culpado pelo atentado. O que se sabe é que, em determinado momento, d. Pedro teve certeza da inocência de Domitila, pois não se falou mais em exílio. A prova disso vem da retomada da correspondência entre os amantes em setembro. No dia 12 desse mês, a marquesa, "adornada e bonita", segundo o marquês de Gabriac, compareceu à sessão de gala no teatro imperial.

Como o relacionamento entre os dois retornara em segredo, os cortesãos não sabiam o que fazer, pois achavam que a amante do imperador havia caído em desgraça. Cumprimentar a marquesa seria uma afronta a d. Pedro? E se não a cumprimentassem, Domitila ficaria sentida? O monarca, ao perceber o espetáculo paralelo que havia sido criado, acabou com o clima ao acenar para ela de seu camarote. O barão de Mareschal, incomodado com tal gesto, pressionou o governo austríaco para que arranjasse logo uma noiva ao monarca, que começava a se queixar da falta de notícias de Viena.

As cartas trocadas entre os amantes comprovam que ambos voltaram a se relacionar na primeira quinzena de setembro, mas de maneira discreta. Arranjos para não aparecerem muito juntos no teatro também eram necessários:

> Como tu tens estado sem ires [...] ao Teatro, e tendo nós muito apetite de assistirmos à Comédia Francesa, e podendo-o não ir eu hoje ao Teatro, e ir depois de amanhã parecer combinação entre nós, [...] assentei de ir esta noite ao Teatro, um pouco para evitar todas as suspeitas e podermos viver sossegados. Eu bem conheço que muitos escrúpulos são maus; mas, neste nosso caso, e posição delicadíssima, convém muito uma perfeita fantasmagoria. Manda-me dizer o que te parece, que é impossível que te não pareçam duas coisas: primeira, muito escrúpulo; segunda, muito bom pensamento, para gozarmos um do outro sem que os outros se divirtam à nossa custa.[7]

No entanto, essa "fantasmagoria" e discrição cairiam por terra no aniversário de d. Pedro, em 12 de outubro, quando cobriria quase todos os que estiveram direta e indiretamente implicados no caso da tentativa de assassinato — parentes e amigos de Domitila — com títulos, cargos e comendas. Aquela era sua forma de se desculpar por tê-los considerado culpados pelo crime, segundo relatou em conversa com Mareschal em dezembro. As nomeações, contudo, caíram como uma bomba sobre a Europa e prejudicaram bastante seu projeto de se casar novamente.

A fama de d. Juan

O plano de deixar nas mãos da Áustria a seleção de uma noiva para o imperador teve momentos tragicômicos. Segundo relatório de 13 de maio de 1828 ao marquês de Aracati, ministro do Exterior, o marquês de Barbacena disse ter havido precipitação em ambas as cortes, mas que as faltas ocorridas em Viena foram piores.

Ainda segundo ele, que estava na Europa em missão confiada por d. Pedro, princípios básicos para nortear as conversações não foram respeitados. Nenhum soberano deveria pedir a mão de uma noiva sem ter certeza de que o pedido seria concedido; as consultas, portanto, deveriam ser feitas de maneira indireta, a fim de salvaguardar a dignidade do soberano em caso de negativa. Barbacena também achava que deveriam ser empregados, na tarefa, súditos do soberano pretendente, e não outros de quem não se podia exigir responsabilidade. Afinal, mesmo os estrangeiros não fazendo exatamente o que lhes fora pedido, era preciso ainda agradecê-los. Outro ponto era o segredo em que toda a negociação deveria ter ocorrido desde o início. Isso evitaria a intriga das potências que poderiam se sentir prejudicadas pela nova aliança matrimonial pretendida.

Se d. Pedro errou em dois pontos — tendo depositado o futuro do seu casamento nas mãos de um estrangeiro e dado ampla divulgação à ida para a Europa dos emissários que levavam os pedidos de casamento — com relação a Viena, Barbacena apontava, além de todos os três pontos, a precipitação e a falta de cuidado com que tudo fora feito, algo que não se esperaria nunca do caráter sério e contido dos alemães.

Em meados de 1827, chegaram a Viena cartas de d. Pedro e do barão de Mareschal. O imperador mostrava-se arrependido de seus pecados e dizia ter mudado. Além disso, informava que mandaria d. Maria da Glória para ser criada na corte do avô até ter idade para reinar, quando então se casaria com o tio, d. Miguel, que seria o seu regente em Portugal. O diplomata austríaco no Brasil garantia a mudança do comportamento de d. Pedro em relação à amante.

Todas essas notícias foram bem recebidas na Áustria, comovendo sobretudo a imperatriz Carolina, madrasta de d. Leopoldina e irmã de Luís I, rei da Baviera. Ela passou a ver o imperador do Brasil como um convertido, a quem o Espírito Santo havia tocado; daquele dia em diante, só o chamaria de "herói".

A imperatriz, que até então nunca havia deixado seu esposo, o imperador da Áustria, sozinho, partiu diligentemente para a Baviera a fim de conseguir uma das princesas, suas sobrinhas, para d. Pedro. Nesse ínterim, o restante da Europa, informado pelas gazetas locais, só davam como certas algumas poucas coisas com relação ao imperador do Brasil: sua brilhante reputação como soberano e pai, mas suspeito de muitas faltas na qualidade de marido. Assim que se soube, na Europa, de seu novo projeto de casamento, as gazetas da Alemanha retomaram o assunto e disseram verdadeiros horrores a respeito do tratamento que d. Pedro dera a d. Leopoldina.

Obviamente, as princesas da Baviera, em meio a tantas informações desencontradas e sabendo que, se aceitassem o pedido de casamento, teriam que embarcar em dois meses para o Brasil, acabaram cada qual dando uma desculpa e recusando a proposta. Em seguida, o príncipe de Metternich enviou uma representação a Turim. Embora o rei da Sardenha achasse a proposta interessante, a rainha queria saber da dotação que a princesa receberia se sobrevivesse ao marido. Foi consultado o embaixador do Brasil em Viena, que explicou tudo e enviou uma cópia da Constituição brasileira para o país. A rainha disse que precisava de tempo para considerar e que também tinha que fazer certas novenas de sua devoção.

Enquanto a princesa e a rainha rezavam, chegavam à Europa as gazetas do Rio de Janeiro de 12 de outubro de 1827, com a lista de nomeações feitas no aniversário de d. Pedro. Os títulos e graças concedidos aos quatro irmãos de Domitila e trinta e tantos parentes, bem como a Ordem do Cruzeiro conferida a todos os oficiais do Batalhão de São Paulo que faziam a guarda da favorita do imperador, foram o suficiente para que todos os jornais da Europa noticiassem que d. Pedro tivera uma recaída e se encontrava novamente nos braços da amante. Além disso, espalhou-se que os bispos e arcebispos do Brasil haviam, no dia de sua sagração, jantado com a marquesa para agradar a d. Pedro.

Após todas essas notícias, a princesa da Sardenha, de joelhos e banhada em lágrimas, pediu para o rei que a livrasse de ir para o Brasil. Depois de mais essa negativa, Viena ainda tentou o Reino de Württemberg, mas a resposta foi a mesma. A publicidade era tanta em relação às tratativas de casamento por parte da Áustria, que o ministro do Reino das Duas Sicílias em Viena, em uma audiência com Metternich, ofereceu a filha do seu rei para se casar com o imperador do Brasil. Metternich teria perguntado se havia anuência da corte napolitana, e o embaixador disse que realizaria as consultas de praxe. Quando o diplomata oficiou a Nápoles a respeito do assunto, o rei prontamente o desautorizou, afirmando que sua filha não embarcaria para a América. D. Pedro teve negada, assim, uma princesa que nem pedida fora!

Barbacena tentou diplomaticamente, em Viena, ter contato com pessoas da confiança de Metternich: uma amiga e o secretário do príncipe. Por meio deles, descobriu que havia aversão à possibilidade de d. Pedro gerar novos herdeiros varões. Caso o imperador se casasse novamente e tivesse filhos, a precedência das princesas, filhas de d. Leopoldina e netas do imperador Francisco I, cairia — ou seja: se o herdeiro masculino do trono brasileiro, o futuro d. Pedro II, morresse jovem, quem herdaria o trono seria um filho do sexo masculino nascido do segundo casamento. Para piorar, caso algo acontecesse com a jovem rainha de Portugal, d. Maria da Glória, um filho homem desse segundo casamento poderia ser colocado no trono português, jogando definitivamente para escanteio a futura regência do infante d. Miguel.

Era esse o estado de coisas que Barbacena relatou a d. Pedro quando de seu retorno ao Rio de Janeiro, em maio de 1828. No dia 13, o mesmo da entrevista entre ambos, o imperador escreveu para Domitila:

> O marquês de Barbacena é chegado, e sua vinda é motivada pela necessidade de me expor de viva voz os entraves que têm havido ao meu casamento em consequência de sua estada aqui na Corte, de onde se torna indispensável sair por este mês até ao meado do futuro junho, o mais tardar. [...] Conheço o amor que a marquesa consagra à pátria e à minha família. Mas fique certa que esta é a minha derradeira resolução, bem como carta que lhe escrevo, a não me responder com aquela obediência e respeito que lhe cumpre como minha súdita e principalmente minha criada.

Domitila podia respeitá-lo como soberano, mas tratava d. Pedro como igual. Apesar do floreado das palavras, muitas das quais mal escritas e em péssimo português, sua resposta revelava uma mulher de gênio forte:

> V. Majestade sabe mui bem que, se eu vou fazer este passeio, é só para lhe fazer a vontade. Não que eu tais tenções tivera de sair daqui para parte alguma. Assim, senhor, não posso ir para o mês que vem, sim nos princípios de julho. Não sou destas de saco às costas, já lhe faço esta vontade, e assim peço-lhe não me mortifique mais.

D. Pedro não se fez de rogado e cobrou que a amante mantivesse a palavra empenhada anteriormente. Era necessário que saísse antes da partida do marquês de Barbacena, que levaria d. Maria da Glória para Viena:

> Minha filha infalivelmente sai até dois do mês de julho, e por isso eu muito desejo que a marquesa saia pelo menos seis dias antes, o que vem a ser 26 de junho, porque muito convém que os que vão possam dizer "a marquesa já saiu", e não "está para sair". Todos acreditarão o que aconteceu e não o que está para ser, que pode não ser, e o negócio é grave e mui grave. Na sua primeira [carta] presta-se a tudo que eu lhe mandar, pede-me instruções, e agora que lhe escrevo diz-me que não pode antes de princípios de julho [...]. Sustente sempre aquela palavra que uma vez der e não faça rodeios, veja bem a quem a dá e qual é a magnitude do negócio que é dependente do cumprimento de sua palavra.

Domitila continuou se impondo:

> Perdoe-me que lhe diga isto: eu não preciso de conselhos, não sou como V. M., as minhas respostas são todas nascidas do meu coração. [...] eu sempre disse que sairia no princípio de

> julho [...]. Eu torno de novo a fazer esta vontade, sairei até o fim deste mês que vem e Deus permita sejam todas as suas vontades feitas assim como eu as faço. Eu tive criação, sei conservar a minha palavra [...]

A marquesa, porém, também sabia quando se fazer de vítima: "[...] Eu ainda não tenho destino algum [...] rogava-lhe que me mandasse dizer por quanto tempo quererá que eu esteja separada da minha casa, ora nisto pode ter coração".

No fim, Domitila deixou o Rio de Janeiro antes da partida do marquês de Barbacena para a Europa levando d. Maria da Glória para o avô em Viena. Desse modo, todos que estavam no navio poderiam jurar que d. Pedro havia rompido definitivamente com a amante e que ela havia saído da corte.

ENTRE DOIS CONTINENTES

Enquanto todo esse drama era vivido no Brasil, em Portugal desenvolvia-se outro que viria a ter consequências na outra margem do Atlântico. D. Miguel fez uma longa viagem pela Áustria, França e Inglaterra, a qual incluiu uma estada na Stratfield Saye House, casa de campo do duque de Wellington, que vencera Napoleão na Batalha de Waterloo em 1815. Wellington, à época, era o conservador primeiro-ministro da Inglaterra, que temia que os efeitos da Revolução Francesa chegassem ao Império Britânico. Ao desembarcar em Portugal, d. Miguel jurou, a 26 fevereiro de 1828, fidelidade à rainha d. Maria II, ao seu irmão, o rei d. Pedro IV, e à Carta Constitucional perante as Câmaras Alta e Baixa do Parlamento e diante dos representantes diplomáticos na corte. Seu primeiro decreto estabeleceu que todos os atos da sua regência deveriam ser expedidos em nome de d. Pedro IV de Portugal.

No mesmo período, grupos a soldo da rainha d. Carlota Joaquina, ainda presa em Queluz, puseram-se no pátio do Palácio da Ajuda para insultar os liberais e os constitucionalistas portugueses, chegando até a apedrejar carruagens. Quando de sua chegada a Lisboa, em 22 de fevereiro, d. Miguel compareceu a um *Te Deum* na Sé da cidade, onde foi ovacionado pela população. Agentes de d. Carlota infiltrados na multidão davam vivas a "d. Miguel I, nosso rei absoluto", e gritavam "Morra d. Pedro e a Constituição"; a única reação do príncipe foi sorrir.

No dia 1° de março, uma nova multidão acercou-se do paço para dar vivas ao rei absoluto. Instigado pelo clero e pela nobreza, e demais descontentes com a Constituição outorgada por d. Pedro, d. Miguel dissolveu o Parlamento sem marcar nova eleição, como determinava a Carta Constitucional. A sociedade continuou pressionando e atiçando o príncipe a assumir a coroa para si. Uma deputação de lentes da Universidade de Coimbra partiu para Lisboa a fim de convidar o infante a se fazer rei, e dois dos professores foram assassinados por alunos liberais. D. Isabel Maria, que se retirara para junto da irmã, d. Maria d'Assunção, estava correta nas predições que fizera a d. Pedro. A chegada de d. Miguel afundaria Portugal em sangue. No início de abril, o duque de Wellington mandou que a força expedicionária britânica em Portugal retornasse.

Em 25 de abril, d. Miguel foi aclamado rei de Portugal pelo Senado de Lisboa, mas recusou o título. Disse que somente o aceitaria se viesse dos Três Estados (velha instituição do Antigo Regime formada por clero, nobreza e burguesia) e convocou-os. Os diplomatas protestaram, e a guarnição da cidade do Porto revoltou-se e marchou sobre Coimbra.

Os Estados Gerais reunidos propuseram que d. Miguel assumisse como rei de Portugal, o que de fato ocorreu por aclamação em 7 de julho. Rapidamente, de maneira brutal e sanguinária, os liberais e os constitucionalistas foram perseguidos. Alguns fugiram de Portugal; os que não tiveram a mesma sorte foram mortos pelos miguelistas. Os que haviam conseguido escapar seguiram para a Inglaterra ou para a Ilha Terceira, nos Açores, único ponto do reino que se manteve fiel ao Constitucionalismo, a d. Pedro e a d. Maria II.

Novamente o casamento

Tudo isso, porém, só seria conhecido no Brasil meses depois. Em julho, chegavam mais negativas de princesas europeias à proposta de casamento com d. Pedro, que era tomado pela raiva e pelo desespero. Diversos rascunhos escritos nos momentos de ira, e nunca despachados para a Europa, davam por terminada qualquer tentativa de conseguir nova noiva. Se ninguém o queria, também ele não queria mais ninguém. Quem narrou o ocorrido foi seu fiel secretário, o Chalaça:

> A tal cartinha do marquês de Resende, escrita em Londres a 18 de julho do corrente, relativa ao casamento, deu-me o que fazer, pois que V. Ex. bem conhece o gênio do Nosso Amo, botou por fora, falou, gritou, escreveu e eu tremendo deixei passar um dia, e escrevi tudo que me mandou.[1]

No final, ainda segundo o Chalaça, d. Pedro, mais calmo, pensou melhor e decidiu que Barbacena deveria continuar com a missão que lhe tinha sido confiada antes de deixar o Brasil, independentemente de qualquer ajuda da Áustria. As instruções[2] de d. Pedro eram claras: o marquês deveria conseguir uma princesa que, por seu nascimento, formosura, virtudes e instrução, pudesse fazer a felicidade do monarca e do Brasil. Porém, se houvesse dificuldades para "se reunir as quatro condições, podereis admitir alguma diminuição na primeira e quarta, contanto que a segunda e a terceira sejam constantes".

A rainha de Portugal no exílio

Somente em setembro, ao chegar a Gibraltar, o marquês de Barbacena soube que d. Miguel dera um golpe contra d. Pedro, d. Maria da Glória e a Constituição, assumindo como rei absolutista português. Ao contrário dos planos que lhe haviam sido confiados, Barbacena, que suspeitava das intenções de Metternich e da Áustria, deixou a comitiva vienense esperando pela menina em Gênova e partiu para a Inglaterra. Lá, o rei recebeu d. Maria da Glória como rainha de Portugal, e ao redor da menina se instalou um núcleo de portugueses fiéis a ela e à Constituição, entre os quais sua tia Ana de Jesus Maria, então marquesa de Loulé, que tivera de partir às pressas para o exílio com a chegada de d. Miguel ao poder.

Ana de Jesus, filha favorita de d. Carlota, havia caído de amores por certo fidalgo, filho de um dos melhores amigos e confidentes do rei d. João VI, o primeiro marquês de Loulé, morto em um estranho acidente no Paço de Salvaterra dos Magos. O filho, d. Nuno José Severo de Mendonça Rolim de Moura Barreto, herdeiro do título, era considerado o homem mais bonito da Europa à época. Além de Ana de Jesus, outra irmã de d. Pedro apreciava o belo jovem: a regente d. Isabel Maria. No entanto, foi Ana quem acabou por tomá-lo como esposo, em cerimônia realizada a 5 de dezembro de 1827 na capela do Palácio de Queluz. Tratou-se de um casamento repentino e sem grandes pompas, sobretudo porque a infanta casava mal. Neta, filha e irmã de reis, unira-se a um fidalgo abaixo de sua posição. Não obstante conservasse todas as honras de alteza sereníssima, teve que renunciar formalmente, em nome dos futuros filhos e de si mesma, a qualquer direito à coroa portuguesa.

O marquês da Fronteira, junto com o corpo diplomático, foi dar os cumprimentos ao jovem casal quando soube do casamento. Em relato, afirmou que, ao chegarem à Quinta do Peres, onde o casal havia se instalado, não puderam se avistar com d. Ana de Jesus: "Ficamos maravilhados quando os criados nos disseram que tínhamos dois motivos para dar parabéns pois que tinha nascido uma menina e se batizava naquele momento". Fazia sentido a pressa e o casamento desigual: d. Ana de Jesus havia casado grávida de nove meses, obrigada por d. Carlota.

Com a aguardada ida de d. Miguel a Portugal, o casal ficaria em uma péssima situação. Embora fosse ajudante de ordens do infante, o jovem marquês de Loulé era um liberal fervoroso. A temeridade era dupla: ele engravidara a irmã do futuro regente e assumia posição política oposta à dele. A ferocidade das reações de d. Miguel era bem conhecida, inclusive por d. Carlota, que, subornando um comerciante inglês, conseguiu despachar o desafortunado casal para a Inglaterra. De lá, d. Ana de Jesus entrou em contato com d. Pedro e contou-lhe o que havia acontecido consigo. O irmão ficou mais chocado pela posição social do cunhado do que por ser tio.

> Minha mana. Franco como sempre fui, sou e serei, não posso em primeiro lugar de estranhar-lhe seu procedimento como considerando a diferença que há entre as diversas hierarquias deste mundo; mas vendo que a mana escreve e me diz que me dá parte do acontecido, e que nossa mãe foi a causa: pondo de parte melindres e pontos de honra e olhando a questão e suas circunstâncias como seu irmão filantropo e cristão, não posso deixar de me condoer muito da má sorte, vindo que foi obrigada, por me ser fiel, a vender o que tinha para comer e, portanto, conte já com oito contos de réis, que lhe serão dados por Rothschild, uma vez com uma mesada de quatrocentos mil réis. Muito desejaria poder ser-lhe mais proveitoso, mas tenho filhos e a mana não ignora qual é a minha dotação. Aceite os protestos de amizade (a qual de novo se faz credora) [...].[3]

Rompimento de d. Pedro com d. Miguel

Em agosto de 1828, d. Pedro soube da traição do irmão e da ida em segurança da filha para a Inglaterra. Wellington, o primeiro-ministro britânico, uniu-se a Metternich, e assim Áustria e Inglaterra tentariam fazer com que a princesa d. Maria fosse enviada para Portugal, com o tio, ou para Viena, com o avô. Seria então a rainha de Portugal, se casaria com d. Miguel, conforme estabelecera d. Pedro anteriormente, e tudo ficaria resolvido. E quanto à Constituição? Era melhor esquecê-la e deixar o príncipe governar Portugal do seu jeito. Wellington enviou lorde Strangford para que tentasse, junto do barão de Mareschal, chegar a um acordo com d. Pedro. Porém, antes da chegada do britânico, d. Pedro já havia denunciado internacionalmente o irmão como usurpador da coroa de d. Maria II.

No final de outubro de 1829, o imperador emitia o seguinte decreto:

> Tendo eu, pelo meu real decreto de 3 de março de corrente ano, renunciado todo direito que indisputavelmente tinha à coroa portuguesa, para que ficasse completa a minha abdicação feita por carta régia de 2 de maio de 1826 na minha muito amada e querida filha d. Maria II, aquele decreto foi fundado na expressa suposição de [...] sincera obediência de meu irmão o infante d. Miguel às minhas reais ordens [...].
>
> Os acontecimentos, que ao tempo daquele meu decreto de 3 de março do corrente ano se passavam em Portugal e que seguidamente se foram desenvolvendo até se completar pelos meios mais criminosos a escandalosa usurpação da coroa, mostravam não somente que era falsa a generosa suposição em que se fundava aquele meu real decreto [...] mas também que meu irmão o infante d. Miguel [...] havia feito caducar todas as condições da minha abdicação de 2 de maio de 1826, já desprezando e rejeitando o título por que governava em meu real nome, já usurpando para si o título e a qualidade de monarca reinante, [...], já destruindo de fato a Carta Constitucional da Monarquia e já finalmente tornando por todos estes atos inexequível o decreto da minha completa abdicação [...].
>
> 1º Declaro irrita, nula e de nenhum efeito a abdicação condicional que fiz da coroa portuguesa, [...]
>
> 2º [...] Hei por bem, de meu moto próprio e livre vontade, de novo abdicar e ceder os indisputáveis e inauferíveis direitos que tenho à coroa portuguesa e à soberania dos reinos de Portugal, Algarve e seus Domínios, na pessoa de minha muito amada e querida filha d. Maria da Glória [...]. Sou, porém, servido declarar que esta minha cessão e abdicação não será completa, senão quando a sobredita minha filha d. Maria II chegar à maioridade, [...]
>
> 3º Sou, outrossim, servido revogar, como pelo presente revogo, para que fique de nenhum efeito, o meu real decreto

> de 3 de julho de 1827, pelo qual nomeei meu irmão o infante d. Miguel regente e meu lugar-tenente nos reinos de Portugal, Algarve e seus Domínios [...].

No dia do aniversário de d. Maria da Glória, em 4 de abril de 1829, apesar de ela estar na Inglaterra com o marquês de Barbacena e suas damas de companhia, houve no Paço Imperial do Rio de Janeiro uma celebração em que d. Pedro recebeu, dos diplomatas estrangeiros na corte, os votos em nome da filha. Lorde Strangford e o barão de Mareschal haviam preparado um discurso que enfatizava o fato de ela ser apenas a rainha *de jure*, isto é, "pela lei", "pelo direito". O rei de fato era d. Miguel, que lá estava governando como d. Miguel I, após ter tomado o poder. Strangford pediu que o pai de d. Maria II fosse pudente e confiasse em seus aliados para fazê-la rainha portuguesa de fato, junto com o esposo prometido.

Segundo relato de Francisco Gomes, que estava presente à cerimônia, a Barbacena:

> Disse [Strangford] e ficou como quem esperava resposta, mas nosso amo olhou muito para ele, deu uma risadinha amarela, daquelas do Senhor d. João VI, e fez-lhe uma cortesia; o homem embaraçou e retirou-se. Seguiu-se o barão de Mareschal — tenho a honra de fazer meus cumprimentos pelo aniversário da rainha [...] ia continuando, mas nosso amo atalhou dizendo *de jure*, ele assarapatou-se e foi-se.[4]

D. Pedro, naquela altura de sua ira, não ouviria sermões de dois estrangeiros que queriam que ele entregasse a filha ao irmão que o traíra e tomara para si o trono português. Não havia etiqueta que salvasse as aparências. Tanto o barão de Mareschal quanto Strangford saíram do paço sabendo muito bem que haviam desagradado muitíssimo o monarca por lhe sugerirem o que fazer quanto ao destino de d. Maria. Segundo o ofício do diplomata norte-americano, o barão de Mareschal fez uma reverência e retirou-se do salão sem terminar de pronunciar o discurso que d. Pedro interrompera. O imperador, virando-se para o camarista que estava ao seu lado, teria dito: "Estes dois filhos da puta pensavam pilhar-me, mas eu mandei-os passear".[5]

A Assembleia contra d. Pedro

Em 1829, os trabalhos na Assembleia começariam cedo. Houvera convocação extraordinária para se resolver questões complicadas, como a crise financeira e, consequentemente, o Banco do Brasil. Mais uma vez, em seu discurso inaugural, d. Pedro solicitou uma legislação que promovesse e fortalecesse a imigração estrangeira ao Brasil; mostrou também seu descontentamento com o que lhe parecia ser um abuso da liberdade de imprensa no império.

Apesar de não existir censura prévia à imprensa, esta não podia tocar em alguns temas sem ferir a Constituição, como a religião católica e a figura do imperador, que era inviolável e, portanto, não podia ser alvo direto de críticas. Desse modo, sem poder culpar o monarca pelos problemas, os jornais atacavam livremente os ministros e o secretário Francisco Gomes. Usavam de subterfúgios para chegar a d. Pedro, referindo-se a ele, por exemplo, como o "nosso caro Imperador", mas tendo "caro", no caso, o sentido de dispendioso, e não de querido. Também um anagrama de Pedro, "Poder", era constantemente atacado na imprensa, sem que nada pudesse ser feito. Em qualquer processo movido por abuso de liberdade de imprensa, dava-se ganho de causa para os jornais, uma vez que o júri era composto de seus pares.

A tentativa de revolta em Pernambuco, onde se tentara instalar uma república em fevereiro de 1829, foi motivo de discussões acirradas na Assembleia. Os deputados pediram explicações oficiais aos ministros da Justiça e do Exército quanto às atitudes tomadas durante o levante, quando prerrogativas e direitos constitucionais da população foram novamente suspensos. Dois decretos teriam sido lavrados — um pelo ministro da Justiça e outro pelo do Exército — em favor da execução dos culpados por tribunais militares, sem que o assunto tivesse passado, porém, pelo Conselho de Estado.

A Assembleia criou uma Comissão Parlamentar de Inquérito, a primeira das inúmeras CPIs que o Brasil viria a ter. Se os parlamentares declarassem os ministros culpados, d. Pedro os demitiria. Entretanto, por uma pequena margem, eles saíram livres das acusações. Segundo relatam, em suas respectivas memórias, tanto o conselheiro Drummond quanto o bispo d. Romualdo, d. Pedro empenhou-se pessoalmente junto a aliados para fazer a defesa dos seus ministros na Assembleia. Ainda segundo Drummond, o imperador teria chegado a pagar pelo voto de alguns dos deputados, em prática que nada diferia da que viria a consagrar-se no Presidencialismo.

D. Pedro irritava-se cada vez mais com a atitude do Legislativo, que, em vez de cumprir seu papel e legislar, queria afrontá-lo e questionar seus ministros, por ele tidos quase como serviçais. Pela Constituição, cabia ao imperador demitir e constituir os ministros e ministérios, a exemplo do que ocorre no sistema presidencialista. O que a Assembleia estava fazendo ao tentar se imiscuir em suas prerrogativas constitucionais?

A questão, porém, era muito mais profunda e se agravaria até transformar-se em crise. Alguns deputados e segmentos da sociedade, incluindo os jornais que se opunham aos ministérios de d. Pedro, como o *Aurora Fluminense*, já falavam abertamente em ministros responsáveis — ou seja: o gabinete ministerial deveria ser escolhido pelo imperador dentre os deputados do partido majoritariamente eleito para o Parlamento. Isso contrariava a Constituição, que determinava caber ao imperador a livre escolha de seus ministros. D. Pedro lutaria até o fim para manter essa prerrogativa.

No início de 1829, o imperador pensou seriamente em dissolver o Parlamento. Em cartas enviadas a seus conselheiros privados, como o frei Arrábida, o barão de Inhomirim e o marquês de Paranaguá, perguntou-lhes: 1) em que estado de fermentação revolucionária eles viam o Brasil; 2) que remédios achavam convenientes; 3) se era oportuno emendar a Constituição; 4) se era melhor verificar, depois de conciliar-se com os vários soberanos que por ele nutriam aversão, se poderiam enviar uma força para apoiá-lo, a fim de que viesse a elaborar uma Constituição nova e verdadeiramente monárquica; e 5) em que época se deveria pôr em prática tal plano. As cartas foram escritas em 17 de março, e a discussão perdurou até maio.

A resposta do seu antigo professor e confessor, Arrábida, foi a mais contundente. Ele previa que, se tropas estrangeiras desembarcassem no Brasil para esse fim, a nação mergulharia em sangue. Quanto ao que d. Pedro havia escrito, aconselhou-o: "Queime, senhor, queime o papel que contiver esse quesito, que só pensando se julgaria crime quanto mais sabido".[6]

A proposta de d. Pedro claramente almejava um alinhamento diplomático com as potências europeias que formavam a Santa Aliança. Foram esses países e os seus exércitos que haviam invadido a Espanha, dissolvido o Parlamento e restituído o poder do rei anos antes. No entanto, o imperador refletiu após ler as respostas dos conselheiros e abandonou qualquer projeto de fechar novamente a Assembleia: ficaria apenas na vontade de dar ao Brasil uma nova Constituição. Cada vez mais d. Pedro tomava ciência de que aquela que elaborara era imperfeita, facilitando a manutenção dos conservadores e escravocratas no poder e permitindo a destruição do império por meio das revoltas.

Mesmo assim, d. Pedro morreria lutando pelo que acreditava, e em 1º de outubro de 1829, buscando se antecipar ao 13 de março de 1830, quando, pelo tratado de 1826 com os britânicos, o tráfico de escravizados deveria ser proibido, seu ministro da Marinha decretou que não seria mais permitido que navios negreiros partissem para a África desde o Brasil. Essa proibição foi letra morta, uma vez que a Assembleia, tomada por deputados escravocratas, nada fez para implementar a medida.

O retorno da favorita

Se d. Pedro e o Legislativo novamente se digladiavam no Brasil, as coisas na Europa não estavam melhores. As tentativas de Barbacena de conseguir uma noiva para o imperador resultavam tão infrutíferas quanto as levadas a cabo de boa ou má vontade por Metternich e Francisco I. Às negativas anteriores somavam-se agora as das princesas da Suécia e da Dinamarca. As ordens de Barbacena eram arrumar o mais rápido possível uma noiva para seu monarca e, assim que isso ocorresse, levá-la, junto com a filha que estava na Inglaterra, para o Brasil. D. Pedro mandava que lhe trouxessem a filha, não a rainha de Portugal. Era o pai quem falava, não o estadista.

Em 21 de abril de 1829, Francisco Gomes oficiava ao marquês de Barbacena: "[...] O contratempo com a Dinamarca excitou novamente em nosso Amo a Paixão (nunca sufocada) pela marquesa, e já a mandou buscar".[7]

Desde o final de 1828, Domitila já dera mostras de que não suportava ficar em São Paulo longe das filhas e da casa. No segundo semestre daquele ano, a última menina que tivera com d. Pedro, e que teria sido feita duquesa do Ceará, morrera de meningite, longe da mãe. No final do ano, altiva, afirmando que d. Pedro já devia ter se esquecido dela e que nada faria para prejudicar os negócios do imperador, escreveu ao amante para dizer-lhe que estava voltando ao Rio de Janeiro. D. Pedro, com todos os problemas que enfrentava — as cortes europeias que pareciam zombar dele e humilhá-lo quanto à questão do casamento; a filha de dez anos que penava as agruras do exílio na Inglaterra; a traição do irmão; os obstáculos cada vez maiores que o atrapalhavam no governo do Brasil —, não precisava incluir na lista o retorno da marquesa à corte e o falatório que isso geraria na Europa.

O imperador respondeu Domitila de imediato e enviou também uma carta à mãe dela. A d. Escolástica pedia, com bem poucos modos e educação, que colocasse juízo na cabeça da filha, lembrando que a marquesa devia tudo o que tinha a ele e, portanto, devia-lhe obediência. Teceu também ameaças contra ela e a família:

> Uma pessoa que saiu do nada por meu respeito devia, por um reconhecimento eterno, fazer o que eu lhe tenho até pedido.

> [...] eu lhe declaro, mui expressamente, que, se a marquesa se apresentar no Rio sem ordem minha, eu suspendo-lhe as mesadas, a ela e a toda aquela pessoa de sua família que influi para este sucesso, bem como a demito de dama e privo de entrarem no Paço seus parentes.

Aflita, dona Escolástica respondeu: "[...] Por mim está prevenida, muito de antemão, para não dar um só passo sem positiva determinação de V. M. I. [...] Sinto meu senhor, e sinto n'Alma, que uma produção de meu desgraçado ventre viesse ao mundo para dar motivos de inquietações a V. Majde".

Em São Paulo deixou-se Domitila ficar até que, já desencantado de conseguir noiva na Europa, d. Pedro mandou chamá-la, em abril — não, porém, sem antes despachar para a França madame Saisset e seu marido. Clemence Saisset tornara-se amante de d. Pedro após a saída da marquesa da corte. Assim que os primeiros sinais de gravidez surgiram, o imperador mandou que o casal partisse para fora do Brasil, levando consigo uma gorda compensação e a promessa de uma pensão. Aos olhos de d. Pedro, o barão de Mareschal e a Áustria falharam em cumprir suas promessas. Mareschal teve certeza de que caíra em desgraça perante o monarca quando lhe apresentou o retrato de duas novas princesas. D. Pedro desconversou e ainda escarneceu, dizendo que as pinturas deveriam ser falsas e que, agora, se ocuparia apenas da sucessão portuguesa. Mentia ao austríaco para que essa informação chegasse à Áustria.

Apesar das contínuas tentativas dos marqueses de Barbacena, Pedra Branca e Rezende, bem como de outros diplomatas brasileiros na Europa, as coisas pareciam fadadas ao fracasso. Segundo explicação do próprio imperador ao barão de Mareschal, era muito humilhante arcar com as recusas das princesas; o melhor seria fingir que nunca pensara em se casar novamente. Ao chamar a marquesa de Santos para a corte, toda a Europa teria certeza de que não partira de d. Pedro o projeto de um novo casamento.

Em 8 de abril, d. Pedro escrevia para a mãe de Domitila, que ficara em São Paulo:

> Viscondessa. Agora acaba de chegar um soldado de São Paulo com nove dias, e diz que topara o Lima em Mogi, que chegava a um deste mês. Portanto, não contemos ter o gosto de ver a marquesa antes de sexta-feira santa ou sábado de Aleluia, que será uma Aleluia completa.

Passadas as festividades da Páscoa na corte, que naquele ano caíra em 19 de abril, d. Pedro foi para a fazenda de Santa Cruz esperar Domitila. Impaciente como de hábito, antecipou-se à chegada da marquesa, indo aguardá-la duas léguas adiante, em Itaguaí. Ficaram hospedados em Santa Cruz até quase o final do mês. No início de maio, Domitila voltava em apogeu à corte, para desconsolo do barão de Mareschal, que observava a cidade e os cortesãos indo em peso visitar a favorita, caindo assim em sua graça e na do imperador. O diplomata francês Pontois foi quem melhor resumiu a situação toda:

> A marquesa de Santos realmente retornou, como anunciei [...]. Uma multidão de cortesãos correu para sua casa, com uma mesquinharia e cinismo peculiar a este país, para receber de volta aquela de quem eles tinham, não muito tempo antes, comemorado a desgraça com tanta alegria, e que, desde então, sempre gostavam de insultar.[8]

O diplomata austríaco oficiava a Metternich que havia murmúrios a respeito de um casamento entre d. Pedro e Domitila. Segundo ele, Felício, o marido vivo da marquesa, não seria um problema difícil de resolver num país em que a vida de uma pessoa sem relevância não era grande obstáculo, sobretudo quando uma família grande e pouco recomendável pela sua moralidade tinha interesses nisso. Mareschal pintava os Castro como um misto de Bórgia e Corleone. Ao mesmo tempo, alimentava a certeza, em Viena, de que d. Pedro não tinha mais interesse em se casar com uma princesa de sangue nobre.

O auge de Domitila deu-se em 24 de maio, no aniversário da duquesa de Goiás. Às 3 horas da tarde, a riquíssima carruagem da marquesa de Santos, ornada com seu brasão e trazendo criados vestidos de libré, entrou pelos portões da Quinta da Boa Vista. O imperador havia ordenado que o porteiro de sua imperial câmara, João Valentim de Faria de Souza Lobato, o mesmo que conduzira Domitila à tribuna das damas de honra na Semana Santa de 1825, abrisse a porta da carruagem para que ela descesse. Nesse momento, bandas marciais tocaram, os porta-bandeiras curvaram os pendões imperiais em sua direção e a guarda prestou-lhe as devidas continências, como se fosse ela a imperatriz do Brasil.

Belamente vestida, Domitila tinha o colo enfeitado por uma grossa cadeia de ouro. Em cada anel, lia-se "Pedro I". Pendente do colar, próximo aos seios, trazia emoldurado em brilhantes o retrato do imperador. D. Pedro esperava-a com sua farda de gala repleta de condecorações. A marquesa, após uma mesura, beijou a mão do soberano e das princesas e deu um beijo no rosto da filha. Em seguida, conversou um pouco com o imperador e partiu para seu palacete, onde a esperavam um banquete e um baile.

O imperador chegou à casa da marquesa às oito da noite, quando o banquete para sessenta pessoas foi servido em rica baixela de prata, presenteada por ele mesmo. Aquela foi uma das recepções mais brilhantes do Primeiro Reinado. O baile que se seguiu foi aberto por d. Pedro e Domitila. Só que nem tudo era festa: para lembrar o problema da sucessão portuguesa, foi passada uma subscrição cujo objetivo era doar dinheiro aos 148 perseguidos políticos e refugiados portugueses que haviam chegado duas semanas antes ao Rio de Janeiro, fugindo do Absolutismo de d. Miguel.

D. Amélia

Seis dias depois, na Cantuária, Barbacena e o representante da duquesa Augusta de Leuchtenberg, Planat de La Faye, assinavam um tratado de casamento. De um lado, Amélia de Leuchtenberg, princesa bávara, sobrinha do rei da Baviera e neta da imperatriz Josefina, primeira esposa de Napoleão; do outro, d. Pedro I.

Após a recusa de mais uma princesa, dessa vez uma de Baden, a mãe da menina, que via com gosto o casamento da filha com d. Pedro (opinião diferente da do marido), lembrou-se de uma parente, a duquesa Augusta de Leuchtenberg. A viúva do príncipe Eugênio de Beauharnais tinha uma filha em idade para casar-se, e a grã-duquesa de Baden recomendou que o coronel Brack, que estava ajudando os diplomatas brasileiros, procurasse a família na Baviera.

A princesa Amélia de Leuchtenberg reunia três das quatro qualidades pedidas por d. Pedro: era bonita, virtuosa e culta. O nascimento, entretanto, deixava a desejar. Os Leuchtenberg não eram benquistos pelo então rei da Baviera, irmão de Augusta. Enquanto Napoleão esteve no auge, fora interessante tecer aliança matrimonial entre o príncipe Eugênio, enteado de Bonaparte, e uma princesa bávara; com a queda do imperador francês, contudo, aquilo se tornara um incômodo dentro da família real.

Quando Eugênio, devido à queda de Napoleão, perdeu o posto de vice-rei da Itália, refugiou-se com a família na Baviera, onde comprou terras que lhe davam direito a titulações na alta nobreza. Entretanto, com exceção da duquesa Augusta, filha e irmã de rei, a família não gozava de uma posição nobre vantajosa. Com a morte de Eugênio, Augusta seria responsável por terminar de educar e casar a prole. Apesar da fama de d. Pedro na Europa, para os Leuchtenberg ele era um ótimo partido. A duquesa não só casava muito bem uma das filhas como conseguiria ver restituída parte da glória perdida da família na figura do primogênito. Amélia impôs uma única condição: seu casamento deveria ser em proveito de sua família. O imperador do Brasil deveria restituir ao seu irmão, Augusto, o título que pertencera ao pai.[9]

Em meados de junho, d. Pedro recebia as primeiras notícias referentes aos arranjos de seu casamento. Sem que as coisas ainda estivessem certas, porém, só começou a preparar Domitila para o fim do relacionamento no início de julho. Nesse mês, recebeu uma miniatura com o retrato da linda noiva de 17 anos, um ano mais velha que Francisca, a primeira filha da marquesa. Durante o resto do ano, chegariam diversos informes sobre a princesa Amélia, entre os quais do marquês de Resende, presente no casamento por procuração realizado em Munique. Numa das cartas, Resende praticamente pedia ao amo que se comportasse, usando de uma familiaridade que lhe era permitida devido aos anos de convívio:

> Senhor, eu não fui quem escolheu esta princesa, e por isso posso e devo ser acreditado. Ela é bela e é esse o seu menor predicado. É a única de tantas princesas pedidas que teve ânimo para desprezar intrigas para passar o oceano e para ir unir a sua a sorte de V. M. I. Mas tudo isto é menos que o fundo de virtude, da boa educação, da bondade, da doçura, da dignidade, do juízo e da instrução que a adornam [...]. Faça feliz a única princesa que o quis, e a que, pelo que vejo, sinto e creio, pode e há de encher as medidas do seu coração.[10]

Em outra, mais relaxada, fez inconfidências referentes aos dotes da noiva:

> [...] Direi que esta interessante formosura ajuntando [...] as qualidades que devem ornar uma princesa, os dotes que enobrecem uma pessoa particular, chamando sobretudo minha atenção [...], a saber: um ar de corpo como o que o pintor Corregio deu nos seus quadros à Rainha de Sabá, e uma afabilidade que aí há de fazer derreter a todos, fez com que eu exclamasse na volta para a casa: valham-me as cinco chagas de N. S. Jesus Cristo, já que pelos meus enormes pecados não sou imperador do Brasil. Que fará o nosso amo, na primeira, na segunda e em mil e uma noites? Que sofreguidão! Os dedos hão de parecer-lhe hóspedes. Basta, quando não onde me levará a minha descrição?[11]

D. Pedro parou de frequentar a casa da amante e mudou-se para sua propriedade de Botafogo, afastando-se o máximo possível da tentação. O Chalaça, em carta a Barbacena, informou-lhe que o amo havia mudado completamente: chegava cedo em casa e só saía acompanhado de um ajudante de ordens.

Em 24 de julho, o capitão Paulo Barbosa chegou ao Rio de Janeiro com o contrato expedido por Barbacena. O ministro Clemente Pereira foi enviado para informar oficialmente a Domitila que o casamento do imperador fora contratado e que ela deveria deixar o Brasil. D. Pedro compraria todas as suas propriedades, inclusive as que lhe dera. Pagaria a fortuna de trezentos contos de réis por tudo, dando-lhe a oportunidade de ficar com a mobília.

Porém, como diria Francisco Gomes a Barbacena: "A excelentíssima arrumou os pés às paredes". Dessa vez Domitila brigaria para não sair. D. Pedro enviou, para que conversassem com ela, o tio da marquesa, Manuel Alves, o cunhado Oliva, o irmão José de Castro, entre outros, mas nada a demoveu. Titília não iria para fora do Brasil: negava-se a qualquer custo, dizendo que não era escrava e que a Constituição protegia seu direito de ir e vir. Que d. Pedro cassasse seus direitos!

Enquanto Domitila se entrincheirava em seu palacete, o Chalaça pedia ao almirante inglês que atrasasse a partida da corveta que levaria o contrato assinado de casamento de volta para a Europa, tentando assim ganhar tempo para enviar a notícia da capitulação da ex-favorita. Mas isso não ocorreu. D. Pedro deu a ela um ultimato: se até o dia 27 não enviasse uma resposta definitiva, ele retiraria dela todos os benefícios que recebia das repartições da Casa Imperial e lhe deixaria unicamente com a pensão mensal de um conto de réis que tinha por decreto.

No meio da tempestade, Domitila, em lugar de dar uma resposta, mandou um escravizado perguntar sobre a saúde da duquesa de Goiás. D. Pedro mandou responder que ela estava bem e assim ficaria sempre, não sendo mais necessário pedir notícias. De volta para a marquesa ele enviou todos os presentes que ela lhe mandara e deu ordens para que todas as repartições não dessem mais coisa alguma a ela. Seus escravizados e criados foram retirados. Seus cavalos, tratados na estrebaria de São Cristóvão, foram entregues, e o imperador ordenou que ela e a mãe devolvessem as nomeações de damas do paço. Todos os criados do palácio receberam ordens de não a visitar. Se o fizessem, seriam demitidos.

Em 30 de julho, d. Pedro despachou para a Europa o contrato de casamento assinado. Para a infelicidade de Barbacena, a notícia da saída da marquesa da corte não seguiu junto. Caso contrário, poderia calar a imprensa britânica, que noticiara, no começo do mês, o casamento do imperador com Domitila.

De 8 a 11 de agosto, d. Pedro serviu-se do cunhado de Domitila, o coronel Oliva, para negociar a partida da ex-amante. Um arranjo foi feito: em vez do pagamento pelas propriedades, ela concordava em trocá-las por outras, na região central da cidade. Achando que assim tudo estava arranjado, o imperador só percebeu no dia 12 que, com isso, Domitila visava continuar no Rio de Janeiro.

Enfurecido com a tentativa de ludibriá-lo, d. Pedro enviou no mesmo dia seu ajudante de ordens, o marechal Moraes, ao palacete. Sua missão era alertar a marquesa de que, se ela não saísse do Rio de Janeiro em uma semana, o imperador prometia passar um decreto anulando a pensão de um conto de réis que recebia e fazer o procurador da coroa tomar-lhe as propriedades.

Domitila finalmente capitulou. Vendeu a d. Pedro, em escritura lavrada a 17 de agosto, seus terrenos, casas e chácaras, bem como o camarote no teatro. Com toda a família, inclusive o cunhado Oliva e o irmão José de Castro, partiu para São Paulo. A única que se salvou do expurgo dos Castro Canto e Melo foi a baronesa de Sorocaba. Domitila embarcou em 27 de agosto para Santos, a bordo do navio *União Feliz*, dois dias antes de completar oito anos do início de seu relacionamento com d. Pedro.

Um de seus sobrinhos ficou no Rio por mais algum tempo, resolvendo o envio da mobília e dos demais bens da família para São Paulo. Aquela que chegara à capital escondida, com pouquíssima bagagem, agora era obrigada a fretar uma escuna para transportar o equivalente a 60 bestas carregadas, fora os 52 escravizados.

Domitila também partia levando no ventre aquela que seria sua última filha com d. Pedro: Maria Isabel, nascida em São Paulo no início de 1830. Em uma carta autobiográfica, Maria Isabel deixou registrado que, segundo se comentava na família, ao saber que a ex-amante estava grávida, d. Pedro teria tentado esganá-la, alegando que o filho não era dele. Domitila foi salva pelo irmão, José, que ofereceu a própria cabeça ao imperador caso o filho fosse de outra pessoa. Maria Isabel seria criada pela mãe, enquanto Isabel Maria, a duquesinha de Goiás, permaneceria com d. Pedro. Mãe e filha nunca mais se veriam. Domitila, como afronta final, deixaria para trás um único bem. Abandonado em uma das paredes do antigo palacete, jazia um retrato de corpo inteiro de d. Pedro I em tamanho natural, montado a cavalo.[12]

A nova imperatriz

Em 16 de outubro, chegava ao Rio de Janeiro a fragata *Imperatriz*, que trazia a bordo d. Amélia, futura imperatriz do Brasil. Junto vinham d. Maria da Glória, o marquês de Barbacena e o irmão de d. Amélia, o príncipe Augusto, futuro duque de Santa Cruz. D. Pedro, ansioso como de praxe, assim que recebeu a confirmação do avistamento do navio pelo sinal do telégrafo visual, colocou-se a bordo de um vapor e foi interceptar a fragata na entrada da baía da Guanabara.

Ele subiu a bordo e foi saudado com sete vivas pelas tropas perfiladas para recepcioná-lo. D. Pedro abraçou primeiro o herói do momento, o marquês de Barbacena, que, além da nova esposa, trazia-lhe de volta a filha sã e salva. Na sequência, ao notar d. Maria da Glória, ele abraçou-a com força contra o seu peito enquanto lágrimas saíam de seus olhos. Ao voltar-se para d. Amélia para cumprimentá-la, a imperatriz fez menção de beijar a mão do esposo, mas d. Pedro não permitiu, interrompeu o ato e murmurou algumas palavras para ela. Mas as emoções foram demais, e ele acabou tendo um desfalecimento. O rápido socorro evitou que d. Pedro caísse de cabeça em um dos canhões. Trouxeram água para o imperador, que logo se restabeleceu. O marquês de Barbacena, em relato sobre o episódio, deixou claro que a emoção do imperador em ter nos braços a filha foi a causa principal de seu desfalecimento.[13]

O conde Frederico de Spreti, membro da comitiva bávara, deixou um relato das impressões iniciais que teve de d. Pedro ao vê-lo subir a bordo:

> O imperador é um homem jovem, forte, de estatura maior que mediana. Seu rosto tem uma testa alta, olhos vivos e um pouco projetados, o nariz antes grande que pequeno e fortemente curvo, a boca regular, o queixo arredondado. As bochechas são levemente caídas, mas não tanto como eu vi em alguns retratos. Os cabelos são bem escuros, quase negros e muito encaracolados, embora já apresente alguns indícios de calvície. Ele usa bigodes, barba e penteado visivelmente bem cuidados. Sua expressão denuncia espírito, vivacidade e energia. Ele tem uma pele totalmente europeia, mas sem vermelhidão, e poderia ser considerado bonito, não fosse pelas marcas de bexiga [cicatrizes de varíola]. Ele estava vestido com esmero, usando um uniforme de general azul-marinho ricamente bordado em ouro, assim como as calças. Estava enfeitado por suas condecorações, ricamente ornamentadas com brilhantes.[14]

Passado o susto, sem perder tempo, d. Pedro começou a dar ordens, em tom rápido e autoritário, para o vapor rebocar a fragata *Imperatriz* até o porto. Assim como ocorrera com d. Leopoldina anos antes, os estrangeiros observaram estupefatos a entrada da baía. Era a natureza brasileira, em todo o seu esplendor, oferecendo-lhes uma recepção inesquecível. D. Amélia queria ver melhor a paisagem, então d. Pedro subiu com ela e o grupo para o convés. Ali, entre dois canhões, ordenou que fosse colocada uma tábua, porém ela não se assentou direito por causa de algumas cordas. A impaciência de d. Pedro não permitiu que os marinheiros terminassem de soltar os nós. Para espanto geral da comitiva, o imperador desembainhou a espada e cortou rapidamente as amarras.

De cima da tábua, agora devidamente assentada, d. Pedro mostrou para d. Amélia as ilhas, as montanhas e, conforme se aproximavam mais da cidade, as regiões do Rio de Janeiro e as construções que podiam ser vistas, como igrejas, conventos e o telégrafo visual.[15]

Com o navio já ancorado, foram levados a bordo da fragata os filhos de d. Pedro e d. Leopoldina, para que a madrasta os conhecesse. A exceção foi d. Paula Mariana, que, adoentada, ficou em terra. Assim que chegaram ao convés, d. Pedro se aproximou dos filhos, ajeitou-lhes as roupas e, tirando um pente do bolso, para surpresa da comitiva germânica, penteou pessoalmente os príncipes, que, assim, arrumados pelo pai, foram apresentados à nova mãe. Após algum tempo convivendo como uma família, d. Pedro retornou com os filhos à cidade para se prepararem para o dia seguinte, quando ocorreria o desembarque oficial da nova imperatriz com as cerimônias e festejos de costume.

Dezessete de outubro foi completamente o oposto do dia anterior, pois o bom tempo dera lugar a muita chuva. A nova imperatriz, depois de ter um vislumbre da falta de paciência de d. Pedro, não concordou com a mudança do cronograma dos eventos, que um criado enviado pelo imperador viera propor, e resolveu manter o desembarque para o dia e hora combinados.

O desembarque ocorreu sob chuva no Arsenal da Marinha, e os noivos com suas comitivas dirigiram-se à Capela Imperial para uma bênção nupcial, ocasião em que foi apresentado um *Te Deum* composto por d. Pedro especialmente para a cerimônia.[16]

D. Pedro, para honrar d. Amélia, estabeleceu uma condecoração em memória ao seu casamento com ela, a Ordem da Rosa. Ao contrário da lenda de que ele, ao vê-la no navio usando um vestido com rosas, teria decidido criar a comenda, a realidade é que ela foi muito bem planejada antes da chegada de d. Amélia. Em setembro de 1829, d. Pedro já havia escolhido o projeto apresentado pelo desenhista Eugène Humbert de la Michellerie. O artista criou uma estrela de seis pontas, em esmalte branco, com um círculo em esmalte azul no centro. Na borda interna do círculo, de um lado há a inscrição "Pedro e Amélia" e no centro a data do casamento "2/8/1829". Do outro se lê "Amor e fidelidade", com um monograma com a inicial dos esposos "P" e "A". As seis pontas da estrela são unidas por uma guirlanda com dezoito rosas, simbolizando as dezoito províncias brasileiras. As rosas, provavelmente, são uma lembrança da primeira vez que d. Pedro viu o rosto de d. Amélia, numa miniatura que lhe foi enviada durante as tratativas de casamento, em que a jovem aparece com uma dessas flores enfeitando o seu cabelo.

Um detalhe específico da comenda foi a forma que d. Pedro encontrou de homenagear o pai de d. Amélia, o príncipe Eugênio. Ele tinha por divisa a frase "Honra e fidelidade". D. Pedro, ao modificar a sentença para "Amor e fidelidade", fazia uma promessa pública de ser exclusivamente devoto à esposa, demonstrando ao mundo que era um novo homem. De fato, ele conseguiu se manter longe de casos escandalosos e de envergonhá-la publicamente, evitando as humilhações que havia imposto a d. Leopoldina. Mas, nessa equação de fidelidade, precisamos levar em consideração o amadurecimento de d. Pedro, o declínio de sua saúde e o tempo de vida que ainda lhe restava.

O marquês de Barbacena também foi bastante comemorado. D. Pedro nobilitou-o na recém-criada Ordem da Rosa e concedeu a seu filho mais velho o título de visconde — tudo para mostrar que a dedicação e o trabalho do nobre em proteger d. Maria da Glória e ter-lhe conseguido uma nova esposa tinham sido bastante apreciados.

Seguiram-se festas, bailes e óperas como forma de dar as boas-vindas à nova imperatriz brasileira. Apesar de d. Maria II ir morar em São Cristóvão com o pai, os irmãos e a nova madrasta, a sua corte foi oficialmente estabelecida no antigo palacete da marquesa de Santos, próximo à Quinta da Boa Vista. Provavelmente Portugal foi o primeiro país a ter sua sede de poder e corte instaladas não apenas em território estrangeiro, mas também na antiga casa da amante de um imperador.

A duquesa de Goiás, o duque de Santa Cruz e o imperador vestido de botocudo

Mal d. Pedro recuperara uma filha, viu-se obrigado a fazer partir outra: Isabel Maria, a duquesa de Goiás. Apesar de expulsar para São Paulo a marquesa de Santos, ele conservou a menina que teve com a amante consigo. Mas, agora, Isabel Maria, a sua "Belinha", não poderia permanecer no Brasil e ser apresentada à nova imperatriz.

Quem informou que d. Amélia não sabia da existência da menina foi o novo cunhado do imperador, Augusto. Em carta para a mãe deles, a duquesa Augusta, o filho informou que a marquesa de Santos não se encontrava mais no Rio de Janeiro quando eles chegaram e que

> [...] a jovem duquesa [de Goiás] não está mais aqui. Ela foi levada um dia antes da nossa chegada para uma casa de campo afastada do Rio e será enviada para ser educada na França. Está satisfeita? Eu estou e agradeci o imperador em seu nome por isso. Amélia, que não fazia ideia de nada disso, teria ficado surpresa se encontrasse essa criança em sua casa.[17]

Augusto estava bem informado, mas nem tanto. Efetivamente, a duquesa fora levada do Palácio de São Cristóvão para o Palacete da Praia Grande, hoje Palácio São Domingos, em Niterói, mas somente em 17 de outubro, durante as comemorações do casamento.

Podemos sugerir vários fatores a esse atraso, como entre eles a falta de organização. As arquiteturas efêmeras, por exemplo, que deveriam ter ficado prontas para o desembarque da nova imperatriz e para as comemorações do casamento, só foram finalizadas após a chegada de d. Amélia. A mesma desorganização pode ter sido o motivo do atraso no preparo do novo local de residência da duquesa.

Mas também deve ser levado em conta que d. Pedro pode ter sido o único responsável pela demora da partida. Ele pode ter querido ficar próximo da filha que tanto amava e talvez tenha buscado palavras para explicar a situação para d. Amélia. De qualquer maneira, seja qual for a razão, a existência da menina era pública desde o seu reconhecimento em 1826, com d. Leopoldina ainda viva. O afastamento da criança foi creditado erroneamente pela população a d. Amélia, chegando até aos nossos dias a lenda de que, ao ser apresentada à menina, teria dito que a "Senhora de Santos" que cuidasse dos seus filhos, pois tinha vindo para o Brasil para cuidar dos de d. Leopoldina.

D. Pedro despachou ordens para que Isabel Maria fosse matriculada em um colégio na Europa. A instituição escolhida acabou sendo o colégio Sacré-Coeur, em Paris, cujo edifício hoje abriga o Museu Rodin. Depois de diversos arranjos, entre eles a compra de um luxuoso enxoval, encomendado a madame Durocher, a pequena duquesa de cinco anos foi embarcada em 25 de novembro de 1829 rumo à França na fragata *Isabel*.

Era demais para d. Pedro estar no Rio de Janeiro quando da partida da filha. Ele não teria coragem de se despedir de Isabel Maria, e a ideia de não a ver mais devia atormentá-lo. Então ele decidiu passar uma temporada na Imperial Fazenda de Santa Cruz. Havia sido dessa propriedade, que pertencia à Coroa, que d. Pedro tinha retirado o nome do título que dera ao cunhado em 5 de novembro de 1829, duque de Santa Cruz, com o tratamento de Alteza Real. Em carta para o rei da Baviera, Luís I, d. Pedro informou a entrega do título e do tratamento, solicitando que o cunhado pudesse usá-lo em seu país.

Além da ligação do título do cunhado com a antiga fazenda dos jesuítas, o local era uma reserva de caça desde a época de d. João VI e continuaria sendo utilizada para essa atividade ao longo do Segundo Reinado. Augusto adorava a chamada "arte da caça", que para os nobres e aristocratas fazia parte de sua criação. Além de a caça ser uma forma de se obter carne fresca, também era parte da formação da nobreza, como uma introdução à arte da guerra. Não deve ter sido muito difícil para d. Pedro convencê-los a partir para lá, enquanto ele, na realidade, queria fugir da partida da filha para a Europa.

A fazenda causou impacto nos estrangeiros que acompanhavam d. Amélia e Augusto, tanto pela exuberância da natureza ao redor quanto pela imensidão da propriedade. A reserva de caça do imperador era de seu uso exclusivo, e ali podiam ser encontrados garças, capivaras, tatus e jacarés. A produção da fazenda incluía café, anil, mandioca, abacaxi, além de diversas outras frutas. Mas a principal atividade econômica do local era a criação de gado e de cavalos.

Na fazenda, havia uma vila onde viviam cerca de 2 mil pessoas, a maior parte escravizados. Eles trabalhavam cinco dias por semana para a coroa e dois para o próprio sustento. Recebiam pagamento em dinheiro ou em insumos para suas roças. Além do palácio, havia um hospital, um instituto de música, um posto de telégrafo visual e uma tecelagem. Mas, se a natureza e a dimensão da propriedade eram assombrosas, o palácio e o mobiliário deixaram a desejar perante os estrangeiros.

Além da caça, dos passeios e das suas montarias, que eram cuidadas no local, d. Pedro tinha predileção por Santa Cruz devido ao seu amor à música. Dando continuidade à formação musical dos negros na fazenda, tradição iniciada ainda na época dos jesuítas e seguida por d. João, o imperador acompanhava de perto o desenvolvimento dos alunos. Adrien Balbi, geógrafo e estatístico italiano, em visita ao Rio de Janeiro em 1822, deixou registrado:

> Sua Alteza Real o Príncipe do Brasil, que tem extraordinários talentos na música, que compõe com tanto gosto como facilidade, e que toca vários instrumentos, entre outros o fagote, o trombone, a flauta e o violino, muito contribuiu para aperfeiçoar este estabelecimento, único no seu género, pelo encorajamento que dá a estes negros e pelas graças que lhes dispensa. Não faz muito tempo que encomendou aos irmãos Portugal a composição de óperas que foram interpretadas inteiramente por esses africanos, para aplausos de todos os conhecedores que as ouviram.[18]

Ao longo de seu reinado, d. Pedro continuou o seu apoio e até mesmo chegou a pensar em enviar músicos de Santa Cruz para se aperfeiçoarem na Europa.[19]

D. Amélia, seu irmão e a comitiva bávara conheceram a orquestra de Santa Cruz em visita à fazenda. Segundo o relato do conde Spreti, a orquestra era composta por violinos, violas, clarinetes, flautas, fagotes, trompetes e tambores turcos. Os músicos eram jovens, de ambos os sexos, escolhidos entre os escravizados por sua habilidade. Os que tinham aptidão musical eram dispensados do serviço da fazenda, eram alfabetizados e tinham seis horas diárias de estudo de música. Ao evoluírem em seus aprendizados, acabavam libertados. Os alunos formados podiam ser empregados na Capela Imperial, no Rio de Janeiro, ou podiam exercer sua arte como quisessem, inclusive dando aulas de música.

O conde Spreti, que pintara d. Pedro com as melhores cores ao vê-lo a bordo da fragata *Imperatriz* em 16 de outubro, parece ter mudado de ideia com a convivência. O registro que ele fez do imperador naqueles dias em Santa Cruz foi avassalador:

> A estadia em Santa Cruz foi extremamente desagradável e foram dos dias mais tristes da minha vida desde que deixei o corpo de cadetes. A causa foi ter conhecido o imperador mais de perto, seu comportamento em vários aspectos e a forma como se vive na corte brasileira. Até então, só conhecia o imperador de vista e por histórias desvantajosas a seu respeito, mas que eu acreditava serem mentira ou exagero. A proximidade em Santa Cruz me deu oportunidade de me convencer que a opinião pública não tinha julgado o imperador de forma rígida demais.
>
> O imperador não tem educação, é bruto, rude e grosseiro. Não apenas com seus empregados, que às vezes sentem a força de seu braço, mas também com estranhos. Ele fala sem rodeios, é cruel com as pessoas que o cercam, usa um tom brusco e grita quando fala. Na mesa, ele é indecoroso.[20]

D. Pedro era impulsivo, seus modos deixavam a desejar, mas provavelmente o nervosismo, a falta de paciência e a brutalidade podem ter sido agravados com a partida da duquesa de Goiás.

Após o retorno para o Palácio de São Cristóvão, na tentativa de tornar a vida noturna um pouco mais animada, d. Amélia, sabendo da predileção do esposo pela música, sugeriu a realização de um pequeno sarau no palácio, convidando algumas pessoas da família e da corte. Alguns tocaram piano, d. Pedro cantou e tocou flauta, depois jantaram, e o evento foi um sucesso.

A biógrafa de d. Amélia, Claudia Thomé Witte, conta que a imperatriz, entusiasmada com o resultado, organizou um novo evento para outra semana. Mas dessa vez as coisas não ocorreram como esperado.

Tentando surpreender seus visitantes estrangeiros, d. Pedro preparou uma surpresa. No momento em que d. Amélia e a baronesa se apresentariam ao piano, o imperador surgiu seminu, vestido com um traje da tribo dos botocudos todo em penas, que não cobriam completamente seu corpo, para constrangimento das damas e da comitiva de Augusto, a quem o imperador pareceu mais o Papageno da ópera *Flauta Mágica* de Mozart. A surpresa de d. Pedro não teve o efeito desejado. Ao final, o imperador ofereceu a indumentária como presente para o cunhado enriquecer sua coleção de artefatos indígenas. Atualmente, essa roupa se encontra no atual Museu dos Cinco Continentes, na cidade de Munique. Se ela já causa espanto aos visitantes por seu exotismo, imagine se eles soubessem da cena protagonizada por d. Pedro e do escândalo que causou entre os primeiros bávaros que a viram.[21]

Apesar dos modos de d. Pedro, Augusto, em carta para a mãe, talvez na esperança de acalmá-la em relação ao futuro de d. Amélia com o marido, afirmou: "Se alguma coisa falta ao imperador, apenas ele não ter passado dois anos na Europa".[22] Em outra mensagem, onde descrevia a vida em família em São Cristóvão, Augusto comentou que d. Pedro era muito transparente, principalmente a respeito dos erros que cometera em seu casamento anterior: "O imperador é bom, franco e quer o bem. Ele fala de suas faltas passadas com muito desprendimento e arrependimento, fazendo crer que não recairá nelas".[23]

O terror em Portugal

Enquanto um governo português no exílio era instalado — e os Açores, junto com certas legações diplomáticas na Europa, como a dos Países Baixos e a da França, mantiveram-se fiéis a d. Pedro e d. Maria II —, Portugal enfrentava a ira de d. Miguel e seus asseclas. Caçavam-se maçons e liberais como cães.

As irmãs d. Isabel Maria, ex-regente, e d. Maria d'Assunção foram feitas prisioneiras. Segundo relato de um oficial britânico:

> a dissipação da corte de Dom Miguel fez a situação da Infanta Dona Isabel Maria e de sua real irmã extremamente desagradável, na verdade, essas augustas pessoas eram completos prisioneiros do estado, sob a vigilância dos espiões mais depravados e sem princípios, e as senhoras de suas cortes eram frequentemente submetidas a todo tipo de grosseria e irritação.[24]

De Londres, o marquês de Palmela escrevia:

> Chegou também o paquete de Lisboa com notícias de 27. Ainda não recebi as minhas cartas, mas segundo ouço, continua e aumenta cada vez mais a opressão e o terror em Portugal, ao ponto de se achar presa no Paço a infanta D. Isabel Maria e quatro bispos suspensos do exercício de suas funções.[25]

Em uma carta secreta e inédita, escrita em novembro de 1829, a infanta d. Isabel Maria, burlando a censura de d. Miguel, narrou a d. Pedro, com desespero, não só sua situação como a de Portugal:

> Mano, desejo que tenha passado bem de saúde. O mano há de perdoar todos os erros, pois julgo que até já não sei pegar em uma pena para escrever duas palavras, pelos motivos que o mano não ignora. Como o portador é seguro, por isso

me atrevi a fazer-lhe esta carta expondo-lhe bem o estado interno de tudo aqui. A miséria é extraordinária, os insultos da mesma maneira, as prisões atulhadas de pessoas, as mais dignas e firmes ao seu juramento e leais ao mano, às vistas deste chamado governo são grandes. O que lhe peço muito e muito é que veja como há de acabar por uma vez com tudo isto e que não [ceda] na demanda, nem sequer cinco réis, pois senão estamos perdidos. O mano tem coragem, faça um rasgo do seu valor de mim, não trato o que tenho sofrido. Só eu sei não me tem metido onde queriam porque de todo não podem, pois sabem decerto que então haveria uma revolução dos bons portugueses, pois todos sabem, graças a Deus, que por coisa nenhuma me tem feito mudar de sentimentos nem [hão de] fazer, pois prezo mais morrer de fome se necessário do que mudar de princípios, os quais são e [hão de], se Deus quiser, firmes mais de que uma rocha. Até a morte com isto digo tudo. Adeus. Torno-lhe que não se esqueça de nos mostrar quem é. Sua mana verdadeiramente sua amiga e fiel. Isabel.[26]

D. Pedro realmente não cederia, mas, com a opinião pública acusando-o cada vez mais de interessar-se antes pelos assuntos de Portugal do que pelos do Brasil, no momento era impossível qualquer reação que não fosse por meio da diplomacia.

O tempo das armas, contudo, não tardaria em chegar.

RENÚNCIA

Entre o exílio da ex-favorita e a chegada de Barbacena com d. Maria II e d. Amélia, outros personagens voltaram à cena no Rio de Janeiro. Os irmãos Andrada deixaram o exílio. Primeiro retornaram ao Brasil Martim Francisco e Antônio Carlos; em julho de 1829, chegou à cidade José Bonifácio, que se apresentou a d. Pedro e à nova imperatriz após o término das festividades. O imperador e o velho conselheiro retomaram a antiga amizade e esqueceram as mágoas. D. Pedro estava apaixonado demais para guardar qualquer rancor, e o velho Andrada, viúvo, parecia mais encarar o papel de "advogado do diabo", como informou o diplomata norte-americano Tudor a seu país, do que ter qualquer intenção de voltar ao governo. O imperador apresentou José Bonifácio para a jovem d. Amélia na condição de "melhor amigo". Sem medo de ter que dizer o que precisava ser dito para — nas palavras do próprio Andrada — o "bem do país, do trono e nosso", ele falou, mesmo com d. Pedro tentando interrompê-lo, tudo o que achava da situação envolvendo o governo e o Legislativo; também insistiu para que o imperador se reconciliasse com a opinião pública, pedindo, para isso, a ajuda da jovem d. Amélia.

Juntos, José Bonifácio e a nova imperatriz, que passou a confiar no marquês de Barbacena após a viagem que fizeram ao Brasil, apoiariam o nome deste último para a chefia de um novo ministério, que tomaria posse em 4 de dezembro de 1829 e que passaria a ser conhecido como "Gabinete da Imperatriz". O imperador tentaria então algo novo: o marquês seria virtualmente um primeiro-ministro, ficando responsável pelas escolhas dos ministros e suas pastas e reservando para si próprio a das Finanças, dado que esperava tirar o Brasil da inflação galopante em que se encontrava.

Um novo acidente

Três dias depois da nomeação do novo gabinete, dirigindo uma de suas carruagens em altíssima velocidade, d. Pedro capotou o veículo na rua do Lavradio, localizada na região central da cidade do Rio de Janeiro. Ele, que estava no banco do cocheiro, foi arremessado para a rua e caiu inconsciente. O irmão de d. Amélia, príncipe Augusto, quebrou o antebraço direito, ao passo que a rainha d. Maria II sofreu uma forte contusão na cabeça. A imperatriz e sua dama, por sua vez, nada sofreram além de algumas pequenas escoriações.

Segundo consta no relatório de seu médico, o barão de Inhomirim, d. Pedro:

> [...] no ato da queda, que foi sobre o lado direito, perdeu os sentidos por espaço de cinco minutos, voltou a si, e posto em repouso, reconheceu-se que tinha fraturado a sétima costela verdadeira no seu terço posterior, e a sexta no seu terço anterior, uma ligeira contusão sobre a fronte, e alguma distensão no quarto direito.[1]

D. Pedro teve de ser cuidado na casa do marquês de Cantagalo, que morava na própria rua do Lavradio. Somente no início de 1830 o imperador estaria bom o bastante para voltar à Quinta da Boa Vista, onde continuou sua convalescença. Durante a grande queda anterior, em 1823, d. Pedro havia destituído os Andrada; dessa vez, passaria os dias contabilizando, para seu susto, o quanto lhe custara trazer uma nova imperatriz para o Brasil. Sempre que precisava ficar de cama, o imperador acabava julgando mais satisfatoriamente o que estava acontecendo ao seu redor, o que determinava as atitudes que tomaria ao se recuperar.

A procura das princesas e o casamento com d. Amélia haviam lhe causado um rombo no valor de mais de 180 contos de réis, uma fortuna para a época. Num Brasil afundado na inflação, d. Pedro precisava dar o exemplo: pagaria o débito que criara com o tesouro, de onde tinham partido os recursos que financiaram Barbacena. Alegando que suas contas deveriam ser o mais específicas e discriminadas possível, a fim de evitar problemas, o imperador passou a atormentar o marquês com exigências que envolviam não apenas gastos contabilizados e não realizados, mas também valores superfaturados e sérias divergências quanto ao câmbio. A operação toda levaria meses.

Ainda durante a recuperação de d. Pedro, o imperador e d. Amélia receberam em audiência o coronel Antoine Fortuné de Brack, antigo militar da guarda imperial de Napoleão. Recém-chegado da Europa, Brack conseguira chegar até eles depois de ter sido recebido por Augusto. O coronel afirmava ter sido o principal intermediador do casamento de d. Pedro com d. Amélia e exigia uma recompensa financeira por isso. Ele tinha toda a documentação comprovando as suas ações, inclusive as cartas trocadas com o secretário da duquesa de Leuchtenberg, Planat de la Faye, sobre o assunto. Além disso, tanto a grã-duquesa Estefânia de Baden, sobrinha da imperatriz Josefina, quanto a tia de d. Amélia, a rainha Hortênsia, sabiam do seu envolvimento no caso.

Com o surgimento de Brack, ficou claro, tanto para d. Pedro quanto para d. Amélia, o real papel desempenhado por Barbacena. A sua importância ficou resumida ao fato de, como procurador de d. Pedro, ter assinado o casamento por procuração na Europa. Segundo Brack, ele e o visconde de Pedra Branca, Domingos Borges de Barros, ministro do Brasil em Paris, foram as pessoas que resolveram as negociações do casamento e que Barbacena, apesar do crédito que angariou para si, às vésperas da assinatura do contrato nupcial não sabia nem o nome de d. Amélia.

Se antes d. Pedro já estava preocupado com os gastos do casamento, com o pedido de recompensa via surgir mais um. Além disso, a questão que Brack trouxe à tona fez o imperador e d. Amélia verem que o novo primeiro-ministro não era alguém de inteira confiança.

O Chalaça

Enquanto isso, em 20 de janeiro, dia do padroeiro da cidade, São Sebastião, d. Pedro, já um pouco recuperado do acidente com a carruagem, compareceu com d. Amélia, d. Maria II, seus demais filhos e com o cunhado Augusto a um baile que as famílias nobres do império se uniram para oferecer em honra à nova imperatriz. O local foi o Paço do Senado, onde hoje funciona a Faculdade Nacional de Direito da UFRJ. O edifício foi todo reformado, decorado e iluminado para a festa, naquela que foi uma das últimas grandes recepções do Primeiro Reinado, com a sociedade resplandecente em sedas, joias, plumas e condecorações.

A festa teve início com a execução do Hino Nacional, composto por d. Pedro I. Como ele ainda não estava bem, d. Amélia abriu o baile dançando com seu irmão. A novidade da noite ficou por conta de uma iguaria: os nevados, "um sorvete feito a partir de gelo por uma máquina, algo parecido com as raspadinhas, o que surpreendeu todos os presentes".[2] Somente anos depois, quando o navio norte-americano *Madagascar* aportou no Rio de Janeiro em setembro de 1834, trazendo duzentas toneladas de gelo, a população carioca teria acesso a esse tipo de produto.

Dois acidentes marcaram as festividades. Primeiro, d. Pedro interrompeu uma música, e ele mesmo assumiu a regência ao perceber que estavam tocando a melodia de forma incorreta. A outra ficou a cargo do secretário do imperador, Francisco Gomes da Silva. O Chalaça teria obrigado a orquestra a tocar uma quadrilha que não constava no programa original, ofendendo, segundo o jornal *Astrea*, tanto os músicos quanto um general brasileiro. Começava assim a orquestrada operação de Barbacena, dos Andrada e do partido nativista, que desejavam se ver livres dos portugueses do chamado "gabinete secreto", como apelidaram o grupo de servidores nascidos em Portugal que gravitavam ao redor do imperador. Segundo seus detratores, graças à influência deles, d. Pedro dedicava-se com mais afinco às questões portuguesas que brasileiras.

Petrópolis

Enquanto o Chalaça se defendia ao máximo dos ataques desferidos contra si, enviando artigos anônimos para os jornais a fim de discutir a xenofobia dos nativistas contra os servidores nascidos em Portugal, d. Pedro e d. Amélia subiam a serra em direção à fazenda do padre Corrêa. Ali o imperador, dando continuidade ao costume de d. João, costumava veranear, para desespero da irmã do falecido padre, que tinha de ceder a casa e sua paz a ele, sua família e sua corte.

D. Amélia quis pôr um fim ao incômodo causado pela falta de tato do marido e instou que d. Pedro comprasse uma das fazendas da região para ter algo seu em que descansar. À venda, na época, encontrava-se a propriedade chamada Córrego Seco. D. Pedro adquiriu a fazenda, para onde chegou a encomendar um projeto que nunca seria construído: o Palácio da Concórdia. Herdada por d. Pedro II, e com as dívidas sobre ela saldadas como presente da Assembleia ao imperador, a fazenda tornou-se o núcleo inicial da atual cidade de Petrópolis, na serra fluminense.

Morre d. Carlota

Na serra, d. Pedro recebeu de um correio uma carta do irmão, d. Miguel. O que queria o usurpador?

> Meu querido mano da minha maior estima,
>
> Tendo da maior satisfação para mim as vezes que procuro saber da saúde do mano, e dos mais queridos sobrinhos, a quem desejo mil venturas, assim como a mana sua digna esposa, esta

se torna bem sensível pela triste notícia que lhe dou do falecimento da nossa querida e extremosa mãe que o ente supremo foi servido chamar à sua divina presença no dia 7 de janeiro do corrente as 3 e 3/4 da tarde, sofrendo uma morte verdadeiramente cristã: ela se lembrou do mano deixando-lhe a joia que lhe remeto; assim como também lhe remeto por esta ocasião a parte que lhe coube por falecimento do nosso augusto pai, e a prenda que lhe deixou a tia Princesa. Desejo que o mano goze a melhor saúde seguida de uma série de prosperidades que de todo o coração lhe deseja este que sempre foi, e se preza ser, seu irmão muito amigo.

Queluz, 6 de fevereiro de 1830
Miguel.[3]

O "irmão muito amigo" escrevia para d. Pedro como se nada houvesse, como se não tivesse feito as irmãs prisioneiras, prendido e matado portugueses que se lhe opunham, dividido o reino entre absolutistas e constitucionalistas e usurpado o trono da sobrinha. O imperador, que à época já chamava publicamente o irmão de "assassino" do pai, era comunicado por ele da morte da mãe. D. Carlota, segundo rumores, não teria tido morte tão cristã assim. Abandonada até por d. Miguel, que não a procurou mais depois de chegar a Portugal, teria se envenenado. Mas não renegou o filho ingrato — pelo contrário: em seu testamento, legou o que podia ao caçula.

D. Pedro é obrigado a se afastar dos amigos

D. Pedro, ao tomar conhecimento da morte da mãe, voltou para o Rio de Janeiro e vestiu luto por oito dias. De volta à cidade, soube que a perseguição dos nativistas contra o Chalaça e contra João da Rocha Pinto estava piorando de tal modo, que o marquês de Barbacena, por "temer" pela vida dos dois e querer o bem da monarquia brasileira, sugeriu ao imperador que os enviasse para fora do Brasil. Desse modo, d. Pedro despachou seus bons servidores, mas não sem antes cuidar pessoalmente da bagagem do Chalaça, verificando até se tinha roupas quentes o suficiente para sobreviver à Europa e se o estoque de bebidas a bordo do navio — logo ele, que não bebia! — bastava para a travessia do Atlântico.

Em carta ao marquês de Resende, d. Pedro contava boa parte das agruras que vivenciou naquele período. Chegou até mesmo a desabafar sobre a vida sexual com a nova esposa:

> Em casa por ora nada, mas o trabalho continua e em breve darei cópia de mim, e farei a Imperatriz dar cópia de si, se ela me não emprenhar[4] a mim, que é a única desgraça que me falta a sofrer. [...] Agora já propósito firme de não... se não em casa, não só por motivos de religião, mas até porque para o pôr assim [desenho de um pênis ereto] *já não é pouco dificultoso.*

Já quando mantinha relações com a marquesa de Santos, d. Pedro, em carta à favorita, informou-lhe a respeito de uma doença sexualmente transmissível que havia adquirido e que passara para Domitila. Depois, o imperador sofreria com cálculos renais e outros problemas urinários. Por fim, quando seu furor erótico parecia arrefecer, acabou por conseguir uma esposa jovem, linda, educada, submissa e atraente.

Na carta a Resende, ele continuou:

> [...] Vamos vivendo mal e pobremente, para não dizer porcamente; mas Barbacena, que está ao leme, e dirige tudo = abaixo de mim =, está esperançado de alcançar vitória = *hagasse el miracolo, hagalo el diabolo.* Sto. Amaro[5] *lá vai tratar da questão portuguesa. Gomes e Rocha passear, em suma ministerial e constitucionalmente postos* fora ao que eu anuí por interesse deles, e meus; não que eles estejam fora da minha graça, e a prova é que lhes dou pensões. [...]

O Chalaça jamais cairia no desfavor de d. Pedro: serviria ao imperador até sua morte e se tornaria, posteriormente, secretário de d. Amélia. Seguia agora do Brasil para a Inglaterra, onde continuaria a trabalhar como secretário do imperador, encarregado de seus negócios particulares na Europa. Servir — e bem — aos Bragança parece ter sido seu único propósito e dever, diferentemente daqueles que criavam intrigas ao seu redor.

Um plano ambicioso em troca da coroa portuguesa

Quanto ao marquês de Santo Amaro, d. Pedro enviou-o como embaixador especial junto às cortes de Londres, Paris e Viena, em missão secreta. Ordenou-lhe[6] que negociasse, com as potências europeias, apoio na questão da sucessão da coroa portuguesa. Em troca, ofereceria apoio brasileiro à política da Santa Aliança referente ao antigo domínio espanhol na América, dividido e subdividido em diversas repúblicas. As negociações previam que d. Miguel continuaria no trono. D. Pedro se permitiria até mesmo retomar as negociações do casamento entre o irmão e a filha, desde que esta, quando completasse dezoito anos, não se opusesse. D. Miguel teria que enviar ao Rio de Janeiro um encarregado capaz de tratar de tais assuntos. O imperador também voltaria a considerar o envio de d. Maria II ao avô em Viena, contanto que, entre as diversas questões elencadas nos tópicos passíveis de discussão, d. Miguel decretasse anistia ampla e irrestrita aos presos, degredados e emigrados políticos.

Em troca, d. Pedro declarava que, se fosse o caso, o Brasil ajudaria a Europa a instituir nas repúblicas hispano-americanas monarquias constitucionais, sobretudo se fossem entronizados príncipes da família dos Bourbon. Também exigiu que os europeus concordassem com uma nova anexação da Cisplatina ao Brasil ou, ainda, com a criação de um estado fantoche do Brasil no local. Seu objetivo era ter um estado-tampão que evitasse que Brasil e Argentina tivessem uma larga fronteira em comum e que permitisse o acesso brasileiro ao rio da Prata. O interessante dos planos diplomáticos estava em que, se d. Pedro concordava com monarquias constitucionais na América, não tocava no assunto "constituição" ao falar de Portugal. Pelo visto, estava mesmo disposto a fazer pacto com o próprio diabo — no caso, com Metternich — para ver a filha no trono português.

Numa tentativa de se aliar ao rei da França, o despótico Carlos X, contra d. Miguel, d. Pedro imaginou casar d. Maria II com um dos filhos do monarca francês. A ideia, porém, assim como aquela de se unir à Santa Aliança, também cairia por terra com a nova revolução que estourou na França. Carlos X, demonstrando cada vez mais seu viés autoritário, tentara modificar a Constituição do país e acabar com a liberdade de imprensa. Foi deposto e substituído, por ação do congresso, pelo príncipe Luís Filipe, que passaria à história como o "rei cidadão", modelo mais burguês e menos imperial de governante. Para a presidência do seu Conselho de Estado, Luís Filipe nomeou o ídolo intelectual de d. Pedro, o filósofo Benjamin Constant. O imperador brasileiro, em carta a Rocha Pinto, deu vivas à revolução que havia deposto o tirano, completando: "Faço bem em não deixar de ser constitucional!". Sem dúvida, se tivesse implementado as ações que concebera em 1829 — fechar o congresso e mudar a Carta —, provavelmente teria tido o mesmo destino de Carlos X.

D. Pedro e Benjamin Constant continuavam a se corresponder. O francês era um dos que, junto com a infanta d. Isabel Maria, achava que o imperador do Brasil deveria se dirigir à Europa e, de lá, dar combate ao irmão e entronizar a filha. Isso, segundo Constant, levaria à guerra do Constitucionalismo, vitorioso na América, contra a Europa absolutista.

D. Pedro × Barbacena

Apesar de José Bonifácio ter apoiado a indicação de Barbacena para o ministério, em substituição ao impopular José Clemente Pereira, o velho Andrada estranhou o fato de o marquês ter mantido ali Miguel Calmon. Calmon fora ministro das Finanças na época em que Barbacena e a rainha d. Maria II encontravam-se na Europa, sendo um dos responsáveis pela calamitosa política de emissão de moedas sem lastro, pelo que foi apelidado, à época, de o "maior falsário do Brasil". Barbacena havia tomado para si essa pasta, colocando Calmon no ministério do Exterior.

Em meio aos cálculos pelos quais verificava as contas de seu casamento com d. Amélia, d. Pedro resolveu avançar mais e contabilizar também os valores destinados à manutenção de d. Maria da Glória na Inglaterra. Quando Miguel Calmon ainda era ministro da Fazenda, o imperador ordenou que colocasse à disposição do marquês de Barbacena parte do dinheiro que o Brasil devia a Portugal pelo tratado de reconhecimento de 1825. Esse dinheiro, enviado a Londres, foi transferido para Caldeira Brant por meio da legação brasileira na Inglaterra. Agora, d. Pedro queria verificar a documentação referente às transferências, convocando Calmon para prestar contas desses documentos. O ministro tergiversou, desconversou e, por fim, afirmou que explicaria tudo ao imperador de viva voz, sem porém entregar-lhe nada por escrito. Irritado, d. Pedro o xingou e obrigou a se demitir do governo, o que foi feito em 26 de setembro.

Se onde há fumaça há fogo, logo d. Pedro voltou-se para Barbacena e pediu que entregasse a pasta das Finanças, pois conduziria uma auditoria interna nas contas. Uma vez que a investigação também diria respeito a Caldeira Brant, ele não poderia continuar com o ministério. D. Pedro pediu que se tornasse responsável pelo ministério do Exterior, posto vago pela recente renúncia de Miguel Calmon. A pasta das Finanças seria dirigida, durante a auditoria, pelo fiel e responsável marquês de Paranaguá.

Ofendidíssimo, Barbacena recusou-se a ir para a outra pasta. Disse a d. Pedro que havia assumido o ministério das Finanças com grande sacrifício pessoal e que não queria ir para o do Exterior. Se d. Pedro não o quisesse mais na pasta em que estava, trocaria o gabinete por sua plantação de cana na Bahia. Num movimento mais do que suspeito, contudo, pediu que, se precisasse realmente deixar o cargo, lhe desse mais oito dias nele. O imperador, temendo que os livros do ministério fossem adulterados, demitiu sumariamente Barbacena em 28 de setembro. O que se deu então foi catastrófico para todos os lados. Irritado com sua demissão, registrada por d. Pedro como se fora "a pedido", ou seja, como se Barbacena a tivesse solicitado, o ex-ministro reclamou dizendo que na verdade fora exonerado.

D. Pedro, sem se fazer de rogado, lavrou novo decreto em 30 de setembro de 1830, no qual explicitou que os motivos da demissão, tornados públicos, eram para "tomarem-se as contas da Caixa de Londres, examinando-se as grandes despesas feitas pelo marquês de Barbacena, do Meu Conselho de Estado, tanto com Sua Majestade Fidelíssima, Minha Augusta Filha, como com os emigrados portugueses na Inglaterra, e especialmente com o Meu Casamento".

O começo do fim do Primeiro Reinado

Essa ação de d. Pedro levou o marquês a publicar um folheto chamado: *Exposição do marquês de Barbacena em resposta às imputações, que lhe tem sido feitas por ocasião do Decreto de 30 de setembro deste ano, que o demitiu do Ministério da Fazenda.* Ao longo de dez páginas, Barbacena defendia-se publicamente em relação aos gastos realizados, divulgando as contas e as cartas trocadas, bem como detalhes de toda a negociação. Dessa forma, ele expôs todo o problemático processo para se conseguir uma nova esposa para o imperador. O que antes era tema de conversas diplomáticas e dito por meio de sussurros pelos corredores de palácios na Europa e no Brasil passou a ser de conhecimento público.

A população brasileira, graças ao folheto de Barbacena, descobria que a fama de d. Pedro na Europa era péssima e que nenhuma princesa de uma casa dinástica importante se dispôs a vir para o Brasil. O imperador só havia conseguido casar-se com d. Amélia depois de flexibilizar a questão relativa ao seu nascimento, uma das quatro exigências feitas por ele. Aos olhos da imperatriz, Barbacena, de herói, passava a vilão ao humilhá-la publicamente, expondo-a, diante de todo o país, como uma mercadoria de segunda categoria.

A defesa de Barbacena, ao comprovar que era injustamente acusado de corrupção, desmoralizou o governo do imperador e fez a alegria dos jornais oposicionistas, que trabalharam com afinco para desgastar ainda mais a reputação de d. Pedro, seriamente abalada por esse episódio.

A libertinagem de imprensa

Evitando acusar o monarca, o que era crime segundo a Constituição, o marquês afirmou que sua queda fora armada por conselheiros secretos que o haviam envenenado junto ao imperador. Todos os ministros caídos, desde os Andrada, sempre culparam alguém — nunca haviam feito nada de errado. Antes existia a marquesa de Santos como bode expiatório; na falta desta, eram agora os portugueses, sobretudo os que integrariam o tal "gabinete secreto". Apesar de Rocha e Chalaça já não estarem no Brasil havia meses, a imprensa oposicionista e nativista pegou essa questão e fez dela um verdadeiro cavalo de batalha, chegando a publicar diversas notícias falsas acerca do retorno do Chalaça ao Brasil, país em que nunca pisaria novamente.

Além da perseguição aos portugueses que comporiam o fantasioso "gabinete secreto", outra falácia se consolidou após a queda do governo de Carlos X na França. No Brasil, os jornais passaram a advertir que, se o "poder" derrubasse a Constituição, seu destino seria igual ao do rei francês. Logo se cunhou um mote para descrever o sentimento que se espalhava pelo Brasil: "Viva o imperador, enquanto constitucional". Isso deveria deixar d. Pedro irritadíssimo, questionando quanto tempo levaria para o povo e a tropa fazerem-no jurar novamente a Constituição que ele mesmo concedera ao país.

A onda xenófoba que assolava o Brasil tinha chegado a seu ápice: naquele momento, qualquer português era suspeito de qualquer coisa. O Rio de Janeiro, repleto de exilados portugueses que tinham procurado se salvar junto de sua soberana, era justamente o local mais perigoso. Os jornais culpavam-lhes por maquinarem contra o Brasil, alegando que apoiariam d. Pedro numa pretensa suspensão da Constituição e numa suposta reunião do país com Portugal. A histeria provocada por uma ameaça imaginária, criada por uma imprensa oposicionista e descontrolada, teve lances literalmente trágicos, como o assassinato em São Paulo do médico e jornalista italiano conhecido como Líbero Badaró.

Badaró era editor do *Observador Constitucional*, em que ninguém do governo era poupado, sobretudo d. Pedro I. Na época em que se soube da queda de Carlos X, os estudantes da Academia de Direito em São Paulo tomaram a frente das comemorações pela queda do tirano anticonstitucional francês. Valendo-se de banda de música e tochas, eles cantaram e dançaram madrugada adentro, celebrando a nova revolução vinda da França. Quem não gostou muito disso foram as autoridades constituídas. O ouvidor da comarca,[7] Cândido Ladislau Japiaçu, processou alguns dos estudantes, que foram defendidos por Badaró no jornal: o editor chamava o ouvidor de *Caligulazinho*.

Líbero Badaró acabou sendo assassinado por conta de suas opiniões políticas. Às 10 horas da noite de 20 de novembro, foi alvejado próximo de sua residência, na rua Nova de São José.[8] Dias depois, falecia tendo nos lábios a famosa frase: "Morre um liberal, mas não morre a liberdade". Para a história do Brasil, ele entrou como o patrono dos jornalistas. Antes de morrer, no entanto, teria reconhecido que aqueles que o haviam cercado e alvejado eram alemães, o que a opinião pública logo interpretou como acusação aos "mercenários" em vias de serem expurgados do exército. Contra eles também falavam agora os militares brasileiros, que achavam injusto que seus colegas estrangeiros recebessem salários maiores.

Para completar a situação, o desembargador Japiaçu foi apontado como mandante do crime. Enviado ao Rio de Janeiro para ser julgado, porém, seus pares o inocentaram por falta de provas.

Antes do recesso da Assembleia, os deputados cobraram do governo explicações acerca do que fora feito com a encomenda de armamento aprovada pelo ex-ministro interino do Exército em fins de 1829. A suspeita de que o governo planejava um golpe contra a Constituição e a Assembleia era cada vez maior. Por outro lado, os deputados haviam assumido uma nova palavra de ordem no segundo semestre de 1830: o Federalismo. Conferir maior poder regional às províncias era uma forma de escapar das ordens diretas do governo central. Por outro lado, não só d. Pedro como também diversos políticos e jornalistas achavam isso uma temeridade, um passo rumo à desintegração nacional.

Viagem a Minas Gerais

No meio de tantos distúrbios e do mal-estar generalizado criado pela política e pela imprensa ao redor de d. Pedro, o imperador decidiu empreender, no final do ano, uma viagem de três meses para Minas Gerais, província que concentrava o maior número de políticos favoráveis à federalização do Brasil. Talvez recordando que sua presença em Minas e em São Paulo, anos antes, fora suficiente para restaurar a ordem, achou que agora conseguiria fazer o mesmo.

Uma voz, porém, teria surgido para alertá-lo do quanto o trono havia se distanciado do povo — ao menos se tomarmos a carta em questão por legítima. Sem um pingo de polidez ou diplomacia, o marquês de Barbacena, ao tomar conhecimento do projeto de d. Pedro de deixar a capital e seguir para Minas Gerais, lhe escreveu em 15 de dezembro:

> Senhor. O momento de uma crise está mui próximo, e eu temo que V. M. I. iludido por uma facção, como acaba de acontecer a Carlos X, não evite o abismo em que pode sepultar-se a si, ao trono, e à família imperial. [...] Estamos nas vésperas dela [da revolução], mas V. M. ainda pode sustar semelhante calamidade, suspendendo a sua viagem para Minas, e tomando desde já nova atividade e outro norte; mude de sistema e identifique-se com os brasileiros; separe de junto de sua pessoa, e de sua casa, essa quadrilha de portugueses, que o tornam inimigo da nação; praticando isso com sinceridade e firmeza, V. M. suspenderá a resolução, e pouco a pouco recuperará as afei-

> ções do povo [...]. Se, porém, V. M., prosseguindo na carreira que atualmente trilha, hostil à nação, e instrumento cego de uma facção inimiga do Brasil, persistir, todavia, em realizar a viagem a Minas, talvez nunca mais volte ao Rio de Janeiro, e é esse o menor mal que prevejo. Um dos tios avós de V. M. I. acabou seus dias em uma prisão em Cintra. V. M. I. poderá acabar os seus em alguma prisão de Minas a título de doido, e realmente só um doido sacrifica os interesses de uma nação, da sua família, e da realeza em geral, aos caprichos e seduções de criados caixeiros portugueses [...]. Ainda há tempo, senhor, de manter-se V. M. I. no trono, como o deseja a maioria dos brasileiros, mas se V. M. indeciso, continuar com as palavras de constituição e brasileirismo na boca, a ser português e absoluto de coração, neste caso a sua desgraça será inevitável, e a catástrofe que praza a Deus não seja geral, aparecerá em poucos meses; talvez não chegue a seis [...].[9]

Além do vaticínio sobre a tormenta que estava para se abater sobre o imperador, Barbacena permanecia culpando o gabinete secreto, isto é, a camarilha de cortesãos portugueses que aconselhavam d. Pedro. Continuava jurando fidelidade ao imperador, mas disse que, por d. Pedro tê-lo impedido de escrever em jornais, havia sido obrigado a lançar o panfleto em que se defendeu das acusações. Do mesmo modo, afirmou que todas as suas contas já haviam sido revisadas e aprovadas pelo imperador.

D. Pedro não se deixou influenciar por Barbacena, a quem havia declarado inimigo, proibindo qualquer amigo ou criado seu de visitá-lo. Assim, partiria para Minas com d. Amélia, que no futuro se lembraria com desgosto da viagem. Apesar de ser bem recebido pelo governo, o povo não lhe fez a festa que imaginara. Pelo contrário: após retirar-se o imperador, as casas que o hospedaram foram apedrejadas, enquanto as pessoas que o tinham cortejado eram apupadas nas ruas. Ao longo da viagem, várias das cidades em que ele chegava celebravam as exéquias de Líbero Badaró, com os sinos dobrando o toque de finados o dia inteiro.

Em Ouro Preto, d. Pedro discursou para a multidão diante do antigo palácio dos governadores. A fala praticamente resumiu-se a uma proclamação antifederalista, recebida com frieza pela população local. A viagem estava sendo um fracasso.

D. Pedro sentiu na pele o quanto ele e seus súditos haviam se distanciado. Provavelmente lhe deve ter passado pela cabeça como havia sido recebido, em 1822, tanto em Minas Gerais quanto em São Paulo, bem como o modo como tudo aquilo havia ficado para trás.

Em vez de retornar ao Rio de Janeiro no dia 17 de março, como previsto, já no dia 11 chegou ele à Quinta da Boa Vista. O embaixador francês noticiou a seu governo que, ao procurá-lo no palácio para lhe dar as boas-vindas, notou na fisionomia do imperador a perturbação gerada pela viagem, assim como o descontentamento e as preocupações. Em meio a todo esse mal-estar, avistava-se novamente com sua irmã, a infanta d. Ana de Jesus, agora marquesa de Loulé. No ano anterior, em outubro de 1830, chegou uma carta dela para d. Pedro, informando estar grávida novamente e que gostaria de que ele e a rainha de Portugal, d. Maria II, fossem padrinhos da criança. De pronto, o irmão mandou chamá-la ao Brasil, tirando-a do exílio em que se encontrava na França.

O jornal *O Repúblico* de 5 de março perguntou, com um misto de ironia e insolência:

> Que sereníssima senhora infanta foi uma que veio de Toulon, com 49 dias de viagem, da qual nos dá notícia o Diário do Rio? É a pergunta que todos se fazem mutuamente, pois desejam saber que personagem é essa, e a que família pertence, e também se possível fosse, onde está. Mas, com essa sereníssima chegou também o senhor de Loulé com sua família. Ouvi que se deram salvas à chegada do senhor marquês, porque é cunhado do Imperador: mas quem pagaria a pólvora? O marquês seu cunhado ou a nação?

Garrafadas

Em 11 de março, membros da corte e da comunidade portuguesa do Rio de Janeiro comemoraram a chegada de d. Pedro à cidade. Com foguetes, bombas, fogueiras e girândolas, os portugueses passaram a provocar os brasileiros, dando vivas ao imperador. A isso, se lhes respondiam os nativistas: "Viva a Constituição!", ou ainda "Viva d. Pedro II!". Os donos de imóveis que não ostentavam luzes festivas nas janelas eram intimados por bandos de portugueses a aderirem à festa.

Duas facções, a dos nativistas e a dos portugueses, logo passaram a se confrontar — inicialmente, com insultos, logo convertidos em ações físicas. Os brasileiros foram expulsos da rua da Quitanda, no centro do Rio, debaixo de garrafadas, atiradas pelos portugueses do alto de seus sobrados. Os distúrbios duraram três dias, alimentados como foram pela imprensa e pelos políticos. Somente no dia 15 a polícia entrou em ação. Entre os presos encontravam-se jovens oficiais brasileiros que tinham se envolvido em brigas contra os portugueses, o que agravou ainda mais a situação.

No dia 17, d. Pedro e d. Amélia finalmente foram até a cidade para um *Te Deum* na Capela Imperial, em ação de graças pelo bom retorno da viagem a Minas. A aparição do imperador encorajou ainda mais os portugueses, que viam nele seu defensor. Os lusos se acercaram do casal, que foi recebido por mais de cinquenta cavaleiros portugueses vestidos em uniformes de gala e dando vivas. Os nativistas presentes, por outro lado, gritavam em resposta: "Viva a federação!". Após a missa, houve beija-mão no Paço da Cidade. Tanto na igreja quanto no palácio, poucos brasileiros importantes apareceram, e a falta de membros do exército foi notável.

Ultimato

No dia seguinte, o padre Custódio Dias, deputado por Minas Gerais, foi à Quinta da Boa Vista entregar ao imperador uma petição. Esta era encabeçada pelo senador Vergueiro e assinada por 23 deputados e exigia a punição dos estrangeiros que tinham perturbado a ordem pública nos dias anteriores, atacando os brasileiros sob o pretexto de serem federalistas. Segundo o barão Daiser, ministro austríaco que substituíra Mareschal na corte do Rio de Janeiro, d. Pedro "teve tal impressão, que se sentiu indisposto".

Na petição, os parlamentares não apenas exigiam que fosse feito algo a respeito dos portugueses, mas ainda deixavam claro que, se o governo nada fizesse, interpretariam tal atitude como claro sinal de que os brasileiros deveriam vingar eles mesmos as afrontas e os crimes cometidos. "A ordem pública, o repouso do Estado, o trono mesmo, tudo está ameaçado se a representação [...] não for atendida e os seus votos completamente satisfeitos."

Uma tentativa de reconciliação

Após a viagem a Minas Gerais e seu retorno a uma cidade dividida, d. Pedro havia perdido a certeza de que sua presença ainda era capaz de magnetizar as massas. Devido ao desgaste de sua imagem, ele não exercia mais o fascínio dos anos anteriores. Havia também perdido completamente o senso de governo. Era preciso ser um liberal de fato — não apenas no plano filosófico, no plano das ideias. Porém, d. Pedro também era alguém que detestava parecer fraco: como afirmou o historiador Otavio Tarquínio de Souza, tratava-se de um homem presunçoso, obstinado e voluntarioso. Tinha desprezo por ceder, transigir. Em vez de escolher um ministério de reconciliação nacional, escolhendo ao menos algum nome dos que encabeçavam a petição enviada no dia 18, d. Pedro, para não perder o hábito, derrubou o gabinete e constituiu um novo. Dessa vez, todos os ministros escolhidos eram brasileiros, mas nenhum daqueles que se encontravam nos postos-chave inspirava confiança no povo, nos políticos e na imprensa.

Aquela foi uma medida completamente inócua para a crise, mas outras deram alguma sobrevida ao Primeiro Reinado: Francisco de Lima e Silva, homem de confiança dos liberais e nativistas, foi recolocado no posto de comandante das Armas da Corte; todos os oficiais brasileiros aprisionados durante os distúrbios foram libertados; e, por ofício enviado ao conde de Sabugal, chefe de governo de d. Maria II, mandou que o governo português no exílio chamasse os súditos da rainha à ordem. Os portugueses retornaram para seus navios e residências.

Enquanto jornais como o *Diário Fluminense* de 23 de março conclamavam os brasileiros "dignos desse nome" a se unirem ao trono e ao imperador, relembrando em vão tudo o que d. Pedro havia feito pelo Brasil, outros como *O Repúblico* afirmavam que o monarca estava mais para Pedro IV do que para Pedro I, convocando o povo a lutar contra os portugueses.

"Viva d. Pedro II!"

Nesse clima, chegou-se a 25 de março, dia em que d. Pedro havia outorgado a Constituição ao Brasil. Tratava-se de data festiva nas cidades brasileiras, sobretudo na sede do poder, o Rio de Janeiro. Ali, haveria parada militar no Campo de Santana, o que atraiu grande multidão como de costume. Nenhum entusiasmo, porém, foi demonstrado com a chegada do imperador ao local, exceção feita à manifestação de júbilo de uns tipos malvestidos, um bando de vagabundos pagos para saudá-lo. O asco de d. Pedro ao ver a cena foi tão forte, que os dispersou com o chicote estalando no ar. Outro grupo, esse formado por cerca de quarenta jovens, postou-se próximo do imperador durante a parada e deu constantes vivas à independência, ao Brasil, à Constituição e, é claro, ao imperador "enquanto constitucional". Enquanto isso, o restante da multidão vaiava ou aclamava os diversos batalhões que desfilavam de acordo com a tendência destes serem pró ou contra o governo.

Ao chegar à tribuna do desfile, onde não encontrou mais nem o imperador, nem parte da comitiva imperial, o barão Daiser foi conversar com d. Amélia, que parecia aflita. Por ela, tomou conhecimento de que, pouco antes do final da parada, o novo ministro do Exército, general Morais, dissera ao soberano que estava indo ao *Te Deum* que haveria na igreja de São Francisco de Paula. Os liberais tinham promovido a cerimônia em comemoração à Constituição. D. Pedro afirmou que não iria pois não fora convidado, mas o general aconselhou-o a ir.

A falta de convite não era um lapso, mas uma desfeita proposital: buscavam humilhá-lo. O imperador, entretanto, talvez na tentativa de provar que ainda era adepto do Constitucionalismo e que desconhecia o significado da palavra medo, resolveu impor sua presença. Pegou seu cavalo e dirigiu-se à praça, onde hoje se ergue uma estátua em homenagem a José Bonifácio, no centro do Rio. D. Pedro ainda era um belo homem e conservava o porte marcial. Era alto para a média da época, forte; embora a gordura já começasse a preencher seu rosto, pernas e quadril, continuava a se impor por onde passava. No uniforme bem talhado e asseado, parecia imponente ao desmontar do cavalo.

Não lhe faltou calma e sangue-frio ao entrar na igreja. Um cidadão tomou sua mão para beijar e exclamou "Viva o Imperador, enquanto for constitucional!", ao que d. Pedro respondeu: "Sempre fui e hei de dar provas de o ser, e tanto que sem me convidarem para a função aqui estou".[10] Cumprimentando as pessoas, abriu alas e foi logo atrás das folhas verdes e amarelas que estavam sendo distribuídas, a fim de identificar os nacionais. Ao se aproximar do altar-mor, dirigiu-se aos que haviam idealizado a cerimônia e, desculpando-se, afirmou ter ido sem ser convidado. Argumentaram que só brasileiros haviam sido chamados, ao que ele teria retrucado: "E eu também não sou brasileiro?".[11] Todos se calaram.

O frei Francisco do Monte Alverne, membro de sociedades secretas e liberal em altíssimo grau, fez o sermão, que teve ares de comício público. Entre suas afirmações, estava a de que o povo não havia combatido pela escolha de um senhor. Falou também que o Brasil e os brasileiros não mais aceitariam "ministros ineptos ou tirânicos, que tornaram odiosa a autoridade real". No final, dirigindo-se a d. Pedro, exclamou: "Um anátema de execração fulmine aqueles que, pregando a doutrina do Absolutismo, apagam os brasões de vossa glória".

A saída de d. Pedro foi um pouco mais tumultuada do que a entrada. Pessoas exclamavam à sua passagem: "Viva o Imperador enquanto constitucional!". Ele retrucava: "Fui, sou e sempre serei constitucional". Se, porém, diziam "Viva d. Pedro II!", respondia: "É ainda criança!".

Os ministros da França e da Áustria relataram, em seus respectivos despachos, que à saída da igreja d. Pedro foi detido pelo braço por um homem que, após encarar o imperador, perguntou se ele agora estaria disposto a governar conforme a Constituição. D. Pedro, aturdido e pasmo diante da audácia do cidadão, respondeu sem titubear que nunca tivera outra intenção. O homem soltou-o e disse que, "nesse caso, Senhor, podeis contar com o nosso amor e fidelidade". A multidão que assistiu à cena, extasiada pela resposta do imperador, correu para lhe dar mais folhas verdes e amarelas e para ajudá-lo a subir em seu cavalo. A ânsia por ajudar foi tanta, que d. Pedro quase se viu jogado do outro lado da sela.

Ao voltar ao Campo de Santana, e procurando esconder a profunda impressão que toda a cena da igreja causara em seu íntimo, relatou a todos o ocorrido. Apesar da voz firme e do modo como narrava a ocasião em que a multidão quase o vitimara ao alçá-lo ao cavalo, seu rosto pálido, suas feições desfeitas e o olhar de espanto traíram-no.

Razão × paixão

Ocorria uma verdadeira inversão de critérios. D. Pedro havia de fato pensado em mudar a Constituição em 1829, mas fora dissuadido por seus conselheiros. Naquele momento, quem queria mudar alguma coisa eram os deputados, que desejavam acabar com a centralização do poder mediante a federalização do Brasil, o que, no entender do imperador, ia contra a Constituição que todos haviam jurado. No entanto, os políticos e jornalistas colocavam-se como guardiões da legalidade e vendiam essa imagem à população, ao mesmo tempo que pintavam d. Pedro como traidor. Se, em 1829, o imperador já concebera ter de depender de tropas estrangeiras para derrubar a Constituição e criar outra, depois do que presenciara no Campo de Santana, com os batalhões que estavam ao lado do povo sendo ovacionados, não tinha qualquer ilusão de que poderia contar com o exército para algo. Mesmo assim, achou que talvez pudesse fazer alguma coisa com a chegada de um batalhão de tropas ligeiras que vinha de Santa Catarina, não contaminado com os ares políticos do Rio.

Na Sexta-Feira Santa, em 1º de abril, d. Pedro e a corte assistiam à procissão do Paço da Cidade enquanto, no quartel de artilharia próximo ao local, o editor do jornal *O Repúblico* distribuía a nova edição do jornal aos soldados, dizendo falsamente que mais brasileiros haviam sido mortos por portugueses. Estando já o ar envenenado, a verdade e a mentira se resumiam mais à paixão do que à razão. As informações, portanto, acabaram por chegar ao povo nas ruas, que passou a murmurar contra o imperador. Ao passarem diante do balcão onde estava d. Pedro, os homens não tiravam mais o chapéu em sinal de respeito. As tropas falavam em pegar as armas e depor o tirano ali mesmo. Francisco de Lima e Silva interveio, apaziguou os oficiais e convenceu d. Pedro a retornar para a Quinta da Boa Vista.

No dia seguinte, lá estava *O Repúblico* novamente nas ruas, conclamando o povo contra d. Pedro. No domingo, novas brigas entre os brasileiros, que os provocaram, e os portugueses encheram o dia. Outras manifestações contra o "tirano" tiveram lugar; casas residenciais e comerciais de portugueses foram invadidas e depredadas, e qualquer um que parecesse ser fiel a d. Pedro era agredido.

A última festa do Primeiro Reinado

O Brasil parece fadado a sofrer golpes de Estado após festas grandiosas. Se muito é lembrado o Baile da Ilha Fiscal, que marcou o final do Segundo Reinado, pouco comentado é o último grande acontecimento social do Primeiro: o aniversário da rainha d. Maria II.

O imperador, perdido ou imprudente, resolveu comemorá-lo em 4 de abril, realizando um beija-mão à menina no seu palacete, antiga residência da marquesa de Santos. Lá compareceram a corte portuguesa da rainha-menina, os diplomatas estrangeiros e os demais súditos de Portugal. Com os tumultos que estavam acontecendo entre os brasileiros e os portugueses, uma comemoração puramente lusitana era um despropósito e só irritaria ainda mais os nativistas.

Além da rainha, também estavam ali o príncipe d. Pedro, com 5 anos de idade, e as demais princesas. Toda a corte, brasileira e portuguesa, enfim se reunia para saudar a rainha de Portugal na casa da ex-amante do imperador do Brasil. Mais insólito que isso, só mesmo a falta de bom senso de d. Pedro.

Após o concerto, foi servida uma ceia, quando então um ajudante de ordens invadiu o palacete procurando pelo imperador. A cidade estava novamente em revolta; novos assassinatos ocorriam. D. Pedro, que até então estava animado, levantou-se sobressaltado e foi à caça dos ministros da Justiça e da Guerra, a quem atacou duramente. Não haviam eles dito que todas as providências tinham sido tomadas e que a cidade estava em ordem? Como então estava ardendo? D. Pedro pegou ambos pelo braço e tentou fazer com que tomassem alguma atitude, mas foi por eles informado de que não havia mais o que ser feito.

Logo um novo ajudante de ordens chegaria informando que a situação piorara. Todos os diplomatas esperavam alguma atitude de d. Pedro, que, porém, estava quieto e nada dizia. Foi nesse momento que o general conde do Rio Pardo, ex-ministro do Exército, se aproximou e disse que estava ali para derramar seu sangue pelo soberano, mas que as coisas não poderiam continuar como estavam. Pediu então que d. Pedro tomasse alguma decisão, ao que o imperador o autorizou a despachar patrulhas para os cruzamentos dos caminhos que ligavam a cidade a São Cristóvão, a fim de que os insurretos não os pegassem desprevenidos.

Os embaixadores foram unânimes em achar que d. Pedro havia perdido o espírito. Ele não conseguiu tomar nenhuma decisão rápida que pudesse dar segurança tanto a eles quanto à cidade. O embaixador austríaco, aproximando-se da dama de companhia da imperatriz Amélia, a baronesa Sturmfeder, tentou convencê-la a tentar algo junto aos soberanos, a fim de que o imperador se resolvesse a alguma atitude: "Pelo amor de Deus, tome o imperador alguma decisão firme; ele é ainda mais forte do que acredita". A baronesa, incrédula, respondeu: "Tendes certeza?", ao que o diplomata retrucou: "Não há tempo para perder e em caso algum as coisas podem piorar com um ato de coragem". Por fim, a cidade voltou a aquietar-se e todos puderam retornar para suas respectivas casas.

O 7 de abril

No dia seguinte, d. Pedro demitiu novamente o ministério e convocou outro, que ainda continuaria longe de lograr a reconciliação nacional esperada — sobretudo por haver nele dois ministros nascidos em Portugal. No dia 6, os líderes liberais e nativistas começaram a convocar o povo para as ruas, mas o local de ajuntamento escolhido foi o Campo de Santana, uma vez que o editor de *O Repúblico* e os mais radicais se haviam estabelecido próximo ao Paço da Cidade.

Por volta da 1 hora da tarde, já havia no local umas seiscentas pessoas; às 3 horas, duas mil; e, às 5 horas, quatro mil. À medida que o dia findava, a multidão ia crescendo. No início da noite, chegaram os militares do quartel de artilharia próximo. Ciente do ajuntamento, d. Pedro enviou uma proclamação a ser lida na praça: dizia ao povo que se acalmasse, que nunca deixaria de ser constitucionalista e que continuaria mantendo a Constituição. Também pedia que confiassem nele e em seu gabinete.

A proclamação foi feita em pedaços, enquanto a multidão exigia que d. Pedro reintegrasse o antigo ministério. Uma delegação de juízes paroquiais foi enviada à Quinta da Boa Vista com o intento de passar a mensagem do povo ao imperador. Às sete da noite, d. Pedro recebeu-os e, polidamente, explicou que estava dentro de seu direito constitucional demitir e nomear ministros e que, se ele permitisse que o povo se imiscuísse em suas escolhas, não estaria apenas indo contra a Constituição jurada, mas também deixando de ser o representante dos interesses permanentes da nação e tornando-se mero instrumento na mão da maioria. Foi então que pronunciou a frase que é até hoje deturpada: "Tudo farei para o povo, mas nada pelo povo". Ao ser transmitida pelos juízes a fala do soberano, a multidão pediu, aos gritos, "morte ao tirano". Às onze da noite, a maior parte das unidades do exército já estava com o povo. Francisco de Lima e Silva enviou ao imperador seu ajudante de ordens, a fim de dizer-lhe que não haveria mais como dispersar a multidão. Aconselhou d. Pedro a não demorar muito para fazer o que o povo exigia, pois o risco de os radicais guiarem a massa para derrubarem a monarquia era grande. Para completar o quadro, o batalhão do imperador havia desertado de São Cristóvão, bem como a artilharia a cavalo. O palácio encontrava-se totalmente desprotegido.

D. Pedro, tentando uma última cartada, mandou um oficial procurar o senador Vergueiro e levá-lo para São Cristóvão. Pretendia convidá-lo para formar um novo governo. Enquanto isso, permaneceu em uma das salas do palácio com d. Amélia, os ministros, membros do corpo diplomático estrangeiro e o ajudante de ordens de Lima e Silva. Esperaria um tempo razoável pela resposta do senador, se é que este se deixaria ser encontrado. Estava disposto a abdicar. Para os embaixadores, argumentou que todos os que haviam nascido no Brasil estavam no Campo de Santana, contra ele. Não o queriam como governante porque era português e, independentemente do que fizesse, sempre tentariam se livrar dele de alguma maneira. D. Pedro acreditava, não sem razão, que o filho, o futuro d. Pedro II, levava uma vantagem sobre o pai: ter nascido no Brasil.

Eram quase 3 horas da madrugada do dia 7 quando o oficial retornou dizendo que não havia conseguido encontrar o senador Vergueiro em canto algum.

D. Pedro retirou-se da sala para o escritório e retornou logo depois, com um pedaço de papel em que se lia:

> Usando do direito que a Constituição me concede, declaro que hei muito voluntariamente abdicado na pessoa de meu muito amado e prezado filho, o sr. d. Pedro de Alcântara. Boa Vista, sete de abril de mil oitocentos e trinta e um, décimo da independência e do Império.
>
> *Pedro.*[12]

PARTE III

EUROPA (1831–1834)

FRANÇA

Amparado pelos embaixadores da França e da Inglaterra, d. Pedro conseguiu asilo em navios estrangeiros ancorados na baía de Guanabara. Pontois, diplomata francês que passara a madrugada toda em São Cristóvão com o imperador, deixou-nos uma lembrança do que viu:

> [...] Vimos simultaneamente o doloroso quadro do poder descaído, o nobre espetáculo da resignação e da coragem na desgraça, pois o imperador [...] soube melhor abdicar do que reinar. No decurso dessa noite inolvidável para quantos a testemunharam, o soberano se ergueu acima de si próprio e mostrou constantemente uma presença de espírito, uma firmeza e uma dignidade notáveis, provando o que esse desditoso príncipe teria podido ser com uma educação melhor e com mais nobres exemplos sob as vistas.[1]

D. Pedro estava calmo — provavelmente, porque já havia acalentado a ideia da abdicação em 1829: primeiro, quando imaginou que teria que ir pessoalmente à Europa para arrumar uma noiva, sem a autorização da Assembleia; depois, pouco antes do dia 7 de abril, durante uma discussão com o Conselho de Estado. Segundo as memórias do visconde de São Leopoldo:

> [...] Em sessão do conselho de Estado, correndo mais viva a discussão, e com o devido respeito dando-se a entender que o próprio imperador havia dado causa aos males que se previam iminentes, instou Sua Majestade para que se explicassem francamente; pelo que o marquês de Caravelas, tomando a palavra, mostrou os ressentimentos que contra ele havia. Então o imperador prorrompeu em uma exposição enérgica e tocante dos sacrifícios que fizera pelo Brasil, recordando com emoção a morte de seu filho d. João Carlos e concluindo que estava decidido a retirar-se, e fazia votos para que aqui fossem felizes e se regessem em paz.[2]

D. Pedro partiu logo pela manhã com d. Amélia, d. Maria II, sua irmã e o cunhado, os recém-chegados marqueses de Loulé; acompanharam-no também alguns cortesãos, poucos funcionários, uns soldados brasileiros ainda fiéis e seu médico pessoal, o pardo João Fernandes Tavares. Quando saíra da Quinta da Boa Vista em direção à praia de São Cristóvão, onde embarcariam, uma grande comitiva de servidores e escravizados seguiu as carruagens que conduziam seus amos. A guarda da marinha inglesa por pouco não teve que usar de força para impedir que uma multidão de negros invadisse o bote que levava d. Pedro. Em 20 de junho daquele ano, a *Gazeta de Lisboa* noticiaria que, "por ter querido dar a liberdade aos escravizados", o Brasil havia fugido das mãos de d. Pedro, "porque a sua determinação de abolir o comércio dos negros não deixou de contribuir, segundo dizem, para o inimizar com a Assembleia Legislativa, em grande parte composta de cultivadores e colonos". Sem o imperador, as sucessivas regências nada fariam pelo problema da escravidão no Brasil. No mesmo ano da abdicação, em novembro, por pressão da Inglaterra, o governo brasileiro criou a Lei Feijó, que daria caça aos navios negreiros, conforme estipulado no tratado assinado por d. Pedro em 1826. Essa, no entanto, seria uma lei para "inglês ver": somente na década de 1850, com a Lei Eusébio de Queiroz, o problema do tráfico seria efetivamente atacado.

A preocupação com os filhos

Assim como seus escravizados e serviçais, os filhos de d. Pedro ficariam no Brasil, mas só saberiam da partida do pai e da madrasta quando despertassem. D. Pedro não acordou as crianças para se despedir. De que adiantaria o susto de acordar no meio da noite e saber que ficariam órfãos? Ele passou pelos quartos das meninas e do garoto. Deve ter observado o filho de cinco anos dormindo a sono solto, tranquilo, e pensado que era melhor deixá-lo. Talvez se tratasse do último sono em paz daquele que fora dormir criança e acordaria imperador.

As filhas, as princesas d. Paula Mariana, d. Francisca e d. Januária, seriam deixadas como "time reserva". Nas anotações feitas por d. Pedro ainda a bordo do navio *Warspite*, ancorado na baía de Guanabara, percebe-se o embate entre o pai e o estadista. Como pai, não queria ficar longe de todos os filhos, que amava terna e carinhosamente; como chefe de sua dinastia, contudo, sabia que tratava-se de medida necessária. Se o futuro d. Pedro II falecesse, as irmãs, ao permanecerem no Brasil, continuariam herdeiras do trono, garantindo, na falta do menino, a sucessão para os Bragança. De todo modo, a luta do dinasta com o pai foi grande: sucessivos são os rascunhos em que ele ora manda deixar uma filha e trazer as outras ao navio, a fim de partir com elas para a Europa, ora ordena que deixem duas, para partir apenas com uma. Mesmo no dia 7, quando os embaixadores estrangeiros foram à embarcação, d. Pedro solicitou que tentassem, junto à Assembleia brasileira, que as filhas lhe fossem devolvidas; acabou, porém, por deixar todos no Brasil.

Também no dia 7, mal chegado a bordo, pediu a José Bonifácio que assumisse a tutoria das crianças. Assim que recebeu a nota em que o velho Andrada agradecia a lembrança e confiança de d. Pedro, de quem aceitava o encargo, o ex-imperador fez um decreto retroativo, fazendo constar que fora emitido antes de sua renúncia — caso contrário, seria invalidado. A Assembleia concordou com a nomeação do Andrada, o que deve ter dado algum descanso a seu coração de pai. Essas e outras passagens da tempestuosa saída de d. Pedro podem ser analisadas em um livro de anotações escritas pelo ex-imperador e organizadas sob o título de *Miscelânea*. O volume encontra-se, hoje, no Arquivo do Museu Imperial, em Petrópolis. As anotações que ali figuram foram todas feitas a bordo do navio. Nelas existem rascunhos de despachos e decretos, cópias de cartas expedidas e recebidas, além de contabilidades e desabafos, como a anotação que surge logo após a questão da tutoria de José Bonifácio:

> Este decreto não apareceu senão depois do ato da abdicação ao qual procedi pelas 3 ½ horas do dia 7, porque naquela ocasião não havia remédio senão obedecer aos rogos da força armada, e de uma populaça em anarquia, que queria o ministério que eu tinha demitido por incapaz, e por desconfiar que fazia-se traidor, ou então abdicar para salvar a honra e não ferir a constituição naquela parte em que me era concedido nomear e demitir livremente o ministério de Estado. Tomei o expediente de abdicar e deste modo, pondo defronte todas as considerações, salvei a minha honra, que prezo acima de tudo.

Preparando a partida

Entre os dias 6 e 7 de abril, em meio à abdicação e às inúmeras visitas e decisões que teve que tomar a bordo do *Warspite*, d. Pedro não deve ter dormido nada. Já estava havia mais de 24 horas desperto, e outras tantas teria ainda pela frente. Passados os primeiros instantes de emoção, a razão e o raciocínio lógico passaram a nortear as ações do ex-imperador.

Do navio, começou a despachar para terra ordens de embarque, venda ou doação de seus bens. Cobrava dívidas, vendia ações, ordenava o que deveria ser embarcado, vendido, doado ou transferido aos filhos. Porque ia para o exílio, precisava de dinheiro e contabilizava de carruagens aos mais ínfimos centavos.

Seus recursos provinham da dotação do governo e das propriedades produtivas que deixava, como a fazenda de Santa Cruz. Ao mesmo tempo, não podia deixar os filhos desamparados. Meticuloso, trabalhou a bordo para fechar as contas da Casa Imperial até o dia 27 de dezembro do ano anterior, quando partira para Minas Gerais. Não era mesquinho, contudo: perdoaria algumas dívidas e ainda doaria casas, sítios e propriedades para os amigos e os servidores leais que permaneciam no Brasil. Também era cobrado por dívidas que por ora não pagaria, embora as anotasse para serem saldadas quando pudesse — alguns de seus credores só viram o dinheiro após sua morte. Cobrou também o novo governo, chefiado por uma regência trina provisória, por aquilo que ainda lhe deviam.

"Um bocadinho de cabelo"

No meio de todos esses cálculos, o ex-imperador recebeu cartas dos filhos que haviam permanecido no palácio. De d. Pedro II recebeu duas, logo em 7 de abril — uma incompleta, com letra de criança, e outra com uma caligrafia melhor e mais firme, que explicava a primeira:

> Meu pai e meu senhor
>
> Principiei a escrever a V. M. I. pela minha própria letra, mas não pude acabar, entrei a chorar a tremer-me a mão, remeto para prova de minha verdade o princípio que tinha feito. Eu, todos os dias rogarei ao céu pelo melhor dos pais que uma desgraça tão cedo me fez perder, sempre serei obediente filho e seguirei os ditames de meu augusto pai. Beijo as mãos de V. M. I. como obediente filho. Pedro
>
> P. S. Os meus criados beijam a mão de V. M. I. com o maior respeito e saudades.

No outro bilhete, esse sim com a letra infantil de d. Pedro II, além de marcado com borrões nas palavras "pai", "saudades" e "Pedro", provocados pelas lágrimas da criança, está escrito: "Meu querido pai e meu senhor. Tenho tantas saudades de V. M. I. e tanta pena de não lhe beijar a mão. Com obediente e respeitoso filho Pedro. Peço a V. M. um bocadinho de cabelo de V. M. I.".

Já que não veria mais o pai, que ao menos este deixasse um chumaço de seu cabelo para que o principezinho de cinco anos tivesse dele alguma recordação.

Apesar da tutoria de José Bonifácio, diversos seriam os servidores que se transformariam em espiões de d. Pedro I no paço, dando conta de como estavam os filhos durante seu exílio na Europa.

De volta à Europa

Enquanto isso, a paciência dos ingleses — que viram sua nau capitânia no Rio de Janeiro virar um escritório de negócios, com ações sendo vendidas pelos agiotas e financistas que iam e viam para tratar de negócios com d. Pedro — estava terminando. O mesmo acontecia com a paciência dos nativistas no Rio de Janeiro. Boatos já se espalhavam de que tropas inglesas e francesas se preparavam para desembarcar e reconduzir, junto com os portugueses que haviam permanecido em terra, d. Pedro ao trono. Por conta disso, a comunidade lusitana no Rio passou a ser ameaçada de extermínio. O almirante britânico, no intuito de salvaguardar a colônia portuguesa no Rio de Janeiro, passou d. Pedro e a comitiva para o navio *Volage*. O *Warspite* ficaria para ajudar a garantir a ordem na capital do império brasileiro.

D. Pedro partiu com d. Amélia e sua comitiva em 13 de abril. A filha, d. Maria II, a irmã e o cunhado, os marqueses de Loulé, foram instalados no navio francês *La Seine*, que ainda ficaria mais uma semana no Rio. O comandante francês do navio que levaria a rainha portuguesa exilada, bem como diversos de seus compatriotas lusitanos, recebera expressamente de d. Pedro a ordem de não deixar que a filha desembarcasse em alguma das ilhas portuguesas a caminho da Europa.

D. Pedro já perdera alguns filhos para o Brasil e faria questão de manter a única que levava consigo, não permitindo que se transformasse em bandeira viva na mão dos descontentes com o governo absolutista do "mano Miguel".

Durante semanas, o navio que transportava d. Pedro pelo Atlântico navegou por mar tranquilo. Na sexta semana, mais especificamente em 27 de maio, uma grande tempestade causou enorme mal-estar em d. Amélia e alvoroçou o inquieto d. Pedro, que, em vez de tentar se proteger, fez questão de desenhar a tormenta e o modo como ela se abatia contra o navio e o mar revolto. Logo o desenho seria enviado ao filho d. Pedro II, junto com uma carta explicando o ocorrido. O pequeno imperador do Brasil guardaria a imagem ao lado da cama, imaginando as aventuras que o pai estaria vivendo.

Durante a viagem, d. Pedro descobriu que d. Amélia estava grávida. O bebê fora concebido quando o pai ainda usava a coroa brasileira, e portanto aquela seria uma princesa brasileira como as que deixava para trás.

No final de maio, o ex-imperador aportou no Faial, onde se encontrou com representantes do governo local e enviou comunicação à regência constitucional portuguesa no exílio, que se havia estabelecido ali perto, na ilha Terceira. Começaria então um novo desafio. Após tantos anos no Brasil, d. Pedro voltava para a Europa a fim de ser o guardião e protetor dos direitos da filha, d. Maria II, e de se bater pela causa constitucional portuguesa.

O *Volage* aportou em 10 de junho de 1831 no porto de Cherbourg, na Normandia, mesmo lugar em que, 113 anos depois, no dia 6 de junho de 1944, desembarcariam tropas vindas do outro lado do canal da Mancha. Numa das famosas fotos da operação que pôs fim ao regime nazista na Europa, é possível ver soldados aliados combatendo na *rue* D. Pedro, que existe até hoje em Cherbourg como uma homenagem ao ex-imperador que por lá passara.

As principais autoridades da cidade subiram no navio às 8 horas da manhã, no intuito de cumprimentar d. Pedro. O desembarque ocorreu às três e meia da tarde, com os marinheiros britânicos em trajes de gala bradando nove vivas ao ex-imperador, em cuja homenagem o *Volage* e os canhões de terra deram salvas de 21 tiros.

"Dom Pedrô" logo se tornou celebridade local, sendo saudado como liberal e constitucional. Agora aburguesado, assemelhava-se ao rei-cidadão Luís Filipe, que havia se declarado rei dos franceses e não da França. Desde meados de 1500, aquela região marítima francesa já se entrosava com o Brasil e seus nativos, os índios. Catarina Paraguaçu, a "princesa do Brasil", cruzara o Atlântico trezentos anos antes de d. Pedro. Foi batizada na França e casou-se em St. Malo com o "Caramuru" Diogo Álvares Correa. Depois de seu retorno à Bahia, passou a ser considerada a mãe da miscigenação brasileira.

A relação dos franceses com o Brasil Colonial, devido ao tráfico do pau-brasil, havia sido tão intensa que, em 1550, foram levados índios à França para que representassem, na cidade de Rouen, os hábitos e costumes nativos. À beira do rio foram criadas duas aldeias indígenas, uma dos tupinambá e outra dos tabajara. Além dos tupinambá ali presentes, engrossaram a representação, como figurantes fantasiados de índios brasileiros, marinheiros e prostitutas seminus. Por conta do intenso comércio entre a França e o Brasil, até hoje igrejas da Normandia e da Bretanha guardam, em suas decorações, esculturas de índios, araras e papagaios, bem como exemplares da flora brasileira.

Uma vez que o Brasil já estava no subconsciente do normando e do bretão, receber d. Pedro foi uma ocasião especialíssima para a região, que honrou o ex-imperador brasileiro como se no poder ainda estivesse. Fora as salvas devidas a um chefe de Estado, d. Pedro ainda passaria em revista 5 mil homens da Guarda Nacional. Além disso, o governo da região disporia ao príncipe decaído uma propriedade em que poderia habitar enquanto estivesse por ali. Foi também saudado com diversos discursos, todos dizendo, no fundo, a mesma coisa: os franceses reconheciam em d. Pedro um governante liberal, um doador de constituições, um defensor dos direitos individuais que preferiu renunciar a ferir a Constituição que outorgara ao Brasil. Claro que houve aí uma jogada estratégica do ex-monarca, que enviara, para ser publicado pelos jornais estrangeiros, um artigo em que expunha sua versão do que ocorrera no Brasil.

Para Cherbourg, convergiram os amigos de d. Pedro na Europa. O marquês de Rezende renunciou à Embaixada brasileira em Paris a fim de seguir o companheiro em suas aventuras pelo exílio. Francisco Gomes da Silva e outros, avisados por ele do que acontecera no Rio, também tinham ido se encontrar com o ex-imperador. Logo, por insistência do marquês de Rezende, d. Pedro partiu para Londres. A situação era clara: França e Inglaterra — esta última, sobretudo após a queda do gabinete conservador — não viam com bons olhos o governo tirânico de d. Miguel, que só era reconhecido pelos Estados Unidos, por Roma e pela Espanha.

Os cidadãos portugueses e estrangeiros que simpatizavam com o Liberalismo ou se opunham ao governo de d. Miguel — ou que ao menos eram suspeitos disso — iam para o cárcere e tinham a sorte decidida em 24 horas, após as quais eram invariavelmente chicoteados ou mortos. Um cidadão francês foi chicoteado, o que irritou Paris e levou o almirante Roussin, em julho de 1831, a bloquear o Tejo. Roussin aprisionou oito navios portugueses até que d. Miguel assinasse um tratado humilhante, segundo o qual o governo português, além de dar garantia aos súditos franceses, teria de arcar com pesadas indenizações pelos maus-tratos e prisões arbitrárias cometidos contra eles. Apesar desse tipo de pressão, porém, nem a Inglaterra nem a França iria às vias de fato. Fazer isso seria atrair, contra aquelas nações liberais, os países da Santa Aliança, que recentemente haviam invadido a Espanha e restaurado os direitos absolutistas dos Bourbon. Seria melhor encarar a questão do trono português como se não passasse de um grande imbróglio de família.

O "duque de Bragança" na Inglaterra

D. Pedro, incentivado por Rezende, foi à Inglaterra buscar ajuda. Não sem razão. O amigo do ex-imperador, afinal, achava que a velha aliada portuguesa continuava vendo o pequeno estado da península Ibérica como sua zona de influência. Após três semanas em Cherbourg, d. Pedro atravessou o canal até Londres. Apesar de também ser bem recebido — afinal, os dois governos, o inglês e o francês, tinham nele um aliado natural contra o Absolutismo de d. Miguel —, nada de prático e concreto conseguiu. Ele chegou a se avistar com o secretário de Estado para Assuntos Estrangeiros, lorde Palmerston, com o primeiro-ministro, conde Grey, e com o rei, Guilherme IV. Dos três, o mais favorável aos planos de d. Pedro fora o secretário de Estado: o rei lhe era indiferente e o primeiro-ministro não se mostrara tão entusiasmado quanto o colega de gabinete.

No dia 29 de junho, o duque de Bragança — título que d. Pedro assumira na viagem a Londres e pelo qual passaria a ser conhecido — foi recebido em um jantar de gala oferecido pelo rei no palácio de Saint James. Além de todos os ministros e de diversos políticos britânicos, o corpo diplomático estrangeiro em Londres também se fez presente. Desse modo, d. Pedro teve contato com o príncipe de Talleyrand, embaixador francês que o receberia para um jantar na embaixada de seu país em 4 de julho.

Talleyrand, tomado por alguns como cínico, afirmava que servia à França, e não a regimes políticos. Esse pensamento o mantivera ligado ao poder do Antigo Regime francês, da Revolução, de Napoleão, de Carlos X e, por fim, de Luís Filipe. Na condição de um dos principais diplomatas da Europa durante o Congresso de Viena de 1814, teria sido um dos responsáveis pelo fato de o Brasil ter passado de Colônia a Reino Unido, ao menos segundo alguns historiadores. Tal sugestão teria partido dele para que Portugal deixasse de ser visto como estado de segunda ordem tutelado pela Inglaterra. Dessa vez, o conselho que dava a d. Pedro seria de grande valia. Deveria retornar para a França, mais especificamente a Paris, onde decerto seria muito bem recebido — sobretudo se chegasse durante as comemorações do primeiro aniversário da Revolução de Julho, que derrubara Carlos X do trono no ano anterior.

A causa da rainha portuguesa tinha diversos apoiadores. Tratava-se de gente que, a exemplo de Talleyrand, Palmerston e toda a comunidade lusitana no exílio, via a questão com os melhores olhos. Porém, faltava dinheiro. Em Londres, d. Pedro tentara levantar fundos com negociantes portugueses, mas as quantias ofertadas haviam sido ínfimas. Era necessário armar navios e contratar mercenários para invadir Portugal e estabelecer d. Maria II no trono. Pelo que o duque via, porém, da Inglaterra e da França não viriam senão simpatias. Seguindo o conselho de Talleyrand, ele partiu novamente e foi a Paris na companhia do marquês de Resende.

Paris

Havia um motivo por que d. Pedro fora sozinho, sem a esposa: queria testar o chão onde pisava. Apesar de ser muito bem visto como nobre liberal e constitucional, sua esposa grávida, d. Amélia, era neta da ex-imperatriz Josefina; e, uma vez que Napoleão adotara os filhos desta, era também neta postiça do Corso. Uma lei de 1816 impedia que qualquer descendente de Bonaparte viesse a se estabelecer na França.

Tão logo chegou à casa do marquês de Resende em Paris, no final da tarde de 26 de julho, d. Pedro e seu amigo tomaram conhecimento de uma mensagem enviada pelo rei Luís Filipe os convidando para jantar naquela mesma noite. Estava tarde demais para responder, e d. Pedro resolveu fazer isso se arrumando e indo diretamente ao palácio. Os convivas já reclamavam da fome e do atraso do rei e da rainha quando as portas dos aposentos pessoais de suas majestades se abriram e Luís Filipe e a rainha Maria Amélia, de braços dados com d. Pedro, entraram no salão.

A rainha Maria Amélia era tia da falecida d. Leopoldina, irmã de sua mãe. Talvez por isso, ou talvez pela fama de libertino de que gozava na Europa, d. Pedro tenha se comportado esplendidamente na ocasião, sendo notada sua timidez para com as damas que lhe eram apresentadas. O ex-imperador foi praticamente adotado como sobrinho pelos reis franceses. Curiosamente, a linhagem de Luís Filipe e d. Pedro se cruzaria na primeira e segunda geração de ambos. A filha de d. Pedro, d. Francisca, se tornaria princesa de Joinville por seu casamento com um dos filhos de Luís Filipe, enquanto um neto desse rei francês, Luís Filipe Maria Fernando Gastão de Orléans, o conde d'Eu, se casaria com uma das netas do duque, futura herdeira do trono brasileiro, princesa Isabel. Quanto à lei de banimento, Luís Filipe assegurou que ela não se aplicaria à esposa de d. Pedro, que poderia seguir com ele para Paris.

A timidez de d. Pedro só terminou quando este foi apresentado pela rainha Maria Amélia ao general marquês de La Fayette. O velho político liberal francês, apelidado de "herói dos dois mundos", uma vez que havia se batido pela causa da Revolução Americana e Francesa, era um dos homens vivos que o ex-imperador mais admirava — Benjamin Constant havia falecido no final de 1830. Assim, ao lado do velho político — responsável pela escolha de Luís Filipe para rei da França —, d. Pedro expandiu-se. Cobriu-o de cumprimentos, demonstrou-se maravilhado e adotou logo postura de intimidade, o que seduziu o marquês e acabou por transformá-lo em um dos principais aliados franceses à causa da rainha de Portugal. Jules de Lasteyrie, neto do marquês, se juntaria ao duque de Bragança na causa constitucional portuguesa, lutando ao seu lado.

Por insistência do rei, d. Pedro deixou-se ficar mais alguns dias em Paris, sendo convidado para os eventos que celebrariam a Revolução de Julho e para os demais convescotes sociais. No dia seguinte, 27, em que se comemorava a queda do rei Carlos X, d. Pedro, a cavalo e escoltado por um regimento de cavalaria, juntou-se ao rei Luís Filipe e a seus dois filhos. Cavalgaram juntos em direção à praça da Bastilha, onde os aguardava o primeiro evento: a colocação da pedra fundamental da Coluna de Julho, ainda hoje existente. O rei francês colocou a pedra, enquanto d. Pedro martelou-a para que assentasse.

Quem imaginaria que d. Pedro, tratado pela imprensa brasileira como um déspota — como o ex-rei francês Carlos X —, acusado de planejar acabar com a Constituição que outorgara ao Brasil, estaria, meses depois de sua renúncia, sendo ovacionado pelo povo francês e ajudando a erguer o monumento em lembrança ao movimento que sepultara de vez o Absolutismo na França em 1830? Naquele mesmo dia, ele iria ao Panteão, no Quartier Latin, a fim de inaugurar, junto com Luís Filipe, uma placa em memória dos mortos da revolução do ano anterior. Lá, assistiu um coro entoar o Hino aos Mortos de Julho. A letra era de um jovem literato: Victor Hugo.

Por diversas vezes, a curiosidade dos franceses com relação a d. Pedro foi tão grande, que ele teve que ser resgatado da multidão por ajudantes de ordens de Luís Filipe. A todo momento, era ovacionado com "Vivas ao imperador constitucional!". Que diferença do "enquanto constitucional" gritado havia menos de um ano pelos brasileiros! Tal como fizera com a inglesa Maria Graham tempos atrás, ele saiu cumprimentando o povo, dando-lhe a mão não para que a beijassem, mas para um forte aperto. Naquela altura, d. Pedro já havia apeado do cavalo e caminhava junto do povo, que o crivava de perguntas — queriam saber desde a idade da filha rainha até a veracidade da informação de que trouxera consigo, do Brasil, um enorme tesouro. D. Pedro cruzou os portões do Palácio Real conduzindo seu cavalo pelas rédeas. Tinha certeza de que caíra nas graças dos parisienses, que o tinham apelidado, por conta do penacho em seu chapéu militar, de *don Perdreau* (d. Perdiz).[3] Naquela mesma tarde, ele receberia, das mãos do rei, a Grã-Cruz da Legião de Honra.

Nos demais dias, novas comemorações ocorreram, em que d. Pedro, sempre presente ao lado do rei, era ovacionado pela multidão. No entanto, a imprensa francesa pouco diferia da brasileira, e logo a exposição a que d. Pedro se deixava levar faria dele um dos assuntos mais comentados. No caso do atraso para o jantar, disseram que o imperador havia chegado ao palácio com um pires na mão, sem ter sido convidado. Logo a imprensa parisiense se dividiria entre os defensores e opositores do duque de Bragança.

A causa portuguesa

A causa de sua filha era o que efetivamente o movia. D. Pedro aproveitava todas as ocasiões propícias para aparecer diante do público e conquistá-lo, em uma estratégia que atualmente seria reconhecida como jogada de marketing. Porém, quando longe da multidão, procurava usar o prestígio conquistado a fim de angariar fundos para a expedição contra d. Miguel, bem como no intuito de pressionar o governo francês a entregar-lhe os navios portugueses que o almirante Roussin continuava a reter como garantia de que o tratado de 14 de julho com d. Miguel seria cumprido e as indenizações, pagas. A França, no entanto, alegando neutralidade, só cederia os navios se a guarnição optasse pela causa da rainha. D. Pedro decidiu que era hora de retornar a Londres para tentar conseguir algo mais tangível. Dessa vez, partia com d. Amélia e d. Maria II, apesar das diversas tentativas de Luís Filipe de retê-lo na França.

Em Londres, d. Pedro se hospedaria mais uma vez no hotel Clarendon e seria bem recebido pelo rei Guilherme IV, chegando a passar dois dias no Castelo de Windsor com d. Amélia e a filha. Na capital inglesa d. Amélia reviu a irmã de seu pai, sua tia Hortênsia de Beauharnais, ex-rainha da Holanda.

Em conferência com lorde Palmerston e com o primeiro-ministro Grey, discutiu-se tanto a melhor maneira de fazer valer a carta constitucional que d. Pedro dera a Portugal quanto o modo de recuperar o trono para a filha. O impasse, contudo, continuava. Se por um lado a Inglaterra apoiava a causa, não ajudaria nem com dinheiro, nem com homens. Os exilados portugueses e d. Pedro que tentassem, com os financistas de Londres, levantar dinheiro a juros para a causa da rainha. D. Maria II foi ovacionada diversas vezes pela colônia portuguesa exilada na capital inglesa, e em 14 de agosto mais de quatrocentos portugueses desfilaram perante a rainha-menina.

Em carta de 9 de agosto a um amigo no Rio de Janeiro, d. Pedro revelava de Londres que não era apenas a causa da rainha que encontrava problemas financeiros, mas também seu futuro:

> [...] Por estes 7 dias parto para França, pois Londres é mui caro, e eu não posso com a despesa apesar de andar com um prumo na mão: veremos se em França será melhor. Vou vender a minha prata e as joias para fazer um fundo, para poder viver,

e andar de camisa branca e engomada sem dever a ninguém coisa alguma [...].[4]

Para quem quisesse ouvir, ele dizia que não roubara como fizera Barbacena, e por isso só contava com o dinheiro de suas propriedades e daquilo que conseguira levantar antes de partir do Brasil. Os sacos cheios de ouro e diamantes que a imprensa europeia pintava nas arcas e baús vindos com o ex-imperador só existiam na imaginação dos jornalistas. D. Pedro possuía um montante que lhe bastava para não passar necessidade, mas temia colocá-lo inteiramente à causa da filha. Se porventura tudo aquilo malograsse, como ficariam a ex-imperatriz grávida e d. Maria?

Primeiro na França e depois em Londres, cada vez mais os portugueses no exílio, assim como os liberais espanhóis exilados por conta do Absolutismo em sua pátria, aproximavam-se de d. Pedro, vendo nele seu herói liberal. Havia grupos espanhóis que acalentavam mais uma vez a ideia da união ibérica, recorrente havia quase trezentos anos. Dessa vez, achavam que d. Pedro conseguiria derrubar não apenas o governo português, mas também o espanhol, governando toda a península de maneira liberal. A megalomania de d. Pedro, porém, não chegaria a tanto. Ele já havia abdicado de duas coroas. Outras duas lhe seriam ainda ofertadas — a da Espanha e a da Grécia —, mas também as recusaria.

Depois de uma frustrada tentativa de levantar 12 mil libras, junto à casa bancária Rothschild, para o governo português exilado nos Açores, d. Pedro assinou em 14 de agosto um contrato com financistas liderados pelo exilado espanhol Juan Álvarez y Mendizábal, banqueiro judeu. Mendizábal imaginava, não sem razão, que, se o Absolutismo fosse derrubado em Portugal, a Espanha seria a próxima, o que lhe possibilitaria voltar para casa. Além disso, devemos também ter em mente que a Carta Constitucional portuguesa outorgada por d. Pedro previa a liberdade de culto, o que era ótimo para judeus e protestantes. Já d. Miguel via com bons olhos a expulsão dos judeus de Portugal, sem perceber que isso acarretaria a fuga de capital português para outros países mais tolerantes, como a Inglaterra e a França.

Ao menos na Inglaterra, d. Pedro conseguiu o aval de Palmerston para arregimentar, ali, navios e soldados para o exército que deveria libertar Portugal. O duque de Bragança convocou o marquês de Palmela, presidente da regência portuguesa instituído por ele nos Açores, para que fosse a Londres cuidar dos detalhes da expedição a ser realizada contra d. Miguel.

Partindo novamente para Paris, d. Pedro aceitou a oferta do rei Luís Filipe e se instalou no Castelo de Meudon. A suntuosa residência, localizada na Île de France entre Paris e Versalhes, era provavelmente a casa mais luxuosa que d. Pedro habitara até então. Se comparada à Quinta da Boa Vista, é provável que apenas o sistema sanitário, que funcionava à base de penicos, fosse equiparável. A propriedade, que possuía um belo jardim projetado por Le Nôtre, fora redecorada com cristais, pratarias e tapeçarias do acervo da coroa em honra a d. Pedro e sua família. A última vez em que a propriedade havia sido restaurada fora a pedido de Napoleão, que a desejava como residência do seu filho, rei de Roma e sobrinho de d. Pedro e d. Leopoldina. Hoje, somente parte do antigo esplendor pode ser vislumbrado, uma vez que o local foi destruído em 1870 durante a Guerra Franco-Prussiana.

Mas, apesar do luxo e da exuberância cultural que Paris lhe propiciava, d. Pedro ainda pensava no Brasil e nos brasileiros. Em carta escrita às vésperas de 7 de setembro de 1831, disse ele a um amigo no Rio de Janeiro:

> Muito estimo que os negócios públicos vão bem, eu tomo pelo Brasil aquele mesmo vivo interesse que sempre tomei, e mui principalmente no dia de amanhã, em que faz anos que eu, e eu só declarei no alto da Piranga [do Ipiranga] a Independência do mesmo Brasil.[5]

Inquieto, d. Pedro sonhava com o Brasil e os filhos que lá deixara enquanto combinava, com os portugueses, sua próxima aventura. Ele não ficaria no castelo de Meudon mais que dois meses. Em 12 de outubro, comemoraria seu aniversário em outro endereço: rua des Courcelles, 10, no centro de Paris. Como um ímã, ele não atraía apenas os emigrados liberais portugueses e espanhóis, mas também os ultraliberais parisienses, monitorados com suspeita pelo governo local. Ao ser questionado por ministros franceses a respeito de algumas dessas visitas, d. Pedro, mandando tudo pelos ares, decidiu que deveria ter sua própria casa, a fim de receber quem bem entendesse. Isso, no entanto, não foi capaz de estremecer sua relação com o rei, que no dia de seu aniversário o foi cumprimentar, acompanhado da rainha, na nova casa burguesa.

Um pouco de diversão

Vivendo agora próximo dos entretenimentos que Paris oferecia, como teatros, óperas e balés, d. Pedro era encontrado com facilidade nos principais espetáculos, saraus e bailes oferecidos na capital. Comparecia regularmente ao Teatro Nacional da Ópera Cômica, onde o camarote real lhe era franqueado. Foi assim, de tanto assistir a eventos no local, que conheceu o compositor de *O barbeiro de Sevilha* e de tantas outras óperas e peças musicais, Gioachino Rossini. O maestro presenteou d. Pedro com partituras autografadas, enquanto d. Pedro lhe enviou suas composições musicais. Rossini, fosse por educação, interesse ou vontade de lisonjear d. Pedro, solicitou sua permissão para apresentar uma abertura musical de autoria sua.

The Harmonicon, de Londres, disse a respeito do espetáculo de 29 de outubro:

> No sábado foi apresentada uma Grande Abertura composta por d. Pedro. O ex-imperador não esteve apenas presente como dirigiu em pessoa a execução dessa peça, tomando especial cuidado em marcar as passagens importantes, em ter os fortes e pianos adequadamente observados e o andamento estritamente observado. Essa obra foi muito aplaudida.[6]

Logo após uma segunda apresentação da peça, agora conduzida pelo próprio Rossini perante o rei e a rainha da França, a *Revue Musicale* noticiou: "Essa abertura [...] é de uma feitura correta e mostra que seu autor tem um amplo conhecimento dos recursos da orquestra. Foi muito aplaudida".[7]

Trinta anos depois, em carta ao imperador do Brasil, d. Pedro II, Rossini recordaria assim a peça regida e seu autor:

> [...] Fiz executar no Teatro Italiano uma Abertura de sua composição que era adorável. Ela teve grande sucesso, e como, por discrição, eu não nomeei o autor, os cumprimentos foram dados a mim, erro que não desagradará seu augusto filho, que poderia bem se lembrar de me enviar um pouco do café tão célebre de vosso país.[8]

Apesar da tentativa de conseguir um cafezinho de graça, Rossini parece não ter mentido nem tentado fazer lisonja, pois pediu e obteve, de d. Pedro, licença para apresentar outra peça musical do ex-imperador.

No entanto, a imprensa que tanto atormentara d. Pedro no Rio de Janeiro fazia o mesmo agora em Paris. Os jornais que se opunham ao governo de Luís Filipe logo atacaram seu protegido, apelidado por eles de *Don Perdu* (d. Perdido). Enquanto uns alegavam que a música do ex-imperador fora um dos principais motivos de o povo brasileiro exigir sua abdicação, outro jornal noticiava que, para d. Pedro conquistar Portugal, bastava tocar sua música, que faria os soldados do irmão saírem correndo. O articulista Ludwig Boerne, misto de crítico cultural e político, desancou d. Pedro e sua música ao chamá-la "detestável". Afirmou ainda que melhor faria o ex-imperador em tirar o irmão do trono do que o público do teatro. Entretanto, não é possível confiar na imparcialidade de alguém que começa sua crítica com: "Houve [...] um concerto ao qual eu não compareci [...]". O articulista mesmo afirmou que boa parte de seu comentário se baseava no depoimento de "alguém" que dissera não gostar da música, tendo por isso deixado a sala.

Além dos teatros e demais divertimentos mundanos, d. Pedro, como pequeno burguês que era, ia também às compras, até mesmo sozinho. Aproveitava, assim, para comprar brinquedos para os filhos que estavam no Brasil. Andava lutando pelo direito de uma das filhas, mas não se esquecia dos demais: enviava "bonitos", como chamava os brinquedos, para d. Pedro, d. Francisca, d. Paula Mariana e d. Januária.

A duquesa de Goiás, afastada da Quinta da Boa Vista em 1829, antes da chegada de d. Amélia, fora estudar em Paris naquele mesmo ano. Agora, passava os finais de semana longe do internato, na companhia do pai, de d. Amélia, d. Maria II e de Augusta, duquesa de Leuchtenberg e sogra de d. Pedro, que fora a Paris para auxiliar a filha nos momentos finais da gravidez.

Quando de sua chegada em Paris, em 9 de novembro de 1831, Augusta registrou em seu diário[9] as primeiras impressões que teve em relação ao genro. D. Pedro recebeu-a na soleira da escada da casa em que morava, agradeceu por sua felicidade com d. Amélia e pediu desculpas à sogra por ter abdicado do trono, mas explicou que "a honra assim o exigira". Augusta achou-o muito bonito e intelectualmente ágil. No diário, ela mencionou duas características de d. Pedro: ele era aberto e muito sincero. Escreveu ainda que temia pelo genro, pois ele não tinha consciência da falsidade da diplomacia europeia.

A última filha de d. Pedro com a marquesa, nascida em São Paulo em 1830, também preocupava o ex-imperador. Em julho, no meio das negociações em Londres, o marquês de Resende escreveu a Domitila:

> [...] Fique, pela presente, na inteligência [em que por ventura nunca deixara de estar] de que S. M. I. decidido [como sempre esteve] a felicitar a senhora dona Maria Isabel e não descuidará de chamá-la, a fim de mandá-la educar com aquele cuidado e decência, que exija a sua categoria, bem como, há pouco, acabou de fazer com a sua irmã, a sra. Duquesa de Goiás [...].[10]

Domitila, contudo, que já havia perdido uma filha para d. Pedro, não desejava perder outra: a menina permaneceria consigo e seria educada no Brasil.

D. Pedro, além de escrever longas cartas aos filhos, nas quais falava de saudade e da distância, bem como de seu amor por eles e pelo Brasil, também costumava admoestar José Bonifácio, o tutor das crianças, homem moroso na hora de detalhar a vida dos pequenos príncipes ao pai.

Fim da festa

Os divertimentos e a vida burguesa de d. Pedro na capital da França, onde cuidava da família e de seus negócios, andavam incomodando tanto o marquês de Palmela quanto os demais exilados, entre eles o general Saldanha. Estes reclamavam de certa apatia por parte do duque e acusavam-no de se divertir em vez de partir com a expedição contra Portugal. É bem verdade: ele inegavelmente se divertia em Paris, e os jornais assim o mostravam. No entanto, estava longe de ser indiferente à sua antiga pátria. D. Pedro e a família vestiram luto após um malsucedido levante liberal ocorrido em Portugal no dia 10 de setembro. Os revoltosos foram massacrados pelas tropas de d. Miguel, com 44 pessoas sendo presas e enforcadas.

Praticamente forçado pelos portugueses no exílio, d. Pedro concordou em dispor de 25 mil libras suas pela causa da filha. Desse modo, conseguiram uma fragata e uma corveta, respectivamente rebatizadas de *Amélia* e *Terceira*. A elas se juntaram dois navios mercantes decrépitos, adquiridos como refugo da Companhia das Índias Ocidentais: passaram a chamar-se *Rainha de Portugal* e *D. Maria II*. Ambos foram armados na Inglaterra e logo afastados de lá, a fim de que o governo inglês não fosse acusado de ser conivente com os planos de d. Pedro. Os navios seguiram para Belle-Île-en-Mer, no litoral da Bretanha, enquanto a França fingia que nada via.

D. Pedro ainda se demoraria em Paris, e Palmela, em carta enviada ao príncipe, adivinhava o porquê. Como pai — “e pai extremoso”, nas palavras com que a si próprio se referia —, d. Pedro não partiria com a expedição enquanto d. Amélia não desse à luz o bebê que esperava. A criança, mais uma menina, nasceu em 1º de dezembro de 1831. A princesa recém-chegada recebeu o nome de Maria Amélia em homenagem à rainha da França, sua madrinha. Mesmo após o nascimento da menina, d. Pedro continuaria em Paris até o final de janeiro.

A pesquisadora Cláudia Witte, biógrafa de d. Amélia, levanta uma hipótese interessante: d. Pedro pode ter ficado um pouco mais em casa a fim de esperar o fim das seis semanas de resguardo da esposa. Assim, teria o duque a esperança de engravidar novamente d. Amélia. Quem sabe dessa vez viria um filho varão? Essa é uma possibilidade real, uma vez que mais nada o prendia a Paris. Uma frota naval bastante remendada, incapaz de meter muito medo, já estava às suas ordens desde 8 de janeiro, bem como mais de 7 mil homens, entre exilados portugueses e mercenários.

No dia seguinte ao nascimento de d. Maria Amélia, em 2 de dezembro de 1831, d. Pedro teria mais motivos para comemorar: além da nova criança, havia também o aniversário de d. Pedro II. No meio de tanta euforia, seria acometido por uma crise epilética que o deixou de cama no dia seguinte. Em 10 de janeiro, o ex-imperador escreveu para a aia dos filhos no Brasil, Mariana Carlota de Verna Magalhães Coutinho, futura condessa de Belmonte.[11] Na carta, informava que ficara contente em saber que os filhos haviam oferecido um chá em comemoração ao aniversário do pai. E arrematou: "Vejo que ao menos meus inocentes filhos podem mostrar claramente que são bons filhos, sem que esta prova seja considerada um crime".

Em seguida, narrou a festa que dera em comemoração ao aniversário de d. Pedro II:

> No dia dos anos do imperador meu filho eu também cá fiz o que o meu amor me pediu, e o que minhas circunstâncias, bastante apertadas me permitiram; dei um jantar ao qual foram convidados o ministro do Brasil e toda legação, e bastantes brasileiros distintos, e os embaixadores da família. [...]

> No dia antecedente do aniversário da minha coroação, a sra. Duquesa de Bragança, minha amada esposa, deu felizmente à luz uma linda menina [...]. Já saberá pelas folhas públicas que o ministro do Brasil serviu de testemunha porque esta minha filha, posto que nascida na França, é brasileira porque foi concebida antes da minha abdicação [...].

D. Pedro não descuidava de nenhum detalhe. A presença do embaixador brasileiro na França era necessária quando do parto para que atestasse ter visto a criança ligada pelo cordão umbilical à mãe, sendo portanto verdadeira filha de d. Pedro e de d. Amélia. Isso a colocava como princesa brasileira, uma vez que fora, como o ex-imperador fazia questão de informar, "concebida antes da minha abdicação". Saudoso dos filhos e do Brasil, d. Pedro comentou a respeito na carta:

> Muito prazer me tem causado os pequenos desenhos do menino e [da] menina, posto que eu esteja quase certo que Simplício teve neles grande parte, contudo um só risco que cada um tenha feito, por meus filhos, é mui bastante para que eu os estime como se todos fossem feitos por eles. Veja se alguns outros que fizeram para me mandar poderá vir entre eles algum *d'après-nature* de alguma vista que eu conheça pois meu prazer deste modo será dobrado, repetidas vezes desenrolo o panorama de São Cristóvão e passo bastante tempo a vê-lo, e a verter lágrimas nascidas de um coração todo brasileiro.

Ele podia estar se divertindo na França; podia, do mesmo modo, estar ocupado com aquilo que dizia respeito à expedição contra d. Miguel. No entanto, o Brasil e os filhos que lá deixara faziam-no ir às lágrimas.

Quanto à saúde, as pedras nos rins que o atormentavam desde o Rio de Janeiro, a travessia do Atlântico e o início da residência em Paris não o preocupavam mais; d. Pedro alegava que o frio lhe fizera bem. A vida familiar, como aqui descreve, era das mais agradáveis possíveis:

> [...] a pequena duquesa de Goiás está linda e adiantadíssima, toca mui bem piano [...], minha esposa estima-a como a sua filhinha, em suma, d. Mariana, pelo que toca ao doméstico tudo vai bem; assim a política me deixasse gozar este belo país; mas os negócios de Portugal em que está comprometida a minha honra, glória e futuro de minha filha, a rainha, me impedem o gozo, como já disse, das delícias deste belo país.
>
> No dia 20 e mais até o fim deste mês, me embarco para as ilhas na esquadra que a força de fadigas pude arranjar a fim de partir das ilhas em frente da expedição contra o usurpador do trono de minha filha e assassino de meu pai e da carta constitucional.

Antes de partir, d. Pedro realizaria ainda algumas comemorações, como a recepção dada em 1º de janeiro de 1832 e o Dia de Reis, no dia 6. Nessa ocasião, foi servida a *galette des rois*, uma torta tradicional de massa folhada recheada com creme de amêndoas que faz parte de uma brincadeira típica dessa data. Como ainda hoje se faz na França, uma amêndoa inteira foi colocada dentro dela, e quem a achasse na sua fatia seria coroado rei. A pequena duquesa de Goiás foi para baixo da mesa e, sem ver os pedaços, dizia para quem deviam ser entregues. D. Maria II acabou recebendo a fatia que tinha a amêndoa e foi coroada rainha. D. Pedro recusou-se a participar da brincadeira, alegando que, do jeito que as coisas iam, era bem capaz de o pedaço com a amêndoa cair para ele e assim ser acusado de roubar a coroa da filha.

O Quixote

D. Pedro abdicara em abril de 1831. Partindo do Brasil, chegou a Cherbourg, na França, em junho, seguindo logo depois para Londres. Dali, encaminhou-se para Paris, onde desembarcou no final de julho. De Paris, foi mais uma vez a Londres, de onde retornou à França em agosto. Em janeiro de 1832, partiu em definitivo para os Açores. Em sete meses, esteve em dezenas de cidades, três países e duas das mais importantes capitais da Europa. Negociara apoio à causa da rainha com homens de armas, políticos de diversas nacionalidades e financistas. Armara uma expedição contra o irmão, fizera centenas de amigos na Inglaterra e na França, regera uma orquestra e tornara-se celebridade entre os parisienses. Esse poderia muito bem ser o resumo de uma vida inteira, mas, para alguém como d. Pedro, tratava-se de apenas dez meses de aventuras e correrias.

Da Bretanha, ele zarparia com seus navios remendados para o arquipélago dos Açores, onde ancoraria no dia 10 de fevereiro. A última ilha ainda absolutista fora tomada em agosto do ano anterior, estando agora sob controle do governo português liberal no exílio.

Quase sem dinheiro, dotado de poucos navios dignos desse nome, d. Pedro iria com menos de oito mil homens dar combate ao irmão, que tinha à sua disposição cerca de 80 mil soldados. D. Pedro era figura realmente quixotesca, digna do quarto em que, no palácio de Queluz, havia nascido.

O REI SOLDADO

D. Pedro partia junto do cunhado, o marquês de Loulé, e de Jules de Lasteyrie, neto do general La Fayette, cujo avô, junto com mais de duzentas pessoas, viera se despedir do duque de Bragança e desejar-lhe sucesso na empreitada. O marquês de Resende e o Chalaça, amigos sempre fiéis, permaneceriam em Paris para cuidar dos negócios do ex-imperador e de sua família.

Em 2 de fevereiro, d. Pedro chegou de Nantes a Belle-Île-en-Mer, onde foi novamente festejado com um baile e um desfile da guarda nacional. Logo que desembarcou na ilha francesa na qual a frota e seu exército o esperavam, passou ambos em revista e presidiu pessoalmente o juramento feito pelos marinheiros e soldados.

Além das centenas de estrangeiros contratados, o exército era engrossado por uma grande quantidade de exilados portugueses. Alguns já tinham feito parte de algumas expedições lançadas infrutiferamente contra d. Miguel desde 1828; a maioria estava à beira da miséria, vivendo da caridade da própria colônia e do governo no exílio. Entre os diversos portugueses na Belle-Île que se bateriam ao lado de d. Pedro pela causa constitucional e liberal, estavam os escritores portugueses Alexandre Herculano e Almeida Garrett.

Parte da esquadra, comandada pelo almirante Sartorius, zarpou em 10 de fevereiro para os Açores. D. Pedro decidiu embarcar na corveta *Amélia*, em homenagem à esposa. A bordo, durante a viagem, ele compôs o Hino Novo Constitucional, também conhecido como Hino da Amélia ou Hino de d. Pedro IV. Ele não visava substituir o hino anterior, composto no longínquo ano de 1821, mas reforçar a causa constitucional e dar ânimo às tropas.

Devido ao mau tempo, não seguiram para Angra, na Ilha Ter ceira, a capital do arquipélago; foram, antes, para São Miguel, onde aportaram no dia 22. Entre bailes, jantares, manobras militares, treinamentos e inspeções, d. Pedro se deixou ficar ali até 2 de março, chegando à Ilha Terceira no dia seguinte. Tão logo desembarcou na capital, assumiu definitivamente a regência em nome da filha, d. Maria II, nomeando em seguida um conselho de ministros. Enquanto as tropas chegavam a fim de serem rigidamente treinadas para a invasão do continente, d. Pedro governava. Aproveitando que não tinha um Legislativo que tolhesse suas iniciativas, transformou o Estado português, por meio de decretos e leis, em um dos mais modernos da Europa. Em 19 de maio, assinou o decreto nº 21, pelo qual fazia com que os alvarás criados pelo marquês de Pombal no século XVIII para acabar com a escravidão no Reino de Portugal também passassem a valer nos Açores e na Ilha da Madeira. Outras leis foram elaboradas no intuito de assegurar as propriedades e os direitos individuais, a exemplo daquelas que tinha dado ao Brasil quando de sua atuação como príncipe regente. Junto com o ministro da Fazenda e da Justiça, José Xavier Mouzinho da Silveira, ele desenhou um Estado novo, banindo resquícios feudais como os impostos para a manutenção da Igreja e os antigos tribunais e privilégios a que tinham direito os nobres, os militares, o clero e os membros de corporações.

Crendo-se ainda capaz de controlar profundamente todas as instâncias do governo, além de leis d. Pedro fez também inspeções surpresa em departamentos governamentais. À alfândega, cujo expediente deveria começar às 8 horas da manhã, d. Pedro chegou às nove. Como não encontrasse ninguém, trancou a porta e levou a chave consigo. Na mesma tarde, lavrou um decreto que exonerava todos os funcionários e nomeava outros.

Os três meses que a força expedicionária passou na Ilha Terceira foram de intensas manobras e exercícios militares. No entanto, havia também certa folga para que gozassem dos prazeres da vida. Longe da esposa d. Amélia, d. Pedro voltava a procurar mulheres fora de casa. Nos Açores, encontrou então uma moça que, até hoje, a lenda local pinta com as melhores cores. D. Pedro teria tido um filho bastardo com a irmã sineira Ana Augusta Peregrino Faleiro Toste, de 23 anos, do convento da Esperança. Sim, isso mesmo: uma freira. Estranho? A julgar pela narrativa do major Charles Shaw, mercenário escocês e subcomandante do batalhão britânico, nem tanto. Este afirmava que ele e seus homens haviam se divertido muito com as religiosas, que eram "bastante corretas durante o dia", mas mantinham a casa aberta ao escurecer. Shaw só reclama de que eram feias, sujas e descuidadas, além de cuspirem constantemente no chão. Eram mulheres, porém.

Além da obrigação e do prazer, a lembrança dos filhos era uma constante na vida de d. Pedro. Em março, recém-chegado na Ilha Terceira, escreveu para d. Pedro II:

> Angra, 11 de março de 1832
>
> Meu querido filho do meu coração. De Paris, sempre que tive ocasião, te escrevi. Hoje, que daqui a tenho por um navio que parte diretamente para o Rio, não a quero perder para te dar notícias minhas e pedir as tuas. Eu estou bom de saúde, porém muito ocupado com a grande e muito gloriosa empresa de fazer uma expedição, à testa da qual marcharei, a fim de derribar a tirania, restabelecer o império da lei, o paládio da liberdade, a Carta Constitucional que, quando rei de Portugal, dei espontaneamente a, hoje muito desgraçada, nação portuguesa.
>
> Eu não podia, de modo algum, tendo abdicado em ti a coroa do Brasil para não fazer verter sangue de meus concidadãos, deixar de colocar-me à frente da causa portuguesa, visto ser a causa da humanidade, da liberdade e de tua irmã, além de que,

pela Carta Constitucional, eu sou chamado a tomar a Regência […]. Tenho até aqui cumprido com os deveres de pai para com a minha filha, e de homem livre para com a humanidade e a liberdade.

[…]

Espero que tu leias com atenção esta carta. Nela verás o interesse que tomo por ti como teu pai e teu amigo, e pelo Brasil, que desejo ver bem governado, como brasileiro que sou e muito amigo da minha pátria adotiva, a qual pertence meu coração.

Adeus, meu amado filho. Recebe a bênção que te deita,

Teu saudoso pai e teu amigo,
D. Pedro, duque de Bragança

P. S. Muitos recados a todos que se lembrarem de mim.

D. Pedro escrevia para três receptores diferentes: o filho de seis anos, que entenderia aquilo que dizia respeito à saudade, ao amor e ao estudo; a esse mesmo filho, mas mais velho, que entenderia no futuro as questões políticas a que d. Pedro fazia menção; e à regência brasileira, de quem desconfiava, não sem razão, que passaria os olhos em suas cartas antes de as entregarem às crianças.

A fama de d. Pedro na Europa e o efusivo modo como fora recebido ali haviam suscitado no Brasil, entre os políticos, o temor de que o ex-imperador voltasse com um exército para retomar o trono, fazendo-se regente em nome do filho até que este atingisse a maioridade. Alguns políticos brasileiros simpatizavam com essa ideia; era este o caso dos irmãos Andrada e de seu partido caramuru, como veremos adiante.

Enquanto os políticos no Brasil cogitavam proibir que o antigo imperador pisasse novamente na nação que ajudara a libertar, d. Pedro tentava, a distância e no meio de uma guerra civil, cobrar de seus filhos o estudo. Para d. Maria II, escreveu:

São Miguel, 10 de junho de 1832

Minha querida Maria. Recebi a tua cartinha de 10 de maio escrita um pouco mal para a tua idade e adiantamento. Parece-me que tu não tens cuidado muito de estudares, e enquanto Mamam não me mandar dizer que tu te aplicas como no meu tempo eu não deixarei de te mostrar sempre que tenha ocasião o meu desprazer: quando tu, minha filha, chegares a uma idade mais avançada, tu não deixarás de conhecer que eu tinha razão de te desejar ver instruída, o efeito de não ter recebido uma educação conveniente eu tenho sentido, tudo que tenho feito tem sido porque Deus me tem favorecido, eu não quero que tu me julgues para o futuro um pai descuidado de tua educação, antes quero que me tenhas por severo.

O amor que te tenho, minha querida filha, é que faz falar-te tão claro, eu espero que tu estudes d'ora em diante como convém a quem tem que reger uma Nação que precisa de bons exemplos e de uma rainha assaz instruída [...].

Além do estudo, d. Pedro também exigia da menina que não comesse tanto e controlasse sua alimentação, pois estava ficando acima do peso. Também lhe recomendaria cuidado com o corpo: era preciso que fizesse exercícios e saísse mais ao ar livre.[1]

Enquanto isso, planejava-se o embarque dos soldados estacionados nos Açores e a invasão a Portugal Continental. No dia 23 de junho, d. Pedro reuniu o exército na ilha de São Miguel, onde, no campo em que se realizavam as manobras militares, conhecido até hoje como Relvão, foi rezada uma missa campal com a presença de todas as tropas. Na ocasião, foi distribuído, impresso, o "Hino Novo Constitucional" aos soldados, que pela primeira vez cantaram a composição de d. Pedro, junto com o comandante que deveria liderá-los à vitória. A expedição partiu em 27 de junho. A frota agora contava com mais de cinquenta embarcações. Tanto as tropas quanto os navios haviam sido engrossados pelo que havia já nos Açores e o que chegara ao longo dos meses. Todavia, não representavam ainda algo de muito poderoso: já havia quem apelidasse a frota de "calhambeque".

Porto

O ponto de escolha para o desembarque em Portugal foi a região da cidade do Porto, uma das mais liberais da nação. Fora a que mais havia sofrido ao se levantar contra d. Miguel. Segundo o historiador Neill Macaulay, uma tática colocou medo na guarnição da região, formada por cerca de 13 mil soldados: os navios de d. Pedro apareceram "fantasiados" no horizonte. De realmente grande, havia menos de meia dúzia de embarcações; o restante era formado de pequenos navios, que foram cobertos com grandes estruturas a fim de enganar quem os visse de longe. Funcionou: a guarnição achou que se tratava de grandes navios de guerra e de transporte de tropas.

Corria o rumor de que d. Pedro estava chegando com mais de 30 mil soldados, quando o número total não chegava a 8 mil. A maior parte das tropas miguelistas estava concentrada ao redor de Lisboa. Esperava-se que d. Pedro atacasse diretamente a capital. Quando os absolutistas viram os navios no horizonte em formação de batalha, decidiram recuar, achando que se tratava de uma enorme força de invasão comandada pelo duque de Bragança.

Na tarde de 8 de julho, d. Pedro, liderando o desembarque, teria proclamado a seus homens:

> Soldados! Aquelas praias são as do malfadado Portugal: ali, vossos pais, mães, filhos, esposas, parentes e amigos suspiram pela vossa vinda, e confiam nos vossos sentimentos, valor e generosidade. Vós vindes trazer a paz a uma nação inteira, e a guerra somente a um governo hipócrita, despótico e usurpador [...].

Levando-se em consideração que mais de 80% do exército libertador era formado por mercenários estrangeiros, aquela era, na realidade, uma peça de marketing. Uma vez que o discurso seria publicado e distribuído, o intuito de d. Pedro era fazer com que a população local o identificasse antes como libertador do que invasor.

No dia 9, montando um simples animal de carga, devido à dificuldade de desembarcar os cavalos por conta do mar violento, d. Pedro entrou na cidade do Porto. Adiante, seguiam soldados do exército liberal com hortênsias de cor branca e azul na boca de suas armas, as cores da causa constitucional.

Além do problema com o desembarque dos animais, havia o fato de os camponeses da região terem fugido com os seus. A esperança de que as tropas miguelistas e a população portuguesa vissem a força expedicionária como salvadora e se juntassem à causa liberal caiu por terra. Essa utopia fora realmente alimentada por diversos ministros, como Mouzinho da Silveira, e o próprio d. Pedro.

O clero, que havia cerrado fileira ao lado de d. Miguel, dominava o corpo, a alma e a mente dos camponeses. Enquanto o usurpador era adorado por ser próximo da população, gostar de corridas de cavalos e touradas, d. Pedro não passava do homem que havia tomado para si a colônia mais rica de Portugal, causando grande miséria à população.

Parte da multidão no Porto, entusiasmada pela chegada das tropas liberais, seria a mesma que aplaudiria qualquer outro vencedor. Havia, é bem verdade, os que realmente se uniriam a d. Pedro contra d. Miguel — sobretudo os prisioneiros do Estado, que arrombariam a cadeia tão logo soubessem da chegada do regente. Muitos foram os homens que passaram a deixar a barba crescer como d. Pedro e seu exército. Tratava-se de uma promessa que cumpririam enquanto Lisboa não fosse libertada.

Mas os constitucionalistas não contavam com a simpatia dos populares (influenciados como eram pelo clero), nem dos nobres, dos militares e dos funcionários públicos — enfim, de quem mais temia a perda de seus privilégios. Os que se alinharam a d. Pedro foram os maçons, os judeus — em grande parte, financistas receosos da volta de uma inquisição religiosa na península Ibérica — e os intelectuais, entre os quais incluíam-se diplomatas, generais, políticos e outras pessoas de inteligência que faltavam ao grupo dos absolutistas. Desabafando com d. Pedro II, o ex-imperador escrevia em 12 de agosto de 1832: "Este povo está fanatizado pelos padres, e não tem, até agora, dado provas de amor à liberdade. Parece impossível que isto aconteça no meio da Europa civilizada, e no século XIX!".

Apesar de dominados a cidade do Porto e diversos outros pontos estratégicos da região, d. Pedro e sua tropa haviam caído em uma armadilha. Após algumas batalhas contra os absolutistas na região — as quais d. Pedro acompanhou com a ajuda de uma luneta desde o ponto mais alto do terreno, indiferente aos tiros de canhão e mosquetes que reverberavam à sua volta —, foi necessário se concentrar dentro da cidade. Seria o famoso Cerco do Porto, que durou de julho de 1832 até agosto de 1833.

Em meio aos preparativos para a defesa da cidade, d. Pedro não esquecia os filhos. Vendo que a carta anterior, em que dera bronca em d. Maria II, surtira efeito, ele responderia à rainha:

> Porto, 18 de julho de 1832
>
> [...] Eu estou contentíssimo contigo, agora por ver, e saber, que tu sentiste que eu estivesse desgostoso em consequência de te mostrares um pouco preguiçosa: agora porém que tu, segundo me dizes, e eu creio, tratas de estudar como convém e me dás provas disto, eu me glorio de ter uma filha tão obediente e minha amiga, como tu és. [...]

A educação vinha sempre em primeiro lugar — sempre. Para todos os filhos, fossem legítimos ou bastardos, o conselho seria o mesmo: estude para conseguir seu lugar no mundo. Em vez de se fiarem no nascimento, eles deveriam fazer por merecer.

D. Pedro tentou retirar suas tropas e reorganizá-las, e para isso pediu ajuda, por meio de Palmela, ao lorde Palmerston. O secretário do Exterior disse que poderia enviar a marinha britânica para evacuar d. Pedro e as tropas até os Açores, mas, uma vez concluída a operação, a Inglaterra daria por encerrada a questão portuguesa e reconheceria d. Miguel. O que ocorreria em seguida era fácil de imaginar: todas as demais nações seguiriam a política inglesa, deixando arruinados aqueles que tinham apoiado financeiramente a causa. Os liberais, quando muito, poderiam se contentar em fundar um novo país nos Açores ou em negociar sua rendição desde lá. D. Pedro, ao saber da resposta de lorde Palmerston, pediu que Palmela esquecesse que a consulta fora feita e começou a preparar a cidade para o cerco.

O ex-imperador participava de tudo. Acordava cedo e era visto pelos soldados com a pá na mão, cavando trincheiras; onde quer que estivesse, fazia ali uma refeição para não perder tempo. Com a aproximação das tropas miguelistas, o bombardeio à cidade teve início em 25 de agosto — inicialmente, de maneira esporádica, enquanto acertavam as miras; dois dias depois, de maneira sistemática.

Em meio à chuva de balas, d. Pedro escreveu a d. Pedro II em 28 de setembro, a fim de agradecer-lhe a carta que lhe tinha enviado. Saudoso do Brasil, desabafou também com o filho:

> [...] Eu faço ardentes votos aos céus, para que a minha adotiva pátria seja feliz, e tu com ela. Não permitirá Deus que nos vejamos ainda um dia, nesse abençoado país, quando tu imperares, em pessoa, e que não possam haver suspeitas de que eu desejo, o que nunca desejei? Ah! Que meus olhos se me enchem de lágrimas, quando penso que um dia ainda poderei ver-te, e morrer naquele país, em que tu imperas; em que estão minhas filhas; naquele país, ao qual jamais meu coração deixou de pertencer, apesar de tanto que sofri pelo amar, como se fosse nele nascido!

Entre setembro e outubro, os miguelistas fizeram dois grandes ataques para tomar a cidade. O primeiro, em 29 de setembro, dia de São Miguel, foi inspirado pelos padres, que diziam que o arcanjo Miguel em pessoa os conduziria à vitória. Fanatismo religioso à parte, quem ganhou o dia foram os liberais: seu exército era mais bem treinado, e a batalha, que durou quase o dia todo e chegou até as ruas da cidade, deixou um rastro de 4 mil baixas miguelistas, entre feridos, mortos e aprisionados. Do lado constitucional, foram cem os mortos e trezentos os feridos. Naquele conflito, d. Pedro destacou-se, sendo visto em todo canto sob o pesado tiroteio. Demonstrando coragem e sangue-frio, ele inspirou seus homens, que lhe creditaram essa primeira vitória. A outra batalha se desdobrou às vésperas do aniversário do ex-imperador, no dia 11 de outubro, quando o bombardeio tornou-se constante mais uma vez. As tropas miguelistas atacaram uma fortificação liberal próxima ao Porto e foram escorraçadas com vultosas perdas.

Com a renúncia do conde de Vila Flor, d. Pedro assumiu a posição de comandante em chefe do exército e convocou ao Porto todos os portugueses emigrados para se juntar à causa. Isso incluía o general Saldanha, que havia permanecido em Paris. D. Pedro conseguiu no exílio juntar as forças necessárias para o empreendimento a que se prestara levar adiante.

Tais forças, no entanto, não eram lá muito unidas. Um exemplo era a inimizade entre Saldanha e Palmela, que, após chegar ao Porto e tomar parte na batalha de São Miguel, renunciou à chancelaria e retornou para Londres como embaixador de d. Pedro, pois não ficaria na mesma cidade que seu inimigo. Essas uniões costuradas por d. Pedro em prol de um objetivo comum se desmanchariam tão logo a causa contra d. Miguel estivesse ganha. Da Inglaterra, Palmela, trabalhando freneticamente com Mendizábal, conseguiria cavalos e equipamentos para o Porto, além de novos homens.

Foi no Porto que d. Pedro recebeu, com bastante atraso, carta de uma de suas filhas no Brasil, a princesinha d. Paula Mariana. Por ser ela uma criança enferma, sempre foi grande a preocupação que inspirou no pai. Muitas das viagens que fizera — e até mesmo a mudança temporária de São Cristóvão para a casa que pertencera a d. Carlota Joaquina em Botafogo, assim como a subida para temporadas na serra — haviam sido motivadas pela busca de melhores ares para a menina.

Meu adorado pai e meu senhor,

Todas as vezes que se me franqueia os meios de escrever a V. M. I. é dia de alegria, e muito mais quando eu tenho de felicitar a V. M. I. pelo dia 12 do corrente, para mim dia querido, e que será sempre respeitado até meus últimos alentos; pois que meu amor filial assim o exige, e eu, senhor, mais que todos obrigada a V. M. I. nunca me pudera esquecer os desvelos comigo pranteados na minha longa doença, que só o amor de um pai como V. M. I. não esmoreceu em tão teimoso mal; graças a Providência, agora vou continuando a passar bem peço a V. M. I. deite a sua benção a quem submissamente beija a mão de V. M. I. como filha obediente e amiga verdadeira. Paula 12/10/1832.[2]

Essa é provavelmente a última carta da filha ao pai. D. Paula Mariana faleceu no Rio de Janeiro em 16 de janeiro de 1833. D. Pedro, antes de receber a notícia da morte e sabendo que ela não estava bem de saúde, escreveu para José Bonifácio, tutor das crianças.

Porto, 14/03/1833

[...] Eu sou pai, e pai extremoso e o meu amigo não se pode me não digas de que eu lastimo o não me achar aí por todos os motivos e mui principalmente porque me passado que meus esforços nascidos do mais puro amor é que a influência que como pai poderia exercer para lhe fazer tomar os remédios obteria um muito maior resultado sobre a desgraçada enferma; que pode ser que a esta hora, em que escrevo, já não exista.

No meio da guerra, de um cerco miserável que ceifava diariamente a vida da tropa e da população, d. Pedro culpava-se por não estar perto da filha no Rio de Janeiro, a fim de monitorar os remédios que a jovem deveria tomar. Já antevendo o pior, implorou para José Bonifácio:

> Se desgraçadamente ela tiver morrido eu julgo impossível que o meu amigo se nisso tenha se lembrado de duas coisas para minha mais me fazer conhecer a sua amizade: a primeira é de ter guardado para mim um bocado do seu lindo cabelo, a segunda é de ter feito depositar no convento de Nossa Senhora da Ajuda e no mesmo lugar que se acha depositada sua boa mãe, a minha Leopoldina, pela qual ainda hoje derramo lágrimas de saudade, posto que tenha a fortuna de ter encontrado uma tão amável e tão virtuosa esposa como a imperatriz Amélia que tanto me ama e a meus filhos e que de mim é tão correspondida e esta segunda não leve lugar eu lhe peço, como pai, e como pai desolado, se peça que me faça o favor de ir em pessoa depositar aos pés do corpo de sua mãe este pedaço de seu ventre e de nessa mesma ocasião rezar por uma e por outra.[3]

Enquanto d. Pedro chorava por d. Leopoldina e pela filha que intuía ter morrido, o Porto fazia o mesmo por seus mortos. Com o aperto do cerco, a fome, o tifo e a cólera começaram a dizimar a cidade, fazendo com que cerca de 4 mil pessoas morressem em seis meses. Enquanto os soldados comiam os cavalos mortos, o povo devorava cachorros, gatos, mulas e ratos. D. Miguel agora supervisionava o cerco em pessoa.

Confirmada a morte de d. Paula Mariana, d. Pedro escreveu aos filhos no Brasil, em abril de 1833:

> [...] Ah meu caro filho e adoradas filhas, quão desgraçado é vosso pai por ser separado de vós, há mais de dois anos, e por último perder vossa irmã!! Ainda era preciso este golpe profundo para mais lhe dilacerar o coração!! Resta-me, ao menos, no meio de tudo isto o prazer de saber, com certeza, que gozais de saúde e que desejais notícias minhas para vossa consolação [...]. Gozo de boa saúde, apesar [...] de todas as privações e incômodos que se experimentam nesta heroica cidade sitiada, há mais de seis meses, rigorosamente, e vivendo debaixo de

> uma abóbada de balas de artilharia e de bombas, que chovem de toda a parte, como não é fácil se fazer uma ideia exata sem se ver: contudo, nem eu nem os meus companheiros de armas perdemos as esperanças de podermos em breve, por um golpe atrevido, fazer decidir a questão [...]

Além de escrever aos filhos e amigos no Brasil, a d. Amélia e às filhas em Paris, d. Pedro trabalhava feericamente na cidade sitiada. O dia a dia do ex-imperador foi descrito do seguinte modo:

> Por seu gênio laborioso, pouco tempo tomava de repouso; recolhia-se à sua câmara pela meia-noite, e às quatro horas da manhã já estava pronto esperando por seus ajudantes de ordens, em companhia dos quais saía a visitar toda a linha de defesa, a dar as necessárias providências; recolhia-se ao paço pelas dez horas a tomar algum alimento, e ficava trabalhando com seus ministros no despacho e dando audiência até as duas horas da tarde, quando então, outra vez, saía, dirigindo-se uns dias por todas as oficinas de obras militares, vendo, examinando e acelerando os trabalhos das mesmas; outros dias destinava-se aos diferentes hospitais a visitar os feridos; aquela carinhosa visita era igualmente feita ao hospital dos prisioneiros feridos a quem dirigia expressões de humanidade [...]. Concluída a visita recolhia-se ao paço pelas seis horas, tomava assento na sua mesa a jantar com todos os oficiais do dia, findo o qual, entrava em Conselho de Estado sobre os diversos assuntos do governo; e concluído, lá ia aparecer no teatro para satisfazer à multidão de espectadores, que ansiosos, ali o desejavam ver.[4]

A tática repetitiva dos absolutistas, que consistia em primeiro intensificar o bombardeio sobre a cidade e depois mandar as tropas avançarem para o local bombardeado, estabeleceria uma nova rotina para d. Pedro no Porto. Ao começarem a cair as primeiras bombas, ele dirigia-se à igreja, rezava e comungava. Depois, seguia para a trincheira mais próxima do local bombardeado a fim de surpreender as tropas inimigas, que logo avançariam para aquele ponto. Partia brincando a respeito do perigo de vida a que estava se expondo, para desespero de seus generais e admiração de seus comandados, tanto portugueses quanto estrangeiros.

Para alguém sempre ativo, com o gênio de d. Pedro, ficar preso sob fogo cerrado numa cidade sitiada não era a melhor das experiências. Ao filho no Brasil, confidenciava em maio de 1833:

> [...] Por ora não há nada de novo por cá que mereça ser relatado: continuarão as bombas e as balas que chegam a todos os lugares desta cidade; mas em breve espero tomar a ofensiva e ou vencer salvando estes descaçados povos, ou acabar de espada na mão como convém à minha honra [...]

À época, o irrequieto d. Pedro foi descrito, por um oficial inglês que o visitara, como alguém de "estatura mediana, ereto e ativo: seu aspecto não é bom e não dá a impressão de saúde: a grande fadiga que ele tem suportado e a vida sem conforto que tem levado não conduzem com a sua boa aparência". É provável que d. Pedro, quando do inverno europeu, já tivesse adquirido tuberculose. O tenente-coronel Lovell Badcock descreve-o ainda como homem de boas maneiras e espírito conciliatório; era, além disso, um radical abstêmio, preferindo sempre água. Durante os brindes, só tomava um cálice de vinho.

Da França, por intermédio de d. Amélia e seus partidários, chegou ao Porto o marechal Solignac, a quem logo d. Pedro passou o comando do exército. No entanto, para somar-se às privações por que ali passavam, agora a marinha constitucional conduzida por Sartorius ameaçava rebelar-se por falta de pagamento. Ela deixou de cumprir ordens, e, assim, uma tentativa de desbaratar as forças de d. Miguel unindo as forças liberais de terra e mar perdeu-se em 24 de janeiro.

No dia 28, o general Saldanha chegou ao Porto, onde recebeu o comando de três divisões. Outras divisões seriam comandadas pelo conde de Vila Flor, agora duque da Terceira, e por Sir Thomas Stubbs. Numa tentativa de liberar uma via de comunicação terrestre para a chegada de mantimentos à cidade, Saldanha e seus homens puseram-se a trabalhar ferozmente na construção de fortificações entre o Porto e a cidade de Foz, onde em 4 de março foram atacados pelos absolutistas, que perderam a batalha e sofreram grandes perdas. O Porto, entretanto, mal teve tempo de comemorar, já que, alegando mau tempo, os navios de Sartorius partiram para águas espanholas. Sabe-se, hoje, que a tempestade pouco teve a ver com a retirada da frota: na realidade, Sartorius estava tentando vender os navios!

Mendizábal, juntamente com Palmela, partiu em socorro de d. Pedro e dos liberais. Tanto o financista quanto o futuro duque arriscaram o que lhes restava de suas fortunas pessoais para armarem uma nova esquadra, com cinco vapores e mais soldados. Eles não só conseguiram levantar os fundos necessários para pagar Sartorius e seus marinheiros como ainda obtiveram um novo almirante, Charles Napier, um militar experiente que partia para Portugal com seis meses de salários adiantados no bolso. Já em janeiro, d. Pedro havia solicitado um novo almirante aos seus homens em Londres e na França. Estava até mesmo disposto a aceitar lorde Cochrane, o excêntrico escocês que fora contratado durante a guerra de independência do Brasil. Tudo isso pegou de surpresa o duque de Bragança, que se encontrava desinformado desses reforços. Segundo o testemunho do conde da Carreira, Luís Antônio de Abreu e Lima, a nova expedição, preparada sob sua responsabilidade, foi realizada em segredo, sem a participação de d. Pedro, porque ele era

> [...] franco e lhano [sincero] em demasia, ingênuo e sem malícia, nas suas palestras com os seus familiares, lhes revelava absolutamente e sem reserva, tanto as resoluções tomadas nas sessões secretas do Conselho de Estado, como as operações militares que projetava fazer, algumas das quais se malograram, ou foram mesmo funestas, porque o inimigo, avisado a tempo, tinha tomado as suas medidas e precauções de resistência.[5]

O ex-imperador deve ter achado que Mendizábal, Palmela e todos os outros que chegavam com Napier haviam enlouquecido. Apresentaram-lhe um homem atarracado, com uma roupa imunda e um pano amarrando a cabeça pelo queixo, devido a uma nevralgia. Disseram que aquele era o novo almirante da esquadra liberal. Napier fazia questão de explicar a d. Pedro o plano que havia preparado, mas o duque de Bragança recusou-se a ouvir, mandando-o conversar com Solignac.

Napier achava, não sem razão, que boa parte do exército de d. Miguel estava tão concentrado no cerco do Porto, que Lisboa poderia ser alvo mais fácil do que se imaginava. O plano era arriscado: além de retirar 6 mil homens do Porto, seria utilizada toda a frota na operação.

Após um conselho de guerra, Solignac afirmou que tudo aquilo era um absurdo. D. Pedro declarou que se conformaria com o que o conselho decidisse, pois, como viria a afirmar em carta para um amigo, "[...] sendo esse negócio essencialmente português, era por tão dignos patriotas que ele devia ser decidido e que minha vontade em negócio de tão alta monta devia ser subordinada à decisão da maioria [...]".[6]

D. Pedro lutava como pai pelo direito da filha ao trono. Era seu regente e tutor natural, mas parecia se considerar menos português e patriota do que os militares ali presentes. Por conseguinte, viria deles a resolução final sobre o assunto.

Lisboa

O conselho decidiu pela investida contra Lisboa, mas com menos homens do que Napier queria. Mesmo assim, um indignado Solignac deixou o cargo, obrigando d. Pedro a assumir novamente como comandante geral, agora colocando, acertadamente, o general Saldanha como chefe do Estado-Maior. O comando da força expedicionária foi dado a Vila Flor, ao passo que o duque de Palmela seria o lugar-tenente de d. Pedro, responsável pelo governo das regiões que as tropas conseguissem libertar. No lugar de 6 mil homens, partiriam apenas 2.600; o restante guarneceria o Porto.

Em vez de se dirigir diretamente a Lisboa, decidiu-se que a expedição iria mais adiante, na tentativa de tomar a província do Algarve, no extremo sul de Portugal. De lá, avançariam até a capital. Na noite de 24 de junho, o duque da Terceira, Vila Flor, desembarcou com seus homens a quarenta quilômetros da cidade de Faro, capital do Algarve, tomando-a no dia 27 após encontrar pouca resistência. O duque de Palmela estabeleceu um governo provisório na região, enquanto Napier retornava com seus navios para dar combate aos vasos de guerra que haviam partido de Lisboa em seu encalço.

Napier contava com 176 canhões; a armada absolutista, com 372. Mesmo assim, a Batalha do Cabo de São Vicente, ocorrida em 5 de julho, pendeu para o lado dos liberais: Napier tomou dois navios de guerra miguelistas, bem como duas fragatas e uma corveta. No mesmo dia, no Porto, os absolutistas, notando que a guarnição fora diminuída, tentaram novamente tomar a cidade, mas não conseguiram e sofreram pesadas baixas.

A partida da esquadra liberal com parte da guarnição e o ataque dos miguelistas levaram pânico aos cidadãos do Porto. A notícia de que o marechal Bourmont, com seu numeroso Estado-Maior e hábeis oficiais franceses, havia sido contratado por d. Miguel para assumir o comando geral das tropas miguelistas causou um grande desânimo na cidade, especialmente junto à comunidade britânica.

Uma delegação dos moradores dessa nacionalidade foi bater à porta do coronel de hussardos do exército britânico Hugh Owen. Quem deixou um registro disso foi o filho dele, também chamado Hugo Owen, barão de Pero Palha, em um manuscrito inédito, que entregou em 1871 a d. Pedro II. Hugh Owen tinha servido em Portugal no exército anglo-lusitano durante a Guerra Peninsular, enfrentando as tropas de Napoleão. Ele acabou se estabelecendo no Porto depois de se casar com uma portuguesa, viúva de um grande negociante de vinhos do Porto, em 1820 e ter três filhos com ela.

Os ingleses expuseram a Owen suas dúvidas a respeito do futuro da cidade. Não seria melhor os britânicos partirem antes que as defesas caíssem e as forças miguelistas invadissem o Porto? Eles temiam pelos seus negócios, suas fortunas e suas vidas.

Owen rapidamente percebeu que, se a comunidade britânica partisse, as mais ricas famílias portuguesas seguiriam o exemplo, e isso causaria um efeito devastador no moral da população em geral e no dos soldados do exército liberal em particular. A fuga dos mais abastados daria um aviso claro: a cidade estava condenada.

Com bastante sangue-frio, o coronel disse que, se as forças inimigas entrassem na cidade, elas iriam inicialmente massacrar a todos que encontrassem na frente. Ele mesmo já havia tentado se juntar como voluntário ao exército de d. Pedro, mas, devido à posição oficialmente neutra da Inglaterra, havia sido proibido. Então, para dar uma prova convincente de que a cidade não iria cair, ele afirmou que iria oferecer o filho Hugo, nascido no Porto e cidadão português, como lanceiro. Se as tropas miguelistas invadissem, ele e o filho, garantiu, seriam as primeiras vítimas.

No mesmo dia, o velho coronel foi pedir uma audiência a d. Pedro e fez o oferecimento. Anos depois, o então jovem lanceiro recordaria:

> O imperador, aquele grande gênio, aquela nobre alma, sabendo já parte do acontecido, num relance d'olhos, compreendeu o alcance deste passo, e deu-lhe o devido apreço "Coronel Owen sois um leal e dedicado amigo — Eu vol-o agradeço do coração e vos abraço — Aceito gostoso o vosso oferecimento, desde já nomeio vosso filho minha ordenança privativa e pessoal, e de hoje em diante será como um filho meu. Mandai fazer já os uniformes, meu fiel amigo, para a minha ordenança, e as armas competentes em proporção ao seu tamanho — e quando tudo estiver pronto, dai-me parte — mas breve — no entretanto — *shake hands again*".[7]

Quando completou oito anos, o lanceiro em miniatura foi apresentado ao imperador, que passou a chamá-lo de *chevalier*. Sabendo que era aniversário da criança, d. Pedro chamou o seu secretário Paulo de Almeida:

> Oh! Almeida, vai dizer ao Coronel Bacon que às 6 horas da tarde passo hoje revista aos Lanceiros em grande uniforme. Coronel Owen me fará o favor de me acompanhar a cavalo, e quero a pé a minha ordenança às 5h30. "En garde chevalier" fazendo uma passagem de florete com a mão à sua ordenança, e saiu da sala deixando o pai vertendo lágrimas de gratidão pelo carinho dispensado ao filho.[8]

D. Pedro tomou o pequeno lanceiro como sua ordenança privada, e onde ele ia, a criança, em uniforme, acompanhava-o. Mas nem tudo era brincadeira: Owen foi ferido duas vezes, sem gravidade, e foi condecorado por d. Pedro.

Enquanto isso, d. Miguel, tendo sido notificado a respeito da batalha naval, na qual perdera a supremacia marítima, e da invasão do Algarve, decidiu por uma nova investida contra o Porto, que ocorreu em 25 de julho. Dessa vez, a batalha levaria mais de nove horas. Parte da defesa da cidade cedeu e tropas miguelistas chegaram a invadi-la, mas foram corajosamente enfrentadas pelo general Saldanha. Este liderou um contra-ataque com dezoito oficiais de cavalaria e vinte lanceiros, fazendo as tropas inimigas recuarem. As baixas de d. Miguel totalizaram mais de seis mil soldados.

O irmão mais novo de d. Pedro, porém, não perderia apenas essa batalha: de sua posse sairia também a capital. No dia 24, Lisboa foi ocupada pelos constitucionais. Uma revolta liberal estourou na cidade ante a aproximação, pelo Tejo, das tropas do duque da Terceira e dos navios de Napier. Nas duas cidades mais importantes de Portugal, tremulavam as cores azul e branca da causa constitucional, da rainha-menina carioca, filha de d. Pedro e d. Leopoldina. Em 28 de julho, chegando em um barco a vapor, o ex-imperador desembarcou na cidade que deixara 25 anos antes.

Após ter ido cumprimentar Napier a bordo da nau capitânia *D. João VI*, d. Pedro desembarcou no cais do Arsenal da Marinha às três e meia da tarde, em meio a esfuziantes vivas por parte da multidão que tinha ido recebê-lo. Em seguida, montou em um cavalo e passou por várias ruas, a fim de saudar a população, atendendo a um pedido da Comissão Municipal. Logo depois, assistiu a um *Te Deum* e a uma missa de ação de graças; então, recebeu, no palácio da Ajuda, diversos perseguidos pelos miguelistas, que lhe foram narrar as atrocidades pelas quais haviam passado por terem se mantido fiéis à rainha.

No dia seguinte, às 10 horas da manhã, foi com o camarista, o capelão e o ajudante de campo ao mosteiro de São Vicente de Fora. No jazigo dos reis portugueses, o capelão celebrou uma missa pelo repouso de d. João VI e de d. Carlota.

Segundo o jornal *Chronica de Lisboa*:[9]

> Depois que sua Majestade Imperial, com os piedosos sentimentos de uma sólida religião teve assistido ao Santo Sacrifício, veio junto do túmulo de seu augusto pai, e ajoelhando, em quanto se rezavam as orações da igreja pelo repouso dos mortos, o amor filial se manifestava derramando copiosas lágrimas sobre os reais despojos de um pai que findara seus amargurados dias vítima da perseguição que sua majestade imperial hoje debelava. Acabadas as rezas, sua majestade imperial escreveu num papel que pregou sobre o túmulo: Um filho te assassinou; Outro filho te vingará.
>
> 29 de julho de 1833 — D. Pedro

Apesar das constantes afirmações, não existe prova concreta de que d. Miguel tenha culpa pela morte do pai. D. Pedro, sempre como bom articulador e — em termos atuais — marqueteiro, sabendo como ninguém manipular a mídia e a massa, usaria o boato contra o irmão.

Em 3 de agosto, escrevendo de Lisboa, deu ele as boas novas aos filhos no Brasil:

> Meu querido filho e amadas filhas. Quis a Divina Providência coroar os meus esforços dando às armas da rainha uma vitória no lado de além do Tejo no dia 24 do passado e uma outra muito grande no Porto no dia 25 que me habilitou a partir no dia 27 para esta cidade aonde tenho sido recebido o melhor que se pode imaginar. Não vos cansarei com os detalhes de tudo que se tem passado e limitar-me-ei a dizer-vos que a nossa perda em Almada e no Porto não excedeu 300 homens e que a do inimigo passou de 6.000 sem exageração porque assim o confessam os nossos inimigos. Muitos parabéns dou a Chiquinha pelo dia de ontem grandes saudades foram as minhas. Ah meus amados filho e filhas quanto é triste para um pai que tanto ama seus filhos como eu os amo ver-se separado deles! [...]

Apesar de Lisboa, do Porto e de parte do Algarve terem sido tomados, ainda havia muito a ser feito. O marquês da Fronteira se lembraria, nas suas memórias, dos primeiros dias de d. Pedro na capital portuguesa:

> O imperador, com a atividade que o caracterizava, levava em Lisboa a vida que levara no Porto, fazendo traçar a linha de defesa da capital [...], fazendo construir redutos e baterias que eram ineditamente artilhadas, organizando batalhões nacionais e regimentos de todas as armas.[10]

A operosidade de d. Pedro seria notada também por Napier:

> Era o homem mais ativo que tenho visto; levantava-se cedo, e para tudo olhava pessoalmente; e, conhecendo o caráter demo-

> rado dos portugueses, tinha razão; se não fosse a sua atividade a expedição jamais teria dado à vela das ilhas dos Açores. Era homem de valor, mas não de um repente, de impulso, ou então não o teriam persuadido a permanecer no Porto, em lugar de avançar no momento que desembarcou, ou a abandonar a intenção de embarcar na Esquadra com cinco mil homens.[11]

Tendo perdido uma batalha para o duque da Terceira, d. Miguel e seu exército levantaram o cerco do Porto e partiram para Coimbra. Lá, juntaram-se a outras forças, como a do duque de Cadaval, que vinha com as tropas miguelistas que tinham abandonado Lisboa. Preparou-se, assim, uma ação contra a capital. Inexplicavelmente, o exército demorou mais de duas semanas para atravessar uma região que lhe continuava fiel. A vagarosidade da tropa do irmão foi uma bênção para d. Pedro e os liberais, que tiveram mais tempo para fortificar Lisboa e treinar novos milicianos. No total, contavam ali com um exército de 38 mil homens.

Desse modo, chegou-se ao 5 de setembro, dia no qual as tropas de d. Miguel partiram, bem cedo, à conquista da capital. Após um longo conflito, em que por duas vezes os miguelistas se lançaram contra as fortificações liberais, o líder absolutista retirou-se do campo de batalha derrotado, voltando para a posição que ocupava anteriormente.

A luta fora encarniçada. O duque da Terceira teve o cavalo morto e saiu ferido, e d. Pedro escapou por pouco: um tiro de canhão matou um soldado ao seu lado. No dia 14, novamente, as tropas miguelistas tentaram avançar, mas foram malsucedidas uma vez mais.

Novamente em família

Logo após a libertação de Lisboa, d. Pedro enviara a Paris o marquês de Loulé, seu cunhado, para trazer d. Maria II, d. Amélia e sua filhinha, a princesa Maria Amélia, que não via fazia quase dois anos.

Napier, testemunha ocular, conta o que viu no reencontro familiar, ocorrido em 22 de setembro:

> O Imperador tinha preparado um magnífico escaler de vinte e quatro remos, e quarenta e oito homens, pintado de azul e branco, indo os homens vestidos das mesmas cores, onde embarcou no Arsenal com dois Ajudantes de Campo, e eu, para ir receber a imperatriz, e a Rainha; e tão impaciente estava ele, que partiu sem Corte nem Ministros. Eu nunca o vi tão alegre e satisfeito; subiu para bordo pouco acima de Belém; foi recebido ao portaló pela Imperatriz que o abraçou e beijou com o maior afeto: A Rainha estava muito comovida, e não pôde conter as lágrimas. A pequenina princesa Amélia, sua filha mais nova, ocupou muito a sua atenção: ela ficou algum tanto assustada de lhe ver as barbas crescidas, e não correspondeu muito às suas carícias.[12]

O desembarque da rainha d. Maria II ocorreria no dia seguinte, quando, acompanhada de d. Pedro, d. Amélia e os ministros e oficiais da corte, deixaria o navio ao meio-dia. Assim que o barco que os transportava partiu em direção ao cais, uma salva de 21 tiros foi dada. Diversas embarcações a vela cobriam o Tejo. As janelas das casas estavam cheias de curiosos, e a multidão tomava o cais. As cores da rainha, o branco e o azul, eram vistas em bandeiras, roupas, vestidos, casacas.

A calma e a festa eram aparentes. Além dos batalhões que formavam alas entre o Terreiro do Paço e a Sé, o exército nas cercanias permanecia em armas para evitar atentados. Os oficiais tinham recebido ordens para não saírem de seus postos em hipótese alguma.

O desembarque se deu ao meio-dia e meia, quando uma salva de 21 tiros, dados pelos fortes e navios ancorados, encheu o ar em saudação à rainha. D. Maria, ao receber o general Saldanha, fê-lo marechal na mesma hora. A rainha tomou o braço esquerdo da imperatriz e o direito do pai, que lhe sussurrou algo; de pronto, ela exclamou: "Viva a Carta

Constitucional!", ao que a multidão lhe correspondeu, dando também vivas a d. Maria, a d. Pedro e d. Amélia.

No dia 25, d. Maria II enfim se sentou em seu trono. A imperatriz ficou à sua esquerda e d. Pedro, no chão, abaixo do pódio onde o assento real se encontrava. O ex-imperador devia sentir-se parcialmente realizado. Ainda faltava dar cabo de d. Miguel e do exército absolutista, bem como conquistar mais de três quartos de Portugal.

Com a tomada de Lisboa, a Inglaterra e a França enviaram representantes diplomáticos creditados junto ao novo governo. Aquele era o reconhecimento de que as coisas, ao menos diplomaticamente, caminhavam bem.

D. Pedro passou a residir com a família reunida no Palácio das Necessidades, onde hoje funciona o Ministério dos Negócios Estrangeiros de Portugal. O edifício, na ocasião, era um dos poucos paços mobiliados e habitáveis pertencentes à família real portuguesa. Ali, d. Pedro trabalhava como regente de d. Maria II boa parte das manhãs em um escritório que dava para um pátio ajardinado. Sempre que podia, ele corria para junto da esposa e de sua filhinha, a princesa d. Maria Amélia. Muitas vezes, quando não conseguia se desvencilhar logo dos afazeres, ele ia buscar a bebê e levava-a para seu gabinete, onde ela assistia, maravilhada, a um aceno do pai, pombos de variadas espécies voarem do pombal que ficava no jardim para comerem na mão de d. Pedro, que os havia treinado.

Apesar desses momentos idílicos, a causa liberal não havia vencido ainda. Lisboa permanecia sob cerco das tropas miguelistas, e os conflitos entre os dois exércitos duraram até o início de outubro. D. Pedro chegou a retornar certa vez ao Palácio das Necessidades, para junto de sua família, com o uniforme todo manchado de sangue. Uma bala destinada a ele havia atingido um artilheiro que estava a seu lado.[13]

Enquanto isso, do outro lado da fronteira espanhola estourava uma guerra civil. Com a morte do cunhado e tio de d. Pedro, d. Fernando VII, em 29 de setembro, a filha deste, d. Isabel II da Espanha, subiu ao trono. Até então somente herdeiros do sexo masculino tinham direito a herdar a coroa, entretanto, pouco antes de morrer, d. Fernando aboliu a lei sálica. Quem não gostou disso foi o irmão do rei, d. Carlos, que era, até então, seu sucessor natural.

D. Carlos era casado com d. Maria Francisca, irmã de d. Pedro, tão contrária a este quanto a princesa d. Maria Teresa, que também continuava morando na Espanha. Logo uma aliança se consolidou entre as infantas — tão boas em conspirar quanto a falecida mãe, d. Carlota Joaquina —, d. Miguel e d. Carlos. A mãe de d. Isabel II, a rainha d. Maria Cristina, nomeada regente da filha, por sua vez, aliou-se aos elementos liberais espanhóis e a d. Pedro, em Portugal. Logo, toda a península Ibérica estava em pé de guerra contra d. Carlos, as infantas portuguesas, suas cortes e forças, fazendo de Portugal uma base para invadirem a Espanha. Uma desculpa para que as forças da Santa Aliança interviessem na península era tudo o que a Inglaterra e a França menos desejavam. A Inglaterra, que antes da vitória de Napier praticamente abandonara d. Pedro e suas tropas à própria sorte, agora lhe oferecia ajuda para resolver logo a guerra. As tratativas culminariam numa quádrupla aliança entre Inglaterra, França, Espanha e Portugal, que ditaria os futuros termos de rendição a d. Miguel.

Agora, d. Pedro relutaria em aceitar ajuda inglesa. Continuaria lutando com os que haviam realmente se mostrado valorosos, amigos e fiéis: Saldanha, Terceira e Napier. Este último, carecendo de frota inimiga a enfrentar, fora transformado em general e agora lutava em terra.

No início de outubro, Saldanha avançou contra as tropas de d. Miguel, que se defenderam enquanto o grosso do exército miguelista recuava até Santarém, onde mantiveram posição.

Lisboa libertada

Entre 9 e 10 de outubro de 1833 ocorreu uma ofensiva das forças liberais. Os exércitos enfrentaram-se no Paço do Lumiar, um dos limites da cidade de Lisboa na época, e os liberais foram vitoriosos. Com suas tropas em fuga, d. Miguel abandonou o antigo palácio do marquês de Angeja, onde hoje se localiza o Museu Nacional do Traje. As forças miguelistas foram perseguidas por d. Pedro e pelo exército liberal, e houve um novo enfrentamento em Loures, com muitos mortos e feridos. D. Miguel e parte de seus homens conseguiram escapar e estabeleceram-se em Santarém, a mais de 70 quilômetros da capital. Lisboa finalmente estava livre, mas a um alto custo de vidas ceifadas pela batalha e por uma epidemia de cólera que se alastraria pela cidade.

D. Amélia, em carta a seu irmão Augusto,[14] relatou que, após a batalha do dia 10, d. Pedro descobriu em Lumiar duzentos miguelistas, alguns feridos, outro semimortos, trancados sem água, comida ou ajuda. As tropas simplesmente abandonaram os seus homens feridos à própria sorte. D. Pedro foi pessoalmente levar palavras de paz e consolo e fez os soldados inimigos serem levados para o hospital.

Aproveitando a paz que finalmente reinava na capital, d. Pedro passou a levar d. Amélia e a rainha d. Maria II para conhecerem o entorno de Lisboa. Eles visitaram Sintra, indo em lombo de mulas até o antigo castelo dos Mouros e ao convento da Pena, de onde puderam apreciar as vistas da região, conheceram o convento de cortiça e foram até Mafra para visitar o palácio preferido de d. João VI.

O duque de Bragança, além dos passeios, fazia visitas também a diversas instituições e prédios, tanto militares quanto assistenciais. Uma delas foi à Santa Casa de Misericórdia de Lisboa, onde ele fez uma vistoria em 30 dezembro de 1833. Ali funcionava uma roda dos enjeitados, mecanismo pelo qual alguém na rua podia colocar uma criança dentro de um receptáculo, girá-lo e fazer o bebê ir parar do lado de dentro do prédio, para ser acolhido como órfão. Ela era utilizada tanto por pessoas que não tinham condições de criar seus filhos como por mães que por algum motivo não podiam ficar com seus bebês.

Quando o duque de Bragança estava na Misericórdia, ouviu-se o sino ativado pelo girar da roda. Um bebê do sexo masculino havia sido colocado nela. Enternecido, d. Pedro tomou a criança para si e apadrinhou-a, escolhendo d. Maria II para madrinha. Ele retornou para o palácio com o bebê, que foi criado no paço.

A cena toda não passava de um estratagema do próprio d. Pedro. A mãe da criança era Maria Libânia Lobo, com quem ele tivera um relacionamento durante o Cerco do Porto. O afilhado era na realidade seu filho.

D. Pedro fez de Maria Libânia uma criada do paço e agora levava também o filho, que cresceria protegido, próximo da mãe. Ele seria batizado com o nome de Pedro e receberia no futuro, amparado pela madrinha, um emprego como seu servidor. Muitos sabiam a sua verdadeira origem, e passaram a chamá-lo de "Pedro Real".

Esse plano foi o modo que d. Pedro encontrou de proteger a mãe e a criança sem criar escândalo e magoar d. Amélia, que já lhe havia perdoado as infidelidades anteriores. Não havia necessidade de ela ter conhecimento dos presentes.

D. Pedro adoece

D. Pedro revezava-se entre Lisboa, onde presidia o gabinete de governo, e Cartaxo, onde Saldanha montara acampamento, quando sua saúde começou a declinar. Em novembro, ao passar pela cidade de Almada, o duque de Bragança apanhou um resfriado que rapidamente evoluiu para uma forte bronquite, seguida de febre e falta de ar. Nem bem havia se restabelecido, partiu para junto de Saldanha em Cartaxo, onde teve uma recaída. A febre e a falta de ar pioraram, e pela primeira vez foi notado sangue no seu catarro.[15]

Em 2 de dezembro, dia do aniversário de d. Pedro II, ele escreveu ao filho para lhe dar os parabéns:

> Meu querido filho, parabéns. Este dia é para mim, e deve ser para todos os brasileiros dos maiores: sim, meu amado filho, da tua existência estão pendentes os destinos da pátria, daquela

> mesma pátria que tão ingrata foi para comigo, e que eu apesar de tudo, desejo ver prosperar. [...]

Além dos negócios em Portugal, d. Pedro, como sempre dividido, preocupava-se com o rumo que a política brasileira seguia:

> Eu faço ardentes votos ao céu por ti, e pelo Brasil e tremo quando me lembro que o império está tocando a meta da sua desmembração: decretadas sejam as alterações projetadas, a guerra civil a mais horrorosa virá enlutar o horizonte brasileiro, ainda mais do que ele está. Muito folgarei se a Assembleia Geral [...] cuidar de reunir todos os partidos com o único fim de salvar a nação da anarquia firmando, como convém e ao mesmo tempo, o sistema monárquico constitucional. Se isto assim acontecer, e eu puder ainda, em um desses dias, apertar-te em meus braços vendo a minha adotiva pátria tão feliz como desejo, então eu me reputarei completamente venturoso [...].

Nessa carta, d. Pedro referia-se às diversas rebeliões ocorridas no Brasil durante o período regencial, as quais se estenderiam de 1831 até 1841 e colocariam em risco a integração física do território nacional. Teria ele que cruzar novamente o Atlântico para preservar o império do filho? Não haveria nem tempo, nem saúde para tanto. Em dezembro, vendo-se obrigado a retornar a Cartaxo, d. Pedro sofreu lá um "considerável ataque de sufocação, simulando asthma [asma], e com grande cópia de salivação sanguínea".[16] Uma junta médica, convocada pelo dr. Tavares, começou a acompanhar de perto a saúde do duque de Bragança. Segundo o marquês de Fronteira, a condição do ex-imperador inquietava os seus amigos e Portugal inteiro, e os médicos divergiam a respeito do melhor tratamento. Uns aconselhavam que d. Pedro fosse para as termas em Caldas da Rainha; outros, que fosse respirar os ares de Sintra ou de Mafra; uns terceiros, que se mudasse do Palácio das Necessidades para o da Ajuda, ou mesmo para Queluz.[17]

D. Pedro, entretanto, não era o único doente da família. Do outro lado, d. Miguel e uma das irmãs que ainda mantinha consigo, d. Maria d'Assunção, contraíram cólera. D. Miguel recuperou-se, mas a irmã não, falecendo em 7 de janeiro. Assim como fizera quando da morte de d. Carlota Joaquina, o rival tentou avisar d. Pedro, mas este se recusou a abrir a carta que lhe fora enviada, pedindo que a devolvessem ao destinatário.

Enquanto isso, a guerra civil continuava. Apesar de uma tentativa de mediação feita pelos governos da Espanha e da Inglaterra, a luta entre d. Miguel e d. Pedro prosseguiu. No início de janeiro, começou a operação dos liberais que buscava conquistar o restante do território português.

Queda de José Bonifácio da tutoria dos príncipes

Mais uma vez, em meio aos negócios portugueses, interpunham-se a d. Pedro questões que envolviam o Brasil e os filhos que lá deixara. Em dezembro de 1833, fora preso José Bonifácio. Só assim a Regência brasileira conseguiu destituí-lo da tutoria dos jovens príncipes e substituí-lo pelo marquês de Itanhaém. Em carta aos filhos em 7 de abril de 1834, d. Pedro declarou:

> Meu querido filho, e amadas filhas. Que dia de luto e de tristeza é este para mim. Foi neste mesmo dia que vi obrigado a separar-me do Brasil e de vós! Salvei a minha honra; evitei a guerra civil, é verdade, com isto me deveria eu, em parte, consolar, porém o amor que vos consagro e ao Brasil não permite que minha dor seja diminuída: a minha saudade cada dia se acha mais aumentada. [...]

Quanto à saúde, mentia: "A cautela que tenho tomado e o assíduo tratamento conseguiram triunfar da doença: acho-me atualmente no meu antigo estado de forças e de vigor".

Sempre preocupado com a criação dos filhos, mencionava na carta a mudança da tutoria: "[...] Deus permita que as mudanças que houveram [*sic*] não tenham influído na vossa educação e estudos. Eu espero que o marquês de Itanhaém tenha o mesmo cuidado em vós que tinha o tutor que eu nomeei".

Uma praga

Um dos principais conspiradores pela saída de José Bonifácio da tutoria das crianças foi a futura condessa de Belmonte, Mariana Carlota de Verna Magalhães, que pediu exoneração de seu cargo de dama camarista devido ao autoritarismo do tutor. Após a queda do velho Andrada, d. Mariana voltou ao paço como camareira-mor. D. Pedro, que detestou o fato e a postura dela, escreveu-lhe em seguida para rogar-lhe uma verdadeira praga.

> [...] Vejo que está novamente no Paço e encarregada da educação moral do meu filho e filhas, espero, e desejo, que seja igual, à que eu lhe dava, e que d. Mariana não ignora, não gostando eu das mudanças que houve [...]. Peço-lhe [...] faça guardar o decoro devido a meus filhos e não permita de maneira alguma que as pessoas desconhecidas, mal educadas, ou de conduta esquivosa tenham trato ou conversação com eles; muito me tem afligido o que por aqui se diz das companhias e reuniões, que aí se fazem no Paço, de pessoas que nem por nome conheço, mas de quem não ouço falar bem, nem política nem moralmente; enfim eu confio que terá todo o cuidado e que dirigirá meus filhos pelo caminho da virtude, com a lição, bons exemplos, e lembre-se que se fizer comprovar o contrário, quando não seja castigada neste mundo, infalivelmente o será no outro.[18]

D. Miguel parte para o exílio

Enquanto isso, em abril de 1834, o duque da Terceira, que havia tomado Amarante, ameaçou Vila Real. Ali estavam agora reunidas as forças do cunhado de d. Miguel e de d. Pedro, o infante da Espanha d. Carlos, que lutava pelo trono da Espanha. Antes que o exército espanhol e o exército liberal português se unissem, d. Carlos saiu da cidade e partiu para Santarém, onde se juntou a d. Miguel. Em 22 de maio, d. Miguel e d. Carlos, devido ao cerco que se formara em torno dessa cidade, a abandonaram por Évora. No dia seguinte, após a decisão dos generais miguelistas de pedirem a paz, foram enviados emissários para Saldanha e Terceira. No dia 26, diante do primeiro secretário da legação britânica em Lisboa, os absolutistas se renderam e aceitaram os termos impostos — entre eles, a expulsão de d. Miguel e d. Carlos da península Ibérica.

D. Miguel seguiria para Sines, de onde partiria, em um navio inglês, para o exílio. Iria se instalar em Roma, onde se colocaria sob a proteção do papa e, bem longe do irmão, declararia que fora coagido a assinar a Convenção de Évora-Monte. Uma lei do mesmo ano baniria d. Miguel e toda a sua descendência da linha de sucessão ao trono português.

Dias depois, em Elvas, a antiga regente de Portugal, infanta d. Isabel Maria, era libertada pelas tropas constitucionais. Segundo o marquês de Fronteira:

> Soube, por nós da Convenção de Évora-Monte, [...], da desmoralização dos batalhões do usurpador, e, finalmente, da queda do reinado de d. Miguel. Pareceu-me o mais satisfeita possível, com as importantíssimas notícias de que éramos portadores.[19]

O BRASIL SEM PEDRO

Logo após a partida de d. Pedro do Rio de Janeiro, os jornais oposicionistas passaram a falar claramente contra ele — atitude outrora punível, tendo-se em vista a cláusula constitucional que considerava inviolável a figura do imperador. Quanto aos ex-imperantes, porém, a Constituição brasileira nada dizia.

Foi assim que, às vésperas do 7 de setembro de 1831, lançaram um livreto intitulado *Cartas dos dois amantes de S. Cristóvão, separados pela revolução do dia 7 de abril.*[1] Trata-se de um romance epistolar. A história desenvolve-se por meio da troca de correspondências entre uma criada do Paço Imperial e um soldado. Ao longo da leitura, é possível perceber o desespero da criada, que caíra no erro de seguir para o exílio com o ex-imperador. Ela acreditara que d. Pedro havia renunciado para salvar a Constituição e sua honra, ao contrário do soldado seu amante. No final, a criada arrepende-se de sua decisão de partir do Brasil e abandonar seu amado, sendo acometida pelo terror de ser usada sexualmente por seu senhor. Embora não seja nomeado, o tal senhor evoca claramente a lubricidade de d. Pedro, que após a renúncia passara a ser explorada cada vez mais pela imprensa brasileira.

O que antes não se podia dizer com clareza passou a ser escancarado, sobretudo pelo jornal *Sete de Abril,* cujo nome visava glorificar a revolução brasileira que depusera o "tirano". Em suas páginas, d. Pedro e a marquesa de Santos seriam os alvos principais. Nem na ocasião da morte da princesinha d. Paula Mariana manteve-se o respeito — pelo contrário: o tema surgiu como oportunidade para falar sobre o imperador e sua ex-amante, bem como a respeito da morte de d. Leopoldina:

> Relação de um moderado.
>
> Abaixo o Ministério! Abaixo o Club da Floresta! Como é possível suportar por mais tempo um Governo, que fez sair para a rua o enterro de S. A. I. a Senhora D. Paula, sem ter feito o competente convite à Senhora Duquesa de Goiás, e à Senhora Marquesa de Santos? [...] Abaixo o Club da Floresta, de onde partem essas desatenções, para com as pessoas mais atendíveis. [...] Já esta falta de etiqueta na morte da Senhora D. Leopoldina, saudosa Mãe da Senhora D. Paula, trouxe a queda do Ministério de então, tão depressa como o ex-Imperador chegou do Rio Grande.[2]

O ataque moral contra d. Pedro continuaria, sempre alimentado pela munição que ele mesmo proporcionara. Achando que tudo podia e não entendendo, como d. Leopoldina entendera, que exemplos morais deveriam emanar do trono, o ex-imperador e sua ex-amante eram motivo de comentários nos mais diversos contextos. Por exemplo, neste ataque do *Sete de Abril* a um discurso realizado na Assembleia em 1833, quando a figura de d. Pedro foi enaltecida:

> [...] Tecendo o panegírico de seu senhor d. Pedro, a pedido de certa gente caramuru, em cujo bando muito se distingue [...], louvou-o até por coisas que ele nunca fez, como por exemplo, a Universidade do Rio de Janeiro, e a abundância da água na Carioca [...]. Coitado do pobre velho! falta-lhe a memória, e sobeja-lhe o furor de atacar os que nem são nem querem ser servis!... Já que citou o Decreto para a tal Universidade, [...], por que não cita a portaria, ou o que quer que seja, que fez Primeira Dama a Marquesa de Santos, em desfeita a tantas

> Senhoras honradas, que se não queriam misturar com tal mulher? [...] os motivos desta promoção cobrem de rubor as faces de quem os conhece [...]. O infame panegirista de d. Pedro não pode ignorar isso, por que até se sabe, que ele dissera, à vista dos estonteamentos dos últimos dias desse Príncipe, que depois da morte da virtuosa Imperatriz, todos os negócios de d. Pedro haviam desandado, em castigo do que lhe fizera; e esta proposição é na verdade o mais picante epigrama, ou pedrada nas janelas dessa célebre marquesa, de quem muitas coisas se disseram na morte da Imperatriz, que pareceram confirmadas pelo Baronato de Inhomirim [...].[3]

Conspirações

Três meses após a abdicação, ainda em 1831, tomou corpo um novo partido político no Brasil: o Partido Restaurador, também conhecido como Partido Caramuru. Os caramurus, herdeiros da tradição lusitana do sebastianismo, queriam o retorno de d. Pedro I ao Brasil. Os membros do partido eram homens da elite governamental brasileira capitaneados pelos irmãos Andrada. Seu desejo era que d. Pedro assumisse tanto a tutoria dos filhos quanto a regência em nome de d. Pedro II, até que este atingisse a maioridade.

Tirando proveito das decepções causadas pelos vencedores do 7 de abril, que pouco ou nada mudaram em relação ao governo de d. Pedro I, os caramurus acabaram vencendo na corte a eleição de 1833. Fortalecidos pela imprensa e pela característica combatividade dos Andrada, o ideal foi tomando forma na mídia e nas ruas. Abaixo-assinados pelo retorno do imperador começaram a aparecer tanto na sociedade civil como entre os militares.

Tudo isso, é evidente, à revelia de d. Pedro I, que em 13 de julho de 1832, no Porto, avisou de viva voz ao deputado brasileiro Cunha Matos:

> Esses que se lembram no Brasil do meu nome para fazerem outra bernarda sempre são bem asnos! Não sabem que eu abdiquei a coroa do Brasil por minha própria vontade? Eu me retirarei de Portugal no caso das Cortes portuguesas decidirem que não posso ser regente do reino por ser cidadão brasileiro, e se os portugueses não se quiserem aproveitar dos benefícios que lhes fiz, retiro-me então para a Alemanha.[4]

Ainda, porém, que d. Pedro não pensasse nisso, o marquês de Resende conspirava, de Paris, com José Bonifácio e o visconde de Itabaiana. Os três tentavam tecer uma trama que almejava não apenas a aceitação do plano por d. Pedro, mas também a participação da imperatriz d. Amélia no processo. Em carta de 14 de maio de 1832 ao visconde de Itabaiana, Resende explicitou assim a situação:

> [...] Desde já asseguro a V. E. debaixo de juramento em presença da divindade e sobre a minha palavra de honra, que tanto o imperador d. Pedro I e a imperatriz, sua augusta esposa, como eu, não temos jamais cessado de ser bem cordialmente brasileiros; e que estamos todos com a mesma pronta vontade dispostos a fazer todos quantos sacrifícios, razoavelmente falando, pudermos fazer para evitar e, se for preciso, combater, com os mais eficazes e poderosos remédios, o mal que ameaça de assolar o Brasil. [...] O imperador d. Pedro I, que com a abdicação que fez da coroa do Brasil não largou nem perdeu o título de Defensor Perpétuo do Brasil, que conservou como divisa no seu escudo d'armas como duque de Bragança, título este que hoje é, como V. E. muitas vezes me observou, mais brasileiro do que português; é também como pai do imperador o senhor d. Pedro II e de suas augustas irmãs, residentes no Brasil, o seu tutor e curador natural [...].

Para José Bonifácio, Resende escreveu dois dias depois, a 16 de maio, uma carta de igual teor, afiançando que tanto ele quanto d. Pedro e d. Amélia estariam dispostos a retornar ao Brasil se isso resultasse benéfico ao país. Talvez tais mensagens, que provavelmente chegaram ao Rio de Janeiro por meios sigilosos, tenham alimentado a imaginação dos caramurus a tal ponto que despacharam Antônio Carlos Ribeiro de Andrada à Lisboa libertada, aonde chegou em setembro de 1833. Houve entrevista entre ele e d. Pedro, da qual resultou, no dia seguinte, a carta em que o ex-imperador coloca no papel sua posição oficial sobre o assunto:

> Lisboa, 14 de setembro de 1833.
>
> Senhor Antônio Carlos de Andrada Machado pareceu-me conveniente dar-lhe por escrito as mesmas respostas que lhe dei de boca outro dia e da maneira seguinte:
>
> Artigo 1º
>
> A minha abdicação está valiosa: jamais tive tenção de a declarar nula.
>
> Artigo 2º
>
> Eu não tenho dúvida alguma de fazer todos os sacrifícios pessoais, menos o da minha honra, pelo Brasil e de prestar à minha adotiva pátria e a meus filhos todos os serviços de que eu seja capaz. Porém, eu acho-me engajado, por honra, na defesa dos direitos de minha filha a senhora d. Maria II, rainha de Portugal e da Carta Constitucional, e não posso dispor de mim sem que fique inteiramente desligado das obrigações que contraí para com a nação portuguesa. Depois poderei ir prestar ao Brasil os serviços que de mim exigir a nação, mas, para que isto tenha lugar, será mister, como eu marcho sempre conforme com a lei e desejo respeitar como sempre respeitei a Constituição brasileira, que as municipalidades expressem a vontade nacional, e que a Assembleia Geral declare, solenemente, que

convém que eu volte ao Brasil para, na qualidade de regente, o governar durante a minoridade do imperador meu filho, e que a mesma Assembleia Geral me envie uma deputação a dar-me parte da sua resolução e a pedir-me, ao mesmo tempo, que eu haja por bem anuir ao voto nacional, legalmente expressado.

Artigo 3º

Se isto assim tiver lugar e eu nessa ocasião me achar desligado das obrigações que hei contraído, por honra, e hoje por gratidão para com a nação portuguesa, não hesitarei um só momento e imediatamente partirei para o Rio, animado daquele mesmo sincero amor [pelo Brasil] que sempre me animou e que nunca em mim se extinguirá. Tomei a resolução de escrever-lhe esta para que a faça chegar ao conhecimento daquelas pessoas que, em deputação, o mandaram à minha presença, e que cegos pelo muito amor que me consagram, a meus filhos e ao Brasil seriam a causa, se eu abraçasse seus planos, de uma terrível guerra civil, que acabaria com o Império. Eu, pelo menos, o reduziria ao último estado de desgraça.

Eu amo muito o Brasil; eu amo muito a meus filhos e a todos os meus concidadãos; eu amo muitíssimo a minha honra e a minha reputação; eu respeito sobremaneira o juramento que voluntariamente prestei à Constituição brasileira para ir empreender coisas que não sejam legais e que não sejam conformes com a vontade geral da Nação brasileira a que pertenço.

Eu faço ardentes votos ao Altíssimo pela prosperidade do Império e felicidade dos meus filhos e concidadãos e muito estimarei poder ainda prestar-lhes algum serviço mesmo à custa dos maiores sacrifícios mas, [para] que isto possa ter lugar, é mister que tudo se passe como acima deixo dito.

Aproveito esta ocasião para lhe assegurar que sou seu afeiçoado

D. Pedro.[5]

A resposta de d. Pedro deve ter caído como um balde d'água fria sobre os caramurus, que precisariam trabalhar para que o retorno do ex-imperador se tornasse um ato legal. D. Pedro, apesar de querer retornar ao Brasil, jamais chegaria como conquistador do trono do próprio filho. Era necessário seguir a Constituição que ele havia legado à nação. Pelas suas cartas às crianças e pela correspondência de d. Amélia com o irmão, era clara a intenção do casal em voltar. Numa missiva inédita descoberta pela pesquisadora Cláudia Thomé Witte, gentilmente cedida para esta edição, d. Amélia escreveu para Augusto em 5 de fevereiro de 1833: "[...] tu conheces meu coração, e assim compreenderás facilmente que pela felicidade do imperador e sobretudo de nossos pobres filhos, eu decidi que retornaremos ao Brasil".[6]

Logo após ter enviado a carta para Antônio Carlos, d. Pedro escreveu para d. Pedro II em 17 de outubro de 1833: "Meu amado filho, eu não perco ainda as esperanças de vos abraçar, um dia virá em que a mais completa justiça me será feita e que os nossos concidadãos julgarão melhor aquele que lhes deu independência e pátria". Em outro trecho, d. Pedro afirmava que a companhia da esposa e das filhas "tem em parte aliviado minha saudade que apesar de tudo ainda é acerba [dolorosa] por me ver longe de vós e do país que adotei por pátria e aonde fui criado".[7]

Outra carta de d. Amélia, enviada para o irmão, em 4 de outubro de 1833, é mais clara a respeito dos acontecimentos e da predisposição de ambos a retornarem para o Brasil.

> Eu espero voltar para o Brasil, aquela terra selvagem, mas deliciosa, e, nesse caso, tudo ficará bem. A deputação brasileira, à frente da qual se encontra o irmão de José Bonifácio, já tinha partido quando eu cheguei. [...] a resposta por escrito que o imperador lhes entregou é excelente, ele pede que mande lhes dizer que seu braço está pronto para servir ao Brasil e que, se a nação julgar necessário, ele não demorará para voltar pelo bem de seus filhos e de sua pátria;

> [...] no próximo mês de abril [de 1834], as câmaras se reunirão e é mais que provável que, no mês de agosto, nós teremos aqui uma deputação enviada pelos representantes da nação que pedirá ao imperador para esquecer o passado e assumir a regência durante a minoridade de seu filho.[8]

Desde o exílio na França, d. Pedro passara a acalentar a ideia de casar o seu cunhado Augusto com d. Maria II, plano apoiado integralmente por d. Amélia. Com a rainha casada com alguém em quem o ex-imperador confiava, seria mais fácil para ele realizar o tão sonhado retorno ao Brasil. A expectativa deles era palpável, mas, na realidade, d. Pedro e d. Amélia só retornariam mais de cem anos depois.

O governo brasileiro apavora-se

Antes da partida de Antônio Carlos para a Europa — e provavelmente motivada por ela —, em 7 de julho de 1833 a sessão da Câmara dos Deputados no Brasil foi interrompida para um pronunciamento do ministro das Relações Estrangeiras, Bento da Silva Lisboa. Bento, num arrazoado de meter medo, expôs, entre outras coisas, o estado em que o Rio de Janeiro e outras províncias do Brasil se encontravam, nas quais elementos conspiravam, pelas ruas e pela imprensa, em favor do retorno de d. Pedro.

Além disso, o ministro tentou provar que o contrato que d. Pedro havia firmado com as tropas mercenárias apresentava uma cláusula segundo a qual os soldados se obrigavam a se bater pelo ex-imperador em qualquer lugar do mundo, e não somente em Portugal. Segundo o ministro, isso demonstrava a intenção do ex-imperador em invadir o Brasil e instalar-se novamente no trono, tão logo resolvesse o problema da sucessão portuguesa. Na conclusão de seu arrazoado, Bento da Silva afirmou que vinha

> [...] procurar no seio dos escolhidos da nação os meios extraordinários que serão necessários empregarem para vingarmos os nossos direitos quando eles sejam ofendidos. Os ministros e secretários das outras repartições vos farão as competentes propostas a este respeito.[9]

E assim ocorreu. Os próximos a se apresentarem à câmara foram os ministros da Justiça e da Guerra. Empregando os ditos "meios extraordinários" para evitar que d. Pedro invadisse o Brasil, como os ministros e o governo pareciam temer, o Executivo despejou uma torrente de leis a serem discutidas e votadas, entre as quais normas legais que puniam rebeliões de escravizados e cerceavam a liberdade de imprensa. A oposição atacou o governo, afirmando que tudo aquilo não passaria de um golpe da regência. Uma Comissão Parlamentar de Inquérito foi criada para tentar impedir o retorno de d. Pedro. Essa protoavó de todas as CPIs vagarosas e inúteis só teve fim quando da morte do ex-imperador.

Em 1834, quando a Assembleia se reuniu novamente, qualquer esperança de que o Legislativo brasileiro pedisse o retorno de d. Pedro caiu por terra. A proposta apresentada na Câmara dos Deputados foi a de seu banimento definitivo do Brasil. Por um placar de 61 contra 19, os deputados aprovaram a resolução que tornava ilegal seu retorno, mesmo quando na condição de mero cidadão comum. A resolução, entretanto, foi barrada no Senado. Houve quem, mesmo contrário a d. Pedro e ao próprio sistema monarquista, revoltou-se contra tal ideia. Foi esse o caso do médico e deputado baiano Antônio Ferreira França. Em discurso na Câmara, Antônio afirmou que d. Pedro era o autor da independência do país e, se quisesse voltar ao Brasil sem intenções de antagonizá-lo, deveria ser recebido de portas abertas.

Um agente duplo

Tanto interna quanto externamente, o governo regencial do Brasil tentava controlar a situação criada por um possível retorno de d. Pedro.

Para isso, não deixou de lançar mão de armas como a espionagem. Prestou-se a esse papel ninguém menos que o genro da baronesa de Sorocaba, o financista judeu José Buschental. Em carta a José da Costa Carvalho, um dos membros da Regência Trina Permanente que governou o Brasil de 1831 a 1835, Buschental informou de Londres, no dia 20 de junho de 1832:

> Não tenho por algum tempo o que fazer em Londres, resolvi empregá-lo inteiramente a me dedicar à comissão que me encarregou o exmo. sr. Feijó, a quem tenho a honra de escrever por este paquete. O sr. Francisco Gomes da Silva chegou a esta praça logo que lhe fiz parte do desejo que tinha de lhe falar. Entreguei-lhe as cartas dos grandes e pequenos caramurus e pude, por sua surpresa e conversa, ver que d. Pedro não está ao fato do que se passa no Rio em seu nome, porém, não contente com isto, tomei a resolução de ir para Paris, aonde espero pelo J. da Rocha Pinto e outros da suíte, saber exatamente o que o ex-imperador pretende a respeito do Brasil, e não desespero conseguir (com trabalho, é verdade) o fim que se propôs o ministro, quando de tão importante missão me incumbiu [...].

Ou seja, o informante fazia o papel de agente duplo: ao mesmo tempo que intermediava o envio das cartas do partido restaurador ao Chalaça, secretário de d. Pedro, informava aos regentes a respeito do assunto e das reações que suscitava. No final das contas, segundo cartas conservadas até hoje no Instituto Histórico e Geográfico Brasileiro (IHGB), Buschental não conseguiu apurar quase nada de concreto a respeito de um possível plano de invasão brasileira por d. Pedro. Contudo, se por um lado não havia nenhum plano concreto, por outro, podia-se inventar um. Talvez tenha sido isso o que pensou o responsável por uma carta fictícia envolvendo o nome do duque de Bragança.

A falsa invasão de Fernando de Noronha

Trata-se de uma missiva encontrada no acervo do barão Studart (Documento da Coleção Studart, livro nº 5). Apesar de não ser a original, foi anotada por ele em seus registros documentais. Escrita pelo conde de Vila Flor, depois duque da Terceira, a carta é datada de 27 de fevereiro de 1832 e destinada ao dr. M. F. da C., morador da Bahia. Nela, o secretário de d. Pedro informava que o ex-imperador andara dividido entre os pedidos dos portugueses e dos brasileiros, mas que:

> [...] não podendo desatender às requisições de comparecença de sua Imperial Pessoa, feita pelos seus fiéis vassalos de ambos os polos, decidiu-se (pondo seu coração na balança da razão) a favor do Brasil para em tempos mais oportunos, e com vantagens que ele oferecer, livrar então os seus compatriotas portugueses dos ferros da vergonhosa escravidão. [...]
>
> S. M., assíduo em promover a felicidade dos seus vassalos, torna a atravessar pela 3ª vez a linha do Equador, e pretende tocar com a precisa demora na Ilha de Fernando,[10] donde tomará o expediente que mais lhe convier, pois o seu desembarque, se no Pará, se no Aracati, porto do Ceará, onde contamos com o Pinto Madeira, já ocupando aquela província, ou nessa cidade, se ainda estiver, como de presente, na presidência o deputado Barros Paim [...].

Tão logo soubera da abdicação do ex-imperador, em 1831, o militar e abastado proprietário de terras Joaquim Pinto Madeira, mencionado na carta, levantou-se em armas no Ceará e dominou a Vila do Crato e região. Madeira acreditava que os liberais haviam obrigado d. Pedro a abdicar e resolveu dar cabo deles, matando todos os membros da facção em que ele e seus homens tinham conseguido tocar. Madeira acabou se entregando ao general Labatut no final de 1832, sendo executado em novembro de 1834.

Associar o nome de d. Pedro a cartas que ele não escreveu ou que lhe faziam menção parece ter sido prática constante dos meios políticos no período de 1832 a 1834. Aquela que Vila Flor teria enviado ao Brasil em nome do duque é uma peça de ficção. O peso dessa atitude entre os aliados e os voluntários portugueses que queriam destituir d. Miguel do trono seria, para dizer o mínimo, o principal empecilho para d. Pedro mudar de ideia e dar nova direção e missão ao seu exército de mercenários e refugiados.

Dois anos depois, foi a vez de aparecer no Rio de Janeiro a suposta missiva derradeira da imperatriz. No seu leito de morte, Leopoldina informaria, entre outras coisas, que d. Pedro teria sido o culpado pelo "horrível atentado" que a levava ao túmulo. A tentativa da oposição de criar factoides para desestabilizar líderes políticos é uma arte antiga e perene.

Os espiões de d. Pedro

Enquanto a regência mandava gente ao exterior para seguir os passos de d. Pedro, no Brasil o ex-imperador também contava com seus agentes. Mas interessavam-lhe mesmo eram notícias dos filhos, como se depreende de uma carta escrita pelo comerciante José Gonçalves da Silva ao imperador d. Pedro II em 1861.

Perseguido sob a alegação de tráfico de escravizados, José Gonçalves justificou-se desta maneira ao imperador: "O meu crime consiste em ter, desde 1822 até a época que acabo de citar, acompanhado o sr. d. Pedro I, em ter sido durante 19 anos o guarda fiel de seus interesses, comunicando-lhe todas as ocorrências". Disse, ainda, que estivera presente tanto no Ipiranga quanto na ocasião da morte da imperatriz d. Leopoldina; também havia se despedido pessoalmente de d. Pedro I a bordo do *Volage*, em 13 de abril de 1831. Junto com um "compadre", diz ainda a carta, José Gonçalves comprara uma embarcação para manter d. Pedro informado, na Europa, dos filhos e da situação do país.

Outro espião, dessa vez atuando no próprio palácio imperial, foi o bibliotecário francês Germano Lassere. Após a demissão de José Bonifácio em dezembro de 1833, o tutor que o substituiu, o marquês de Itanhaém, notificou a regência, em ofício de 15 de janeiro de 1834, de que haviam sido encontrados na biblioteca diversos documentos comprometedores, escritos de próprio punho por Lassere. Tratava-se de cópias de notas diplomáticas e informações sobre acontecimentos no paço.

A demissão de José Bonifácio da tutoria dos príncipes buscava eliminar a influência dos membros do partido restaurador dentro do próprio paço. Juízes de paz da capital foram enviados a São Cristóvão com a ordem. Nada, contudo, demoveria o Patriarca da Independência da função que lhe fora conferida pelo próprio pai das crianças. Desse modo, só saiu do palácio preso, escoltado por cem soldados até sua casa na Ilha de Paquetá, onde permaneceu confinado em prisão domiciliar. Aos 70 anos de idade, terminava enfim sua vida pública. José Bonifácio faleceria precisamente sete anos após sua nomeação como tutor dos príncipes, em 6 de abril de 1838.

DE VOLTA A QUELUZ

Terminada a guerra em Portugal por meio do Tratado de Évora-Monte, de 26 de maio de 1834, os "liberais do dia seguinte", nas palavras do marquês de Fronteira, passaram a acusar d. Pedro de traidor.

A multidão, na verdade, desejava sangue. Ela queria que d. Miguel morresse, assim como haviam morrido tantos liberais condenados por ele. O tratado de 26 de maio, cujas cláusulas preestabelecidas haviam sido ponderadas por Inglaterra, França, Espanha e Portugal, previa anistia total aos miguelistas, até mesmo mantendo os militares partidários de d. Miguel em seus respectivos postos. Ele devolvia as propriedades de todos os que haviam participado das hordas absolutistas, além de garantir ao ex-tirano uma pensão anual de 60 contos de réis.

No dia 27, ao se dirigir ao Teatro São Carlos, em Lisboa, d. Pedro teve sua carruagem alvejada por pedras e lama. Para quem já havia enfrentado tanta coisa desde a época em que era príncipe regente — inclusive tropas brasileiras obrigando-o, dia sim, dia não, a jurar constituições que nem sequer existiam —, lama e pedra representavam muito pouco.

Sem recuar, d. Pedro entrou no teatro, onde as vozes de reprovação contra Évora-Monte se espalharam do saguão à plateia. A irritação da maioria do público crescia cada vez mais, agravada pela distribuição de muitos impressos do tratado, cujo efeito foi o contrário do desejado. Em vez de se regozijarem todos pelo término da guerra, culpavam d. Pedro de várias coisas — entre elas, de ser bondoso com o irmão, poupando-lhe a vida e dando-lhe uma pensão generosa; também incomodava-lhes o perdão a todos os miguelistas. Na tentativa de acalmar os clamores do público, o duque de Bragança pôs-se a se explicar, mas suas palavras irritaram ainda mais a turba. "Esta cena demagógica, tão altamente ofensiva à pessoa daquele que acabava de libertar a nação do pesado jugo da tirania",[1] não tranquilizara nada nem ninguém.

Alguém teria ouvido vir do alto, do camarote onde d. Pedro se encontrava, a palavra *canalha*, o que exacerbou ainda mais a ira da plateia contra o regente, fazendo-a jogar moedas em sua direção. As vozes levantavam-se ainda mais descompostas, motivo que levou alguns a temerem pela vida do duque. Dois de seus ajudantes de ordens e um general da força armada apareceram no salão do teatro para apaziguar o povo, mas foram humilhados e ofendidos não apenas pelo público presente, mas também pela tropa, que recusou a ordem de prender alguns indivíduos para se tentar acabar com aquela balbúrdia.

Tremendo e com falta de ar, d. Pedro, tentando ainda chamar a multidão à ordem, foi acometido por um violento ataque de tosse e levou o lenço à boca, quando uma onda de sangue vermelho e espumoso manchou-o por inteiro. O público em revolta calou-se ao presenciar a cena.[2] Recomposto, mas muito pálido, d. Pedro voltou-se ao maestro e à orquestra e disse com voz forte: "Pode começar!".

Com a mudança para o palácio de Queluz, lugar onde nascera, d. Pedro teve leve melhora entre o início de julho e o começo de agosto. Entretanto, estava tão debilitado, que as cartas que antes escrevia aos borbotões eram agora ditadas ao seu fiel secretário, Francisco Gomes da Silva. Ele parara de caçar e de montar em virtude da falta de fôlego e só passeava com a mulher e as filhas de carruagem e pelos arredores de Queluz, cada vez diminuindo mais o percurso. Quanto ao seu fascínio pelo teatro, arrefeceu. Raramente comparecia a alguma função; quando o fazia, não ficava até o final.

"Adeus, Porto, nunca mais te verei"

Em 8 de julho de 1834, d. Pedro, d. Amélia e a rainha d. Maria II foram a Lisboa para celebrar o segundo aniversário do desembarque do exército liberal no Porto. A corte inteira notou a extrema palidez, a tosse constante, o nariz afilado e os olhos fundos do duque de Bragança.

No final do mês de julho, apesar dos alertas dos médicos e pouco iludido a respeito de sua doença, d. Pedro reuniu as forças que lhe restavam para cumprir uma promessa importante. Um ano antes, ao deixar o Porto, ele tinha prometido aos portuenses que levaria a rainha d. Maria II para visitar a cidade o mais rápido possível. O motivo da viagem não era turístico, ou meramente sentimental, e sim inteiramente político. Era necessário incutir na filha e na esposa a importância da cidade para a adesão de Portugal à causa liberal. O prestígio de uma visita régia também mostraria ao povo a gratidão da coroa portuguesa e da família real aos sacrifícios que os portuenses fizeram durante a luta contra os miguelistas.

Os médicos, claro, estavam aflitos, ainda mais devido ao meio de transporte escolhido. O navio que os conduziria era a vapor, e os doutores implicaram até com o tipo de lenha a ser queimada, exigindo madeiras específicas cuja fumaça fosse menos prejudicial aos já frágeis pulmões do ex-imperador.

A família real deixou Lisboa em 25 de julho, chegando ao Porto no dia 27, exatamente um ano após a partida de d. Pedro dali para Lisboa. Em proclamação escrita para a ocasião, o duque de Bragança afirmou:

> Apesar de não estar completamente restabelecido da minha doença, da qual tantas fadigas e trabalhos, por vós presenciados, foram a principal causa, eu não quis por mais tempo demorar a minha vinda a esta muito nobre e muito leal cidade, em companhia da vossa rainha, com o fim de me congratular pessoalmente convosco, pela terminação honrosa da guerra civil, cumprindo com a promessa que vos fiz no dia 26 de julho

do ano passado [...]. Entre vós tendes a vossa Rainha, que vos agradece tantos esforços, e sacrifícios que por ela tendes feito, e vos louva pela heroicidade que mostrastes, a qual poderá vir a ser imitada, mas nunca excedida. [...]

Eu desejaria poder demorar-me mais de dez dias entre vós; porém estando mui próximo o dia em que deve ter lugar a abertura das Cortes, é de absoluta necessidade que eu me ache na capital alguns dias antes. Eu conto para o ano seguinte; se a minha saúde m'o permitir, vir com a rainha, em estação oportuna, e por terra, visitar as províncias do norte, e nessa ocasião, tornar a ter o prazer de passar alguns dias nesta heroica Cidade. Porto 27 de julho de 1834 — D. Pedro, Duque de Bragança.[3]

D. Pedro, d. Maria II e d. Amélia desembarcaram no cais da Ribeira, no lugar conhecido atualmente como Escadas da Rainha. Ali, a família real foi recepcionada, e d. Maria recebeu as chaves da cidade. O Porto estava em festa. Pelas ruas, janelas e balcões viam-se as cores azul e branco, até mesmo nas flores escolhidas para decorar a cidade, as hortênsias.[4] A primeira parada foi na igreja da Lapa, onde d. Pedro costumava assistir a missas durante o cerco das forças miguelistas à cidade.

Durante sua permanência no Porto, d. Pedro recebeu companheiros que tinham lutado ao seu lado na defesa da cidade. Um deles foi Hugo Owen, seu lanceiro voluntário e ordenança privada, a quem fez questão de apresentar à imperatriz e à d. Maria II. Owen, em suas memórias, afirmou que a rainha nunca se esqueceu dele e o ajudou sempre que possível.

D. Pedro, d. Amélia e d. Maria II visitaram diversas instituições civis, militares e religiosas, tanto no Porto quanto na região. Uma das visitas mais importantes ocorreu em 28 de julho, quando o Museu Portuense foi aberto ao público. Com o confisco dos bens dos miguelistas e a secularização das ordens religiosas, os prédios passaram a ter novos usos, enquanto seus recheios foram recolhidos e distribuídos por instituições como o museu. Essa entidade, inédita no país, foi criada por d. Pedro em abril de 1833 e instalada no antigo convento de Santo Antônio. O duque de Bragança incumbiu da tarefa de organizá-lo o artista João Batista Ribeiro, autor, entre outras obras, de um desenho do regente feito durante o Cerco do Porto. João Batista Ribeiro era mestiço e foi, provavelmente, o primeiro diretor afrodescendente de um museu europeu.

Além de salvaguardar as obras, a ideia da criação do museu era permitir ao povo e aos artistas nacionais usufruir da arte para se instruírem, democratizando seu acesso. A arte, o conhecimento e a instrução, segundo o pensamento liberal, deveriam ser franqueados a todos. O museu criado por d. Pedro de certa maneira ainda existe hoje. Ele foi o embrião do atual Museu Nacional Soares dos Reis, que se encontra instalado no Palácio dos Carrancas, um dos primeiros locais onde d. Pedro morou durante o Cerco do Porto.

No aniversário de d. Amélia, em 31 de julho, além de diversas homenagens, como salvas de canhões, houve um baile oferecido pela Assembleia portuense. Segundo a biógrafa de d. Amélia, Cláudia Thomé Witte, "foi, muito provavelmente, a última vez em que d. Amélia dançou com o marido".[5]

No dia 2 de agosto, houve um simulacro de batalha. D. Pedro, Saldanha e o duque da Terceira tomaram lugar à frente das tropas liberais contra outro corpo de soldados, que se fazia passar pelo exército miguelista. Obviamente, os liberais levaram a melhor contra seus inimigos. Mas, para d. Pedro, o esforço foi demais. Ele passou muito mal, e as comemorações para o aniversário de cinco anos de seu casamento com d. Amélia foram canceladas. Dr. Tavares, seu médico, notou que d. Pedro, depois de uma aparente melhora, estava tendo uma recaída. Desconfiava que o excesso de exercício, o ar cheio de enxofre das salvas dos canhões e a poeira das estradas do Porto e região haviam agravado ainda mais seu quadro clínico.

Quando d. Pedro melhorou um pouco, os compromissos foram retomados até a partida da família real, em 6 de agosto. Ao que tudo indica, ele já previa que não veria mais o Porto e que pouco tempo de vida lhe restava. Diz certa história que, ao ver a multidão de homens e mulheres acenando ao navio que partia, d. Pedro, respondendo com um lenço, voltou-se para d. Amélia e d. Maria II e perguntou-lhes: "Enganei-vos? Não são eles meus fiéis portuenses?". E, olhando novamente para a terra: "Adeus, Porto, nunca mais te verei".[6]

A abertura das Cortes e a Regência

Era imprescindível que o regente da jovem rainha abrisse a primeira convocação das Cortes, marcada para 15 de agosto. D. Pedro teve que enfrentar a escadaria do antigo mosteiro de São Bento, que fora transformado em sede do Parlamento português. Após o esforço, chegou muito pálido e ofegante à sala de reunião. O marquês de Fronteira, em suas memórias, lembrou-se de que o duque de Bragança mais parecia um defunto que outra coisa.

Com voz titubeante e pouco firme, ele teve fôlego suficiente para ler um discurso longo, no qual fez um balanço de tudo o que ocorrera até então, desde a usurpação do trono até a vitória completa dos constitucionalistas. As Cortes reunidas tinham uma preocupação urgente: referendar ou não o nome de d. Pedro como regente oficial da filha. O próprio duque chegou a duvidar de que isso poderia acontecer. Como se sentia brasileiro de coração, achava que os portugueses talvez quisessem outra pessoa na função. Talvez a irmã, a ex-regente Isabel Maria, fosse uma ideia viável. Se isso ocorresse, d. Pedro tinha já um plano, revelado a um político brasileiro que o visitara em 1833: iria se retirar para a Alemanha.[7] Viraria então um cidadão comum, morando na terra da esposa e da sogra.

Proativo e irrequieto como era, é de se imaginar a dor de cabeça que daria ao rei da Baviera, tio de d. Amélia. Luís I chegou a criar uma galeria em que mandou retratar, entre outras beldades da época, algumas amantes que tivera. Se d. Pedro tivesse ido para a Alemanha, provavelmente o monarca teria um concorrente de peso.

Enquanto as Cortes reunidas decidiam se d. Pedro seria oficialmente reconhecido como regente da filha, o ex-imperador decidiu sair de Lisboa. Assim, ninguém poderia dizer que estava exercendo pressão sobre os deputados e os pares do Reino, como confirmam informações do marquês de Resende e do dr. Tavares.[8]

Caldas da Rainha

D. Pedro teria optado por ir às termas na cidade de Caldas da Rainha, apesar de a junta médica tentar, de início, dissuadi-lo. Se os vapores do navio e o enxofre das salvas de tiro já lhe haviam prejudicado a respiração no Porto, o ar sulfuroso das águas termais por certo não lhe faria bem. Mesmo assim, d. Pedro, acreditando que um período de descanso na estação poderia recuperá-lo, decidiu contrariar os médicos e partir.

Ele, d. Amélia, a rainha e seus companheiros, entre eles o inseparável Chalaça, foram de navio até a cidade de Vila Franca. Lá chegando, o ex-imperador precisou descansar antes de seguir viagem.

Um dos primeiros relatórios médicos emitidos na cidade dizia que d. Pedro, apesar do cansaço da rápida viagem, não sofrera quase nenhum incômodo. Aquele seria o primeiro de vários boletins médicos em que se fingiria um estado de saúde irreal. No primeiro dia, d. Pedro saiu a passeio com o dr. Tavares e o Chalaça, mas retornou meia hora depois. À tarde, arriscou um passeio a cavalo com d. Amélia e a rainha. Ele e seus acompanhantes assumiram a rotina da estância: bebiam as águas medicinais, caminhavam e frequentavam as termas. No entanto, por conta de uma piora do duque, em 24 de agosto todos abandonaram Caldas e regressaram a Queluz. O cansaço de d. Pedro foi tamanho, que tiveram que pernoitar em Vila Franca dessa vez. Apesar de toda a preocupação de se manter longe de Lisboa, as Cortes ainda não haviam decidido a respeito da regência.

Algo que deveria ser simples — mera confirmação *de jure* do que até então se verificara *de facto* — acabou se transformando em um grande problema. Havia os que não queriam d. Pedro como regente, os que o aceitavam com poderes limitados e, por fim, os que o aceitavam como regente pleno.

Além disso, tudo o que fora conseguido e discutido enquanto se preparava a invasão era agora rediscutido pelos políticos, que, entre outras coisas, não queriam concordar com o pagamento devido ao espanhol Mendizábal pelo levantamento de fundos para a guerra.

Um dos principais opositores de d. Pedro era o cunhado marquês de Loulé. O rompimento teria ocorrido, segundo alguns, pelo modo como d. Miguel fora poupado de responder por seus atos criminosos. Loulé liderou, na Câmara dos Pares, a moção dos que queriam d. Pedro como regente dotado de poderes limitados. Após muita discussão nas duas câmaras, o duque de Bragança acabou escolhido como regente sem restrições. Dos nobres, apenas Loulé e mais dois votaram contra.

D. Pedro, confirmado como regente, e com os boletins médicos disfarçando o seu real e preocupante estado de saúde, decidiu partir para o Palácio da Ajuda. Tratava-se de uma estratégia. Já que teria de prestar juramento público ao assumir oficialmente como regente, que fosse em algum lugar que tivesse amplos salões para receber a corte e os deputados — e menos escadas. Ele não tinha mais condições físicas para subir a escadaria do antigo mosteiro de São Bento, onde as Cortes se reuniam.

O marquês de Fronteira, presente ao juramento, deixou-o assim registrado:

> A sessão real em que o Regente deu o seu juramento foi solene. As Câmaras estavam representadas pela totalidade dos seus membros, o vestuário dos Pares e dos Deputados dava um certo aspecto às sessões reais, que infundiam o respeito devido a tal ato. [...] As galerias, que não eram muito espaçosas, estavam guarnecidas de tudo quanto havia de mais distinto na capital.
>
> O Regente infundia o maior respeito, consideração e entusiasmo, porque lhe devíamos tudo quanto presenciávamos, mas os nossos corações estavam magoados, porque descobríamos, na sua palidez, no quanto lhe custava a andar e numa tosse constante, a gravidade da sua moléstia.[9]

Por que d. Pedro, que abdicara as coroas de Portugal e do Brasil, fazia tanta questão de, mesmo agonizante, se ver nomeado regente? Sua confirmação como tal era também, por reciprocidade, o reconhecimento, por parte de todos os deputados portugueses e Pares da Câmara, da legitimidade de d. Maria II como rainha de Portugal.

Piora da saúde de d. Pedro

Uma nova crise de falta de ar se seguiu ainda no Palácio da Ajuda, de onde os boletins médicos continuavam ocultando a verdade: d. Pedro, tuberculoso, estava morrendo. A manutenção das aparências só funcionava do outro lado do Atlântico, onde os filhos, sem o verem, acreditavam realmente no que as missivas diziam. Em 2 de setembro, d. Pedro II escreveu em sua última carta ao pai, que não a recebeu: "Meu querido pai do coração. Sinto muito que estivesse doente e agora, já sei que está melhor, o que estimo muito".[10]

Doze anos depois do 7 de setembro de 1822, o dr. Tavares, por meio de mais um boletim, afirmava:

> Os sintomas graves e incômodos que afligiam Sua Majestade Imperial, o Senhor duque de Bragança, têm, há quarenta e oito horas, diminuído, de tal sorte que permitem esperar com probabilidade que breve cessarão eles, fazendo entrar o Augusto doente na desejada convalescença.

Mas d. Pedro, com seu estado agravado e após ter certeza de que iria morrer, decidiu, contra a opinião de todos os médicos, ir para Queluz. O mesmo estadista que compôs músicas e hinos para marcar fatos históricos e que caprichava na letra das cartas quando estava consciente do peso que a mensagem teria como documento no futuro não morreria em qualquer quarto de qualquer palácio. Com a certeza de que havia se transformado num símbolo do Liberalismo contra o Antigo Regime, resolveu editar a sua morte e transformar-se num herói romântico ao voltar à terra, ao palácio e ao quarto em que nasceu para morrer na mesma cama em que viera ao mundo. Durante a viagem, teve uma síncope, da qual acharam que ele não sairia com vida, mas conseguiu resistir. Em 10 de setembro, instalava-se derradeiramente em Queluz, mais especificamente na Sala D. Quixote, de onde não sairia mais com vida. Antes, porém, passando por uma das salas do palácio e vendo o retrato do irmão, d. Miguel, d. Pedro expressou-se com pesar a respeito de tudo o que havia acontecido entre eles. Isso colocou em estado de atenção os cortesãos diante da possibilidade de o duque de Bragança realizar alguma disposição favorável ao irmão.

Suas forças esvaíam-se; sua respiração era cada vez mais difícil. No dia 15, ditou um novo testamento, confirmando em parte o que fizera anteriormente em Paris, antes de partir com a expedição para os Açores. Falava em dívidas, nos filhos legítimos e nos naturais, nos amigos. Nomeava d. Amélia tutora das crianças que ficaram no Brasil. Para o cunhado Augusto, irmão de d. Amélia e futuro marido de d. Maria II, legaria sua espada. Também nessa época, segundo despacho do consulado do Brasil em Lisboa, d. Pedro teria disposto que seu corpo fosse transportado para o Rio de Janeiro, para que ficasse no Brasil, terra que adotou, o que acabou não ocorrendo. Somente no dia 17 é que, devido à fraqueza em que se encontrava, conseguiu assinar o novo testamento. Também foi nesse mesmo dia que recebeu a extrema-unção.

Apesar da debilidade em que se encontrava, d. Pedro ainda precisou encontrar forças para escrever uma carta às Cortes. Dada a importância do seu teor, era preciso que fosse de próprio punho.

No dia 18, na Câmara dos Deputados, uma discussão a respeito da ajuda dada aos lavradores, presidida pelo vice-presidente da casa, Marciano de Azevedo, foi interrompida pelo presidente, frei Francisco de São Luís, que irrompeu salão adentro dizendo que recebera uma importante mensagem de d. Pedro. Era preciso lê-la imediatamente. Em seguida, passou-a ao primeiro-secretário, que se incumbiu da tarefa:

> Senhores deputados da Nação Portuguesa, sempre franco e fiel aos meus juramentos, e obedecendo à voz da minha consciência, vou participar-vos, que tendo ontem cumprido os deveres de filho da Igreja Católica e de pai de família, julgo também do meu dever participar-vos que o mesmo estado de moléstia, que ontem me ditou aquelas resoluções, me inibe de tomar conhecimento dos negócios públicos, em cujas circunstâncias vos peço queirais prover de remédio. Eu faço os mais ardentes votos ao céu pela felicidade pública. Palácio de Queluz, 18 de setembro de 1834. D. Pedro Regente

A Assembleia e as galerias lotadas, em choque com o que ouviam, deram espaço a um profundo e respeitoso silêncio. Logo, porém, este foi cortado pelo presidente, que, com a voz embargada, disse ser necessário e urgente constituir comissão para dar parecer àquele documento, propondo que a Câmara continuasse em sessão permanente até que o assunto fosse resolvido.

A última vontade de d. Pedro, não explícita no documento, seria feita. No mesmo dia 18, por volta das 4 horas da tarde, o relator, general Saldanha, leu à Assembleia o parecer final da comissão. D. Maria era emancipada aos 15 anos de idade e assumiria na plenitude o governo do Reino, de acordo com a Carta Constitucional. Finda a leitura do documento, a Assembleia votou unanimemente pela proposta. A Câmara alta também entrou em discussão, e houve quem quisesse que a regência fosse assumida pela infanta d. Isabel Maria, o que foi rejeitado.

Antônio José de Mello Breyner, par do reino, foi enviado a Queluz para comunicar a resolução das câmaras, sendo recebido pelo ex-imperador em seu quarto. D. Pedro estava cercado pelas filhas, pela esposa, por médicos e amigos. O pai, feliz em ver a filha ascender ao trono, deu-lhe diversos conselhos a respeito do modo de governar, recomendando clemência aos indivíduos que tivessem cometido crimes e delitos contra ele. A d. Amélia, solicitou que seu coração fosse enviado à cidade do Porto em reconhecimento aos sacrifícios feitos pela população durante o cerco.

D. Pedro queria se despedir e abraçar a todos — a rainha, a esposa, os amigos. À distância, abençoou os filhos ausentes; do exército, despediu-se com um abraço no mais velho dos marechais, o duque da Terceira. Ao seu ajudante de ordens, coronel Pimentel, pediu que fosse buscar um soldado do 5º Regimento dos Caçadores, de quem d. Pedro era coronel honorário. Queria agradecer pelos serviços heroicos e bravos prestados por aquele batalhão durante o Cerco do Porto, bem como a ele pessoalmente. Pimentel, agindo rapidamente, voltou com o soldado nº 82, Manuel Pereira, que servira ao lado de d. Pedro no cerco. Com bastante esforço, o ex-imperador abraçou-o e lhe pediu que transmitisse aos demais soldados o mesmo abraço, em sinal de saudade e apreço por seus serviços.

Enquanto d. Pedro agonizava em seu leito, d. Maria II tornava-se efetivamente rainha de Portugal. Na manhã de 20 de setembro, ela saiu de Queluz para o Palácio das Necessidades, em Lisboa, onde presidiu ao Conselho de Estado. À 1 hora da tarde, em São Bento, foi realizado o ato do juramento. Como primeiro decreto de seu governo, concedeu a seu pai a Ordem da Torre e Espada, em reconhecimento aos serviços prestados. Às 4 horas da tarde, novamente em Queluz, lançou-se ao quarto de d. Pedro esperando ainda encontrá-lo vivo, colocando-lhe no peito a medalha que, em 2012, quando de sua exumação, encontrava-se ainda junto de seu corpo.

O que se seguiu, d. Amélia de Leuchtenberg conta em carta escrita à sua enteada, d. Januária:

> Lisboa, 29 de setembro de 1834.
>
> Minha cara filha. Eu te escrevo com o coração retalhado de dor, não sabendo verdadeiramente como te anuncie o terrível acontecimento que me torna desgraçada por todo o resto de minha vida!!! Admiras-te de se passar tanto tempo sem receberes notícias minhas, o que depreendo de vossa boa carta de 7 de junho, que recebi os dias passados, ai de mim! O estado

de teu infeliz pai que, de dia em dia, se tornava pior, era a causa do meu silêncio, porque eu não o deixava e me esforçava incessantemente em provar-lhe por meus cuidados e ternura quanto o amava! Minhas súplicas foram vãs, os socorros da arte inúteis, Deus quis chamá-lo a si!!! Ele expirou em meus braços no Palácio de Queluz, a 24 de setembro, pelas 2 ½ horas da tarde, depois de longos e cruéis sofrimentos que suportou com uma resignação e piedade edificantes! Não se iludindo nunca a respeito do seu estado, se preparou para a morte e fez suas disposições alguns dias antes do fatal momento, em que roubado à sua esposa aflita e a seus pobres filhos, passou para uma melhor vida. Morreu como um santo mártir e filósofo cristão e jamais houve uma morte tão tranquila! Está no céu presentemente, meus caros filhos, junto de vossa excelente mãe e de vossa boa irmã Paula, e roga por nós. Ele prometeu e disse também para vos escrever que no seu leito de morte ainda vos abençoava!! Ele agora está no céu, e Deus o terá indenizado multiplicadamente de todos os sofrimentos que teve na terra. Nós, eu, sua infeliz viúva, e vós, todos seus infelizes filhos órfãos, somos dignos de compaixão, porque perdemos o nosso melhor amigo e protetor! Rogai e chorai comigo, meus infelizes filhos, e Deus tenha piedade de nós. No dia 27 à noite teve lugar o enterro, vosso pai foi depositado na igreja do antigo convento de São Vicente, junto de seus avós. Seu coração será transportado para o Porto, segundo sua última vontade. Em seu testamento, também me nomeou tutora de todos vós, meus bons filhos, e este sinal de seu afeto me tocou muito, porque me prova que ele sabia apreciar o que eu vos tinha. Quanto serei [*sic*] feliz de poder voar, meus amados filhos, para vos provar, ao menos, que vós ainda tendes uma mãe que vos ama e quer votar-se a vós! Porém, de longe como de perto, eu não pensarei e não me ocuparei senão de vós, pedindo a Deus que vele sobre vós e que me dê força para viver até que eu tenha a consolação de vos tornar a ver, de vos abraçar e abençoar. Tende sempre em lembrança vosso bom pai e seu espírito vos guie e aclare em todas as vossas ações. Minha cara e boa Januária, como não tenho tempo de escrever a teu irmão e a tua irmã, mostra-lhes esta carta que será também para eles e abraça-os de minha parte, guardando para ti um terno beijo.

De tua afetuosa e infeliz mãe e amiga,
Amélia

Tu não podes fazer ideia da tristeza que reina aqui, até os miguelistas choram, dizendo que eles perderam o seu protetor. E é, ao menos para mim, uma consolação ver a maneira tocante com que os portugueses testemunham sua veneração, seu amor e seu reconhecimento à memória do herói, a quem tive a fortuna de ser unida, e que os livrou sacrificando sua própria vida. A enfermidade de teu infeliz pai data do Porto. Pela autópsia do corpo, viu-se que o pulmão direito estava cheio de água, que pesava para mais de 2 litros, e o esquerdo não [existia?]. O coração estava dilatado. Ah! Meu Deus, como deve [ter] sofr[ido] teu infeliz pai!!!

Ajunto aqui cabelos de teu pai para ti, teu irmão e tua irmã.

Tuas irmãs te abraçam, bem como a Pedro e Francisca.[11]

O corpo de d. Pedro foi preparado pelo seu médico pessoal, dr. João Fernandes Tavares. Segundo afirmou o jornal *Correio da Europa* em 28 de novembro de 1867: "Foi seu corpo por mim embalsamado, seu magnânimo coração preparado para ter longa duração, e tanto a teve que a comissão médica que foi ao Porto vinte e quatro anos depois para examinar-lhe a conservação achou no mais perfeito estado esta relíquia sagrada".

O escritor António Feliciano de Castilho[12] assim se recordaria do sepultamento de d. Pedro:

> A noite ia pura e calmosa, e o céu limpo e semeado de estrelas; são as noites que a natureza parece estar oferecendo à melancolia. E nós girávamos miudamente, e com passo distraído pelas ruas inundadas de portugueses, certamente de todos os partidos, e entretanto todos absorvidos na tristeza. Há um não sei que de terno em pensar que tantas almas estranhas estão em harmonia com a nossa, e tomam parte na nossa mesma pena!...
>
> Os corpos do exército que formavam alas iam aterrados como fracas mulheres, e o choro caía ao longo de bastantes faces queimadas pelos fogos da guerra. Isto, e as armas voltadas; enroladas as bandeiras; os tambores cobertos de fumo, rufando destemperados; e a música em tom sumido como receando misturar alguma coisa festiva com as mágoas de tantos órfãos [...].
>
> À medida que o som das rodas e a luz dos archotes que iluminavam a carruagem em que seguia o corpo de d. Pedro se iam insinuando pelas ruas e travessas, um murmúrio geral se levantou, as janelas se apinharam de figuras enlutadas, e o coche fúnebre apareceu, e lentamente passou como uma visão sinistra que deixa rastro para toda a vida. Um ano há, pouco mais, que ele atravessava estas mesmas ruas, entrando a capital resgatada [...].

Incapaz de prosseguir devido à imensa multidão que lotava as ruas, Castilho seguiu em direção ao rio Tejo e ouviu quando

> a artilharia trovejou toda simultaneamente, como dando o último Vale; e a meia noite bateu. Era aquele o momento em que nos braços de seus generais ele era introduzido na mansão de seus antepassados na igreja de São Vicente de Fora [...].

A viúva, d. Amélia, a rainha d. Maria II e a família enlutada permaneceram no Palácio de Queluz enquanto ocorria o sepultamento do corpo de d. Pedro. Passados alguns poucos dias, desceram sobre o palácio, como nos contos de fadas, as brumas de um sono profundo. O quarto onde o imperador morreu foi fechado, nada mais foi mexido no edifício, ninguém mais viveu ali, raros visitantes foram permitidos, e tudo ficou intocado ao longo dos anos até a queda da monarquia portuguesa, em 1910. Dois dos filhos de d. Pedro, a princesa d. Maria Amélia e o imperador d. Pedro II do Brasil, deixaram relatos de suas visitas ao local. Em 27 de agosto de 1851, a princesa escreveu:

> Estive em Queluz [...]. Depois da morte de meu pai, nunca mais revira esse palácio. Não me lembrava de nada, absolutamente nada, com exceção do quarto em que meu pai morreu! Ali, eu me lembrava de tudo. Cada objeto estava gravado na minha memória, se bem que eu só tivesse, nessa ocasião, três anos de idade! Foi com grande emoção que entrei nesse quarto!... O leito... o leito é o mesmo ainda, no mesmo lugar, decorado com as mesmas cortinas; lá estão as mesmas colchas, as mesmas almofadas... tudo bem conservado [...].
>
> O jardim é lindo, mostraram-me um pomar, plantado no ano mesmo da morte de meu pai, e por ordem dele, e um plá tano que meu pai plantou — ele próprio. [...].
>
> Uma profunda tristeza me invadiu ao contemplar essas árvores que sobreviveram a meu pai e que, provavelmente, sobreviverão a todos nós. É uma imagem da fragilidade humana. O homem é o mais frágil de todos os seres; ele morre, ao passo que os objetos que pareciam criados para seu uso, atravessam os séculos! [...][13]

Ainda hoje é possível ver o pomar de laranjas e o plátano plantado por d. Pedro no parque em Queluz.

Já d. Pedro II foi bem menos prolixo que a irmã caçula. No exílio, após a morte de d. Teresa Cristina, em dezembro de 1889, na cidade do Porto, ele foi para Lisboa para sepultá-la no Panteão Real dos Bragança e aproveitou a estada na cidade para visitar Queluz. No seu diário, em 11 de dezembro de 1889, ele anotou: "Vi todo o palácio e sobretudo a câmara onde nasceu e morreu meu pai, havendo nódoas de sangue no travesseiro, talvez do que ele expectorava".

Queluz se tornaria um santuário intocado por mais de meio século.

No Rio de Janeiro, a notícia da morte de d. Pedro abalou tanto seus partidários quanto aqueles que, um dia, lhe foram contrários. Tão logo soube do falecimento do ex-imperador, José Bonifácio, não mais tutor dos príncipes imperiais e vivendo exilado na Ilha de Paquetá, escreveu a d. Pedro II em 15 de dezembro:

> Carregado de pesares e de profunda amargura, eu vou dar os pêsames pela irreparável perda de seu augusto pai, o meu amigo. Não disse bem, d. Pedro não morreu, só morrem os homens vulgares, e não os heróis. Eles sempre vivem eternamente na memória ao menos dos homens de bem, presentes e vindouros; e sua alma imortal vive no céu, para fazer a felicidade futura do Brasil e servir de um modelo de magnanimidade e virtudes à Vossa Majestade Imperial, que o há de imitar, e as suas augustas irmãs, que nunca o perderão da saudade.[14]

Evaristo da Veiga, dono da antilusófona *Aurora Fluminense* e um dos antagonistas de d. Pedro no 7 de abril, publicou na edição nº 987, de 3 de dezembro de 1834:

> Agora que o nome de d. Pedro deixou de ser o estandarte de uma facção que ameaçava o futuro e a glória do nosso país, podemos dizer afoitamente que o ex-imperador do Brasil não foi um príncipe de ordinária medida; que existia nele o gérmen de grandes qualidades que defeitos lamentáveis e uma viciosa educação sufocaram em parte; e que a Providência o tornou um instrumento poderoso de libertação, quer no Brasil, quer em Portugal. Se existimos como corpo de Nação livre, se a

nossa terra não foi retalhada em pequenas repúblicas inimigas, aonde só dominasse a anarquia e o espírito militar, devemo-lo muito à resolução que ele tomou de ficar entre nós, de soltar o primeiro grito de nossa Independência: Portugal, se foi livre da mais negra e aviltante tirania, se teve estabelecidos seus foros, se goza dos benefícios que aos povos cultos assegura a fruição do regime representativo, deve-o a d. Pedro de Alcântara, cujas fadigas, sofrimentos, e sacrifícios pela causa portuguesa lhe mereceram em grau subido o tributo da gratidão nacional. No Brasil, seus erros ulteriores, os desvarios de 7 anos,[15] tinham como apagada a recordação de seus grandes serviços; em Portugal, d. Pedro faleceu no momento mesmo em que punha o remate glorioso à empresa que começara.

O imenso coração de d. Pedro

D. Pedro, antes de partir do Porto, havia vaticinado que nunca mais o veria, porém não se esqueceu da cidade: num ato romântico e simbólico, o duque legou em testamento o seu coração a ela.

Em 4 de fevereiro de 1835, o órgão embalsamado, até então em repouso na capela do Palácio das Necessidades, em Lisboa, foi entregue a Baltazar de Almeida Pimentel, ex-ajudante de ordens de d. Pedro, a quem foi dada a tarefa de levar o coração ao Porto. Foi embarcado no navio de guerra *Jorge IV*, com uma guarda de honra formada por setenta soldados, e chegou no dia 7 à cidade. Uma grande multidão esperava pela relíquia e acompanhou seu desembarque, seguindo em cortejo até a igreja de Nossa Senhora da Lapa, onde seria depositada. Como d. Pedro só fez menção de que a doação era para a cidade, foi necessário achar um lugar sacro para depositar seu coração. A escolha recaiu sobre essa igreja, porque era ali que o duque de Bragança ouvia missa durante o Cerco do Porto.

Uma curiosidade a respeito da igreja escolhida é que ela foi construída por inspiração do padre Ângelo de Sequeira, um brasileiro, nascido em

São Paulo em 1707. Sequeira formou-se no Colégio dos Jesuítas, de onde d. Pedro viria a governar São Paulo entre agosto e setembro de 1822, e, assim como o imperador, tinha muito talento para a música, o que lhe valeu o posto de mestre de capela da Sé de São Paulo. Padre Ângelo, de família abastada, acabou tomando as ordens religiosas e virou um missionário, pregando em diversos locais do Brasil e de Portugal. Com o poder de seus sermões, levou os fiéis de diversas localidades a reconstruírem igrejas ou erigirem novos templos. Ele estava presente na inauguração, por exemplo, da primeira Capela de Nossa Senhora Aparecida, em 1745. Dez anos mais tarde, já em Portugal, depois de ter passado por Lisboa, chegou ao Porto, onde conseguiu da Câmara, em 30 de dezembro, um terreno para erigir uma capela em devoção a Nossa Senhora da Lapa e um seminário. Um ano depois, começou a construção e, ao longo de um século, ela foi sendo ampliada, chegando à forma atual em 1863.

Do lado esquerdo, próximo ao altar, foi inaugurado em 12 de fevereiro de 1837 um monumento, ladeado por símbolos do Brasil e de Portugal, que abriga o coração do imperador. Atrás da placa de cobre, com inscrições em latim a respeito da vida de d. Pedro, há uma porta de madeira, e, atrás dela, outra com grades de ferro. Dentro, há uma caixa que guarda um estojo, dentro do qual está um vaso de prata, com inscrições em português e latim. No interior do vaso, fica a urna de vidro onde, imerso num líquido de conservação, está o coração. São necessárias, por segurança, sete pessoas para abrir e tirar o coração de d. Pedro do local e cinco chaves, que ficam guardadas no escritório do presidente da Câmara da cidade do Porto.

Décadas atrás, era feita uma cerimônia para verificar o estado de conservação do coração. Esse costume, para o bem da preservação do órgão, foi espaçando, bem como o ato de mostrar a autoridades e personalidades brasileiras em visita à cidade o coração do Libertador. Mas a recepção da Venerável Irmandade de Nossa Senhora da Lapa continua calorosa com os brasileiros. Em outubro de 2019, em visita ao local, foi-me mostrada a urna original que levou o coração de d. Pedro de Lisboa para o Porto, em 1835, e fui convidado a assinar o Livro de Ouro da Irmandade.

Em 1971, o governo brasileiro, preparando-se para os festejos dos 150 anos da Independência, solicitou os restos mortais de d. Pedro. O governo português concordou com o traslado do corpo para o Brasil, desde que o coração permanecesse onde estava. Em transmissão televisiva, em 12 de agosto de 1971, o presidente de Portugal, Américo Thomaz, dirigiu-se à nação para comunicar sobre o envio dos restos mortais:

> Estou certo de que toda a nação portuguesa apoia a resolução tomada. D. Pedro IV representa muito para Portugal: mas por isso mesmo não encontraríamos maneira mais expressiva de participar nas comemorações do 150º aniversário da Independência Brasileira do que fazendo dádiva dos seus despojos, sacrificar alguma coisa de altamente valioso do patrimônio nacional. […]

Porém o coração ficaria,

> porque esse legou-o ele à cidade do Porto onde se guarda como preciosa relíquia. E a vontade do testador prevalece para além da morte, como emanação inviolável do espírito que a ditou em vida. Assim, repartidos entre Portugal e o Brasil, os despojos de d. Pedro serão bem o símbolo de uma raça que dividida entre duas pátrias, permanece, todavia, fiel à alma que lhe dá caráter no mundo e inspira pelos tempos a fora os destinos lusíadas.[16]

Nos duzentos anos da Independência, houve um novo pedido do governo brasileiro ao português para que o órgão fosse emprestado para a comemoração da data. Portugal, depois de uma avaliação científica a respeito do estado de conservação do coração de d. Pedro, concordou com a viagem do órgão para o Brasil. O coração chegou em 22 de agosto de 2022 e foi exposto na Sala Santiago Dantas, no Palácio do Itamaraty, em Brasília, retornando a Portugal em 8 de setembro. A passagem pelo Brasil durante as comemorações foi tão polêmica quanto efêmera.

O dr. Tavares

Quem fez a conservação do coração de d. Pedro e a autópsia do corpo do imperador foi o dr. Tavares, seu médico pessoal, que partira com ele do Rio de Janeiro em 1831. No calor do momento, logo após a morte de d. Pedro, começou uma busca por culpados, e foi levantada a hipótese de que ele, na verdade, fora envenenado. Logo, o pobre dr. Tavares foi apontado como culpado. O médico, aos olhos dos portugueses, tinha dois defeitos: era mestiço e, pior, brasileiro!

De família pobre, João Fernandes Tavares fez seus estudos iniciais no Rio de Janeiro. Acabou se apaixonando por uma moça, cuja família não via com bons olhos o relacionamento. Quando Tavares foi surpreendido num plano de fugir com a garota, o pai da jovem deu queixa ao intendente-geral de polícia, que o intimou a assentar praça no Quartel das Tropas de Lima, no Campo de Santana. Era isso ou sair do Rio de Janeiro.

Sem ter qualquer vocação para o exército, Tavares foi pedir ajuda a um tio mestre de obras, que lhe garantiu recursos financeiros para ir à Europa. Assim, estudou Medicina em Portugal, defendendo o doutorado na Faculdade de Medicina de Paris em 1823.

Retornando ao Brasil, passou a clinicar no Rio de Janeiro. Trazia de Paris uma invenção que acabou lhe valendo o apelido de "doutor Canudo": um estetoscópio, o primeiro que os cariocas viam. Dr. Tavares usava-o constantemente. À época, o instrumento de fato se assemelhava, pelo seu formato comprido e cilíndrico, a um canudo de madeira.

Por ter curado uma escravizada do marquês de Baependi de uma picada de cobra, ingressou no círculo da corte. Passou a ser médico da casa da marquesa de Santos e, por intermédio dela, conheceu d. Pedro, de quem virou médico particular, seguindo o ex-imperador ao exílio e ao Cerco do Porto.

No laudo em que explicava a autópsia realizada, o dr. Tavares analisou todos os órgãos vitais de d. Pedro que haviam sofrido alguma alteração, como o baço, o coração, o fígado e os rins; também explicou as diversas doenças de que o imperador padecera relacionando causa e efeito. A questão pulmonar se destaca como principal fator da *causa mortis*. É interessante notar que, além da tuberculose, a falta de cuidado consigo mesmo, em suas loucas e desabaladas aventuras a cavalo, pode ter enfraquecido seus pulmões devido às quedas que sofrera. Segundo o dr. Tavares:

> Convém declarar nesta ocasião, que há doze ou treze anos S. M. I. deu uma grande queda, em que fraturou duas costelas; que em fins de 1829 caiu outra vez, e, além de outras lesões, quebrou de novo sete costelas. S. M. I. dizia muitas vezes que contava haver dado trinta e seis grandes quedas.[17]

No entanto, se a capacidade respiratória de d. Pedro já ficara abalada pelas quedas sofridas, o tipo de tratamento também pode ter contribuído para apressar sua morte. Em seu laudo, o dr. Tavares inicialmente afirmou que ele e uma junta médica haviam obstado à partida do ex-imperador ao Porto em julho de 1834. Segundo o relato da autópsia, d. Pedro tinha voltado em pior estado a Lisboa por ter, entre outras causas, respirado o "ar enxofrado na ocasião de tiros". Se o ar repleto de enxofre prejudicara ainda mais os pulmões de d. Pedro, os ares sulfurosos de Caldas da Rainha não teriam o mesmo efeito?

No laudo, talvez para dividir a culpa de um possível passo errado no tratamento da doença, o médico assinala que "S. M. I. tomou a resolução de ir às Caldas da Rainha por vontade própria e por consentimento unânime dos doutores barão de Inhomirim, Francisco José de Almeida, Francisco Soares Franco, e pelo meu".

Outro ponto em que o dr. Tavares tenta se defender é quando afirma que "não foi meio quartilho de águas de Caldas bebido por três vezes, nem um banho de onze minutos [...] quem agravou tão consideravelmente a moléstia".

Além do tipo de tratamento, outro fator depunha contra o médico: sua especialização em venenos e a tradução que fizera para o português do livro *Tratado dos venenos e seus antídotos*, escrito por um de seus antigos professores de Paris, o dr. Mateus Orfila.

Achado o "bode expiatório", causas não faltaram para conspirações. Uma delas afirmava que Tavares trabalharia a soldo dos miguelistas, que queriam d. Miguel de volta. Outra, que se tratava de uma trama maçônica para dominar Portugal. A fim de combater as acusações, d. Maria II concedeu ao médico, em dezembro de 1834, o título de cavaleiro de Nossa Senhora de Vila Viçosa, "em testemunho de gratidão pelos assíduos cuidados e reconhecido interesse com que se esforçou para prolongar a vida de dom Pedro". Apesar de sempre contar com a proteção da rainha e de d. Amélia — que para ele conseguiu um título de nobreza portuguesa em 1872, tornando-o visconde de Porto Ferreira —, a perseguição sofrida em Portugal foi tamanha, que ele resolveu retornar ao Brasil, estabelecendo-se em Niterói. Contudo, mesmo de volta a sua pátria, também esteve sujeito a desconfianças e acusações, fossem veladas ou não. D. Pedro II não o reintegrou ao serviço da Corte e nunca aceitou recebê-lo.

Em artigo publicado em 7 de abril de 1853 no *Jornal do Comércio*, no Rio de Janeiro, o dr. Tavares retomou a questão que o atormentava: "Há quase dezenove anos que sobre mim pesa uma calúnia horrorosa e até hoje deferi em justificar-me, convencido que vivi sempre de que o bom senso universal refutaria tão atroz e absurda suspeita julgando impossível a existência de um tal crime".

Na capital, participou da criação do Imperial Instituto Médico Fluminense em 1867, sendo seu primeiro presidente; em 1838, também fora um dos fundadores do Instituto Histórico e Geográfico Brasileiro.

EPÍLOGO

PEDRO, SEUS AMORES E SEUS FRUTOS

Os amores

As amantes de d. Pedro foram tão numerosas e variadas quanto seus tons de pele, nacionalidades ou posições sociais, fazendo do primeiro imperador brasileiro um verdadeiro democrata do amor. Algumas das mulheres pouco mencionadas que teriam se deixado cair na lábia do fogoso príncipe foram:

- Ludovina Soares da Costa, atriz portuguesa que atuou no Rio de Janeiro.
- Maria Joana, esposa do general Antônio Correia Seabra.
- Régine de Saturville, esposa do joalheiro Lucien Saturville, estabelecido na rua do Ouvidor.
- Ana Rita Pereira da Cunha, filha do marquês de Inhambupe e esposa de um criado íntimo de d. Pedro, Plácido Antônio Pereira de Abreu.
- Joaquina Avilez, esposa do general Avilez.
- Madame Adèle Bonpland, francesa que, segundo Maria Graham, quisera tomar a posição de Domitila de Castro na corte. Para tanto, buscou aliados na sociedade carioca e na comunidade estrangeira no Rio de Janeiro.

Se prosseguíssemos, essa lista, baseada em relatos e fofocas, não teria fim. É impossível não se lembrar de Evaristo da Veiga ao pensarmos no imperador morto aos 36 anos: "Não foi um príncipe de ordinária medida". Tudo com d. Pedro era exagerado, inclusive sua fama. O mercenário austríaco Carl Schlichthorst, no livro de memórias que dedicou à sua estada no Brasil, afirma que d. Pedro teria gerado 43 filhos.

Não seria difícil chegar a um número como esse, ou mesmo maior, se juntássemos as histórias familiares e os boatos. Além dos filhos que o ex-imperador reconheceu em testamento, existem aqueles cujas famílias não permitiram o escândalo de concordar com o reconhecimento do fruto proibido. Teria sido esse o caso, por exemplo, de Florisbela Umbelina Rodrigues Horta (1807–1882), que, em 1827, supostamente deu à luz uma filha de d. Pedro, batizada de Ignácia Carolina Soares de Gouvêa. A família de Florisbela arrumou-lhe um marido que aceitou a condição da noiva, deixando resolvida a questão.

O grande número de filhos e casos — passageiros ou não — alimentou a fama de d. Pedro e, com ela, a quantidade de rebentos atribuídos a ele. Se considerarmos os levantamentos de Pedro Calmon, Alberto Rangel, Assis Cintra, entre diversos outros pesquisadores, teremos mais dez crianças, chegando a um total de trinta:

- Um com Joana Mosqueira.
- Um com Ana Steinhaussem Schuchs.
- Um com Gertrudes Meirelles de Vasconcellos.
- Um com Luísa Clara de Menezes.
- Um com Letícia Lacy.
- Um com Adozinda Carneiro Leão.
- Um com Andreza dos Santos, escravizada quituteira do convento da Ajuda.

- Um com a esposa de um de seus ministros.
- Uma menina batizada como Isabel de Bourbon e Bragança, moradora do Rio de Janeiro.
- Uma menina igualmente batizada de Isabel, que morava na França.

Antigos funcionários do Arquivo Nacional, no Rio de Janeiro, sob a supervisão de José Gabriel Calmon da Costa Pinto, à época diretor da Divisão de Pesquisa e Atividades Técnicas, trabalharam na investigação e no levantamento de todos os nobres brasileiros e teriam localizado diversos bastardos de d. Pedro. Eles chegaram à conclusão de que diversas crianças batizadas na igreja de São Francisco Xavier do Engenho Velho, cujo padrinho era d. Pedro, poderiam ser seus filhos. Aceitando-se a hipótese, o número de 43 dado por Schlichthorst não seria só facilmente alcançado, mas também ultrapassado por larga margem.

Porém, se no meio de tantos defeitos evidentes e evidenciados fosse obrigatório escolher uma só qualidade de d. Pedro, essa provavelmente seria a hombridade de assumir as consequências de seus atos, de modo especial os frutos de seus amores, quer fossem oficiais ou clandestinos.

Dos filhos legítimos reconhecidos ou citados em seu testamento, há um total de nove, assim distribuídos:

- De seu casamento com d. Leopoldina, quatro.
- De sua união com d. Amélia, uma.
- De seus relacionamentos extraconjugais:
    - com a marquesa de Santos, duas;
    - com a baronesa de Sorocaba, um; e
    - com madame Saisset, um.

Essa conta, obviamente, refere-se às crianças vivas quando da elaboração do último testamento. Se contarmos as abortadas ou já falecidas à época, bem como as últimas que teria tido e não chegou a legitimar, somaríamos 21 filhos:

- Um com Noemy Thierry.
- Oito com a imperatriz d. Leopoldina.
- Cinco com a marquesa de Santos.
- Uma com a imperatriz d. Amélia.
- Um com a baronesa de Sorocaba.
- Um com a atriz uruguaia Carmen Garcia.
- Um com madame Saisset.
- Um com a freira sineira Ana Augusta Peregrino Faleiro Toste.
- Um com a criada de d. Maria II, Maria Libânia Lobo.

Das mulheres presentes na lista anterior, não foram ainda mencionadas com mais detalhes nesta obra:

- Ana Augusta Peregrino Faleiro Toste (1809–1896), freira do convento de São Gonçalo, na Ilha Terceira, Açores. Do relacionamento dela com d. Pedro, nasceu um menino em 1832, batizado também de Pedro. A criança foi colocada na roda dos enjeitados e faleceu aos 4 ou 5 anos. O menino foi protegido por Manuel José Pereira Leal, alto funcionário e fiel servidor de d. Pedro nos Açores. O enterro da criança foi coberto de pompa pelos liberais da ilha.
- A atriz uruguaia Maria del Carmen Garcia, que, depois de uma temporada no Rio de Janeiro e de um rápido romance com d. Pedro,

foi despachada para Montevidéu no início de 1828, grávida do imperador. Ao cair de uma cadeira em que subira para alcançar a parte de cima de um armário, sofreu um aborto em setembro. As cartas trocadas entre Carmen Garcia e d. Pedro revelam que o imperador a vinha auxiliando no que fosse necessário e que provavelmente cuidaria da criança quando esta nascesse.[1]

Os frutos

> O Mardel é um homenzinho pitoresco [...] d'uma vez, a um figurão que se dizia filho natural de d. Pedro IV e que mostrava desvanecido a toda a gente o retrato do rei que tinha na sala, perguntando:
>
> — Heim, com quem se parece?... — escreveu ele a seguinte quadra: Do imperador, de quem diz que é filho, tem o retrato na sala, mas da p... que o pariu, não tem retrato nem fala.[2]

A respeito dos filhos ilegítimos ou legitimados, d. Pedro reservou-lhes a terça parte de seus bens, revalidando às vésperas de sua morte, em 17 de setembro de 1834, as disposições testamentárias realizadas em Paris no ano de 1832:

> Deixo a metade da dita terça à minha querida filha a senhora Dona Isabel Maria de Alcântara Brasileira, Duquesa de Goiás: deixo a outra metade dividida em três partes iguais sendo destas uma para Rodrigo Delfim Pereira, outra para Pedro Alcântara Brasileiro [...]. Recomendo a sua majestade imperial a senhora Dona Amélia Augusta Eugênia de Leuchtenberg, Duquesa de Bragança, minha querida e adorada esposa, que chame para ao pé de si minha querida filha Dona Isabel Maria de Alcântara Brasileira, Duquesa de Goiás logo que ela tiver

> completado a sua educação, e que durante ela lhe assista com a sua imperial proteção e amparo, bem como a Rodrigo Delfim e a Pedro de Alcântara Brasileiro e àquela menina que lhe falei e que nasceu na cidade de São Paulo no Império do Brasil no dia vinte e oito de fevereiro de mil oitocentos e trinta, e desejo que esta menina seja chamada à Europa para receber igual educação que se está dando à minha sobredita filha a Duquesa de Goiás [...].

A predileção pela primeira filha que teve com a marquesa de Santos é clara. A duquesa de Goiás foi, de todos os herdeiros, uma das mais favorecidas. Como mostra o testamento, ficou com a metade da terça parte dos bens de que d. Pedro poderia dispor como quisesse. A menina devia ser realmente graciosa, e o pai não era o único a se deixar encantar por ela. A duquesa Augusta de Leuchtenberg, quando de sua estada em Paris para acompanhar o final da gravidez de sua filha, d. Amélia, em dezembro de 1831, conheceu a duquesa de Goiás e lançou a seguinte nota em seu diário: "Uma criança encantadora, impossível de não amar. Que pena que a rainha não seja como ela".[3] "Rainha", no caso, referia-se a d. Maria II, que já dera trabalho à tutora Maria Graham no Rio de Janeiro e daria trabalho tanto a d. Amélia quanto a quem mais tentasse educá-la e controlar seu gênio, tão forte como o do pai.

Um anônimo

Estudando-se o formal de partilha[4] dos bens deixados por d. Pedro, descobrimos que o valor total herdado pela duquesa de Goiás foi de 35:231$402 (trinta e cinco contos, duzentos e trinta e um mil e quatrocentos e dois réis), enquanto os filhos legítimos ficaram com 28 contos cada um e os bastardos, Rodrigo e Pedro Saisset, com 11 contos e 700 mil réis.

Uma anotação na partilha chama atenção para um "anônimo" que também recebeu a mesma quantia dos demais bastardos. No testamento, d. Pedro divide a terça parte dos seus bens em duas cotas iguais, cabendo uma delas à duquesa de Goiás e a restante, subdividida em três frações, a Rodrigo, a Pedro e à "senhora Dona Amélia", que deveria "lhe dar aquela aplicação que verbalmente lhe fiz constar". No mesmo testamento, ele se refere à irmã da duquesa de Goiás, outra filha que tivera com a marquesa de Santos e que estava em São Paulo; seu desejo era que a imperatriz tomasse a menina sob sua proteção e a fizesse educar na Europa.

D. Amélia tentou fazer valer a vontade do marido e, por intermédio de representantes no Brasil, entrou em contato com a marquesa de Santos para que lhe enviasse Maria Isabel, mas Domitila não concordou. Posteriormente, quando do casamento da jovem, d. Amélia faria chegar a ela, de maneira anônima, o valor destinado pelo pai.

A educação de todos em primeiro lugar

Porém, se de fato houve favorecimento à duquesa de Goiás, quanto a todos os filhos (legítimos, bastardos e legitimados) a preocupação era uma só: a educação — aquela que ele não tivera e que desejava a cada um dos herdeiros.

Com a morte do barão de Sorocaba, d. Pedro enviou o filho que teve com a baronesa para ser educado no exterior. Para o marquês de Barbacena, ele escreveu em 2 de março de 1829 no intuito de informar que o menino, de 6 anos, não sabia ler nem escrever. Decidido a tomar a educação do filho para si, mandava-o à Europa e pedia que Caldeira Brant cuidasse de seus estudos:

> A respeito de meu filho Rodrigo [...] ele ainda não sabe ler, nem escrever; [...] peço-lhe que o mande aprender a nossa língua, além de tudo que deve estudar, pois não quero que, depois de grande, me apareça por cá dizendo: — minha cavalo, minha Pai, etc. Se o mandasse estudar em França achava melhor, pois,

> pelo pouco que sei desse país, vejo que o governo muito tem cuidado dos colégios, e, como a moda é ser religioso, moda que Deus desse ao Brasil, me parecia melhor ser educado em França [...], segundo todos os estudos que lhe possam ser necessários para qualquer carreira política; mas, com muita especialidade, para a militar, quer marítima, quer terrestre.

À duquesa de Goiás, internada no Sacré-Coeur, em Paris, d. Pedro escreveu do Rio em 5 de maio de 1830, ainda antes de sua abdicação:

> Trabalha por merecer alguma opinião, e não te fies na tua hierarquia, pois a civilização tem feito ver aos monarcas, e aos grandes, que não basta o nascimento, que é necessária uma boa educação e saber [...].

À rainha Maria II em 18 de julho de 1832, d. Pedro lembrou, quando no Porto:

> Tu conheces perfeitamente que é indispensável aos monarcas terem saber; e que, no século em que vivemos, e em que os povos estão mais esclarecidos, e já não engolem patranhas, é mister que seus reis mereçam, pelas suas boas qualidades, virtudes, e saber o respeito, de seus súditos, e não pelo seu nascimento que nada vale perante o mundo livre.

De Lisboa, recomendou ainda a d. Pedro II, em 2 de dezembro de 1833:

> Peço-te, meu adorado filho, que te não esqueças nunca de mim; que estudes; e que te faças digno de governar tão grande império. Mui útil seria que tu tomasses, bem como tuas irmãs, lições de geografia e de história, na idade em que tu estás e tuas manas esta qualidade de lições servem de suavizar o peso que

> causam as mais enfadonhas. [...] Muito te agradeço os desenhos que me enviaste em carta tua e de tuas irmãs datada de 3 de setembro: eles são lindos, mostram bem o adiantamento em que seus autores se acham e fazem acreditar que igual adiantamento eu devo supor nos mais estudos.
>
> [...] Sim, meu amado filho, é muito necessário, para que possas fazer a felicidade do Brasil, tua pátria de nascimento e minha de adoção, que tu te faças digno da nação sobre que imperas pelos teus conhecimentos, maneiras etc. etc., pois, meu adorado filho, o tempo em que se respeitavam os príncipes por serem príncipes unicamente acabou-se. No século em que estamos, em que os povos se acham assaz instruídos de seus direitos, é mister que os príncipes igualmente o estejam e conheçam que são homens e não divindades, e que lhes é indispensável terem muitos conhecimentos e boa opinião para que possam ser mais depressa amados do que mesmo respeitados [...].

A todos os que conseguiu prover, d. Pedro tentou, no curto tempo de sua existência, levá-los a se preparar para a vida.

Feitos do outro lado dos lençóis

Em carta redigida no Rio de Janeiro em 22 de abril de 1830, quatro anos antes de sua morte, d. Pedro voltou-se ao marquês de Resende a fim de apresentar-lhe um levantamento de todos os seus filhos ilegítimos ou legitimados. Todos seriam citados de alguma forma em seu testamento ou nas disposições cujo cumprimento pediu a d. Amélia.

> Meu Resende. Esta vai acusar-lhe a recepção de todas as que me tem escrito [...] — A estas horas já tens visto minha filha Duquesa [1], e mesmo o pequeno Pedro [2] que lá nasceu em 7

> de junho. Parece-me que, no interná-lo, não o fiz mal; aquele que foi feito naquela noite de 27 de janeiro de 1823, e nasceu a 5 de setembro do mesmo ano, por um motivo bem simples, que a mãe não era burra, e se chama Rodrigo [3], e que lhe morreu o pai putativo, está na Inglaterra. Em São Paulo existe também uma, feita [4] enquanto os senhores levaram tempo a me arranjarem casamento. Em casa por ora nada, mas o trabalho continua e em breve darei cópia de mim, e farei a Imperatriz dar cópia de si, se ela me não emprenhar a mim, que é a única desgraça que me falta a sofrer.

As crianças citadas na carta são:

1. Isabel Maria, a duquesa de Goiás (1824–1898).
2. Pedro de Alcântara Brasileiro de Saisset (1829–1902), filho de Clemência Saisset, nascido em Paris em 1829.
3. Rodrigo Delfim Pereira (1823–1891), filho do imperador com a baronesa de Sorocaba. O menino foi assumido por Boaventura Delfim Pereira, marido de Maria Benedita, falecido em 20 de março de 1829.
4. Maria Isabel, futura condessa de Iguaçu (1830–1896).

Espalhados pelo mundo, os filhos de d. Pedro tiveram destinos díspares: da Corrida do Ouro, na Califórnia, à alta nobreza alemã; da diplomacia internacional à nefasta herança da epilepsia.

As filhas com a marquesa de Santos

Isabel Maria de Alcântara Brasileira, duquesa de Goiás, foi retirada da mãe em 25 de agosto de 1827 por d. Pedro, que a educou na companhia dos meios-irmãos em São Cristóvão. Com a chegada de d. Amélia, entretanto, retirou-a do palácio e enviou-a para o outro lado da baía de Guanabara. A menina foi alojada no Palacete da Praia Grande, hoje batizado Palácio São Domingos, em Niterói.

De Niterói, a pequena duquesa de Goiás, então com 5 anos, embarcou em 25 de novembro de 1829 para a França, onde seria educada. Segundo carta de Francisco Gomes, secretário de d. Pedro, ao visconde de Pedra Branca, era recomendável dar à duquesa "a melhor [educação] possível para fazer uma freira, com a menor despesa possível, sem contudo faltar à decência devida a uma filha de S. M. I., posto que bastarda".[5]

A viagem foi um verdadeiro tormento. O navio foi acometido por uma tempestade, fazendo água, e permaneceu quase imóvel por conta do estado das velas. Durante nove dias, vagou próximo ao porto de Brest,[6] sem conseguir ancorar devido aos ventos contrários. A tripulação e os passageiros que levavam a filha do imperador à Europa tiveram surto de febre; e a duquesa passou a se queixar de dor no peito. A situação era desesperadora quando Paulo Martins de Almeida, responsável pela criança, resolveu mandar o comandante mudar o percurso e seguir para Plymouth, onde ancoraram em 8 de fevereiro de 1830, dois meses e meio após terem zarpado do Brasil.

Isabel Maria foi recebida pelo almirante lorde Northesk e, depois, partiu para Londres, onde foi acolhida pelo encarregado dos negócios brasileiros, Mello Mattos. Houve também homenagens por parte dos diplomatas portugueses fiéis à sua meia-irmã, d. Maria II. Enquanto isso, o visconde de Itabaiana e Resende procuravam lugar em Paris que pudesse abrigar a filha de Domitila e d. Pedro. O local escolhido foi o Sacré-Coeur, instituição de qualidade, onde eram educadas as meninas da aristocracia francesa. Isabel Maria conheceria no colégio uma outra jovem estudante: a nobre espanhola Eugênia de Montijo, futura esposa de Napoleão III e imperatriz da França.

D. Pedro, mesmo distante, não descuidou da filha. Inúmeras pessoas mandavam-lhe pareceres a respeito do desenvolvimento da menina, e os relatórios médicos, apresentados trimestralmente por ordem do imperador, passaram a ser enviados todos os meses ao Brasil. Os informes das freiras e dos diplomatas davam conta de que Isabel era esperta, já estava lendo fluentemente o francês, começava a fazer trabalhos com agulha e retinha com facilidade as histórias que lhe eram contadas. Não era muito afeita, porém, aos estudos de piano. Tinha também uma boa voz e gostava de cantar. Era, segundo um dos relatórios, alguém de extrema docilidade, mas mudava de humor quando obrigada a estudar.

Após a morte de d. Pedro, em 1834, d. Amélia cumpriu o desejo do marido e tomou conta da menina. Isso, porém, não lhe exigiu nenhum esforço, uma vez que Isabel Maria já havia convivido com a ex-imperatriz durante seu exílio parisiense, quando tanto ela quanto a mãe se encantaram pela menina. A propósito, não foi apenas d. Amélia quem conviveu com ela, mas também a própria rainha de Portugal, d. Maria II: apesar de brigarem muito em São Cristóvão devido à predileção de d. Pedro I pela filha que tivera com a marquesa, mais velhas as duas passaram a se dar bem. Dos Açores, em carta de junho de 1832, assim d. Pedro recomendou que d. Maria II procedesse: "P. S. Um abraço com cautela na mana Amélia, outro, sem nenhuma, na Isabel".[7]

Também a duquesa Augusta de Leuchtenberg ajudou na criação da menina: em Munique, na Baviera, tomou-a sob sua proteção. Em março de 1839, quando contava a jovem com 15 anos, Isabel Maria entrava para o Instituto Real de Moças da cidade, onde, segundo a biógrafa de d. Amélia, Ligia Lemos Torres, "as princesas e as jovens da nobreza permaneciam numa vida semimundana até a apresentação na corte".

Em janeiro de 1841, d. Amélia escreveu ao enteado d. Pedro II a fim de dar-lhe notícias da duquesa de Goiás: "Todos estão muito contentes com Isabel Maria no instituto, e minha mãe escreveu que ela cresce e se embeleza todos os dias".

A questão do dote da duquesa brasileira também ocupou a cabeça de d. Amélia, que, junto com os irmãos da menina, d. Pedro II e d. Maria II, contribuiu para o casamento, encarregando-se do enxoval juntamente com sua mãe, a duquesa Augusta. Em 1842, mandou notícias ao imperador a respeito da meia-irmã. Tinha acertado, na Alemanha, o casamento de Isabel Maria com Ernesto Fischler, conde de Treuberg e barão de Holzen, proprietário de terras rico e aparentado com a família real da Prússia. Era treze anos mais velho que a noiva. Em novembro, d. Amélia solicitou que d. Pedro II concedesse ao futuro cunhado a Ordem da Rosa.

O casamento da duquesa de Goiás foi celebrado no Palácio Leuchtenberg, em Munique, no dia 17 de abril de 1843. Isabel teve dois casais de filhos. As meninas, nascidas em 1844 e 1846, receberam os nomes de Maria Amélia e Augusta.

Subtraída muito cedo à verdadeira mãe, Isabel Maria não se recordava mais dela. A duquesa encontrou na família Leuchtenberg, por intermédio de d. Amélia e de sua mãe, os elementos maternos de que necessitava. A família de Bragança também nunca se afastou da moça. A duquesa mantinha correspondência com d. Pedro II, d. Francisca e d. Januária. D. Pedro II e Isabel Maria chegaram a se reencontrar durante uma viagem do imperador à Europa, quando ele passou por Munique.

De acordo com uma história transmitida oralmente por diversas gerações de descendentes da duquesa de Goiás, d. Pedro II teria também visitado a irmã no castelo de Holzen, na Baviera, o que teria gerado uma cena pitoresca: o monarca, chegando ao edifício, avistou um jardineiro que cuidava das macieiras do pomar e apresentou-se, dizendo que queria ver Isabel Maria. O funcionário entrou no castelo anunciando que havia um lunático nos jardins dizendo ser o imperador do Brasil.

Por conta de uma tentativa desastrada do conde de Iguaçu em contatá-la, Isabel Maria enfim ficou sabendo da existência de sua mãe no Brasil. Iguaçu, filho do marquês de Barbacena, havia se casado com Maria Isabel, a outra filha de d. Pedro com a marquesa de Santos. Como provas da maternidade, foram enviadas a ela cartas trocadas entre d. Pedro e a marquesa, nas quais os dois falavam da filha.[8] A relação entre d. Amélia e a duquesa de Goiás estremeceu por conta dessa revelação, cujo conteúdo fora até então cuidadosamente ocultado segundo o desejo de d. Pedro, que pretendera salvaguardar a posição social da filha.

A duquesa ficou viúva em maio de 1867, seis meses antes de perder a mãe no Brasil. Isabel Maria faleceu em Murnau, na Baviera, em 3 de novembro de 1898, exatos 31 anos após a morte da marquesa de Santos sem nunca terem se revisto.

Maria Isabel de Bragança e Bourbon, condessa de Iguaçu

Em 28 de fevereiro de 1830, nasceu em São Paulo, durante o período em que sua mãe se exilou da corte, Maria Isabel de Alcântara Bourbon, como consta em seu termo de batismo e no atestado de óbito. Seu nascimento foi complicado, uma vez que Domitila resolvera pular o Carnaval no oitavo mês de gestação. No entrudo, nome pelo qual a brincadeira era conhecida, as pessoas atiravam umas contra as outras certas bolas coloridas feitas de cera e recheadas com água perfumada. Tratava-se das chamadas "laranjinhas" ou "limõezinhos" de cheiro. Em 2 de fevereiro, Domitila foi atingida bem na barriga por um desses objetos.

Segundo a própria Maria Isabel, em carta biográfica a uma amiga:

> Estando ela por infelicidade dela e minha com uma imagem da Senhora da Conceição que ela sempre trazia ao pescoço pendente, e justamente caiu a laranjinha sobre ela, e eu, que estava de frente, fui que levei a Conceição na testa. Desde esse dia até o dia 28 eu levei de convulsões no ventre de minha mãe. Nasci com a testa metida para dentro com a imagem perfeita. Foi preciso eu ficar ano e meio presa no quarto e tudo calafetado para eu não apanhar ar para assim eu ficar perfeita da testa.[9]

Durante curto período, uma paciente Domitila esperou para saber se o imperador reconheceria a filha e o que deveria fazer com ela. Como nada se decidiu a respeito disso durante a permanência de d. Pedro no Brasil, a marquesa de Santos resolveu batizar Maria Isabel, após a abdicação do monarca, no dia em que fazia seis anos que ele conferira o título de duquesa de Goiás a Isabel Maria.

Em 24 de maio, na casa da viscondessa de Castro, o bispo Manuel Joaquim batizou a criança. No ato de batismo, consta que Maria Isabel fora abandonada na casa da avó — que tinha, em suma, pai e mãe desconhecidos. Isso facilitaria um futuro reconhecimento da menina por parte do pai, como já havia ocorrido com a duquesa de Goiás.

Da Europa, algum tempo depois, Domitila recebeu uma carta do marquês de Resende informando-a das intenções de d. Pedro de educar a menina em terras europeias, mas o projeto não logrou e o contato esfriou novamente. Em 1839, quando Domitila havia ido para a corte a fim de matricular a filha no colégio Hitchings, instituição exclusiva para meninas da elite carioca, recebeu a visita de um representante da imperatriz d. Amélia, que tentava fazer cumprir a vontade de d. Pedro.

A marquesa, apesar de se dizer favorável a fazer o que o pai da criança pedira no leito de morte, informou que a menina não lhe era um fardo e que, devido à epilepsia que herdara de d. Pedro, era melhor adiar por mais algum tempo a viagem. Em 1840, a duquesa de Bragança voltaria à carga e seria mais uma vez diplomaticamente dispensada pela marquesa, que permaneceria ao menos com essa filha perto de si.

Em 1848, Maria Isabel casou-se com Pedro Caldeira Brant, conde de Iguaçu, com quem teve cinco filhos: Maria Isabel, Pedro de Alcântara, Maria Teresa, Isabel Maria e Deulinda. Não foi, contudo, um casamento feliz. O temperamento da esposa não ajudava, enquanto o marido era viciado em jogos de azar.

Até no diário de d. Pedro II[10] há referência às desavenças do casal. Em 1862, o imperador recebeu João da Silva Carrão, membro do Partido Liberal e amigo de Domitila. Esse conselheiro solicitava, em nome da marquesa, que o conde de Iguaçu, a serviço do imperador no Rio de Janeiro com um soldo de 500 mil réis por mês, passasse alguns anos em São Paulo junto da mulher. A marquesa ainda solicitava que o meio-irmão da filha dividisse a pensão que pagava ao genro em duas partes, passando uma delas à condessa, que não recebia nem um centavo do marido. Carrão também teceu comentários sobre o gênio de Maria Isabel, afirmando que a mãe mal podia com ela e que o conde podia mais, ao que d. Pedro anotou no diário: "Não creio".

O imperador resolveu ser diplomático em sua resposta a Domitila e anotou no diário: "Eu respondi que não proibia o Iguaçu que ficasse em São Paulo e estava pronto a aconselhá-lo que não deixasse a mulher a não ser em companhia da mãe dela, mas que eu partia do princípio de que o marido é quem deve mandar em casa". Já muito antes de 1862, os problemas entre Maria Isabel e Pedro Caldeira Brant aborreciam tanto Domitila quanto o brigadeiro Rafael Tobias, segundo marido da marquesa. Em 1858, no seu testamento, o brigadeiro fez constar que já pagara um dote de 40 contos de réis à "dona Maria de Isabel de Alcântara Bourbon, cuja quantia entreguei no ato do seu infeliz casamento com o conde de Iguaçu".

Se Iguaçu tinha seus vícios, também os tinha Maria Isabel, e a mãe bem conhecia a filha que tinha:

> Recebi a vossa carta. Vejo tudo o que nela me dizeis. Já não tenho expressões para vos pedir e vos dizer que não há quem não sofra com seus maridos, as mais virtuosas sofrem, quanto mais aquelas que dão motivos. Tenho também recebido cartas de vosso marido que com razão se queixa dos vossos desvarios. Eu, por desgraça minha, o conheço, e mais: vos conheço. Estais sem juízo de todo, e se vos separares de vosso marido separai-vos de vossa mãe, isto vos digo de todo o meu coração.[11]

Maria Isabel não escutou a mãe. Depois de doze anos separada, em 26 de abril de 1874, acabou entrando com pedido oficial de divórcio. Na ocasião, alegou que o marido a expulsara da própria casa, obrigando-a a pedir dinheiro para se manter. Pedro Caldeira Brant teria batido na esposa com violência, provocando ferimentos. Além disso, Maria Isabel acusou-o de adultério com empregadas da casa e outras mulheres. Entretanto, o marido conseguiu comprovar no processo que a esposa não só havia também cometido adultério como tivera filhos fora do casamento.

Com o tempo, a beleza de Maria Isabel, que tanto encantara o poeta Álvares de Azevedo, acabou por se esvair. Rodrigo Otávio[12] lembrava-se da filha da marquesa por volta de 1876: "Conheci pessoalmente a condessa de Iguaçu e, pelos meus dez anos, tive muitas ocasiões de vê-la de perto. Meu pai foi seu advogado. [...] Era uma velha adiposa, feia, com uma belida[13] em um dos olhos, e sem elegância no trajar. Falava muito alto e dirigia-se a todos, referindo-se sempre, de modo brutal, ao imperador e a figurões da Corte".[14]

O historiador Victor Figueira de Freitas morou, quando menino, na rua da Vitória, localizada em Santa Efigênia, bairro da região central de São Paulo, próximo à casa da condessa de Iguaçu, que ficava na rua dos Protestantes, nº 31. Lembrava-se de assistir "a alguns dos tristes espetáculos que proporcionava aos vizinhos curiosos aquela infeliz filha legitimada de d. Pedro I, herdeira muito mais dos impulsos grosseiros de seu pai do que das nobres qualidades e do estoicismo de sua mãe". Victor recordava-se de que a condessa, no final da vida, era assistida por uma única serviçal "preta, talvez sua antiga escrava". "Podemos mesmo acrescentar que foi a condessa — sem o querer por certo e a respeitável distância — a nossa primeira professora de 'nomes feios'."

Freitas afirmou ainda que presenciava furtivamente, da janela de sua casa, os "pileques" que tomava a condessa e os palavrões que proferia quase diariamente. Nessas ocasiões, Maria Isabel aos brados dizia: "Eu não sou a condessa de Iguaçu, sou condessa de Água Suja". O conde de Iguaçu seria um "grande libertino [...] jogava tudo quanto lhe passasse pelas mãos, a ponto de jogar certa vez a posse temporária, precária, da esposa, a condessa, quando a sorte o desamparou e nada mais lhe restava, nem mesmo o próprio pundonor".[15]

Maria Isabel faleceu de arteriosclerose em sua casa, a 5 de setembro de 1896. Em 7 de setembro, foi sepultada ao lado de sua mãe, no cemitério da Consolação, em São Paulo.

O filho da baronesa de Sorocaba

Filho da irmã da marquesa de Santos com d. Pedro I, Rodrigo Delfim Pereira nasceu em setembro de 1823 e foi batizado em novembro do mesmo ano. Após a morte do barão de Sorocaba, o imperador, horrorizado com o fato de o filho ainda não saber ler nem escrever, enviou-o à Europa em 1829, a fim de que fosse educado. Apesar de d. Pedro preferir que ele frequentasse alguma escola na França, o marquês de Barbacena matriculou-o em um colégio na Inglaterra.

Em outubro de 1831, Rodrigo, já alfabetizado em inglês, escrevia[16] ao pai:

> Highgate, 14 de outubro de 1831
>
> Sire
>
> É meu primeiro dever, tendo aprendido a escrever, dirigir-me a Vossa Majestade, para agradecer-vos por vossa bondade, outorgando-me uma boa educação, e assegurar-vos que eu estou me esforçando, tanto quanto posso, para progredir em meus estudos, e particularmente na língua portuguesa, para que eu possa futuramente tornar-me merecedor do favor e amparo de Vossa Majestade.
>
> Eu espero que Vossa Majestade e vossa Ilustre Consorte estejam no gozo de perfeita saúde, e, implorando a benção de Vossa Majestade, tenho a honra de subscrever-me,
>
> De Vossa Majestade
> Obediente e devotado súdito
> Rodrigo

Educado inicialmente na Inglaterra, foi estudar em Paris após a morte de d. Pedro, tutelado pela imperatriz d. Amélia. Acabou ingressando na carreira diplomática brasileira, servindo na França, na Inglaterra e em Portugal. Eventualmente, retornava ao Brasil. Em 1851, casou-se, no Rio de Janeiro, com Carolina Maria Bregaro, sobrinha de Paulo Bregaro, o correio da Independência. A noiva era treze anos mais nova que ele.

Os dois tiveram casa no Rio de Janeiro e em Petrópolis. Segundo o historiador Tobias Monteiro e o escritor Antônio Pacheco Ferreira Viana, d. Pedro II teria tido um caso com a bela cunhada.

Em 1876, liquidando seus bens na corte, Rodrigo e a mulher foram morar definitivamente em Portugal. A casa que lhes pertenceu em Petrópolis ainda se encontra de pé, na avenida Koeler. Sua sobrinha, a princesa Isabel, adquiriu-a com o marido, o conde d'Eu, por 45 contos de réis. Localizada diante da catedral de Petrópolis, é conhecida hoje como Palácio da Princesa, sede da Companhia Imobiliária de Petrópolis.

Quando de seu falecimento, em 1891, o meio-irmão, d. Pedro II, anotou no diário que continuou a alimentar no exílio:

> 5 de junho de 1891 (6a f.)
>
> [...] Lettre de Lisbonne. Fala da morte de pessoas conhecidas. De Delfim Pereira "caballero de haute mine et adorablement bon... qui avait du sang royal dans les veinas" — com efeito era o que se chama bom rapaz e meu irmão embora meu pai não o declarasse em ato público, e de outros [...].[17]

Sua viúva, Carolina Maria Bregaro Pereira, viveu até 1915. O casal deixou diversos descendentes em famílias ilustres da nobreza e da alta sociedade portuguesa. Um desses descendentes é Francisco José Pereira Pinto Balsemão, nascido em 1937. Jornalista e político, foi deputado e um dos fundadores do Partido Popular Democrático, depois PSD. Atuou como presidente do Conselho de Ministros de Portugal entre 1981 e 1982.

O filho de madame Saisset

Em 30 de dezembro de 1828, um casal francês de sobrenome Saisset, formado por comerciantes estabelecidos na rua do Ouvidor, no Rio de Janeiro, embarcava apressadamente para a Europa com seus dois filhos pequenos. A modista Clemence havia se envolvido com d. Pedro I, enquanto o marido aparentemente fazia vista grossa. Até que, por fim, ela engravidou do imperador.

Prometendo, por escrito e com testemunho de seu bibliotecário particular, Germano Lassere, uma pensão vitalícia a ela, ao marido e à criança que esperava, d. Pedro conseguiu despachá-los para longe do Brasil. Tanto Resende quanto Barbacena, na Europa, e o Chalaça, no Brasil e depois em Portugal, teriam que trabalhar arduamente para manter os Saisset sob controle. Por conta do atraso nos pagamentos, os dois a todo momento ameaçavam fazer um escândalo, chegando até mesmo a insinuar que tinham, consigo, correspondências comprometedoras entre d. Pedro e Clemence.

O primeiro a ter contato com os Saisset na Europa foi Barbacena, que de Londres escreveu, escandalizado, a d. Pedro:

> Permita V. M. I, a um criado velho, e fiel pedir-lhe mui respeitosamente que não escreva mais a mulher desta ordem. O diploma [referência à carta com o acordo financeiro acertado] poderei haver à mão logo que tiver 3 mil libras, mas como haver as cartas que V. M. I. escreveu-lhe antes, e depois de sua partida? Estas cartas são apresentadas a muita gente, e suponho por agora só prestam motivos a desagradáveis observações, servirá como tudo no futuro para invectivas e processos, quando V. M. suspender a pensão.

D. Pedro, que escrevera a Barbacena temendo que o marido de Clemence a maltratasse por conta do caso e da gravidez, foi tranquilizado pelo marquês, que deu a entender que Saisset não aparentava qualquer pudor em receber dinheiro pelos préstimos da esposa. Além disso, afirmou:

> Madame Saisset tem sobre a mesa da sala onde recebe as visitas um papagaio do Brasil, que atrai a atenção de todos, e ela, com ar de riso, e uma voz mais baixa, diz a cada um — o

imperador que me deu. Esse papagaio pertencia à falecida imperatriz. Se por infelicidade alguém parece duvidar de um tal presente, chovem os elogios de V. M., e então em voz mais alta: — Oh, Sim, você não conhece o imperador, ele é um homem charmoso, cheio de espírito e graça, veja só suas cartas... Esta cena é representada todos os dias em Sabloniere Hotel e continuará em Paris. Espero que V. M. I. lembrando-se deste fato não escreverá mais a nenhuma filha de Jerusalém, e que reconhecerá nesta penível exposição os sentimentos de um verdadeiro e fiel criado.

Em Paris, quando Barbacena conseguiu levantar parte da quantia a ser pagar aos Saisset, as coisas mudaram: Clemence, instruída por seu marido, não lhe devolveu o acordo feito no Rio de Janeiro, mantendo-o até que tudo fosse quitado. Somente em junho de 1829 as coisas se resolveriam, quando do adiantamento da pensão de um ano e o pagamento integral de 75 mil francos.

Nada, porém, parecia demovê-los da ânsia pelo dinheiro. Resende, que os conheceu e ficou tão repugnado com os achaques dos Saisset que afirmou não poder mais atravessar os umbrais de seu apartamento, afirmou em carta ao Chalaça que muito provavelmente o marido deveria ter ido ao Brasil de caso pensado, a fim de jogar a mulher na frente do imperador e, assim, garantir sua fortuna. No entanto, as coisas não saíram como os Saisset haviam previsto. Somente parte do prometido foi pago, acumulando-se anos de pensões não saldadas antes e depois da morte de d. Pedro. Apesar dos infindáveis rogos do casal — até mesmo a d. Amélia, diretamente —, somente em 1841 Francisco Gomes da Silva informou ao casal que o inventário terminara, assim como a partilha dos bens.

Da quantia que d. Pedro lhe legara em testamento, o saldo final a ser pago a Pedro Saisset somava pouco mais de dez contos de réis.

Pedro de Alcântara Brasileiro foi educado em um dos melhores colégios de Paris: o Liceu Louis le Grand, onde se formou em letras. Também obteve diploma em Direito pela Faculté de Droit de Paris. Além do francês, falava inglês e espanhol.

Com espírito aventureiro, Pedro Saisset partiu para Nova York, onde chegou em 1848. Quase imediatamente, embarcou no *Hector*, um dos primeiros navios a fazer a volta pelo cabo Horn, no extremo sul da América, para contornar o continente e chegar à Califórnia. Depois de uma viagem de seis meses, Pedro desembarcou em São Francisco em 2 de julho de 1849.

Quando deixou a França, seus pais lhe deram 5 mil dólares em mercadorias para que vendesse na Califórnia. Deveria regressar à França em seguida e iniciar sua carreira militar. No entanto, após desembarcar os passageiros e a bagagem, o capitão do *Hector* zarpou levando toda a mercadoria. Pedro, tendo apenas umas centenas de dólares e alguns baús de roupas para uso pessoal, teve literalmente de arregaçar as mangas; sem nunca ter feito qualquer trabalho braçal, passou a trabalhar em um navio que fazia a travessia da baía de São Francisco.

Juntando dinheiro, logo tornou-se um dos primeiros estrangeiros a possuir terras em seu próprio nome na Califórnia. Pedro adquiriu uma faixa com vários acres de terra na estrada de Alviso, em San Jose, onde construiu uma cabana como residência. Passado o tempo, foi fazendo no local os melhoramentos necessários para transformá-lo em uma fazenda.

O filho do imperador gostava de narrar como, após ter comprado, em 1853, uma propriedade na First Street, em San Jose, colocou sua cabana em uma carreta e foi conduzindo os cavalos através da janela da sua casa portátil até o novo terreno — aventura que o pai, d. Pedro, provavelmente apoiaria.

Pedro Saisset foi um grande empreendedor. Em seus primeiros dias na Califórnia, mexeu com navegação, propriedades, seguros. Mais tarde, em 1882, fundou e presidiu a empresa de eletricidade Brush Electric Light. Foi também agente consular da França na Califórnia por cerca de 35 anos, até sua morte. Acabou se afastando dos negócios, mas sempre esteve pronto a dar conselhos. Costumava dizer: "Custa tão pouco tornar os outros felizes, então por que não fazer?".

Em 1864, ele retornou para a França em virtude do falecimento de sua mãe. Ali, recebeu do testamenteiro de Clemence um pacote em que se lia: "Para enviar a Pedro de Alcântara Brasileiro, filho natural de S. M. Dom Pedro I, Imperador do Brasil. Se ele recusar por si mesmo, que ele aceite por seus filhos".[18]

Foi somente assim, em 15 de dezembro de 1864, que Pedro Saisset tomou conhecimento de sua origem. Ele apressou-se em copiar toda a documentação de que tomara conhecimento, as cartas trocadas entre os Saisset e os encarregados de negócios de d. Pedro I, uma miniatura do imperador seu pai e diversas outras informações pertinentes. Em seguida, enviou-as ao imperador d. Pedro II no Brasil. Junto com as cópias seguia uma carta, na qual pedia proteção para si e para seus filhos, dispondo-se até a se mudar para o Brasil e aprender a falar o português.

O que Pedro Saisset desconhecia é que somente ele não sabia de sua filiação. O esposo de Clemence já retornara ao Rio de Janeiro no início da década de 1840 a fim de reclamar a herança deixada por d. Pedro, aproveitando para tentar se aproximar do meio-irmão do filho. D. Pedro II sabia bem quem era Pedro Saisset desde muito antes de 1865, quando a documentação enviada da França chegou. De início, o imperador teria, devido aos apelos constantes de madame Saisset, se interessado pelo rapaz, financiado seus estudos e cogitado até mesmo enviá-lo a Munique, sob os cuidados do sábio dr. Carl Friedrich Philipp von Martius. O projeto, contudo, foi abandonado, não havendo indicações do porquê.

Se d. Pedro II respondeu à carta de 1865 enviada pelo meio-irmão, disso também não há indícios — ou ao menos não emergiram ainda dos arquivos. Infelizmente, em nenhum trecho dos diários de d. Pedro II é dito se ele se avistou com o irmão quando de sua visita aos Estados Unidos, em 1875. O único ponto de contato descoberto é Londres: em 1877, o livro de visitas do imperador acusa que ele recebeu, em 26 de agosto, o capitão de fragata Ernest de Saisset, irmão de Pedro Saisset.

Pedro Saisset faleceu em sua casa, na Califórnia, em 1902. Foi casado com Maria Palomares, com quem teve quatro filhos: Pierre, Ernest, Henrietta e Isabel. Dos quatro, somente Isabel se casou, e nenhum deles deixou descendentes. Isabel, a última neta de d. Pedro na Califórnia, faleceu em 22 de abril de 1950, legando terrenos da família e toda a sua coleção de joias, arte e objetos pessoais à criação do Saisset Museum, sob a responsabilidade da Universidade de Santa Clara. O museu e as peças, sobretudo a coleção de pinturas feitas por seu irmão Ernest de Saisset, que estudara arte na tradicional *Académie Julian*, em Paris, seguem expostas até hoje.

Os filhos oficiais

O único filho que d. Pedro I teve com sua última esposa, a ex-imperatriz d. Amélia, foi uma menina nascida em Paris, no final de 1831. Ela recebeu o nome de sua madrinha, a rainha Maria Amélia da França, e ficou conhecida pelo apelido de "princesa Flor". Mesmo passados anos desde a morte de d. Pedro, d. Amélia ainda lutava pelo reconhecimento da filha como princesa do Brasil. Tratava-se de uma questão de posição social, de *status*, que definiria o lugar da menina aos olhos da nobreza mundial. O assunto só foi solucionado após a maioridade de d. Pedro II.

A jovem e linda princesa — adjetivos que os retratos respaldam — teve um fim trágico que viria a aumentar os sofrimentos de d. Amélia: contraiu tuberculose, a mesma doença que matara seu pai. Apesar de todo o tratamento, ela não resistiu e faleceu na Ilha da Madeira aos 21 anos, em 4 de fevereiro de 1853.

A princesa Flor chegou a ficar noiva do arquiduque Maximiliano, irmão do imperador Francisco José da Áustria, ambos sobrinhos de d. Leopoldina e de d. Pedro I. A profunda dor causada pela morte da princesa levou Maximiliano a fazer uma peregrinação pelos locais em que d. Maria Amélia estivera. Em seu diário, deixou registrado que a morte da princesa significava o fim de alguém que parecia destinada a lhe dar tranquilidade e felicidade.

Maximiliano visitou o Brasil, onde conheceu os primos e se encantou com a única monarquia existente na América. Buscando, segundo ele, "por sobre as ondas do oceano um alívio que a Europa não pode mais dar à minha alma perturbada", encararia a louca aventura proposta por Napoleão III de se fazer imperador do México. D. Amélia, a imperatriz viúva que fizera herdeiro de seus bens na Baviera o homem que ela "ficaria feliz em ter como genro", teve que mudar suas disposições após a execução de Maximiliano em terras mexicanas. Ainda diante do pelotão de fuzilamento, o arquiduque pediu que a medalha da Virgem Maria que usava fosse enviada à imperatriz d. Amélia.

D. Amélia, que viveu enlutada toda a vida — pelo marido, pelo irmão e pela filha —, faleceu em Lisboa, no Palácio das Janelas Verdes, em 26 de janeiro de 1873. Seu corpo, embalsamado, encontra-se no Brasil, mais precisamente na Cripta Imperial, no Monumento da Independência.

Os filhos de d. Leopoldina

D. Maria da Glória

Nascida no Rio de Janeiro em 4 de abril de 1819, d. Maria da Glória assumiu o trono às vésperas da morte do pai. Um dos últimos atos de d. Pedro I foi conceder a mão de d. Maria II ao cunhado, o príncipe Augusto de Leuchtenberg, duque de Santa Cruz, a quem o ex-imperador também legou sua espada. O casamento ocorreria por procuração em Munique, no final de 1834, com o príncipe chegando a Lisboa em janeiro de 1835. Todavia, d. Maria e Augusto não ficariam casados por muito tempo.

O príncipe faleceu menos de três meses depois de sua chegada, em março de 1835, causando comoção popular em Lisboa e perseguição ao chefe do governo, o duque de Palmela, acusado de envenenar um membro da família real portuguesa. Segundo os pasquins e a boataria que tomou ares de revolta popular — o que fez com que a casa de Palmela chegasse a ser invadida —, o duque pretendia que a rainha se casasse com um filho seu, e por isso teria matado o príncipe Augusto.

Depois de dois casamentos fracassados — primeiro, com seu tio d. Miguel, que lhe tomara o trono; depois, com o príncipe Leuchtenberg —, d. Maria casou-se em 1836 com o príncipe Fernando de Saxe-Coburgo-Gotha, primo do príncipe Alberto, marido da rainha Vitória. D. Maria II e a rainha inglesa manteriam contato constante por meio de cartas.

O reinado de d. Maria II foi bastante tumultuado. O conflito entre liberais e conservadores foi uma constante. Diversas vezes a Carta Constitucional foi modificada, e nomes como Alexandre Herculano, entre outros, vieram a público mostrar arrependimento por terem combatido no Porto com o pai da rainha, devido à má condução dos negócios públicos.

D. Maria II faleceu em 15 de novembro de 1853, aos 34 anos, em consequência do parto do seu 11º filho. Estava nos braços de sua madrasta, a imperatriz d. Amélia.

D. Januária

Nascida em 11 de março de 1822, logo após o Dia do Fico, d. Januária recebeu seu nome em homenagem à cidade do Rio de Janeiro, ficando conhecida como "a princesa da Independência". Em agosto de 1836, fez seu juramento solene como princesa imperial do Brasil e herdeira do trono, permanecendo assim reconhecida até o nascimento do primeiro filho de d. Pedro II. Casou-se aos 22 anos, em abril de 1844, com o conde de Áquila, irmão da esposa de d. Pedro II.

D. Pedro II, à época do casamento de d. Januária, foi assim descrito pelo embaixador austríaco no Rio de Janeiro:

> Ele tem um bom coração, é estudioso, aplicado e moral, mas devido à direção errada de sua educação, suas maneiras não

> são nem graciosas nem amáveis. Ele é suspeitoso, sombrio, reservado e tem a vida a mais retraída [...].

O esposo de d. Januária, por outro lado, buscava

> levar a vida o mais alegre possível. Popular por suas maneiras afáveis e graciosas, e pelas boas relações em que vive com a princesa Januária, tão justamente adorada por todos quantos têm a honra de a aproximar, sua posição teria sido fácil se, habituado aos usos europeus, ele não se tivesse chocado com as maneiras do Imperador, do Paço e dos Ministros, e se tivesse conseguido vencer uma susceptibilidade bem natural de parte de um Príncipe educado numa corte europeia.[19]

Logo d. Pedro II, com 19 anos, deixaria de se entender com o cunhado. O mordomo do Paço Imperial, Paulo Barbosa, alimentando a intriga, passou a levantar suspeitas com relação a d. Januária e o esposo. Em breve, rumores de um golpe palaciano, em que d. Pedro II seria destituído pela irmã, chegaram até as ruas do Rio de Janeiro, a ponto de o embaixador austríaco pedir a Metternich instruções a respeito do que deveria fazer se isso efetivamente ocorresse: seguir com d. Pedro II para o exílio ou permanecer no Brasil, ao lado da nova Habsburgo no trono?

O mal-estar entre d. Pedro e o casal assumiu tão grandes proporções, que o imperador optou por não convidar a irmã e o cunhado para a comemoração de seu aniversário de casamento. No fim, d. Januária, cansada das humilhações e de ver seus amigos e criados destituídos indiscriminadamente de suas posições na corte, alegou estar doente e precisar ir para a Europa se tratar. Como herdeira do trono, a situação era melindrosa, e era necessária a aprovação da Assembleia. D. Pedro II tergiversou o quanto pôde, até receber um ultimato do cunhado; então, decidiu ceder.

O casal partiu para a Europa em outubro de 1844. Em 1845, com o nascimento do primeiro filho de d. Pedro II, d. Afonso, d. Januária deixou de ser a principal herdeira do trono e estabeleceu-se definitivamente na Europa com o marido. Sua vida não foi das mais felizes: o duque de Ávila gastava a fortuna que não tinha e causou problemas financeiros ao casal, que mais de uma vez foi ajudado tanto por d. Pedro II quanto por d. Amélia. D. Januária teve quatro filhos e faleceu em Nice, França, em 1901, sendo a única dos irmãos a chegar ao século XX.

Dos filhos de d. Januária, vale especial menção Filipe de Bourbon (1847–1922). O príncipe era irrequieto como o avô d. Pedro e, por conta disso, a mãe, esgotadas todas as tentativas de tentar educá-lo, pediu ajuda ao irmão, d. Pedro II. O rapaz foi mandado ao Brasil, onde, em 1869, assentou praça como cadete na Escola Militar. Para desespero do tio imperador, porém, foi no país tão insubmisso quanto na Europa, a ponto de d. Pedro retirá-lo do paço para que não influenciasse de maneira negativa os netos. Ele chegou a escandalizar a princesa Isabel ao afirmar categoricamente que não acreditava em Deus.[20]

D. Paula Mariana

D. Paula Mariana nasceu em 17 de fevereiro de 1823, sendo batizada pelos pais em homenagem a São Paulo e Minas Gerais. Faleceu às vésperas de completar 10 anos. Graças à sua curta vida, que passou praticamente toda enferma, seus irmãos apelidaram-na de "Santinha".

Sempre buscando a melhora da filha, d. Pedro chegou a cogitar enviá-la para tratamento na Europa, mas acabou por abandonar o projeto. Na incessante busca por "melhores ares", o imperador levava-a periodicamente para a região serrana do Rio de Janeiro, de clima ameno e mais saudável. Por conta disso, acabou adquirindo a fazenda do Córrego Seco, onde d. Pedro II ergueria futuramente a cidade de Petrópolis.

D. Paula, assim como desejou seu pai, foi sepultada junto à mãe no convento de Ajuda. Com a demolição do edifício no início do século XX, os corpos dos membros da casa imperial que lá se encontravam foram transferidos para o convento de Santo Antônio, no largo da Carioca, onde estão até hoje — com exceção do de d. Leopoldina, transferido em 1954 para a Cripta Imperial, no Monumento da Independência, em São Paulo.

D. Francisca

Nasceu em agosto de 1824, e seu nome foi uma homenagem ao avô e padrinho, o imperador Francisco I da Áustria.

Em 1838, aportava no Rio de Janeiro o navio *Hércules*, trazendo a bordo Francisco, príncipe de Joinville, terceiro filho do rei Luís Filipe da França. Francisco conhecera d. Pedro I e ao lado dele cavalgara, em 1831, pela Champs-Élysées, durante as comemorações do aniversário da Revolução de 1830. No Brasil, conheceu d. Pedro II e as irmãs e participou da insípida vida da corte, até que resolveu partir para expedições em Minas Gerais e Espírito Santo. Convivendo com d. Januária e d. Francisca, encantara-se pela "Chica", nome pelo qual era conhecida na família. Em 1843, retornou ao Brasil como comandante da fragata *Belle Poule*, que anos antes levara o corpo de Napoleão da Ilha de Santa Helena a Paris, para ser enterrado.

Casou-se com d. Francisca em 1º de maio de 1843, na capela do Palácio de São Cristóvão. Como presente de casamento, os noivos receberam do rei Luís Filipe um cofre de joias confeccionado pela Real Manufatura de Sèvres em bronze, esmalte e placas de porcelana; nele estão retratadas cenas da vida e dos feitos navais do príncipe. A peça está atualmente exposta no Museu Imperial, em Petrópolis. Além do dote de mais de 700 contos de réis, uma fortuna para a época, a princesa d. Francisca também recebeu aproximadamente 25 léguas quadradas (aproximadamente 125 km^2) ao nordeste da província de Santa Catarina, à margem esquerda do rio Cachoeira. Futuramente, com a deposição do sogro, em 1848, do trono da França, d. Francisca e seu marido negociariam suas terras no Brasil com a Companhia Colonizadora Alemã. Nascia, assim, a Colônia Dona Francisca, que deu origem à cidade de Joinville.

Seu porte, sua educação e suas maneiras garantiram o sucesso de d. Francisca na corte francesa, que a apelidou de "La Belle Françoise". No exílio, dedicou-se aos filhos e ao marido. Nunca se esquecendo do Brasil, manteve intensa correspondência com d. Pedro II, até mesmo admoestando-o a tratar com severidade o nascente partido republicano. Durante a Guerra Civil norte-americana, o inquieto príncipe de Joinville, junto com os filhos e dois sobrinhos, partiu para os Estados Unidos a fim de se colocar à disposição da causa da União contra os Confederados.

D. Francisca faleceu em Paris, na França, em 1898.

D. Pedro II

O conde de Gestas, em ofício enviado em 1827 ao ministro do Exterior da França, disse sobre o futuro d. Pedro II:

> Fui [...] recebido pelo imperador depois de jantar e rodeado pelos filhos. Pude ainda admirar a robustez da Rainha de Portugal e a do pequeno Príncipe Imperial que, tendo apenas dois anos, corre, grita, e compreende o francês e, entretanto ainda mama.

Segundo o historiador José Murilo de Carvalho, biógrafo de d. Pedro II,[21] o último imperador do Brasil, apesar de não conviver com a mãe, assemelhava-se mais a ela do que ao pai, o que demonstra que a insistência e a pressão de d. Pedro I para que os filhos estudassem deram resultado — e talvez até mais do que o desejado.

A neta de d. Pedro I, a princesa d. Isabel, se sentiria sufocada no que apelidou de "convento de São Cristóvão", em lugar de palácio. Seu pai, que passara toda a infância praticamente recluso, sem contato com nenhum brilho, mesmo que opaco, das festas de uma corte imperial, se dedicaria sempre ao Brasil e aos estudos. Até nos momentos de lazer estudava, realizando ditados em grego e latim para suas duas filhas, d. Isabel e d. Leopoldina.

Segundo José Murilo de Carvalho:

> D. Pedro I era comandado por emoções, às vezes contraditórias, a que não aprendera a impor barreira alguma. Era impulsivo, romântico, autoritário, ambicioso, generoso, grosseiro, sedutor. Era capaz de grandes ódios e grandes amores. D. Pedro II foi educado para não se parecer com o pai. Ensinaram-lhe a controlar ódios e amores, a ser contido, racional, equilibrado, previsível.[22]

Entretanto, era só o verniz de d. Pedro II que era mais grosso que o do pai e não lascava facilmente. Por baixo de toda a educação, polidez e cultura, moviam-no as mesmas paixões. Ele talvez tenha perdido para o progenitor em número de amantes e de filhos, legítimos ou não. Entretanto, sua fogosidade com as amantes, mais bem ocultadas que as do seu pai, também deixou registros. Assim como o pai, d. Pedro II também teve uma favorita, a condessa de Barral. É verdade que o caso foi tratado de maneira muito mais discreta que aquele de d. Pedro I com a marquesa de Santos, mas não é menos verdadeiro o fato de que a esposa de d. Pedro II, a imperatriz d. Tereza Cristina, se viu obrigada a conviver com a condessa dentro da própria casa, onde trabalhava como preceptora das princesas imperiais.

D. Pedro II foi declarado maior de idade pela Assembleia brasileira em julho de 1840, aos 14 anos. Tratou-se do chamado Golpe da Maioridade, que derrubou a regência do partido conservador. Novamente, os dois irmãos Andrada ainda vivos, Antônio Carlos e Martim Francisco, estiveram envolvidos no processo, assim como o Partido Liberal e o Clube da Maioridade. Eles achavam que a figura de um soberano governando a nação no lugar de uma rotação de regentes, cada qual de um partido político distinto, transmitiria segurança e continuidade, além de voltar a integrar todo o território nacional, ainda envolto nas revoluções secessionistas da era regencial.

D. Pedro II reinou no Brasil por 58 anos, desde a abdicação do pai, em 7 de abril de 1831, até o golpe militar que instituiu a República brasileira, em 15 de novembro de 1889; com os negócios de Estado, lidou diretamente de 1840 até 1889. Sua filha e princesa herdeira do Brasil, d. Isabel, assumiria a regência brasileira nos diversos períodos em que se ausentou o pai, a exemplo do que fizera anteriormente sua avó, d. Leopoldina.

As viagens de d. Pedro pelo mundo tinham mais caráter particular do que efetivamente de Estado. Sua intensa sede de conhecimento o levou ao Egito, à Terra Santa, a São Petersburgo e a diversas capitais da Europa, bem como aos Estados Unidos. Guardada no Arquivo Histórico do Museu Imperial, em Petrópolis, sua correspondência revela, assim como seus diários, uma pessoa interessada em tudo o que ocorria em seu tempo. Foi amigo e correspondente de personalidades mundiais, como os escritores Victor Hugo, Alessandro Manzoni e Alexandre Herculano, os cientistas Alfred Nobel e Louis Pasteur, a quem d. Pedro II apoiou financeiramente, e o compositor Richard Wagner, entre diversos outros — incluindo o conde de Gobineau, um dos responsáveis pelo mito da raça superior.

Em 1876, d. Pedro seguiu para os Estados Unidos. Foi o único chefe de Estado presente às comemorações do centenário da independência daquele país. Lá, visitou e participou do júri da Exposição Universal na Filadélfia, em que diversos inventos eram demonstrados, entre eles o telefone de Graham Bell. D. Pedro já conhecera o inventor anteriormente, devido a seu interesse pelo método de ensino desenvolvido pela família de Bell, que tinha tradição em corrigir a fala e treinar pessoas com deficiência auditiva. Foi graças à intervenção do imperador que Bell pôde apresentar pessoalmente seu invento, o telefone. O júri estava pronto para postergar, para o dia seguinte, a verificação do aparelho, mas Alexander tinha que partir para Boston e não estaria presente durante a análise. D. Pedro interveio e salvou o dia de Bell, garantindo-lhe o reconhecimento mundial.

Após sua deposição, em 15 de novembro de 1889, no aniversário de 36 anos da morte da irmã, d. Maria II, d. Pedro II partiu para o exílio na Europa, vindo a falecer em Paris aos 66 anos, no mês de dezembro de 1891. A República da França, afrontando o governo republicano brasileiro e convencendo a princesa d. Isabel, que desejava uma cerimônia familiar, realizou um funeral de Estado para o ex-imperador brasileiro.

Pela Paris em que d. Pedro I cavalgara sessenta anos antes, ao lado do rei Luís Filipe, passou com todas as pompas o carro fúnebre que levava o corpo de seu filho, d. Pedro II.

Além de membros da família imperial brasileira, estiveram presentes os ex-reis da Espanha e Duas Sicílias, assim como o conde de Paris, herdeiro do trono francês, diversos nobres e representantes da realeza europeia, o governo francês e grandes intelectuais do período. Todos prestaram respeitos ao ex-imperador na igreja de la Madeleine, onde o corpo foi velado. Oitenta mil soldados do exército francês, todos em uniforme de gala, honraram o ex-imperador brasileiro, enquanto os cavalos, as bandas militares e as bandeiras ostentavam sinais de luto.

Apesar da chuva e da baixa temperatura, uma multidão de cerca de 300 mil pessoas acompanhou o féretro em direção à estação de trem, de onde o corpo seguiria para ser sepultado, junto da esposa, do pai, da irmã e dos avós, no Panteão de São Vicente de Fora, em Lisboa.

O jornal norte-americano *New York Times*, comentando o falecimento de d. Pedro II, afirmou que ele fora "o mais ilustrado monarca do século" e que o governante tornara o "Brasil tão livre quanto uma monarquia pode ser". D. Pedro I sabia, em sua época, que nenhum governante, brasileiro ou não, deveria jactar-se de sua ignorância. Tinha consciência da sua e da limitação que ela lhe impunha — talvez mais psicologicamente do que na prática. O primeiro imperador brasileiro certamente teria orgulho de seu herdeiro.

ÚLTIMAS PALAVRAS

A última carta de d. Pedro aos brasileiros

Um mistério ainda ronda o dr. Tavares, médico que assistiu d. Pedro até o final de sua vida: teria sido ele quem recebeu do ex-imperador o ditado de uma carta aos brasileiros? A missiva, impressa no Rio de Janeiro, em 1835, pela Tipografia Fluminense de Brito & Cia., veio a público sob o título: "Carta Póstuma de d. Pedro, duque de Bragança, aos Brasileiros". A ele seguiam-se os dizeres: "a qual foi remetida pelo doutor T...". No início da carta, d. Pedro explica que todos a sua volta dormiam, exaustos por velarem sua cabeceira; o único que restava acordado, e que choraria copiosamente ao tomar nota de suas palavras, era um amigo fiel. Logo após a introdução, o imperador lança-se aos antigos súditos da pátria que adotara de coração.

> Uma irresistível simpatia, uma saudade sem par, me chama para vós Brasileiros! Eu sou vosso patrício, vosso patrício por escolha, por adoção, por voluntária decisão de alma embora nascesse eu em Portugal, é no Brasil que eu nasci ao sentimento de mim mesmo, é no Brasil, sob o benigno céu, seu sol resplandecente, no seio da sua virginal e incomparável natureza, que minha juventude floresceu, e que a vida com os seus mistérios, a mocidade com os seus encantos, se manifestaram a minha alma; é no Brasil que eu fui filho, esposo,

pai, cidadão, soberano, legislador, fundador de um império! [...] Meu estado não me consente escrever [...].

Já estou quite com Portugal. Paguei plenamente a dívida que contratei com o meu nascimento; regenerei suas instituições; dei-lhe uma Constituição e duas vezes a liberdade, e por ele morro na flor dos meus anos. Mas convosco, Brasileiros, a minha consciência não me outorga tão satisfatório testemunho. Terei cumprido com todos os deveres de Fundador do Império: Mas, o foro interior me acusa de ter parado na metade da tarefa. Sem dúvida eu vos suavizei o caminho da independência; eu vos salvei da horrenda anarquia que devora vossos vizinhos; eu vos dei um pacto social concorde com a vossa civilização [...]; porém não era bastante redigir e promulgar esta constituição; preciso fora dar-lhe o indispensável andamento promulgando prévia ou simultaneamente todas as leis orgânicas e códigos de que ainda em parte careceis depois de doze anos [...].

[...] Com a constituição que eu dera cuidei que tudo estava feito e que podia descansar sob a sua égide à moda dos reis que nasceram em tão feliz posição: era pedir sombra à arvore apenas plantada e que ainda não criara raízes e folhagens. [...] As preocupações do nascimento, a falta de educação e de experiência, as alucinações da juventude sequiosa de delícias, e prazeres, a falaciosa linguagem dos cortesães da diplomacia, a falta de moral e pouca esfera dos meus primeiros conselheiros, tudo me desviou da estrada de glória e do liberalismo em que de entrada me lançara com entusiasmo e candura [...].

Embora [...] me tenham indigitado como inimigo do Brasil, embora me tenham acusado de aspirar à tirania. Eu tirano? Brasileiros! Nenhum de vós, no fundo de sua alma, o tem acreditado. Quem vos deu a Independência e a Constituição, que não sacrificou vida, usurpou propriedade, ou violou lei alguma no decurso de mais de cinco anos em que a ditadura de fato esteve nas suas mãos, acaso mereceu o oprobrioso título de tirano? Eu inimigo do Brasil? Quem vendo a sua administração desmoronada, e perdendo as esperanças de fazer a vossa felicidade preferiu abdicar, a fazer correr sangue para sustentar a sua autoridade, nunca foi vosso inimigo, a quem oferecendo-se em holocausto, no momento de se exilar para outro hemisfério, confiou a vós aquilo que tinha de mais caro [...], todos os filhos que gerara, quatro anjos encantadores, que seus olhos mortais jamais haverão de tornar a ver, seus braços jamais haverão de estreitar, este decerto não vos havia perdido nem a afeição, nem a confiança nas vossas virtudes, e no amor excessivo que outrora lhe havíeis consagrado.

Ao longo da carta, d. Pedro fala de política e diz que nunca fora sua intenção, resolvidos os negócios portugueses, retornar ao Brasil e virar regente do filho. Também toca em uma questão que sempre lhe fora particularmente cara — a abolição da escravidão:

> Não posso deixar de vos dirigir uma advertência acerca da escravidão dos negros. A escravidão é um mal e um atentado contra os direitos e a dignidade da espécie humana, mas as suas consequências são menos danosas aos que padecem o cativeiro do que à nação, cuja legislação admite a escravatura, é um cancro que devora sua moralidade. Porém esta praga, quando herdada das gerações anteriores, quando afiançada pelas leis, quando complicada com os misteres da produção, não pode ser sanada violentamente, sem que a existência social perigue. Só quando o trabalho livre for mais barato que o cativo a escravidão findará de per si. Esforçai-vos pois para avançar este desejado resultado, promovendo pelos meios apropriados, e sobretudo pelos melhoramentos materiais das vias de comunicação a população dos homens livres.

Em seguida, faz ele um apanhado dos partidos e políticos proeminentes no Brasil, concluindo:

> Brasileiros! Eu deixo meu coração à heroica Cidade do Porto, teatro da minha verdadeira glória, e o resto do meu despojo mortal à cidade de Lisboa, lugar da minha nascença: porém vós possuís a relíquia mais preciosa, a emanação vivente do meu ser, meu filho! Meu filho único! Brasileiro não pode estimar em demasia este caro penhor [...] Com esta dádiva eu resgatei tudo quanto deixei de cumprir convosco do excelso dever [...] Meu Deus! a tua benção permaneça eternamente sobre os Brasileiros e meu Filho.
>
> Paço de Queluz, às 4 horas da madrugada de 23 de setembro de 1834.

Essa carta pode ser questionada — como qualquer outra. Teria realmente d. Pedro ditado a mensagem, cerca de 34 horas antes de morrer? Trata-se de uma missiva longa demais para ser ditada por alguém cujo pulmão entrava em colapso. De todo modo, d. Pedro nunca primou por fazer o que realmente esperavam dele, nunca deixou de se arriscar até o fim; teimoso, faria o que queria e como queria.

As ideias contidas nessa última carta[1] fazem eco a outros pensamentos de d. Pedro, também mencionados nesta obra, que vieram à luz mediante trechos escritos por seu próprio punho. Embora pouco recomendável, não seria improvável que o ex-imperador dedicasse suas últimas forças a uma longa carta, no intuito de esclarecer possíveis mal-entendidos a respeito de atos que poderiam comprometer sua imagem para a posteridade.

O imperador nu

Independentemente da tentativa de se explicar, os atos e intenções de d. Pedro continuam sendo julgados, até hoje, de maneiras tão contraditórias quanto ele. O país que, desde o centenário da Independência, em 1922, buscava trazer seu corpo é o mesmo que tenta apagar hoje um passado imperial, no qual mulheres ocuparam o posto máximo da liderança brasileira. Mesmo se nos limitarmos ao âmbito do patrimônio histórico, o trabalho da arqueóloga Valdirene Ambiel, que em 2012 buscou a preservação dos restos mortais dos imperadores do Brasil, já evidencia o estado de negligência em que se encontrava o sepulcro deles. Havia até mesmo o risco de ruir o sarcófago de granito em que d. Pedro estava depositado, transformando literalmente em pó os restos mortais do imperador.

Sempre recordarei o ambiente impregnado com o cheiro de urina que vinha do lado de fora das antigas portas de bronze da Cripta Imperial, que hoje servem de mictório público. O mesmo país que trouxera o corpo de d. Pedro o trata hoje como refugo. O líder que soube abrir mão do Brasil e das demais coroas que lhe foram oferecidas também chegou a perder a Constituição — aquela de bronze — que jazia sobre o seu sarcófago, roubada em plena luz do dia.

Bertold Brecht escreveu: "Miserável país aquele que não tem heróis. Miserável país aquele que precisa de heróis". Aparentemente, o Brasil encontra-se no limite entre os dois tipos de países miseráveis a que o dramaturgo alemão se refere. Os brasileiros têm o hábito de jogar quem se destaca na lata de lixo da história nacional; ao mesmo tempo, de lá retiram homens e mulheres limpos e brilhantes quando de alguma necessidade política ou quando é preciso reafirmar algo tão vazio quanto efêmero.

Com o passar do tempo, d. Pedro foi transformado, no Brasil, em personagem mais digno das antigas pornochanchadas. Não se trata mais de alguém que possa servir de exemplo ou lição para algo mais profundo do que saber que o quadro *Independência ou morte* retrata uma cena falsa, afinal o ex-imperador não foi retratado nele com desarranjo intestinal. Mesmo em Portugal ele está longe de ser uma unanimidade. O atual chefe da Casa de Bragança, descendente por parte de pai de d. Miguel e por parte de mãe de d. Pedro, chegou a questionar num documentário televisivo o que d. Pedro tinha ido fazer no país.

Em 2019, fui recebido, junto com a pesquisadora Cláudia Thomé Witte, no Palácio das Necessidades, em Lisboa, onde funciona o Ministério das

Relações Exteriores de Portugal, pelo embaixador Manuel Corte-Real, que nos mostrou o palácio e os aposentos em que d. Pedro trabalhara e onde as Cortes se reuniram em 1821. Numa das salas em que entramos, ele me apresentou a um diplomata. Ao ver o meu livro, que em Portugal foi publicado com o título de *D. Pedro IV*, o questionamento do funcionário veio rápido e cortante: "Efetivamente tivemos um d. Pedro IV?". Entre mil pedidos de desculpas, ao sairmos da sala, o embaixador Corte-Real afirmou que ainda hoje, em pleno século XXI, se questiona em Portugal, principalmente entre descendentes de antigos aliados de d. Miguel, o porquê de d. Pedro ter se envolvido em negócios que não mais lhe diziam respeito.

Se hoje não se sabe ao certo o que fazemos com a memória de d. Pedro, já na época de sua morte alguns indícios nos levam a crer que, em Portugal, ele poderia se tornar alguém indesejado. O marquês de Fronteira recordou que, ao terminar o sepultamento do duque de Bragança, em 1834,

> um deputado, que estava a meu lado e cujo nome não mencionarei, apesar de ter já falecido, quis resignar-se e resignar-me, dizendo-me: O imperador morreu quando devia. Eu respondi-lhe que Deus sabia quando ele devia morrer, mas que nós, soldados do Exército Libertador, sabíamos quando ele tinha querido morrer, que fora nas linhas do Porto e de Lisboa, expondo diariamente a sua vida pelos direitos da filha e pela liberdade da pátria. O deputado era da oposição; não era tolo nem mau, mas o mundo é assim.

Sendo ou não da oposição, como afirmou Fronteira, a realidade é que o deputado pode ter antevisto uma verdade. D. Pedro era, como toda a sua vida demonstrara, um homem de começos; era o braço forte que, do gesto grandiloquente da Independência àquele de abrir com a própria pá uma trincheira, nada temia, nada poupava — nem a saúde, nem a saudade dos filhos. Enfim, ele soube sacrificar-se para transformar as palavras gastas nas Assembleias em verbos de ação.

Ansioso por glórias como d. Sebastião, o primeiro imperador brasileiro abraçava causas ciente de sua importância e da construção de sua imagem para as próximas gerações. Sua letra denuncia-o. Quando a carta ou o bilhete não tinha importância, era displicente, descuidado com a ortografia e a caligrafia. Quando, porém, sabia que redigia algo que seria visto por várias pessoas — e antevendo até mesmo a posteridade —, sua letra mostrava-se impecável, do que dá mostras, por exemplo, a carta escrita à filha d. Maria II em 11 de julho de 1832, na qual informa que a cidade do Porto fora tomada.[2]

Por outro lado, sendo homem de tantas iniciativas, ele tinha pouca ou nenhuma paciência. Não era a pessoa mais pacífica e cordata para continuar uma obra que exigiria equilíbrio, manobras políticas, negociações demoradas, tato e refinamento. Como bem recordou Napier:

> Tendo tomado uma resolução era firme e determinado, até mesmo obstinado; só a última extremidade o poderia ter induzido a abandonar a luta. Era mais facilmente inflamado com os bons sucessos, do que abatido pela adversidade; era franco e segundo julgo sincero, e o aborrecia tanto a intriga quanto a mentira. Era mau político e príncipe inexperto, porque, se não gostava de um indivíduo, não se dava ao trabalho de ocultar.
>
> Não perdoava facilmente aos seus inimigos, mas não era cruel para com eles, nem era muito benigno para com os seus amigos.
>
> Para fazer o resumo do seu caráter, as suas boas qualidades eram propriamente suas; as más, devidas à falta de educação; e homem nenhum conhecia mais esse defeito do que ele próprio.

Viver a vida nos torna conscientes de nosso caráter. À medida que prosseguimos em nossa trajetória e história, à medida que criamos o nosso caminho, temos cada vez mais consciência de nós mesmos, de nossas virtudes e falhas. "A fruta é fina, posto que a casca seja grossa", disse d. Pedro de si próprio. Por isso, insistiria tanto na educação dos filhos; ele via a falha em si — era-lhe um fardo pesado confiar no que julgava ser mera sorte, como desabafou a d. Maria II: "[...] O efeito de não ter recebido uma educação conveniente eu tenho sentido, tudo que tenho feito tem sido porque Deus me tem favorecido [...]".

Como um dos elementos mais observadores da transição entre o Absolutismo e o Liberalismo, d. Pedro aprendeu por si próprio que o lugar de ninguém estava garantido pelo nascimento, mas somente por merecimento próprio. O estudo e o preparo eram imprescindíveis.

Não pensava assim somente em relação aos filhos. Afinal, no artigo 179, parágrafo 23, da Constituição que legou ao Brasil, ele dispôs sobre a instrução primária gratuita a todos, independentemente de cor, religião, credo ou posição social. Essa mesma Carta declarava que competia às Assembleias locais, e não ao imperador ou ao Executivo, legislar sobre a instrução pública, seus estabelecimentos e os meios próprios para promovê-los, o que explicaria, em parte, a falta de iniciativa provincial nesse âmbito. O oposto ocorreria com as faculdades de Medicina, os cursos jurídicos e as demais academias, que estavam subordinados à esfera do Executivo nacional e efetivamente funcionavam.

É interessante, ainda, notar que antagonistas seus, como Evaristo da Veiga, não pouparam elogios a d. Pedro, colocando em sua conta fatos benignos para o Brasil. A unidade territorial é um exemplo: "Se existimos como corpo de Nação livre, se a nossa terra não foi retalhada em pequenas repúblicas inimigas, aonde só dominasse a anarquia e o espírito militar, devemo-lo muito à resolução que ele tomou de ficar entre nós". Até mesmo um republicano como o deputado baiano Antônio Ferreira França levantou-se para defender d. Pedro, declarando ser obrigação do Brasil recebê-lo de volta caso o ex-imperador quisesse retornar sem intenção de antagonizar a nação.

Em sua conta também deve ser creditada a transição do Absolutismo ao Liberalismo e ao regime constitucional, que teve nele seu principal protagonista e defensor. Se é verdade que se deve muito à elite brasileira formada em Coimbra o crédito da formação do Brasil como corpo livre e independente, foi sob o comando de d. Pedro que essas mudanças ocorreram, motivadas por sua vontade, guiadas pelas novas ideias políticas do século XIX a que abraçara.

Graças à exacerbada sexualidade de d. Pedro — cuja motivação talvez viesse do tipo de epilepsia de que sofria —, não faltaram elementos que levassem a compará-lo a um ogro devorador de donzelas. Suas inúmeras conquistas sexuais, bem como sua relação ambígua com as esposas e as amantes, evidenciaram aspectos contraditórios inerentes à própria humanidade do príncipe. Soma-se a esse aspecto o ideal, o chamado à causa liberal, até mesmo como uma forma de sobrevivência e de se atualizar aos novos tempos. Para os mais cínicos, a defesa da nova política por parte de d. Pedro nada mais era que a tentativa de perpetuar não somente a si, mas a própria família no poder; para os mais crédulos, podemos ter um vislumbre, por meio desses mesmos ideais, de como ele percebia e acreditava que a vida deveria realmente ser.

A riqueza de uma personalidade como a de d. Pedro se revela nas inúmeras faces que nos demonstrou. Como homem íntegro e inteiro, alguém que não mandava recados, fez-se e reinventou-se diversas vezes, conforme as necessidades. Isso traz à tona uma verdade imutável e de difícil aceitação: como esse homem, repleto de sérios defeitos morais e contradições políticas, pode ter seu nome ligado a grandes passagens da história do Liberalismo mundial? O que incomoda na imagem de d. Pedro é sua aflorada humanidade. Raramente a vida, na concepção consciente que temos dela, corresponde ao que de fato é: um emaranhado resultado das ambivalências próprias dos seres humanos. Um personagem como d. Pedro enfatiza bem essas idiossincrasias que a maioria disfarça e que são tão despudoradas e afrontadoramente lançadas diante de todos os que se ocuparam da figura dele; que em cartas para uma amante e para José Bonifácio não teve pudor nenhum em começar com: "Nu em pelo respondo".

ANEXO

D. PEDRO I — IMPERADOR DO BRASIL: DOENÇA E MORTE

Ao contrário da morte de sua primeira esposa, d. Leopoldina da Áustria, primeira imperatriz do Brasil, que sempre esteve envolta numa aura de especulações, rumores e informações contraditórias, a causa da morte precoce (dezoito dias antes de completar 36 anos) de d. Pedro, primeiro imperador do Brasil, parece-nos ser bastante mais consensual.

D. Pedro (Pedro de Alcântara Francisco António João Carlos Xavier de Paula Miguel Rafael Joaquim José Gonzaga Pascoal Cipriano Serafim de Bragança e Bourbon) é sempre referido como I do Brasil ou IV de Portugal. Apesar de estar historicamente correto, é bom recordar que governou com o título de rei de Portugal e dos Algarves apenas por escassos dias, entre a morte de seu pai, o rei d. João VI (1767–1826), e o dia em que outorgou uma Constituição a Portugal (muito semelhante à brasileira) e abdicou de seus direitos em favor da filha, d. Maria da Glória, futura rainha d. Maria II.

Existem três biografias de grande qualidade que nos dão a informação necessária para a determinação da causa de morte de d. Pedro. Na de Paulo Rezzutti,[1] podemos encontrar vários relatos que começam a dar pistas muito claras sobre a doença de d. Pedro:

- Em novembro, ao passar pela cidade de Almada, o duque de Bragança [d. Pedro] apanhou um resfriado que rapidamente evoluiu para uma forte bronquite, seguida de febre e falta de ar. Nem bem havia se restabelecido, partiu para junto de Saldanha no Cartaxo, onde teve uma recaída. A febre e a falta de ar pioraram, e pela primeira vez foi notado sangue no seu catarro.

- Em dezembro, vendo-se obrigado a retornar a Cartaxo, d. Pedro sofreu lá um "considerável ataque de sufocação, simulando asthma [asma], e com grande cópia de salivação sanguínea".

- A 27 de maio de 1834, no Teatro São Carlos, em que d. Pedro foi vaiado por causa do tratado de Évora-Monte, "tremendo e com falta de ar, d. Pedro, tentando ainda chamar a multidão à ordem, foi acometido de um violento ataque de tosse e levou o lenço à boca, quando uma onda de sangue vermelho e espumoso manchou-o por inteiro".

- Em 8 de julho, segundo aniversário do desembarque no Porto, d. Pedro, d. Amélia [d. Amélia de Leuchtenberg, segunda esposa de d. Pedro] e a rainha d. Maria II foram a Lisboa para a celebração oficial da data. A corte inteira notou a extrema palidez, a tosse constante, o nariz afilado e os olhos fundos de d. Pedro.

- Dr. Tavares, seu médico, preocupado com a viagem, notou que d. Pedro, depois de uma aparente melhora, estava tendo uma recaída [...] Em 2 de agosto, no Porto, d. Pedro teve um novo ataque.

- D. Pedro, confirmado como regente, e com os boletins médicos disfarçando o seu real e preocupante estado de saúde, decidiu partir para o Palácio da Ajuda. Tratava-se de uma estratégia. Já que teria que prestar juramento público ao assumir oficialmente como regente, que fosse num lugar que tivesse amplos salões para receber a corte e os deputados e menos escadas. Ele já não tinha condições físicas para subir a escadaria do antigo mosteiro de São Bento, onde as cortes se reuniam [atual Assembleia da República Portuguesa].

- Uma nova crise de falta de ar se seguiu ainda no Palácio da Ajuda, de onde os boletins médicos continuavam ocultando a verdade: d. Pedro, tuberculoso, estava morrendo.
- D. Pedro decidiu voltar à terra, ao palácio, ao quarto e à cama em que viera ao mundo. Em 10 de setembro, instalava-se derradeiramente em Queluz, mais especificamente na Sala D. Quixote, de onde não sairia mais com vida.
- Suas forças esvaíam-se, sua respiração era cada vez mais difícil.
- "[...] A enfermidade [...] data do Porto. Pela autópsia do corpo, viu-se que o pulmão direito estava cheio de água [certamente derrame pleural], que pesava mais de 2 litros, e o esquerdo não [existia?]. O coração estava dilatado."

Na biografia de Eugénio dos Santos,[2] docente da Universidade do Porto, podemos igualmente encontrar informações úteis acerca da doença e morte de d. Pedro.

- Nunca ele fora saudável, robusto, capaz de resistir às arremetidas do tempo. Além de epiléptico, de deficiências renais, vomitava com alguma frequência, partira as costelas em sucessivas quedas de cavalo e alimentava-se parcamente... O cerco do Porto causara-lhe numerosas moléstias, de que resultaram febres, tosse permanente, edemas nas pernas e nos pés, insônias. Sentia-se debilitado e cada vez com menos forças. Respirava com dificuldade.
- [...] Sentia-se esmaecer progressivamente e, ao voltar à capital, terá exclamado: "Adeus Porto, nunca mais te verei". Piorava constantemente. Perdera cor da pele do rosto, as mãos emagreciam e esbranquiçavam-se, os olhos afundavam-se nas faces e a barba negra quase lhe escondia a silhueta.

- Anunciada a sua morte, procedeu-se à autópsia. Por ela se soube que o seu organismo estava todo minado de mazelas. Não havia partes intactas ou imunes à usura do tempo.

E, finalmente, na biografia de d. Maria II, de Maria de Fátima Bonifácio,[3] docente da Universidade Nova de Lisboa, pode-se ler: "Nas semanas seguintes, assistiu ao agravamento da doença de d. Pedro, uma tuberculose contraída durante o cerco do Porto".

Além das biografias mencionadas, tivemos ainda acesso ao Arquivo Almeida,[4] onde estão descritos os tratamentos feitos a d. Pedro. Graças a essa documentação, ficamos a saber a respeito dos constantes relatórios clínicos, com a terapêutica preconizada por cada um dos seis médicos, aparentemente sob a supervisão do dr. Tavares, que os assina todos.

Pelas datas, percebemos que essa fase de tratamento se desenrolou ainda no Palácio da Ajuda, e apenas no relatório do dia 9 de setembro de 1834 abordou-se a conveniência da transferência para o Palácio de Queluz, onde, como é sabido, d. Pedro veio a falecer. Os principais medicamentos administrados a d. Pedro foram:

- Diuréticos, provavelmente para o "edema do pulmão" diagnosticado pelo dr. Almeida. D. Pedro tinha um volumoso derrame pleural (algo muito habitual na tuberculose pulmonar), como foi constatado na autópsia.
- Mercúrio, associado no imaginário coletivo ao tratamento da sífilis, mas também muito utilizado como cicatrizante, anti-hemorrágico, laxante, antirreumático, anti-hipertensor etc. — uma verdadeira panaceia! No caso de d. Pedro, certamente era usado como anti-hemorrágico devido às hemoptises.
- O aloé, ou aloés, hoje bem conhecido e documentado, era usado pela sua atividade antimicrobiana, anti-inflamatória e no tratamendo da tuberculose. Como não havia antibióticos, dava-se aloé, cuja atividade devia ser escassa ou nula. Esse medicamento

também era usado no tratamento de psoríase, queimaduras e hiperglicemia.

- Ruibarbo, entre muitas outras indicações, era usado para tratar a obstipação, de que d. Pedro certamente sofria, já que os laxantes são uma constante nas prescrições, assim como um "ataque hemorroidal", algo frequente em quem sofre de prisão de ventre.
- Tônicos em vinho.
- Sangrias.
- Morfina, certamente para as "dores no peito", várias vezes referidas nos diários clínicos.
- Pingos de ópio, certamente pela mesma razão.
- *Digitalis*, também conhecida como dedaleira, uma planta que deu origem aos medicamentos digitálicos, usados para aumentar a força contrátil do miocárdio (músculo cardíaco). Ainda hoje são indicados em casos de insuficiência cardíaca grave ou certas formas de arritmia. Provavelmente, a *Digitalis* foi administrada a d. Pedro porque, a determinada altura, o coração deve ter começado a ficar arrítmico e/ou a perder força contrátil devido ao enorme esforço para respirar numa fase terminal da tuberculose.
- Fricções e banhos estimulantes nas mãos e nos pés.
- Sulfato de quinino — d. Pedro pode ter tido nesse meio-tempo uma crise de malária, já que viveu no Brasil, país tropical, onde essa doença é endêmica, porque nos diários se fala em "ataques". Intui-se que se tratava dos calafrios típicos da malária, também conhecida como paludismo.
- Pós de Dover, um medicamento tradicional contra o frio e a febre desenvolvido por Thomas Dover.
- Água de Selby (?).

- Cataplasmas e sanguessugas sobre o fígado.
- E vários outros tratamentos ilegíveis.

Não nos parece haver margem para dúvidas, já que todos os relatos apontam numa única direção: d. Pedro sofria de tuberculose pulmonar, doença muito prevalente no século XIX (e não só), a qual o viria a vitimar. Convém lembrar que na época não existia qualquer tratamento para a tuberculose além de termas e bons ares, que, de fato, em nada contribuíam para a cura dessa doença. Não esqueçamos que o primeiro medicamento eficaz no tratamento da tuberculose foi a estreptomicina, descoberta em 1944 por Selman Waksman (laureado com o Prêmio Nobel em 1952), 110 anos após a morte de d. Pedro.

A tuberculose pulmonar[5] é uma das mais antigas doenças conhecidas que afetam o ser humano e é causada pela bactéria *Mycobacterium tuberculosis*. A doença afeta habitualmente os pulmões, embora em um terço dos casos possa envolver outros órgãos. Se não tratada, pode conduzir à morte no espaço de cinco anos em mais de metade dos casos. A transmissão ocorre por partículas inaladas oriundas de doentes infectados. As lesões iniciais aumentam de tamanho, e o derrame pleural é um achado comum, que resulta da penetração do bacilo da tuberculose no espaço pleural.

A extensão do envolvimento parenquimatoso pulmonar varia grandemente, desde pequenos infiltrados até doença cavitária grave (vulgo cavernas tuberculosas).

Na fase inicial da doença, os principais sintomas são insidiosos e consistem principalmente em febre e suores noturnos, perda de peso, anorexia (falta de apetite), mal-estar geral e fraqueza. Os doentes têm habitualmente expectoração purulenta ou com sangue, podendo chegar a hemorragias fatais.

Pedro de Freitas, MD, PhD

Dezembro de 2021

Bibliografia

Arquivo Almeida, Biblioteca da Ajuda/Palácio Nacional da Ajuda, Museu do Tesouro Real.

BONIFÁCIO, Maria de Fátima. *D. Maria II*. Lisboa: Temas e Debates, 2007.

KASPER, Dennis L. et al. *Harrison's Principles of Internal Medicine*. 16th ed. New York: McGraw Hill, 2005.

REZZUTTI, Paulo. *D. Pedro IV — a história não contada*: o homem revelado por cartas e documentos inéditos. Alfragide: Casa das Letras, 2016.

SANTOS, Eugénio dos. *D. Pedro IV*: liberdade, paixões, honra. Lisboa: Círculo de Leitores, 2012.

CRONOLOGIA

1797

22 de janeiro
Nasce em Viena, Áustria, no Palácio Schönbrunn, a princesa Leopoldina Carolina Josefa, filha de Francisco I, imperador da Áustria e II da Alemanha, rei da Hungria, e de d. Maria Teresa de Bourbon de Nápoles.

27 de dezembro
Nasce em São Paulo, Brasil, Domitila de Castro do Canto e Melo, futura marquesa de Santos.

1798

12 de outubro
Nasce em Queluz, às 6h30 da manhã, o príncipe d. Pedro de Alcântara, filho dos príncipes d. João e d. Carlota Joaquina e neto da rainha d. Maria I de Portugal.

1801

11 de junho
D. Pedro torna-se príncipe da Beira devido à morte de seu irmão mais velho, d. Antônio.

1807

29 de novembro
Partida da corte e da família real portuguesa para o Brasil.

1808

21 de janeiro

Desembarca em Salvador, Bahia, o príncipe regente d. João.

6/7 de março

Chegada ao Rio de Janeiro de d. João, d. Pedro e parte da família real.

1812

31 de julho

Nasce em Milão d. Amélia Augusta Eugênia Napoleona de Beauharnais, filha do vice-rei da Itália, o príncipe Eugênio de Beauharnais, e da princesa bávara Augusta Amélia.

1815

16 de dezembro

O Brasil é elevado à categoria de Reino Unido de Portugal e Algarves.

1816

20 de março

Morre no Rio de Janeiro a rainha d. Maria I.

29 de novembro

É assinado, em Viena, o tratado de casamento entre d. Pedro e d. Leopoldina.

1817

9 de janeiro

D. Pedro recebe o título de príncipe real do Reino Unido de Portugal, Brasil e Algarves.

13 de maio
Celebrado em Viena o casamento de d. Pedro com d. Leopoldina, por procuração.

13 de agosto
Embarca em Livorno, com destino ao Brasil, a princesa d. Leopoldina.

5 de novembro
D. Leopoldina chega ao Rio de Janeiro.

6 de novembro
Abençoa-se, na Capela Imperial, a união de d. Pedro com d. Leopoldina.

1818

6 de fevereiro
D. João VI é aclamado rei de Portugal, Brasil e Algarves no Rio de Janeiro.

1819

4 de abril
Nasce no Palácio de São Cristóvão, às 5 horas da tarde, a primogênita de d. Pedro e d. Leopoldina, a princesa d. Maria da Glória, futura d. Maria II de Portugal.

3 de maio
D. Maria da Glória é batizada na Capela Real, tendo os avós, d. João VI e d. Carlota, como padrinhos.

1820

26 de abril
Nasce, no Palácio de São Cristóvão, o príncipe d. Miguel, segundo filho de d. Pedro e d. Leopoldina. Falece, porém, pouco depois.

1821

19 de fevereiro
Após a Revolução do Porto, as cortes determinam o retorno de d. Pedro a Portugal, permanecendo no Brasil d. João VI.

6 de março
Nasce, no Paço de São Cristóvão, o príncipe da Beira, d. João Carlos, terceiro filho do príncipe d. Pedro e d. Leopoldina.

22 de abril
D. João VI nomeia d. Pedro regente e lugar-tenente do rei, para que governe o Brasil em sua ausência.

25 de abril
D. João VI retorna para Portugal.

1822

9 de janeiro
Dia do Fico.

4 de fevereiro
Falece, no Paço de São Cristóvão, d. João Carlos, príncipe da Beira.

11 de março
Nasce, no Paço de São Cristóvão, a princesa d. Januária, quarta filha de d. Pedro e d. Leopoldina, cognominada "Princesa da Independência".

13 de maio
D. Pedro é proclamado Defensor Perpétuo do Brasil e Regente Constitucional.

3 de junho
Convocação de uma Assembleia Geral Constituinte e Legislativa no Brasil.

7 de setembro
D. Pedro proclama a Independência do Brasil.

18 de setembro
Por decreto de d. Pedro I, são estabelecidas as novas armas e bandeira do Brasil.

12 de outubro
Por proposta de José Clemente Pereira apresentada em 21 de setembro, d. Pedro I, em sessão extraordinária, é aclamado Imperador Constitucional do Brasil.

1º de dezembro
Coroação e sagração de d. Pedro I, na Capela Imperial, como Imperador Constitucional e Defensor Perpétuo do Brasil. Criada por d. Pedro I a Ordem Imperial do Cruzeiro, para celebrar a sua aclamação e sagração. É criada a Imperial Guarda de Honra de D. Pedro I.

1823

17 de fevereiro
Nasce, no Paço de São Cristóvão, a princesa d. Paula Mariana, quinta filha de d. Pedro I e d. Leopoldina.

24 de fevereiro
É batizada, às 5 horas da tarde, na Capela Imperial, a princesa d. Paula Mariana.

3 de maio
É instalada a Assembleia Geral Constituinte e Legislativa.

4 de novembro
Nasce Rodrigo Delfim Pereira, filho de d. Pedro I e Maria Benedita de Castro Canto e Melo, baronesa de Sorocaba.

11/12 novembro
Fechamento da Assembleia Nacional Constituinte.

12 de novembro
É criado o Conselho de Estado.

1824

25 de março
D. Pedro outorga a primeira Carta Constitucional do Brasil, que vigoraria por 65 anos.

30 de abril
Revolta de d. Miguel por instigação de sua mãe, a rainha d. Carlota Joaquina. Ficou conhecida como Abrilada.

23 de maio
Nasce, no Rio de Janeiro, Isabel Maria de Alcântara Brasileira, primeira filha de d. Pedro I e Domitila de Castro Canto e Melo.

26 de maio
Os Estados Unidos da América reconhecem a independência do Brasil.

2 de agosto
Nasce, às 9 horas da noite, no Palácio de São Cristóvão, a princesa d. Francisca, sexta filha de d. Pedro I e d. Leopoldina.

1825

29 de agosto
Portugal reconhece a independência do Brasil.

18 de outubro
A Inglaterra reconhece a independência do Brasil.

24 de outubro
A França reconhece a independência do Brasil.

25 de outubro
Inicia-se uma guerra entre Brasil e Argentina pela província Cisplatina.

2 de dezembro
Nasce, no Paço de São Cristóvão, d. Pedro, o sétimo filho de d. Pedro I e de d. Leopoldina, futuro d. Pedro II.

7 de dezembro
Nasce Pedro de Alcântara Brasileiro, segundo filho de d. Pedro I e Domitila de Castro Canto e Melo.

27 de dezembro
A Áustria reconhece a independência do Brasil.

1826

2 de fevereiro
Viagem dos imperadores à Bahia.

13 de março
Falece, no Rio de Janeiro, Pedro de Alcântara Brasileiro, segundo filho de d. Pedro e Domitila.

1º de abril
Retorno dos imperadores da Bahia.

10 de março
Morre d. João VI, aos 59 anos, no Real Palácio da Bemposta, em Lisboa.

16 de abril
É criada por d. Pedro I a Ordem d. Pedro I, Fundador do Império do Brasil, a fim de comemorar o reconhecimento da independência.

26 de abril
A regência e as Cortes Gerais portuguesas reconhecem d. Pedro como legítimo herdeiro ao trono de Portugal.

29 de abril
D. Pedro outorga a Carta Constitucional de Portugal.

2 de maio
D. Pedro abdica condicionalmente do trono português em favor de sua filha, d. Maria da Glória, que passa a ser conhecida como d. Maria II.

6 de maio
É aberta por d. Pedro I a primeira legislatura da Assembleia Legislativa do Império do Brasil.

20 de maio
D. Pedro reconhece como filha Isabel, que passa a se chamar Isabel Maria.

24 de maio
Isabel Maria recebe o título de duquesa de Goiás, com tratamento de Alteza.

29 de julho
É jurada a Constituição outorgada por d. Pedro I aos portugueses.

23 de novembro
Embarque de d. Pedro para a Guerra da Cisplatina.

11 de dezembro
Morre, no Rio de Janeiro, a imperatriz d. Leopoldina.

1827

15 de janeiro
D. Pedro retorna para o Rio de Janeiro.

13 de março
Brasil e Inglaterra ratificam a convenção para o término do tráfico negreiro.

13 de agosto
Nasce, no Rio de Janeiro, Maria Isabel Alcântara Brasileira, terceira filha de d. Pedro I e Domitila de Castro Canto e Melo.

25 de agosto

D. Pedro recebe as filhas que teve com Domitila no palácio, para serem criadas.

1828

22 de fevereiro

D. Miguel é aclamado rei absoluto do Reino de Portugal e Algarves.

Maio

Retorno do marquês de Barbacena, que expõe a d. Pedro as dificuldades de conseguir uma nova esposa para ele na Europa.

Julho

Partida do marquês de Barbacena para a Europa, levando d. Maria II.

Agosto

Cessam as hostilidades entre Brasil e Argentina.

25 de outubro

Falecimento de Maria Isabel, quarta filha de d. Pedro com a marquesa de Santos.

1829

30 de maio

Ratificado em Munique, Alemanha, o tratado de casamento entre d. Pedro I e d. Amélia.

2 de agosto

D. Pedro se casa por procuração, em Munique, com a princesa d. Amélia de Beauharnais.

30 de agosto

Com destino ao Brasil, embarcam em Portsmouth, na fragata *Imperatriz*, d. Amélia, d. Maria II e o príncipe Augusto de Leuchtenberg.

31 de agosto
Nasce Pedro de Alcântara Brasileiro, filho de d. Pedro I e madame Saisset.

16 de outubro
Chega ao Brasil d. Amélia.

17 de outubro
Abençoa-se, na Capela Imperial, o casamento de d. Pedro I com d. Amélia.

25 de novembro
Partida da duquesa de Goiás para a Europa.

1830

7 de janeiro
Morre, no Palácio de Queluz, em Lisboa, d. Carlota Joaquina, mãe de d. Pedro I.

6 de fevereiro
É adquirida por d. Pedro I a fazenda do Córrego Seco, que dará origem à cidade de Petrópolis.

28 de fevereiro
Nasce, em São Paulo, Maria Isabel de Alcântara e Bourbon, quarta e última filha de d. Pedro I e Domitila de Castro Canto e Melo.

1831

11 de março
Retorno de d. Pedro e d. Amélia ao Rio de Janeiro, após viagem a Minas Gerais.

13 de março
Distúrbios populares no Rio de Janeiro, conhecidos como a Noite das Garrafadas.

5 de abril

D. Pedro I organiza seu ministério, chamado de "ministério dos marqueses". A nomeação do ministério e a consequente demissão do anterior causa revolta popular.

6 de abril

Por decreto, d. Pedro I nomeia José Bonifácio tutor de seus filhos menores.

7 de abril

D. Pedro I abdica da coroa do Brasil em favor de seu filho, d. Pedro II.

13 de abril

D. Pedro parte do Brasil a bordo da nau *Volage*.

10 de junho

D. Pedro desembarca em Cherbourg, na França.

1º de dezembro

Nasce, em Paris, d. Maria Amélia, filha de d. Pedro e de d. Amélia.

1832

21 de janeiro

D. Pedro, duque de Bragança, faz em Paris seu primeiro testamento.

12 de fevereiro

D. Pedro parte de Belle-Île-en-Mer para os Açores, acompanhado de uma força expedicionária.

22 de fevereiro

D. Pedro desembarca em São Miguel, nos Açores.

3 de março

D. Pedro desembarca na capital dos Açores, Angra, onde assume a regência em nome de d. Maria II.

27 de junho

D. Pedro parte dos Açores para Portugal continental, à frente da expedição liberal.

8 de julho

Desembarque das tropas de d. Pedro no Mindelo.

9 de julho

D. Pedro chega à cidade do Porto. Início do Cerco do Porto.

1833

16 de janeiro

Falece no Paço de São Cristóvão, com 10 anos incompletos, a princesa d. Paula, filha de d. Pedro I e d. Leopoldina.

28 de julho

Entrada de d. Pedro em Lisboa.

1834

26 de maio

Assinatura da Convenção de Évora-Monte, que pôs fim à guerra civil em Portugal.

24 de setembro

D. Pedro morre em Queluz, às 14h30.

1853

4 de fevereiro

Morre de tuberculose, na Ilha da Madeira, a princesa d. Maria Amélia, filha única de d. Pedro I e da imperatriz d. Amélia.

15 de novembro

Morre, em Lisboa, d. Maria II, filha de d. Pedro I e d. Leopoldina.

1873

26 de janeiro
Morre d. Amélia, segunda imperatriz do Brasil.

1891

31 de janeiro
Morre Rodrigo Delfim Pereira, filho de d. Pedro I e de Maria Benedita de Castro Canto e Melo, baronesa de Sorocaba.

5 de dezembro
Morre, em Paris, d. Pedro II, filho de d. Pedro e d. Leopoldina.

1896

5 de setembro
Morre, em São Paulo, Maria Isabel de Alcântara e Bourbon, a condessa de Iguaçu, filha de d. Pedro com a marquesa de Santos.

1898

27 de março
Morre, em Paris, d. Francisca, filha de d. Pedro e d. Leopoldina.

3 de novembro
Morre, em Murnau, na Baviera, Isabel Maria, a duquesa de Goiás.

1901

13 de maio
Morre em Nice, França, d. Januária, filha de d. Pedro e d. Leopoldina.

1902

16 de março
Morre Pedro de Alcântara Brasileiro de Saisset em San Jose, Califórnia.

NOTAS

Prólogo

1. Demonão e Fogo-Foguinho eram formas como d. Pedro I assinava suas cartas à amante, a marquesa de Santos.
2. Aparentemente, segundo deduções preliminares, a terra seria da região do Porto, cidade para a qual legou o seu coração e onde sofreu longo e tormentoso cerco pelas tropas de seu irmão.
3. Para mais informações: AMBIEL, Valdirene do Carmo. *Estudos de Arqueologia Forense aplicados aos remanescentes humanos dos primeiros imperadores do Brasil depositados no monumento à Independência* [online]. São Paulo: Museu de Arqueologia e Etnologia, Universidade de São Paulo, 2013. Dissertação de Mestrado em Arqueologia. Acesso em 4 jul. 2015. Disponível em: http://www.teses.usp.br/teses/disponiveis/71/71131/tde-27032013-173516/.
4. Segundo documentação preservada no Instituto Histórico e Geográfico de São Paulo e no Arquivo Geral da Província Franciscana da Imaculada Conceição no Brasil.
5. CERRI, Luis Fernando. *Usos públicos da história no Brasil contemporâneo: demandas sociais e políticas de Estado*, p. 3-19.
6. REIS, João José. *A morte é uma festa*, p. 139.
7. *Idem.*

Queluz

1 KIDDER, Daniel Parish; FLETCHER, James Cooley. *O Brasil e os brasileiros*, v. II, p. 107.

Filho e neto de reis

1. D. Pedro IV. Disponível em: https://dpedroiv.parquesdesintra.pt/cronologia?_ga=2.124969294.516307274.1724848356-115943255.1724848356. Acesso em: 24 out. 2014.
2. Determinados tecidos eram legalmente proibidos de entrar em Portugal. É provável que a tal "renda fina" tenha vindo de fora do país. Sobre o assunto: PEDREIRA, Jorge Miguel. *Indústria e atraso económico em Portugal (1800–1825):* uma perspectiva estrutural, p. 563-596.
3. Gazeta de Lisboa, n. 39, 28 set. 1798.
4. RESENDE, Marquês de. *Elogio histórico do senhor rei D. Pedro IV*, p. 5.
5. *Op. cit.*, p. 6.
6. LACOMBE, Lourenço Luiz. *João VI*, p. 145.
7. Ofício do marquês de Louriçal *apud* BEIRÃO, Caetano Maria de Abreu. *Dona Maria I, 1777–1792*, p. 321.
8. A Real Barraca era um palácio de madeira, um edifício comprido, térreo. O prédio foi construído em 1757, após o grande terremoto que destruiu grande parte da cidade de Lisboa. D. José I, depois do terremoto, passou a temer construções de pedras.
9. ROBERTS, Jeniffer. *D. Maria I*, p. 62.
10. PEREIRA, Ângelo. *D. João VI, príncipe e rei*, v. I, p. 45-6.
11. BOMBELLES, Marc Marie. *Marquis, Journal d'un Ambassadeur de France au Portugal, 1786–1788*, p. 313.
12. BEIRÃO, Caetano Maria de Abreu. *Dona Maria I, 1777–1792*, p. 447.
13. *HISTÓRIA de el-rei D. João VI*, p. 127.
14. NOGUEIRA, Francisca L. *Carlota Joaquina, cartas inéditas*, p. 87-8.

Rumo à primeira grande aventura

1. Carlota Joaquina faz menção aos Bourbon franceses, isto é, aos reis Luís XVI e Maria Antonieta.
2. Carlota aqui dá prova de sua inteligência e perspicácia, uma vez que prevê o que realmente aconteceria: o aprisionamento do pai e do irmão e a instalação de um irmão de Napoleão no trono espanhol.
3. NOGUEIRA, Francisca L. *Carlota Joaquina, cartas inéditas*, p. 74-5.
4. Referência a d. João.
5. NOGUEIRA, Francisca L. *Carlota Joaquina, cartas inéditas*, p. 76.

6. LIGHT, Kenneth. *A viagem marítima da família real*, p. 23.
7. MONGE, Maria de Jesus (coord.). *A educação dos príncipes nas coleções do Museu-Biblioteca da Casa de Bragança*, 2017, p. 7.
8. MACAULAY, Neill. *D. Pedro I*, p. 20.
9. PEREIRA, Ângelo. *Os filhos d'el-rei D. João VI*, p. 71.
10. *Idem*, p. 72.
11. RESENDE, Marquês de. *Elogio histórico*, p. 5.
12. PROENÇA, Martinho de Mendonça de Pina e. *Apontamentos para a educação de hum menino nobre*. Lisboa Occidental, p. 2.
13. VASCONCELOS, Maria Celi Chaves. *Igreja e educação: a influência da catequese nos primórdios da literatura pedagógica*. *In*: Religião, violência e exclusão, p. 82.
14. LUNA, Rui de Castilho de. *A música na corte da rainha d. Maria II de Portugal*, 2018, p. 41.
15. PEREIRA, Ângelo. Os filhos *d'el-rei d. João VI*, 1947, p. 14.
16. PACHECO, *Dicionário Biográfico Caravelas*, 2024.
17. LUNA, Rui de Castilho de, *op. cit.*, p. 41.
18. PEREIRA, Ana Cristina; TRONI, Dana. *A vida privada dos Bragança: de D. João IV a D. Manuel II — O dia a dia na Corte*, p. 131-2.
19. "Junot, a Tempestade."
20. BRANDÃO, Raul. *El-rei Junot*, p. 105.
21. ABRANTES, Duquesa de. *Memoires de la Duchesse d'Abrantés*, p. 181.
22. *Idem*, p. 187.
23. NOGUEIRA, Francisca L. *Carlota Joaquina, cartas inéditas*, p. 87-8.
24. LIMA, Manuel de Oliveira. *D. João VI no Brasil*, v. 1, p. 40.
25. LIMA, Manuel de Oliveira. *D. João VI no Brasil*, v. 1, p. 38.
26. PEREIRA, Ângelo. *Os filhos d'el-rei D. João VI*, p. 107.
27. MORAIS, A. J. de Melo. *História da trasladação da corte portuguesa para o Brasil*, p. 53.
28. PEREIRA, Ângelo. *Os filhos d'el-rei D. João VI*, p. 130.
29. *Idem*, p. 132.
30. MADELIN, Louis. *Histoire du consulat et de l'Empire*: l'affaire d'Espagne (1807–1809), p. 82.
31. SECO, Visconde do. *Exposição analytica, e justificativa da conducta, e vida publica do visconde do Rio Seco*, p. 2-3.

32. MONTEIRO, Tobias do Rego. *Notas referentes à fuga da família real para o Brasil.* [*S. l.*], [19]. 1 p. Orig. Ms. 63,04,005 no 144 Biblioteca Nacional, Rio de Janeiro.
33. BRANDÃO, Raul. *El-rei Junot*, p. 157.
34. BRANDÃO, Raul. *El-rei Junot*, p. 117.
35. MONGLAVE, Eugène de. *Correspondance de Don Pèdre Premier...*, p. 13.

Carioca mais que português

1. MORAIS, A. J. de Melo. *História da trasladação da corte portuguesa para o Brasil*, p. 67.
2. Correspondência do conde da Ponte ao visconde de Anadia, em 16 de julho de 1807. *In*: CERQUEIRA E SILVA, Ignácio Accioli de. *Memórias históricas e políticas da província da Bahia*, v. III, p. 28.
3. Atual República de Maurício, no oceano Índico.
4. DORIA, Luiz Gastão d´Escragnolle. *Um amigo do Brasil (Ferdinand Denis)*, p. 225-226.
5. *Idem*, p. 226.
6. ARMITAGE, João. *História do Brasil*, p. 27.
7. GOMES, Laurentino. *1808*, p. 211.
8. HOLANDA, Sérgio Buarque de (org.). *A herança colonial:* sua desagregação. História Geral da Civilização Brasileira, v. I, tomo II, p. 13.
9. MORAIS, A. J. de Melo. *História da trasladação da corte portuguesa para o Brasil*, p. 74.
10. *Idem*, p. 68.
11. *Idem*, p. 69.
12. Seu nome se deve ao modo como o açúcar brasileiro era transportado para Portugal. Ele viajava nos navios em formas com o aspecto de cones invertidos, conhecidas como "pães de açúcar". O produto obtido pela moagem da cana-de-açúcar, a garapa, era nelas depositado depois de cozido. Por um furo feito no ápice, o líquido escorria; no final do processo, restavam tão somente os cristais de açúcar.
13. COSTA, Sérgio Correa da. *Every Inch a King*, p. 16.
14. MORAIS, A. J. de Melo. *Crônica geral do Brasil*, v. II, p. 171-2.
15. LUCCOCK, John. *Notas sobre o Rio de Janeiro*, p. 96.
16. SCHWARCZ, Lilia Moritz. *As barbas do imperador*, p. 36.

17. BARDY, Claudio. *O século XVIII*, p. 102-4.
18. Manuel de Araújo Porto Alegre *apud* PRADO, J. F. Almeida. *Tomas Ender*, p. 100.
19. CORRÊA, *Imperial Fazenda de Santa Cruz*, 2016, p. 94.
20. LUNA, Rui de Castilho de. *A música na corte da rainha d. Maria II de Portugal*, 2018, p. 41.
21. PRADO, J. F. de Almeida. *Tomas Ender*, p. 104.
22. LOUREIRO, João. *Cartas de João Loureiro escriptas...*, p. 286.
23. CRULS, Gastão. *O Rio de Janeiro no primeiro quartel do século XIX*, p. 132.
24. MORAIS. A. J. de Melo. *Crônica geral do Brasil*, v. 2, p. 160.
25. *Idem.*
26. PEREIRA, Ângelo. *Os filhos d'el-rei D. João VI*, p. 72-3.
27. MACAULAY, Neill. *Dom Pedro I*, p. 48.
28. *Idem*, p. 49.
29. *Idem.*
30. MORAIS, A. J. de Melo. *Crônica geral do Brasil*. v. II, p. 212.
31. PIMENTEL, Alberto. *A corte de D. Pedro IV*, p. 13.
32. WALSH, Rev. R. *Notices of Brazil in 1828 and 1829*, v. I, p. 183.
33. MACAULAY, Neill. *Dom Pedro I*, p. 53.
34. WALSH, Rev. R. *Notices of Brazil in 1828 and 1829*, v. I, p. 183.
35. LUNA, Rui de Castilho de. *A música na corte da rainha d. Maria II de Portugal*, p. 41.
36. MACAULAY, *Dom Pedro I*, 1993, p. 54.
37. RANGEL, Alberto. *Os dois ingleses Strangford e Stuart*, p. 29.
38. MACAULAY, Neill. *Dom Pedro I*, p. 59.
39. PEREIRA, Ângelo. *Os filhos d'el-rei D. João VI*, p. 74.
40. WALSH, Rev. R. *Notices of Brazil in 1828 and 1829*, p. 182.
41. HENDERSON, James. *A history of the Brazil*, p. 63.
42. TAVARES, João Fernandes. *Autos da autópsia do corpo de d. Pedro de Alcântara, duque de Bragança*, p. 1.
43. MACAULAY, Neill. *Dom Pedro* I, p. 50.
44. MONTEIRO, Tobias. *Elaboração da Independência*, v. I, p. 148.
45. FREYRE, Gilberto. *Casa-grande e senzala*, p. 438.
46. COSTA, Sérgio Correa. *Every Inch a King*, p. 30.
47. Arquivo Histórico do Museu Imperial, I-POB-27.01.1825-PI.B.c
48. Ver p. 46.

49. NOGUEIRA, Francisca L. *Carlota Joaquina, cartas inéditas*, p. 47.
50. *Idem*, p. 45.
51. MORAIS, A. J. de Melo. *Crônica geral do Brasil*, v. II, p. 161.
52. SANTOS, Luís Gonçalves dos. *Memórias para servir à história do Reino do Brasil*, v. I, p. 235.
53. MARROCOS, Luís Joaquim dos Santos. *Correspondência de Luís Joaquim dos Santos Marrocos*, p. 70.
54. NORTON, Luiz. *A corte portuguesa no Brasil*, p. 69.
55. MACAULAY, Neill. *D. Pedro I*. p. 24.
56. MORAIS, A. J. de Melo. *Crônica geral do Brasil*, v. II, p. 159.

Uma princesa importada

1. CALÓGERAS, Pandiá. *Formação histórica do Brasil*, p. 63-4.
2. MARTINS, Oliveira. *História de Portugal*, p. 527.
3. Ofício secreto do marquês de Aguiar para o marquês de Marialva, 15/3/1816 *apud* MONTEIRO, Tobias. *Elaboração da Independência*, p. 157.
4. KANN, Bettina; LIMA, Patrícia Souza. *Cartas de uma imperatriz*, p. 247.
5. *Idem*, p. 66.
6. *Idem*, p. 65.
7. OBERACKER Jr., Carlos H. *A imperatriz Leopoldina*, p. 34.
8. Museu Imperial, Arquivo Histórico, I POB [c.1817], L. B. do 1-11.
9. KANN, Bettina; LIMA, Patrícia Souza. *Cartas de uma imperatriz*, p. 59.
10. Carta de d. Leopoldina para Maria Luisa, 26/11/1816 *apud* KANN, Bettina; LIMA, Patrícia Souza. *Cartas de uma imperatriz*, p. 262.
11. Staatskanzlei. Brasil: Personalien, 10 de novembro de 1818. Extrato de carta escrita pelo barão de Eschwege no Brasil para o amigo vienense Baumbach *apud* RAMIREZ, Ezequiel Stanley. *As relações entre a Áustria e o Brasil*, p. 11.
12. RANGEL, Alberto. *Transanteontem*, p. 43-69.
13. MARROCOS, Luís Joaquim dos Santos. *Correspondência de Luís Joaquim dos Santos Marrocos*, p. 58.
14. RANGEL, Alberto. *Transanteontem*, p. 56.
15. Dom Pedro I of Brazil and IV of Portugal epilepsy and peculiar behavior. Disponível em https://www.scielo.br/j/anp/a/nYVfF8V3xZhH57cKHspxnfJ/?lang=en.
16. DURAN, Marcos Henrique Coelho. *Comorbidade Epilepsia e TDAH: aspectos clínicos, eletrencefalográficos, comportamentais e psicossociais*. Tese de

doutorado. Unicamp, 2011. Disponível em: https://repositorio.unicamp.br/acervo/detalhe/811680. Acesso em 24 jul. 2024.

17. OBERACKER Jr., Carlos H. *A imperatriz Leopoldina*, p. 62.
18. Segundo medição dos restos mortais de d. Leopoldina executada, em maio de 2012, pela arqueóloga Valdirene do Carmo Ambiel.
19. OBERACKER JR., Carlos H. *A imperatriz Leopoldina*, p. 62.
20. Joseph Wilde teria composto, para a ocasião, as *Danças para a festa do baile brasileiro.*
21. *Allgemeine Zeitung*, 4 de junho de 1817, p. 4.
22. OBERACKER JR., Carlos H. *A Imperatriz Leopoldina*, p. 92.
23. Um dos líderes desta revolução era Antônio Carlos Ribeiro de Andrada Machado e Silva, irmão de José Bonifácio. Seu objetivo, entre muitos outros, era declarar a república na província e raptar Napoleão da ilha de Santa Helena, onde fora exilado, para o Brasil.
24. OBERACKER Jr., Carlos H. *A imperatriz Leopoldina*, p. 94.
25. MONGLAVE, Eugène de. *Correspondance de don Pèdre Premier*, p. 23.
26. RANGEL, Alberto. *Dom Pedro I e a marquesa de Santos*, p. 70.
27. GRAHAN, Maria. *Escorço biográfico de d. Pedro I*, p. 61-2.
28. MORAIS, A. J. de Melo. *Crônicas da história do Brasil*, v. II, p. 261.
29. *Idem*, p. 181.
30. *Idem*, p. 261.
31. Proclamação da Sentinela da Liberdade a Beira do Mar da Praia Grande, refugiada em Buenos Aires aos habitantes livres do Brasil. Buenos Aires, 22/5/1825 — Arquivo Histórico do IHGB — DL 1377, pasta 18, docs. 10 a 16.
32. MORAIS, A. J. Melo. *Crônica geral do Brasil*, v. 2, p. 180.
33. OBERACKER JR., Carlos H. *A imperatriz Leopoldina*, p. 111.
34. SANTOS, Luís Gonçalves dos. *Memórias para servir à história do Reino do Brasil*, v. II, p. 175.
35. *Idem*, p. 183
36. OBERACKER JR., Carlos H. *A imperatriz Leopoldina*. p. 118.
37. *Idem*.
38. KANN, Bettina; LIMA, Patrícia Souza. *Cartas de uma imperatriz*, p. 313-6.
39. *Idem*, p. 316.
40. *Ibidem*, p. 332-3.
41. OBERACKER Jr., Carlos H. *A imperatriz Leopoldina*, p. 182.
42. KANN, Bettina; LIMA, Patrícia Souza. *Cartas de uma imperatriz*, p. 379.

43. OBERACKER Jr., Carlos H. *A imperatriz Leopoldina*, p. 22.
44. *Apud* FREYRE, Gilberto. *Casa-grande e senzala*, p. 441.

Tomando as rédeas do destino

1. LANZELOTTE, *op. cit.*, p. 93.
2. ANGERMÜLLER, *Sigismund Neukomm Werkverzeichnis*, 1977, p. 38-9.
3. Outra versão para o fato, recolhida pelo pintor francês Debret, que esteve presente na cerimônia, dizia que o rei de Portugal não era mais coroado desde que d. Sebastião desaparecera com a coroa na batalha de Alcácer-Quibir. Isso, porém, não é correto, pois também d. Sebastião fora apenas aclamado.
4. Atual praça XV, no centro do Rio de Janeiro.
5. MONGLAVE, Eugène de. *Correspondance de don Pèdre Premier*, p. 20–1.
6. *Idem*, p. 26.
7. LANZELOTTE, Rosana. *Já raiou a liberdade*, 2023, p. 99.
8. PALMELA, Duque de. *Despachos e correspondência…*, tomo I, p. 142.
9. MARTINS, Francisco José da Rocha. *O último vice-rei do Brasil*, p. 110.
10. KANN, Bettina; LIMA, Patrícia Souza. *Cartas de uma imperatriz*, p. 372.
11. *Idem*, p. 378.
12. OBERACKER JR., Carlos H. *A imperatriz Leopoldina*, p. 204.
13. FERREIRA, Silvestre Pinheiro. *Memórias e cartas biográficas*, p. 252.
14. Coleção das Leis do Brasil — 1821, parte II, p. 22.
15. Equivale atualmente à Câmara dos Vereadores.
16. FERREIRA, Silvestre Pinheiro. *Memórias e cartas biográficas*, p. 258.
17. KANN, Bettina; LIMA, Patrícia Souza. *Cartas de uma imperatriz*, p. 377.
18. Atual Casa França-Brasil, no centro do Rio de Janeiro.
19. Arquivo Histórico do Museu Imperial, I-POB-09.01.1822-PI.B.c 1-7.

A independência como negócio de família

1. Ver p. 75.
2. OBERACKER JR., Carlos H. *A imperatriz Leopoldina*, p. 195.
3. MONGLAVE, Eugène de. *Correspondance de don Pèdre Premier*, p. 4.
4. *Idem*, p. 6.
5. *Idem*, p. 7.
6. *Idem*, p. 12.

7. *Idem*, p. 13.
8. O nome da princesa Januária lhe foi dado pelos pais como homenagem ao Rio de Janeiro.
9. KANN, Bettina; LIMA, Patrícia Souza. *Cartas de uma imperatriz*, p. 383.
10. *Idem*, p. 399.
11. MONGLAVE, Eugène de. *Correspondance de don Pèdre Premier*, p. 21.
12. Carta escripta pelo Sachristão da Freguesia de S. João de Itaboray ao Reverendo Vigário da mesma Freguesia, narrando os acontecimentos dos dias de 9 e 12 de janeiro deste ano. Obras Raras, Biblioteca Nacional, RJ.
13. MONTEIRO, Tobias. *Elaboração da Independência*, tomo 1, p. 416.
14. GALVÃO, Ramiz. *O púlpito no Brasil*, p. 136.
15. Arquivo Histórico do Museu Imperial, I-POB-14.03.1822-PI.B.c 1-2 (d2)
16. *The Courier*, 14 de setembro de 1822.

Sete de Setembro

1. A memória escrita por Francisco de Castro Canto e Melo foi publicada inicialmente na *Revista Comercial*, de Santos, a 29 de dezembro de 1864; em seguida, figurou em diversas outras publicações, entre as quais a *Revista do IHGB*, tomo 41, segunda parte (1878), e a *História do Brasil Reino e do Brasil Império*, de Melo Morais.
2. Atual Parque D. Pedro II.
3. Atual av. Rangel Pestana.
4. *Correio Paulistano*, 23/10/1934, p. 2.
5. BUENO, Francisco de Assis Vieira. *Recordações evocadas da memória*.
6. Biblioteca Nacional, Fundo Coleção Documentos Biográficos. Localização: C-0458,038.
7. Aposentadoria.
8. RANGEL, Alberto. *D. Pedro I e a marquesa de Santos*, p. 98 et seq.
9. TAUNAY, Affonso de E. *Depoimentos vários sobre a corte de D. Pedro I e sobre este monarcha*. *In*: TAUNAY, Affonso de E. *Do reino ao império*. São Paulo: Diario Official, 1927. p. 127-8.
10. OBERACKER JR., Carlos H. *O grito do Ipiranga*.
11. Vigia.
12. MORAIS, A. J. de Melo. *História do Brasil Reino e do Brasil Império*, tomo I, p. 384.

13. Historiógrafa da Central de Documentação e Informação Científica (CEDIC), da PUC-SP.
14. Revista Galileu, ed. Globo, ano 8, n. 86, set. 1998, p. 88.
15. OBERACKER JR., Carlos H. *O grito do Ipiranga*, p. 446-7.
16. Sobre essa questão, ver OBERACKER JR., Carlos H. *O grito do Ipiranga*.
17. Carta do barão de Iguape a Francisco de Castro do Canto e Melo. Arquivo Histórico, Museu Imperial, Maço 135 doc. 6612.
18. RANGEL, Alberto. Cartas de d. Pedro I à marquesa de Santos, p. 53.

Consolidando um império

1 Arquivo Histórico do Museu Imperial, II-POB-22.09.1822-PI.B.c 1-2.
2 *A imprensa estrangeira e a Independência do Brasil*. Revista em Cultura, p. 141.
3. RODRIGUES, José Honório. *Independência, revolução e contra-revolução*, v. 1, p. 260.
4. Atual praça da República, na cidade do Rio de Janeiro.
5. O local foi destruído em 1841 durante os preparativos para os festejos da coroação de d. Pedro II. Os pavios dos fogos postos para secar se incendiaram, explodindo o edifício.
6. RODRIGUES, José Honório. *Independência, revolução e contra-revolução*, v. 1, p. 269.
7. NOBRE, Eduardo. *Paixões reais*, p. 45.
8. COSTA, Sérgio Corrêa da. *As quatro coroas de d. Pedro I*, p. 37-8.
9. NOBRES, Eduardo. *Paixões reais*, p. 47.
10. Arquivo Histórico do Museu Imperial, II-POB-15.07.1824-PI.B.c (d1).
11. Arquivo Histórico do Museu Imperial: I-POB-1823-PI.B.fa

A Constituinte e a Constituição

1. Anais da Constituição, tomo II, p. 113.
2. KANN, Bettina; LIMA, Patrícia Souza. *Cartas de uma imperatriz*, p. 423.
3. Espécie de confraria paramaçônica criada pelos irmãos Andrada, na qual o imperador tinha o título de arconte-rei e os artigos a serem propostos na Assembleia Constituinte eram previamente discutidos.
4. *PROCLAMAÇÕES, cartas, artigos de imprensa*, p. 177-9.

5. MONTEIRO, Tobias. *História do Império. Elaboração da independência*, p. 764-5.
6. Arquivo Histórico do Museu Imperial, II POB 00.02.1824 p PI.B.c 1-3.
7. MACAULAY, Neill. *Dom Pedro I*, p. 188.
8. REZZUTTI, Paulo. *Titília e o Demonão*, p. 158.
9. *Idem*, p. 313.
10. *Idem*, p. 138.
11. *Idem*, p. 105.
12. ARMITAGE, João. *História do Brasil: desde o período da chegada da...*, p. 242.
13. REZZUTTI, Paulo. *Titília e o Demonão*, p. 109.
14. *A imperatriz Maria Leopoldina*, p. 17ss.

Imperador do Brasil, rei de Portugal

1. Arquivo Histórico do Museu Imperial, II POB 00.02.1824 p PI.B.c 1-3.
2. HAMOND, Graham Eden. *Os diários do Almirante...*, p. 7-8.
3. Referência a d. Miguel.
4. WEBSTER, *Gran Bretaña y la independencia de la América Latina, 1812–1830*. Tomo 1, p. 395 *apud* SOUSA, Otavio Tarquínio de. *A vida de D. Pedro I*, tomo II, p. 641.
5. Arquivo Histórico do Museu Imperial, Maço LIII — doc. 2523.
6. Arquivo Histórico do Museu Imperial, Maço LIV — doc. 2994.
7. SOUSA, Otavio Tarquínio de. *A vida de D. Pedro I*, tomo II, p. 638.
8. Arquivo Histórico do Museu Imperial, I-POB-27.01.1825-PI.B.c.
9. REZZUTTI, Paulo. *Titília e o Demonão*, p. 133.
10. RANGEL, Alberto. *Cartas de Pedro I à marquesa de Santos*, p. 615.
11. *Ibidem*, p. 516.
12. Despacho de 24 de outubro de 1825 *apud* OBERACKER JR., Carlos. *A imperatriz Leopoldina*, p. 379.
13. Meretriz, prostituta.
14. ANDRADA E SILVA, José Bonifácio de; ANDRADA, Antônio Carlos Ribeiro de; ANDRADA, Martim Francisco Ribeiro de. *Cartas andradinas*, p. 14ss.
15. Arquivo Histórico do Museu Imperial, I-POB-25.11.1825-MF.E.c.
16. Arquivo Histórico do Museu Imperial, I-POB-29.11.1825-MT.c.
17. Dia do santo que tem o mesmo nome da pessoa.
18. 29 de agosto de 1825.

19. Na realidade, Domitila, nascida em 27 de dezembro de 1797, fazia 28 anos.
20. Arquivo do Museu Histórico Nacional.
21. AGUIAR, Antônio Augusto de. *Vida do marquês de Barbacena*, p. 188.
22. Referência a si mesma.
23. OBERACKER Jr., Carlos H. *Comentários às cartas da imperatriz Leopoldina a João Martinho Flach*. Revista do IHGSP, n. 93, p. 199.
24. KANN, Bettina; LIMA, Patrícia Souza. *Cartas de uma imperatriz*, p. 450.
25. Palácio da Justiça.
26. Entrevista de 2007 à RTP, sob o título *Câmara clara A morte de D. João VI*. A autoria é de Inês Fonseca Santos.
27. Arquivo Histórico do Museu Imperial, II-POB-06.04.1826-MI.P.c (a1).
28. Arquivo Histórico do Museu Imperial, II-POB-06.04.1826-MI.P.c (d1).
29. ANGELO, Pereira. *Os filhos de el-rei D. João VI*, p. 538.
30. Arquivo Histórico do Museu Imperial, II-POB-16.01.1827-IM.P.c 1-4.
31. Arquivo Histórico do Museu Imperial, II-POB-26.04.1826-PI.B.do (d1).
32. COSTA, Sergio Correa da. *As quatro coroas de d. Pedro I*, p. 204.
33. Arquivo Histórico do Museu Imperial, II-POB-14.10.1826-IM.P.c.
34. Maçons.
35. Arquivo Nacional, Torre do Tombo, PT/TT/CAM/M21/00024.
36. Arquivo Histórico do Museu Imperial, II-POB.30.10.1826-Men.o1-2.

A perda da fiel aliada

1. PESSOA; SANTOS, *O palacete da independência*. No prelo.
2. SCHLICHTHORST, *O Rio de Janeiro como é (1824–1826)*, 2000, p. 61.
3. REZZUTTI, *Titília e o Demonão*, 2019, p. 104.
4. RANGEL; ARAÚJO, *Cartas de d. Pedro I à marquesa de Santos*, 1984, p. 619.
5. *Ibidem*, p. 321.
6. MORAIS, A. J. de Melo. *Crônica geral do Brasil*, tomo II, p. 254.
7. Arquivo Histórico do Museu Imperial, I-POB-1826-IM.do.
8. O embaixador sueco no Rio de Janeiro, em despacho diplomático, informou em 19 de agosto de 1826 que era voz corrente a partida de d. Leopoldina para a Áustria. Arquivo Histórico do Instituto Histórico e Geográfico Brasileiro. Lata 326 D19_VI.
9. Parece haver um fundo de realidade na cena descrita por Melo Morais, uma vez que a tia de d. Leopoldina, a rainha Maria Amélia, em carta para Maria Luísa datada de 7/3/1827, menciona que a imperatriz brasileira teria dito ao

imperador, durante a despedida: "Adeus para sempre, pois não o verei mais [...]". Ver OBERACKER JR., Carlos H. *A imperatriz Leopoldina*, p. 431.

10. MORAIS, A. J. de Melo. *Crônica geral do Brasil*, Tomo II, p. 256-7.
11. RANGEL, Alberto. *Textos e pretextos*, p. 200.
12. KANN, Bettina; LIMA, Patrícia Souza. *Cartas de uma imperatriz.*
13. Púchkin, Alexandr. *Poesias escolhidas.* Trad. José Casado. p. 29.
14. Carta do barão de Mareschal ao príncipe de Metternich. Rio de Janeiro, 2 fev. 1827. Biblioteca Nacional. Localização: 64,01,005, n. 007.
15. PINHEIRO, José Feliciano Fernandes. *Memórias do visconde de S. Leopoldo*, p. 8.
16. RAMIZ, Galvão. *O púlpito no Brasil*, p. 135.

Dias turbulentos

1. RANGEL, Alberto. *Cartas de Pedro I à marquesa de Santos*, p. 285.
2. Arquivo Histórico do Museu Imperial, II-POB-14.10.1826-IM.P.c
3. Arquivo Histórico do Museu Imperial, I-POB-18.08.1827-Sil.a.
4. O título não foi dado oficialmente, mas até em São Paulo já se sabia que seria outorgado no futuro, como demonstra uma carta de Antônio Mariano de Azevedo Marques ao seu irmão José Xavier, datada do segundo semestre de 1828.
5. REZZUTTI, Paulo. *Titília e o Demonão.* p. 289.
6. *Idem*, p. 245.
7. *Idem*, p. 251.

Entre dois continentes

1. Arquivo Histórico do Museu Imperial, II-POB-1828-PI.B.do 1-259.
2. Arquivo Histórico do Museu Imperial, II-POB-20.06.1827-PI.B.c.
3. Arquivo Histórico do Museu Imperial, II POB 1828 PI.B.do 1-259(d1).
4. Arquivo Histórico do Museu Imperial, II-POB-1828-PI.B.do 1-259.
5. LIMA, Manuel de Oliveira. *D. Miguel no trono*, p. 97.
6. Arquivo Histórico do Museu Imperial, I-POB-17.03.1829-PI.B.c.
7. Arquivo Histórico do Museu Imperial, II-POB-1828-PI.B.do 1-259.
8. Ofício de 23 de maio de 1829 *apud* RANGEL, Alberto. *D. Pedro I e a marquesa de Santos*, p. 253.

9. WITTE, *D. Amélia*, 2023, p. 97.
10. Arquivo Histórico do Museu Imperial, II-POB-14.01.1829-Men.c 1-37.
11. *CORRESPONDÊNCIA do marquês de Resende. In*: Revista do Instituto Histórico e Geográfico Brasileiro, ano 80, n. 134, p. 353-4.
12. WITTE, *op. cit.*, 2023, p, 161.
13. AGUIAR, *Vida do marquês de Barbacena*, p. 704.
14. SECKENDORFF, *Das Reisejournal des Grafen Friedrich von Spreti*, p. 141 *apud* WITTE, *D. Amélia*, 2023, p. 150.
15. WITTE, *op. cit.*, p. 151.
16. WITTE, p. 152.
17. BAYERN, Adalbert Prinz von. *Die Herzen der Leuchtenberg*, 1963, p. 75.
18. BALBI, *Essai stastitique sue le royaume de Portugal e d'Algarve*, 1822, p. 114.
19. SILVA, *O conde Friedrich von Spreti*, 2014, p. 404.
20. SECKENDORFF, *Das Reisejournal des Grafen Friedrich von Spreti*, p. 224 *apud* WITTE, *D. Amélia*, p. 189.
21. WITTE, *D. Amélia*, 2023, p. 193.
22. Bayerisches Hauptstaatsarchiv, Abt. V, Arquivo Leuchtenberg, 105 *apud* WITTE, *D. Amélia*, 2023, p. 166.
23. Bayerisches Hauptstaatsarchiv, Abt. V, Arquivo Leuchtenberg, 78 *apud* WITTE, *D. Amélia*, 2023, p. 167.
24. HIPPSLEY, A. J. *Reminiscences of the late War of Succession in Portugal*, p. 55.
25. PIMENTEL, Alberto. *A Corte de d. Pedro IV*, p. 221.
26. Arquivo Histórico do Museu Imperial, I-POB-13.11.1829-IM.P.c

Renúncia

1. *Diário do Rio de Janeiro*, n. 8, 10 dez. 1829, p. 29.
2. WITTE, *D. Amélia*, 2023, p. 202.
3. Arquivo Histórico do Museu Imperial, II-POB-06_02_1830-MI.P.c.
4. Engravidar.
5. José Egídio Álvares de Almeida, marquês de Santo Amaro.
6. DESPACHO, 21 abr. 1830, AHI 316/01/12. *Instruções de Miguel Calmon du Pin e Almeida… apud Cadernos do CHDD*, ano VII, n. 12, p. 120-6.
7. Corregedor.
8. Atual rua Líbero Badaró.
9. AGUIAR, Antônio Augusto de. *Vida do marquês de Barbacena*, p. 803–10.

10. *O repúblico*, 30 mar. 1831.
11. MONTEIRO, Tobias. *História do Império: o Primeiro Reinado*, v. 2, p. 198.
12. Arquivo Histórico do Museu Imperial, III DMI-07.04.1831-PI.B.C.

França

1. DORIA, Luiz Gastão d'Escragnolle. *Uma testemunha diplomática do Sete de Abril*, p. 188.
2. PINHEIRO, José Feliciano Fernandes. *Memórias do visconde de S. Leopoldo*, p. 24.
3. ASSUMPÇÃO, Maurício Torres. *A história do Brasil nas ruas de Paris*, p. 41.
4. PASCUAL, A. D. de. *Rasgos memoráveis do senhor dom Pedro I*, p. 128.
5. *Idem*, p. 129.
6. *Apud* ASSUMPÇÃO, Maurício Torres. *A história do Brasil nas ruas de Paris*, p. 55.
7. *Idem*.
8. *Idem*, p. 57.
9. BAYERN, Adalbert Prinz von. *Die Herzen der Leuchtenberg*, 1963, p. 74.
10. Arquivo do Instituto Histórico e Geográfico de São Paulo, lata 175, doc. 50.
11. Biblioteca Nacional, Manuscritos, 64, 02, 002, n. 021.

O rei soldado

1. Torre do Tombo, cartório da extinta casa real, AHMF cx7321.
2. Arquivo do Instituto Histórico e Geográfico Brasileiro, coleção Hélio Viana, DL 1376, pasta 5.
3. *Idem*, DL175-38
4. *O cerco do Porto*, p. 174-5.
5. ABREU E LIMA, *Correspondência oficial de Luiz Antonio de Abreu e Lima...*, 1871, p. XI.
6. PASCUAL, A. D. de. *Rasgos memoráveis do senhor dom Pedro I*, p. 159.
7. Museu Imperial, Arquivo Histórico, Maço 23 — Doc. 848 Cat. B, p. 4.
8. Museu Imperial, Arquivo Histórico, Maço 23 — Doc. 848 Cat. B, p. 5.
9. Chronica Constitucional de Lisboa, n. 5, quarta-feira, 31 jul. 1833, p. 16.
10. FRONTEIRA, marquês da. *Memórias*, 5ª série, v. III, p. 16.
11. NAPIER, Carlos. *Guerra de sucessão em Portugal*. v. II, p. 342.

12. NAPIER, Carlos. *Guerra de sucessão em Portugal*, v. II, p. 334.
13. WITTE, *D. Amélia*, 2023, p. 280.
14. WITTE, 2023, p. 284.
15. TAVARES, João Fernandes. *Autos da autópsia do corpo de d. Pedro de Alcântara*, p. 2.
16. *Idem*.
17. FRONTEIRA, marquês da. *Memórias*, 5a série, v. III, p. 140.
18. Biblioteca Nacional, Manuscritos, 64,02,002 n. 021.
19. FRONTEIRA, marquês da. *Memórias*, 5ª série, v. III, p. 100.

O Brasil sem Pedro

1. Rio de Janeiro: Na Typographia de R. Ogier, 1831.
2. *O Sete d'Abril*. Rio de Janeiro, sábado, 2 fev. 1833, n. 10, p. 3.
3. *O Sete d'Abril*. Rio de Janeiro, sábado, 28 maio 1833, n. 44, p. 3.
4. Anais da Câmara, 1833, tomo 2, p. 48.
5. Arquivo Histórico do Museu Imperial, Maço 98. Doc. 4820.
6. Carta de 5 fev. 1833. BHSA, Abt. V, Arquivo Leuchtenberg, 192.
7. Anuário do Museu Imperial, v. 8, ano 1947, p. 264.
8. Carta de 4 out. 1833. BHSA, Abt. V, Arquivo Leuchtenberg, 192 *apud* WITTE, D. Amélia, 2023, p. 281.
9. Anais da Câmara dos Deputados, 7 jun. 1833.
10. Ilha de Fernando de Noronha.

De volta a Queluz

1. SORIANO, Luz. *História da Guerra Civil*, Terceira época, tomo V, p. 372.
2. PIMENTEL, Alberto. *A corte de D. Pedro IV*, p. 215.
3. *O cerco do Porto...*, p. 175-6.
4. WITTE, *D. Amélia*, 2023, p. 294.
5. *Ibidem*, p. 295.
6. *O cerco do Porto em 1832 para 1833*, 1840, p. 167. Também OWEN, *A Guerra Civil em Portugal*, 1836, p. 273.
7. Anais da Câmara, 1833, tomo II, p. 48.
8. PIMENTEL, Alberto. *A corte de D. Pedro IV*, p. 239.
9. FRONTEIRA, marquês de. *Memórias do marquês de Fronteira*, 5ª parte, v. 3, p. 116-7.

10. Instituto Histórico e Geográfico Brasileiro, Manuscritos, Fundo Wanderley Pinho, DL1571-06.
11. Arquivo Histórico do Museu Imperial, I-AMI-29.9.1834-A.B.C.
12. CASTILHO, Antônio Feliciano de. *Tributo Português à memória do Libertador*, p. 36ss.
13. ALMEIDA. *Uma filha de D. Pedro I: Dona Maria Amélia*, 1973, p. 70–1.
14. Arquivo Histórico do Museu Imperial, Maço 100 Doc. 4904.
15. Provável referência ao caso de d. Pedro com a marquesa de Santos, que durou esse período.
16. RIHGB, Tomo 291, abr./jun. 1971, p. 305.
17. Tais informações serviram como base para que a arqueóloga Valdirene Ambiel pudesse confirmar a identidade da ossada de d. Pedro, uma vez que lhe foi possível identificar as marcas de fraturas.

Pedro, seus amores e seus frutos

1. Arquivo Histórico do Museu Imperial, I-POB 03.03.1828 Garc C. 1-8.
2. BRANDÃO, Raul. *Memórias*, p. 94.
3. ADALBERT, Príncipe da Baviera. *Die Herzen der Leuchtenberg*, p. 75.
4. Arquivo Histórico do Museu Imperial, Maço 100 Doc. 4940.
5. Arquivo Histórico do Museu Imperial, II-POB-23.09.[1829]-IM.c 1–18.
6. França, região da Bretanha.
7. Torre do Tombo. AHMF CR 134-22.
8. Coleção adquirida pelo embaixador Caio de Melo Franco em Paris às vésperas da Segunda Guerra Mundial, e, posteriormente, vendidas para o político Ademar de Barros, que as presentou a sua amante.
9. RANGEL, Alberto. *D. Pedro I e a marquesa de Santos*, p. 394, doc. 62.
10. Anuário do Museu Imperial, v. 17, p. 133.
11. *Apud* RANGEL, Alberto. *D. Pedro I e a marquesa de Santos*, p. 302.
12. Rodrigo Otávio Langgaard de Meneses (1866–1944). Jurista brasileiro, foi vice-presidente da Liga das Nações e ministro do Supremo Tribunal Federal.
13. Mancha na córnea.
14. OTÁVIO, Rodrigo. *Minhas memórias dos outros*, p. 314.
15. FREITAS, Victor F. de. *Os últimos anos da condessa de Iguaçu*. *In*: O Estado de Minas, 17 de junho de 1962.
16. Arquivo Histórico do Museu Imperial, I-POB-14_10_1831-Per.c.

17. Museu Imperial — caderneta n. 39.
18. "Pour remettre á Pedro de Alcantara Brasileiro, fils naturel de S. M. Dom Pedro I, Empereur du Brésil. S'il refuse por lui même, qu'il acepte por ses enfants."
19. Ofício de Rechberg, ministro da Áustria no Rio, datado de 22 de outubro de 1844 *apud* LYRA, Heitor. *História de d. Pedro II — ascensão*, p. 262.
20. BRAGANÇA, Carlos Tasso de Saxe-Coburbo e. *A intriga*, p. 290–1.
21. CARVALHO, José Murilo. *D. Pedro II*, p. 17.
22. *Idem*.

Últimas palavras

1. Durante a elaboração desta biografia, obtive a informação de que uma instituição particular portuguesa possuiria a missiva original. Apesar de diversos contatos, porém, não foi possível obter deles, até o momento, a confirmação da posse.
2. Arquivo Nacional da Torre do Tombo, AHMF, Caixa 7321, maço 9

D. Pedro I — Imperador do Brasil: doença e morte

1. REZZUTTI, 2016.
2. SANTOS, 2012.
3. BONIFÁCIO, 2007.
4. Biblioteca da Ajuda/Palácio Nacional da Ajuda, Museu do Tesouro Real
5. KASPER, 2005.

BIBLIOGRAFIA

Fontes manuscritas

Arquivo Histórico da Província Franciscana da Imaculada Conceição do Brasil — São Paulo

Arquivo Nacional — Rio de Janeiro

- Fundo Casa Real e Imperial/Mordomia
- Fundo Alberto do Rego Rangel
- Fundo Marquês de Barbacena

Bayerisches Hauptstaatsarchiv (BHSA) — Munique

- Departamento V — Arquivos e coleções/Abteilung V — Nachlässe und Sammlungen: Arquivo Família Leuchtenberg/ Nachlass Familienarchiv Leuchtenberg.

Biblioteca Nacional/Seção de Manuscritos — Rio de Janeiro

- Coleção Independência do Brasil
- Coleção Tobias Monteiro
- Coleção Paulo Taclac

Instituto Histórico e Geográfico Brasileiro — Rio de Janeiro

- Arquivo Hélio Viana
- Arquivo Wanderley Pinho

Museu Imperial — Petrópolis

- Arquivo Histórico
- Arquivo Grão-Pará

Torre do Tombo Lisboa

- Cartório da Extinta Casa Real

Fontes primárias impressas

Coleções, jornais, relatórios

"A imprensa estrangeira e a Independência do Brasil." *Em Cultura*. Brasília: Ministério da Educação e Cultura. Departamento de Documentação e Divulgação, 1972, p. 134-46.

Allgemeine Zeitung, 4 jun. 1817.

Anais da Constituição, tomo II.

Anais da Câmara, 1833, tomo II.

Chronica Constitucional de Lisboa, 31 jul. 1833. Coleção das leis do Brasil de 1821.

Correio Paulistano, 23 dez. 1934.

Diário do Rio de Janeiro, 10 dez. 1829.

Gazeta de Lisboa, 28 set. 1798.

O Repúblico, 30 mar. 1831.

O Sete D'Abril, 2 fev. 1833.

O Sete D'Abril, 28 maio 1833.

PEDRO II, Dom. *Diário de 1862*. Anuário do Museu Imperial, v. 17, 1952. p. 15-291.

PROCLAMAÇÕES, cartas, artigos de imprensa. Rio de Janeiro: Biblioteca do Sesquicentenário, 1973.

TAVARES, João Fernandes. *Autos da autópsia do corpo de d. Pedro de Alcântara, duque de Bragança*. Lisboa: Impressão de João Nunes Esteves e Filho, 1834.

DESPACHO 21 abr. 1830 AHI 316/01/12. "Instruções de Miguel Calmon du Pin e Almeida, ministro dos Negócios Estrangeiros, para José Egídio Álvares de Almeida, marquês de Santo Amaro, embaixador extraordinário e plenipotenciário na França e Grã-Bretanha". *Cadernos do CHDD*, ano VII, n. 12, p. 120–126, 2008.

Livros e artigos

A IMPERATRIZ Maria Leopoldina: documentos interessantes publicados para comemorar o primeiro centenário da sua morte, ocorrida no dia 11 de Dezembro de 1826. Rio de Janeiro: Arquivo Nacional, 1926.

ABRANTES, Duchesse de. *Memoires de la Duchesse d'Abrantés*. 12. ed. Paris: Société d'éditions littéraire et artistiques, 1902.

ANDRADA E SILVA, José Bonifácio de; ANDRADA, Antônio Carlos Ribeiro de; ANDRADA, Martim Francisco Ribeiro de. *Cartas andradinas*. Correspondência particular de José Bonifácio, Martim Francisco e Antônio Carlos dirigida a Antônio de Meneses Vasconcelos de Drummond. Rio de Janeiro: Leuzigner & Filhos, 1890.

ARMITAGE, João. *História do Brasil desde o período da chegada da família de Bragança em 1808 até a abdicação de d. Pedro I em 1831, compilada à vista dos documentos públicos e outras fontes originais, formando uma continuação da história do Brasil de Southey*. Belo Horizonte: Itatiaia; São Paulo: Edusp, 1981.

BOMBELLES, Marc Marie. *Journal d'un ambassadeur de France au Portugal, 1786–1788*. Paris: Roger Kann, 1979.

BUENO, Francisco de Assis Vieira. *A cidade de São Paulo*: recordações evocadas de memória, notícias históricas. São Paulo: Academia Paulista de Letras, 1976.

CALDEIRA, Jorge (org.). *Brasil, a história contada por quem viu*. São Paulo: Mameluco, 2008.

CARTAS dos dois amantes de São Christovão. Rio de Janeiro: Na Typographia de R. Ogier, 1831.

CASTILHO, Antônio Feliciano de. *Tributo Português à memória do Libertador*. Lisboa: Impressão Galhardo, 1836.

CORRESPONDÊNCIA do marquês de Resende. *Revista do Instituto Histórico e Geográfico Brasileiro*, Rio de Janeiro, tomo 80, p. 155-506, 1916.

FERREIRA, Silvestre Pinheiro. *Memórias e cartas biográficas*. Anais da Biblioteca Nacional, Rio de Janeiro, v. 2, 1877.

FRONTEIRA, marquês de. *Memórias do marquês de Fronteira e d'Alorna D. José Trazimundo Mascarenhas Barreto ditadas por ele próprio em 1861*. Coimbra: Impr. da Universidade, 1928–1932. 5 v.

GRAHAM, Maria Dundas. *Diário de uma viagem ao Brasil e de uma estada nesse país durante parte dos anos 1821, 1822, 1823*. São Paulo: Nacional, 1956.

GRAHAM, Maria Dundas. *Escorço biográfico de dom Pedro I*. Rio de Janeiro: Fundação Biblioteca Nacional, 2010.

HAMMOND, Graham Eden. *Os diários do almirante Graham Eden Hammond*. Rio de Janeiro: J. B., 1984.

HENDERSON, James. *A history of the Brazil*. Londres: Longman, 1821.

HIPPSLEY, A. J. Reminiscences of the late War of Succession in Portugal; and of Oporto, during the Siege of 1832 and 1833. *Colburn's United Service Magazine and Naval and Military Journal*, H. Hurst, Londres, part III, 1846.

KANN, Bettina; LIMA, Patrícia Souza. *Cartas de uma imperatriz*. São Paulo: Estação Liberdade, 2006.

KIDDER, Daniel Parish; FLETCHER, James Cooley. *O Brasil e os brasileiros*. São Paulo: Nacional, 1941. 2 v.

LOUREIRO, João. Cartas de João Loureiro escriptas do Rio de Janeiro ao conselheiro Manoel José Maria da Costa e Sá, de 1828 a 1842. *Revista do Instituto Histórico e Geográfico Brasileiro*, Rio de Janeiro, Tomo LXXVI, Parte II, 1914.

LUCCOCK, John. *Notas sobre o Rio de Janeiro*. São Paulo: Nacional, 1969.

MARROCOS, Luís Joaquim dos Santos. Correspondência de Luís Joaquim dos Santos Marrocos. *Anais da Biblioteca Nacional*, 1934. v. 56.

MARROCOS, Luís Joaquim dos Santos. *O bibliotecário do rei*. Rio de Janeiro: Biblioteca Nacional, 2007.

MONGLAVE, Eugène de. *Correspondance de Don Pèdre Premier, Empereur Constitutionnel du Brésil, avec le Feu Roi de Portugal Don Jean VI, son Père, durant les Troubles du Brésil; traduite sur les lettres originales; précédée de la Vie de cet Empereur et suivie de pièces justificatives*. Paris: Tenon, 1827. p. 13.

NAPIER, Carlos. *Guerra de Sucessão em Portugal pelo almirante Carlos Napier*. Lisboa: Typographia Commercial, 1841. 2 v.

O CERCO do Porto em 1832 para 1833. Porto: Typographia de Faria & Silva, 1840.

OBERACKER JR., Carlos H. Comentários às cartas da Imperatriz Leopoldina a João Martinho Flach. *Revista do Instituto Histórico e Geográfico de São Paulo*. São Paulo: IHGSP, 1997. v. 93.

OBERACKER JR., Carlos H. *O duque de Santa Cruz:* Augusto Duque de Leuchtenberg e o Brasil. *Jahrbuch für Geschichte von Staat, Wirtschaft u. Gesellschaft Lateinamerikas*, Böhlau Verlag, Colônia/Viena, v. 26, 1989.

OCTÁVIO, Rodrigo. *Minhas memórias dos outros*. 1ª série. Rio de Janeiro: José Olympio, 1934.

OWEN, Hugh. *A guerra civil em Portugal. O sítio do Porto e a morte de Don Pedro*. Londres: [*s. n.*], 1836.

PALMELA, Duque de. *Despachos e correspondência*. Lisboa: Imprensa Nacional, 1851. 4 tomos.

PASCUAL, A. D. de. *Rasgos memoráveis do Senhor Dom Pedro I*. Rio de Janeiro: Laemmert, 1862.

PINHEIRO, José Feliciano Fernandes. Memórias do Visconde de S. Leopoldo José Feliciano Fernandes Pinheiro. *Revista do Instituto Histórico e Geográfico do Brasil*, tomo 38, parte 2ª.

PRESAS, D. José. *Memórias secretas de Carlota Joaquina*. Brasília: Edições do Senado Federal, 2013.

RANGEL, Alberto (notas); ARAÚJO, Emanuel (coord.). *Cartas de Pedro I à marquesa de Santos*. Rio de Janeiro: Nova Fronteira, 1984.

RESENDE, marquês de. *Elogio histórico do senhor rei D. Pedro IV*. Lisboa: Typographia da Academia, 1867.

REZZUTTI, Paulo. *Titília e o Demonão:* Cartas inéditas de d. Pedro I à marquesa de Santos. São Paulo: Geração Editorial, 2011.

RIO SECO, Visconde do. *Exposição analytica, e justificativa da conducta, e vida publica do Visconde do Rio Seco*. Rio de Janeiro: Imprensa Nacional, 1821.

SAINT-HILAIRE, Auguste. *Viagem à província de São Paulo e resumo das viagens ao Brasil, província Cisplatina e missões do Paraguai*. São Paulo: Martins, 1945.

SANTOS, Luís Gonçalves dos. *Memórias para servir à história do Reino do Brasil*. Lisboa: Imprensa Régia, 1825. 2 v.

SCHLICHTHORST, C. O. *Rio de Janeiro como é (1824–1826)*. Brasília: Senado Federal, 2000.

SEIDLER, Carl. *Dez anos no Brasil*. São Paulo: Martins Fontes, 1941.

SORIANO, Simão José da Luz. *História do cerco do Porto*. Porto: A. Leite Guimarães, 1889 e 1890. 2 v.

TAUNAY, Affonso de E. Depoimentos vários sobre a corte de D. Pedro I e sobre este monarcha. *In*: TAUNAY, Affonso de E. *Do reino ao império*. São Paulo: Diario Official, 1927. p. 127, 128.

WALSH, Rev. R. *Notices of Brazil in 1828 and 1829*. Londres: Frederick Westley and A. H. Davis, 1830. 2 v.

Fontes secundárias

1. Livros

ABREU E LIMA, Luís António de. *Correspondência oficial de Luís António de Abreu e Lima, atualmente conde da Carreira, com o duque de Palmella*: regência da Terceira e Governo do Porto de 1828 a 1835. Lisboa: Imprensa Nacional, 1871.

AGUIAR, Antônio Augusto de. *Vida do Marques de Barbacena*. Rio de Janeiro: Imprensa Nacional, 1896.

ALMEIDA, Sylvia Lacerda Martins de Almeida. *Uma filha de D. Pedro I*: Dona Maria Amélia. São Paulo: Nacional, 1973.

ANGERMÜLLER, Rudolph. *Sigismund Neukomm Werkverzeichnis Autobiographie Beziehung zu seinen Zeitgenossen*. München-Salzburg: Musikverlag Emil Katzbichler, 1977.

ASSUMPÇÃO, Maurício Torres. *A história do Brasil nas ruas de Paris*. Rio de Janeiro: Casa da Palavra, 2014.

BALBI, Adrien. *Essai stastitique sue le royaume de Portugal e d'Algarve*. Paris: Reych Gravier, 1822. v. 2.

BARDY, Claudio. O século XVIII. *In*: SILVA, Fernando Nascimento (org.). *Rio de Janeiro e seus quatrocentos anos:* formação e desenvolvimento da cidade. Rio de Janeiro; São Paulo: Record, 1965.

BAYERN, Adalbert Prinz von. *Die Herzen der Leuchtenberg:* Chronik einer napoleonisch-bayerisch-europäischen Familie. Müchen: Prestel, 1963.

BEIRÃO, Caetano Maria de Abreu. *Dona Maria I, 1777–1792*. 4. ed. Lisboa: Empresa Nacional de Publicidade, 1944.

BRAGANÇA, Carlos Tasso de Saxe-Coburgo e. *A intriga*. São Paulo: Senac, 2012.

BRANDÃO, Raul. *El-rei Junot*. 2. ed. Porto: Renascença Portuguesa, 1919.

BRANDÃO, Raul. *Memórias*. Lisboa: Vercial, 1996. v. 1.

CALÓGERAS, João Pandiá. *A política exterior do Império*. Rio de Janeiro: Imprensa Nacional; IHGB, 1927. 3 v.

CALÓGERAS, João Pandiá. *Formação histórica do Brasil*. São Paulo: Nacional, 1967.

CARVALHO, José Murilo. *D. Pedro II*. São Paulo: Companhia das Letras, 2007.

CERQUEIRA E SILVA, Ignácio Accioli de. *Memórias históricas e políticas da província da Bahia*. Bahia: Imprensa Oficial do Estado, 1931.

CERRI, Luis Fernando. Usos públicos da história no Brasil contemporâneo: demandas sociais e políticas de Estado. Araucaria. *Revista Iberoamericana de Filosofía, Política y Humanidades*, ano 8, n. 15, p. 3–19, 2006.

CHAVES, Castelo Branco. *A emigração francesa em Portugal durante a Revolução*. Lisboa: Instituto da Cultura e Língua Portuguesa, 1984.

CORRÊA, João Batista. *Imperial Fazenda de Santa Cruz: escravidão e liberdade na segunda metade do século XIX (1856–1891)*. 2016. Dissertação (Mestrado em História) – Universidade Salgado de Oliveira, Niterói (RJ). Disponível em: https://ppghistoria.universo.edu.br/wp-content/uploads/2018/05/2016-JO%C3%83O-BATISTA-CORR%C3%8AA.pdf. Acesso em: 9 mar. 2024.

COSTA, Sérgio Correa da. *As quatro coroas do imperador*. Rio de Janeiro: Paz e Terra, 1995.

COSTA, Sérgio Correa da. *Every Inch a King*: A Biography of Dom Pedro I first emperor of Brazil. Londres: Robert Hale & Company, 1972.

COSTA, Wilma Peres. Do Domínio à Nação: Impasses da fiscalidade no processo de Independência. *In*: JANCSÓ, István (org.). *Brasil*: formação do Estado e da Nação. São Paulo: Hucitec, 2003. p. 143–93.

CRULS, Gastão. *O Rio de Janeiro no primeiro quartel do século XIX*. Anuário Museu Imperial, 1946, p. 127-40.

D. PEDRO d'Alcântara de Bragança 1798–1834. Imperador do Brasil, Rei de Portugal. 2. ed. Lisboa: Of gráficas Manuel A. Pacheco, Lda., 1987.

DALBIAN, Denyse. *Don Pedro, empereur du Brésil, roi de Portugal (1798–1834).* Paris: Plon, 1959.

DALBIAN, Denyse. Le sejour de L'Empereur d. Pedro a la cour de Louis-Philippe. *In*: *D. Pedro I e dona Leopoldina perante a história*: vultos e fatos da Independência. São Paulo: IHGSP, 1972. p. 218-27.

DANTAS, Júlio. *Figuras de ontem e de hoje*. Lisboa: Companhia Editora, [s.d.].

DEBRET, Jean-Baptiste. *Viagem pitoresca e histórica ao Brasil*. São Paulo: Martins, 1954.

FAZENDA, José Vieira. *Antiqualhas e memórias do Rio de Janeiro*. Rio de Janeiro: Revista do Instituto Histórico e Geográfico Brasileiro, 1921-27. 5 v.

FREYRE, Gilberto. *Casa-grande e Senzala*. Rio de Janeiro: José Olympio, 1946. 2 v.

GOMES, Laurentino. *1808*: Como uma rainha louca, um príncipe medroso e uma corte corrupta enganaram Napoleão e mudaram a História de Portugal e do Brasil. 2ª reimpressão. São Paulo: Planeta do Brasil, 2007.

GUIMARÃES, Argeu. *Em torno de um casamento de d. Pedro II*. Rio de Janeiro: Zelio Valverde, 1942.

GUIMARÃES, A. C. Daraújo. *A corte no Brasil*: figuras e aspectos. Porto Alegre: Editora da Livraria do Globo, 1936.

HAMMOND, Graham Eden. *Os diários do almirante Graham Eden Hammond*. Rio de Janeiro: J. B., 1984.

HISTÓRIA de el-rei D. João VI, primeiro rei constitucional de Portugal e do Brasil. Lisboa: Typographia Universal, 1866.

HOLANDA, Sérgio Buarque de. A herança colonial: sua desagregação. *In*: HOLANDA, Sérgio Buarque de. (org.). *História Geral da Civilização Brasileira*. 4. ed. São Paulo: Difel, 1976. v. 1.

LACOBE, Lourenço Luiz. *João VI*. Anuário do Museu Imperial, 1948, p. 145.

LAMEGO, Luís. *Dom Pedro I, herói e enfermo*. Rio de Janeiro: Zélio Valverde, 1939.

LANZELOTTE, Rosana. *Já raiou a liberdade*: d Pedro I compositor e a música de seu tempo. Rio de Janeiro: Musica Brasilis, 2023.

LEMOS, Juvêncio Saldanha. *Os mercenários do imperador*. Rio de Janeiro: Biblioteca do Exército, 1996.

LEWIN, Linda. *Surprise Heirs II*: Illegitimacy, Inheritance Rights, and Public Power in the Formation of Imperial Brazil, 1822–1889. Stanford: Stanford University Press, 2003.

LIGHT, Kenneth. *A viagem marítima da família real*: a transferência da corte portuguesa para o Brasil. Rio de Janeiro: Zahar, 2008.

LIMA, Manuel de Oliveira. *D. João VI no Brasil. 1808–1821*. Rio de Janeiro: Jornal do Commercio, 1908. 2 v.

LIMA, Manuel de Oliveira. *D. Miguel no trono*. Coimbra: Imprensa da Universidade, 1933.

LIMA, Manuel de Oliveira. *Dom Pedro e dom Miguel*: a querela da sucessão. Brasília: Edições do Senado Federal, 2009.

LUNA, Rui de Castilho de. *A música na corte da rainha d. Maria II de Portugal*. Vila Viçosa: Fundação da Casa de Bragança, 2018. (Livro de Muitas Cousas, n. 9)

LUSTOSA, Isabel. *D. Pedro I:* Um herói sem nenhum caráter. São Paulo: Companhia das Letras, 2006.

LYRA, Heitor. *História de d. Pedro II Ascensão*. São Paulo: Nacional, 1939.

MACAULAY, Neill. *Dom Pedro I*: a luta pela liberdade no Brasil e em Portugal, 1798–1834. Rio de Janeiro: Record, 1993.

MADELIN. Louis. *Histoire du consulat et de l'Empire*: L'affaire d'Espagne (1807–1809). Paris: Hachette, 1937.

MARTINS, Francisco José da Rocha. *O último vice-rei do Brasil*. Lisboa: Oficinas Gráficas do ABC, [s. d.].

MARTINS, Oliveira. *História de Portugal*. 3. ed. Lisboa: Viúva Bertrand, 1882. 2 v.

MONGE, Maria de Jesus (coord.). A educação dos príncipes nas coleções do Museu-Biblioteca da Casa de Bragança. Vila Viçosa: Fundação da Casa de Bragança, 2017.

MONTEIRO, Tobias. *História do Império:* a elaboração da Independência. Belo Horizonte: Itatiaia, 1981. 2 v.

MONTEIRO, Tobias. *História do Império*: o Primeiro Reinado. Belo Horizonte: Itatiaia, 1982. 2 v.

MORAIS, A. J. de Melo. *A independência e o Império do Brasil*. Brasília: Senado Federal, Conselho Editorial, 2004.

MORAIS, A. J. de Melo. *Crônica geral do Brasil*. Rio de Janeiro: Garnier, 1886. 2 v.

MORAIS, A. J. de Melo. *História da trasladação da corte portuguesa para o Brasil*. Rio de Janeiro: E. Dupont, 1872.

MORAIS, A. J. de Melo. *História do Brasil Reino e do Brasil Império*. Belo Horizonte; Itatiaia; São Paulo: Edusp, 1982.

MORAIS, A. J. de Melo. *O marquês de Barbacena*. Brasília: Universidade de Brasília, 1982.

NOBRE, Eduardo. *Paixões reais*. Lisboa: Quimera, 2002.

NOGUEIRA, Francisca L. *Carlota Joaquina, cartas inéditas*. Rio de Janeiro: Casa da Palavra, 2007.

NORTON, Luiz. *A corte de Portugal no Brasil*. 2. ed. São Paulo: Nacional, 1979.

OBERACKER Jr., Carlos H. *A Imperatriz Leopoldina. Sua vida e sua época. Ensaio de uma biografia*. [*S. l.*]: Conselho Nacional de Cultura, 1973.

PACHECO, Alberto (coord.). *Dicionário biográfico Caravelas*. Núcleo Caravelas do CESEM/NOVA FCSH. Disponível em: https://dicionario-biografico.caravelas.fcsh.unl.pt/node/56 . Acesso em: 9 mar. 2024.

PEDREIRA, Jorge Miguel. Indústria e atraso económico em Portugal (1800–1825): uma perspectiva estrutural. *Análise Social*, v. XXIII, n. 97, p. 563-596, 1987.

PEREIRA, Ana Cristina; TRONI, Dana. *A vida privada dos Bragança:* De d. João IV a d. Manuel II — O dia a dia na corte. Lisboa: A Esfera dos Livros, 2011.

PEREIRA, Ângelo. *As senhoras infantas filhas d'el rey D. João VI*. Lisboa: Editorial Labor, 1938.

PEREIRA, Ângelo. *D. João VI, príncipe e rei*. Lisboa: Empresa Nacional de Publicidade, 1953-58. 4 v.

PEREIRA, Ângelo. *Os filhos d'el-rei d. João VI*. Lisboa: Imprensa Nacional de Publicações, 1947.

PIMENTEL, Alberto. *A corte de D. Pedro IV*. Porto: Imprensa Portuguesa, 1896.

PRADO, J. F. de Almeida. *Tomas Ender*: pintor austríaco na corte de d. João VI no Rio de Janeiro. Um episódio da formação da classe dirigente brasileira. 1817–1818. São Paulo: Nacional, 1955.

PROENÇA, Martinho de Mendonça de Pina e. *Apontamentos para a educação de hum menino nobre*. Lisboa Occidental: Na Officina de Joseph Antonio da Sylva, 1734.

RAMIREZ, Ezekiel Stanley. *As relações entre a Áustria e o Brasil 1815–1889*. São Paulo: Nacional, 1968.

RANGEL, Alberto. *Dom Pedro Primeiro e a marquesa de Santos*. 2. ed. Tours: Arrault e Companhia, 1928.

RANGEL, Alberto. *Os dois ingleses*: Strangford e Stuart. Rio de Janeiro: Arquivo Nacional, 1972.

RANGEL, Alberto. *Textos e pretextos*. Tours: Arrault e Companhia, 1926.

RANGEL, Alberto. *Trasanteontem (episódios e relatos históricos)*. São Paulo: Martins, 1943.

REIS, João José. *A Morte é uma festa*. São Paulo: Companhia das Letras, 1991.

REZZUTTI, Paulo. *Domitila, a verdadeira história da marquesa de Santos*. São Paulo: Geração, 2013.

RIBEIRO, Maria de Lourdes Borges. *Na trilha da Independência. História e Folclore*. Rio de Janeiro: Ministério da Educação e Cultura, 1972.

ROBERTS, Jeniffer. *D. Maria I*: a vida notável de uma rainha louca. Lisboa: Casa das Letras, 2012.

RODRIGUES, José Honório. *Independência, revolução e contra-revolução*. Rio de Janeiro: Francisco Alves, 1975. 5 v.

SANTOS, Amilcar Salgado dos. *A Imperatriz D. Leopoldina*. São Paulo: Escolas Profissionais Lyceu Coração de Jesus, 1927.

SCHLICHTHORST, C. O. *Rio de Janeiro como é (1824–1826)*. Brasília: Senado Federal, 2000.

SCHMIDT, Maria Junqueira. *A segunda imperatriz do Brasil*. São Paulo: Melhoramentos, 1927.

SCHUBERT, Mons. Guilherme (coord.). *200 anos*: imperatriz Leopoldina. Rio de Janeiro: IHGB, 1997.

SCHWARCZ, Lilia Moritz. *As barbas do imperador*: D. Pedro II, um monarca nos trópicos. São Paulo: Companhia das Letras, 1998.

SILVA, Luiz Alves da. O conde Friedrich von Spreti: fontes inéditas de uma testemunha ocular das atividades musicais na Corte Imperial do Rio de Janeiro e na Imperial Fazenda de Santa Cruz em 1829. *In*: BRESCIA, M.; MARRECO BRESCIA, R. (eds.). *Actas do II Encontro Ibero-Americano de Jovens Musicólogos*. Porto: Tagus-Atlanticus Associação Cultural, 2014.

SILVA, Maria Beatriz Nizza da. *Cultura e sociedade no Rio de Janeiro (1808–1821)*. São Paulo: Nacional, 1978.

SILVA, Paulo Napoleão N. B. Nogueira. *Pedro I, o português brasileiro*. 2. ed. Rio de Janeiro: Gryphus, 2003.

SISSON, S. A. *Galeria dos brasileiros ilustres*. Brasília: Senado Federal, 1999. 2 v.

SORIANO, Luz. *História da Guerra Civil e do estabelecimento do governo parlamentar em Portugal comprehendendo a história diplomática militar e política d´este reino desde 1777 até 1834*. Lisboa: Imprensa Nacional, 1866–1890. 19 v.

SOUSA, Octávio Tarquínio de. *A vida de D. Pedro I*. Rio de Janeiro: José Olympio. 1952. 3 v.

SOUSA, Octávio Tarquínio de. *História dos fundadores do Império do Brasil*: fatos e personagens em torno de um regime. Belo Horizonte: Itatiaia; São Paulo: Edusp, 1988.

TAVARES, Silva. *A vida amorosa de d. Pedro IV*. Lisboa: Livraria Clássica Editora, 1934.

TORRES, Lygia Lemos. *A imperatriz dona Amélia*. São Paulo: Typ. Elvino Pocai, 1947.

VASCONCELLOS, barão de; SMITH DE VASCONCELLOS, barão. *Archivo Nobiliarchico Brasileiro*. Lausanne: La Concorde, 1918.

VASCONCELOS, Maria Celi Chaves. Igreja e educação: a influência da catequese nos primórdios da literatura pedagógica. *In*: LEMOS, Maria Teresa Toiríbio (org). *Religião, violência e exclusão*. Rio de Janeiro: 7Letras, 2006. p. 82.

VIANNA, Hélio. *D. Pedro I e d. Pedro II, acréscimos às suas biografias*. São Paulo: Nacional, 1966.

VIANNA, Hélio. *D. Pedro I jornalista*. São Paulo: Melhoramentos, 1967.

WITTE, Cláudia Thomé. *D. Amélia, a história não contada. A neta de Napoleão que foi Imperatriz do Brasil*. São Paulo: LeYa Brasil, 2023.

2. Periódicos

CÂMARA, José Aureliano Saraiva. Um documento inédito da vida de d. Pedro I. *Revista do Instituto Histórico do Ceará*, Fortaleza, p. 5–15, 1961.

DORIA, Luiz Gastão d'Escragnolle. A imperatriz Leopoldina. *Revista do Instituto Histórico e Geográfico de São Paulo*, São Paulo, v. 16, 1911.

DORIA, Luiz Gastão d'Escragnolle. Um amigo do Brasil (Ferdinand Denis). *Revista do Instituto Histórico e Geográfico Brasileiro*, Rio de Janeiro, tomo LXXV, parte I, p. 217-230, 1912.

DORIA, Luiz Gastão d'Escragnolle. Uma testemunha diplomática do Sete de Abril. *Revista do Instituto Histórico e Geográfico Brasileiro*, Rio de Janeiro, tomo LXXIV, parte II, p. 181–194, 1911.

FLEUISS, Max. *Sessão especial... Centenário do falecimento da Imperatriz Dona Maria Leopoldina...* Revista do Instituto Histórico e Geográfico Brasileiro, Rio de Janeiro, v. 153, 1926.

FREITAS, Victor F. de. Os últimos anos da condessa de Iguaçu. *O Estado de Minas*, 17. jun. 1962.

GALVÃO, Ramiz. O púlpito no Brasil. *Revista do Instituto Histórico e Geográfico Brasileiro*, Rio de Janeiro, v. 92, 1922, p. 7–160.

LOPES, Claudio Fragata. Leopoldina nos bastidores do grito. *Revista Galileu*, Rio de Janeiro, ano 8, n. 86, p. 87-96, set. 1998.

OBERACKER Jr, Carlos H. O grito do Ipiranga — Problema que desafia os historiadores. Certezas e dúvidas acerca de um acontecimento histórico. *Revista de História*, São Paulo, n. 92, p. 411-464, 1972.

RAFFARD, Henri. Apontamentos acerca de pessoas e coisas do Brasil. *Revista Trimensal do Instituto Histórico e Geográfico Brasileiro*, tomo LXI, parte II, 1899.

REZZUTTI, Paulo. A Versalhes brasileira: como Petrópolis se tornou uma das primeiras cidades planejadas do país. Revista Aventuras na História, ed. 130, maio 2014.

REZZUTTI, Paulo. As escapadas de d. Pedro II. *Revista Aventuras na História*, ed. 135, out. 2014.

REZZUTTI, Paulo. Leopoldina, a primeira governante do Brasil. *História Viva*, ed. 114, abr. 2013.

REZZUTTI, Paulo. Os segredos da família imperial. *Carta Fundamental*, ed. 47, abr. de 2013.

WITTE, Cláudia Thomé. Amélia e dom Pedro I, um casamento imperial há 180 anos. *Revista Ponto de Vista*, Juiz de Fora, abr. 2010.

WITTE, Cláudia Thomé. O doutor era inocente. *Revista de História da Biblioteca Nacional*, ed. 101, fev. 2014.

3. Artigos acadêmicos e teses

AMBIEL, Valdirene do Carmo. *Estudos de Arqueologia Forense aplicados aos remanescentes humanos dos primeiros imperadores do Brasil depositados no monumento à Independência*. 2013. Dissertação (Mestrado em Arqueologia) — Museu de Arqueologia e Etnologia, Universidade de São Paulo, São Paulo, 2013. Disponível em: http://www.teses.usp.br/teses/disponiveis/71/71131/ tde-27032013-173516/. Acesso em: 17 fev. 2015.

DURAN, Marcos Henrique Coelho. *Comorbidade Epilepsia e TDAH: aspectos clínicos, eletrencefalográficos, comportamentais e psicossociais*. 2011. Tese (Doutorado em Neurologia) — Unicamp, 2011. Disponível em: http://www.bibliotecadigital.unicamp.br/document/?code=000811680. Acesso em: 17 fev. 2015.

GOMES, Marleide da Mota; CHALUB, Miguel. Dom Pedro I of Brazil and IV of Portugal epilepsy and peculiar behavior. *Arquivos de Neuro-Psiquiatria*, v. 65, n. 3a, p. 710–715, set. 2007. Disponível em https://www.scielo.br/j/anp/a/nYVfF8V3xZhH57cKHspxnfJ/?lang=en. Acesso em: 27 ago. 2024

LUSTOSA, Isabel. O séjour de D. Pedro I em Paris e a imprensa francesa: familiaridade e exotismo. *História*, São Paulo, v. 31, n. 2, p. 171–190, jul./dez. 2012.

4. Sites

D. Pedro IV. Disponível em: https://dpedroiv.parquesdesintra.pt/cronologia?_ga=2.124969294.516307274.1724848356-115943255.1724848356. Acesso em: 27 ago. 2024.

5. Palestras/conferências

REZZUTTI, Paulo. *Da Áustria ao Brasil: as diversas faces de uma princesa.* Palestra. Seminário Internacional do Museu Histórico Nacional. D. Leopoldina e seu tempo: Sociedade, política, ciência e arte no século XIX. Rio de Janeiro, 14 a 17 de outubro de 2014.

6. Mídia digital

PEDRO I: um brasileiro. Direção: Maria Lourdes Pereira Horta. Ministério da Cultura-IPHAN-Museu Imperial.

7. Noticiário Televisivo

CÂMARA Clara — A Morte de D. João VI. RTP. Autoria: Inês Fonseca Santos. 2007. [*S. l.*]. RTP. 1 vídeo (2min11s). Disponível em: https://ensina.rtp.pt/artigo/assassinato-d-joao-vi/. Acesso em: 17 jul. 2024.

AGRADECIMENTOS

À minha esposa paciente e companheira, Adriana Moura. À melhor amiga-pesquisadora-conselheira e *expert* na imperatriz Amélia que um escritor pode desejar: Cláudia Witte. À querida amiga e historiógrafa Viviane Tessitore, pelos valiosíssimos conselhos e informações a respeito de d. Leopoldina. À responsável pela maior aventura de minha vida até o presente momento, a arqueóloga Valdirene Ambiel e, por extensão, também ao "trio parada dura". À querida amiga Marfísia Lancelloti, pelo apoio constante e pelas traduções do francês. A Paulo Schmidt, pela leitura dos originais e críticas. A Regina Cascão, mãe judia-carioca que me franqueou a casa, a família, os amigos e o coração quando das pesquisas no Rio de Janeiro. Ao arquiteto Vitor Hugo Mori, pelas fotos de d. Pedro; às professoras Vera Cabana e Regina Wanderley, pelo carinhoso acolhimento; e à professora Maria Celi Chaves Vasconcelos, pelas orientações a respeito da educação formal da época de d. Pedro I. A Helton C. Wanderley, do Museu Paulista/USP. À equipe do Arquivo Nacional/RJ: Silvia Ninita de Moura Estevão, Sátiro Ferreira Nunes, Mariza Santana e Teresa Filiardo; à do Museu Histórico Nacional: Vera Lúcia Bottrel Tostes e Daniela Gomes dos Santos; e à sempre por mim louvável, mas nunca de maneira suficiente, equipe do professor Maurício Vicente Ferreira Jr., diretor do Museu Imperial: além do próprio professor, Ana Luísa Alonso de Camargo, Aline Maller Ribeiro, Neibe Machado, Thais Martins, Claudia Marcela Thimoteo, Carolina Knibel, Athos Barbosa e Adalberto José Malheiro.

Este livro foi composto na tipografia Minion Pro,
em corpo 11,5/15,5, e impresso em
papel off-white no Sistema Cameron da
Divisão Gráfica da Distribuidora Record.